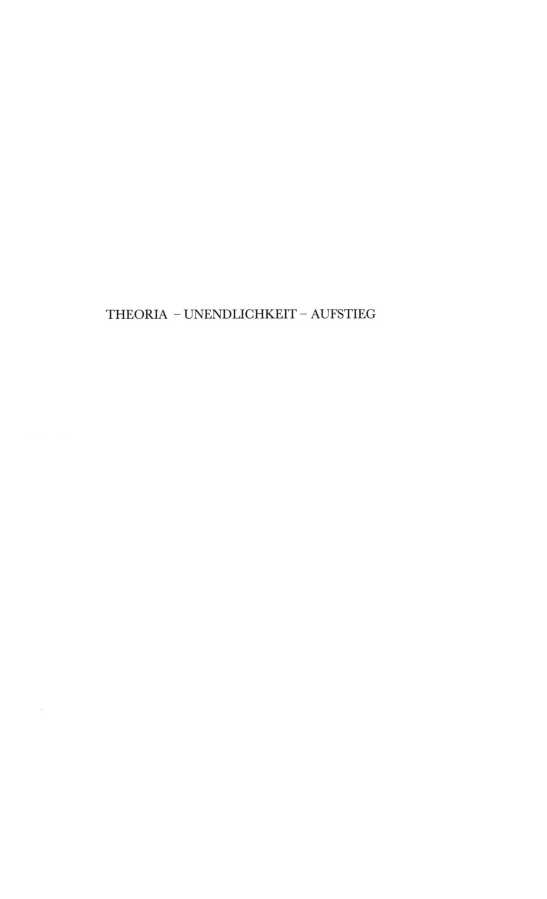

THEORIA – UNENDLICHKEIT – AUFSTIEG

SUPPLEMENTS TO

VIGILIAE CHRISTIANAE

Formerly Philosophia Patrum

TEXTS AND STUDIES OF EARLY CHRISTIAN LIFE AND LANGUAGE

EDITORS

J. DEN BOEFT — R. VAN DEN BROEK — A.F.J. KLIJN
G. QUISPEL — J.C.M. VAN WINDEN

VOLUME XXXV

THEORIA
UNENDLICHKEIT
AUFSTIEG

PHILOSOPHISCHE IMPLIKATIONEN ZU *DE VITA MOYSIS* VON GREGOR VON NYSSA

VON

THOMAS BÖHM

E.J. BRILL
LEIDEN · NEW YORK · KÖLN
1996

The paper in this book meets the guidelines for permanence and durability of the Committee on Production Guidelines for Book Longevity of the Council on Library Resources.

ISSN   0920-623X
ISBN   90 0410560 3

PRINTED IN THE NETHERLANDS

Für

Petra

und

Lukas

INHALT

TEIL IV

DIE DREI THEOPHANIEN: EINE EINZELBETRACHTUNG

TEIL V
AUSBLICK

ABKÜRZUNGS- UND LITERATUR-
VERZEICHNIS

INDICES

VORWORT

Gregor von Nyssa ist eine der einflußreichsten Figuren des vierten Jahrhunderts. Seine Einsichten in die verschiedenen Bereiche des christlichen Glaubens und nicht minder der christlichen Lebensgestaltung machten ihn zu einem Wegbereiter christlichen Denkens, der in seiner Bedeutung weit über die Antike hinausweist. Gregor hat aber nicht nur für die christliche Theologie selbst einen wichtigen Beitrag geleistet, sondern seine Auffassung vom christlichen Glauben wurde von ihm im ständigen Kontakt mit dem Bildungsgut, nicht zuletzt der Philosophie seiner Zeit ausformuliert. Der Grundsatz des »usus iustus« dieses Bildungsgutes ist keine bloß äußerlich bleibende Haltung Gregors, sondern ein zentraler Bestandteil für die verantwortbare Vermittlung christlichen Glaubens. Diesem Anliegen Gregors widmet sich die vorliegende Studie, die zeigen will, auf welchen philosophischen Grundanschauungen das Denken Gregors aufruht.

Diese Untersuchung ist die überarbeitete Fassung einer Dissertation, die an der philosophischen Fakultät der Ludwig Maximilians Universität München eingereicht wurde. Prof. Dr. Werner Beierwaltes hat die Entstehung wesentlich gefördert und kritisch begleitet. Ihm gilt mein besonderer Dank. Für viele Anregungen danke ich auch Herrn Prof. Dr. Reinhard M. Hübner (München). Diese Arbeit entstand auch in vielen Gesprächen und Diskussionen. Für die hilfreichen Hinweise möchte ich meinen Dank zu allererst an Prof. Dr. Charles Kannengiesser (Montreal, Canada) aussprechen, darüber hinaus auch an Peter Allenbacher (Mainz), Peter Beer (München), Bernd Dennemarck (Eichstätt), Roman Hanig (München), Dr. Franz Xaver Risch (Berlin), Dr. Thomas Spitzley (Duisburg) sowie Dr. Anton Thanner (Schwabhausen). Wesentliche Anregungen an der vorliegenden Arbeit verdanke ich Frau Dr. Henriette Meissner (Mainz), die durch ihren kritischen Blick und durch konstruktive Anteilnahme die Untersuchung gefördert hat. Nicht vergessen möchte ich die großzügige Unterstützung durch das Cusanuswerk (Bonn), das Stipendienreferat der Universität München und vor allem durch die Deutsche Forschungsgemeinschaft (DFG, Bonn), die durch Anregungen von Herrn Prof. Dr. Gerhard L. Müller (München) und Prof. Dr. Gerhard Rottenwöhrer (München) ermöglicht wurde. Darüber hinaus gilt mein Dank den Herausgebern für die Aufnahme in die vorliegende Reihe. Und nicht zuletzt danke ich meiner Familie, die in einer nicht immer leichten Zeit die Arbeit begleitet hat. Ihnen, meiner Frau Petra und meinem Sohn Lukas, soll deshalb diese Arbeit gewidmet sein.

München, im September 1995   Thomas Böhm

TEIL I
EINLEITUNG

1. KAPITEL

EINLEITUNG

Die »Vita Moysis« des Gregor von Nyssa findet in der Forschung aus verschiedenen Gründen starke Beachtung. Um nur einige zu nennen: In der »Vita Moysis« legt Gregor seine Philosophie und vor allem die Grundlagen seiner sog. Mystik dar. Dort wird besonders der Gedanke der »Epektasis« entwickelt. Anhand der »Vita Moysis« lassen sich die exegetische Methode Gregors wie auch seine Gedanken zu vielen Einzelthemen gut verfolgen. Mit anderen Worten: Die »Vita Moysis« ist eine der zentralen Schriften für das Verständnis des Nysseners.

Der vorliegende Beitrag will die grundlegenden Gedanken Gregors, eines der »philosophischen Köpfe« des vierten nachchristlichen Jahrhunderts, darlegen. Dabei zwingt die anhaltende Diskussion um den »christlichen Platonismus« zu einem Überdenken der Methoden. Im folgenden soll — abseits von philosophischer »Quellenforschung« — mit Hilfe einer Methode, die bisher so noch nicht in der Erforschung der frühchristlichen Literatur eingesetzt wurde, das philosophische Denken Gregors in der »Vita Moysis« überdacht werden. Es handelt sich dabei um die Methode der »philosophischen Implikation«.

Das Herausarbeiten der philosophischen Implikationen eines Gedankens bei Gregor bzw. von Strukturparallelen bedeutet, ein Verständnis dafür zu entwickeln, daß bestimmte Begriffe, z.B. »Teilhabe« oder »Anähnlichung«, eine philosophische Wertigkeit in sich tragen. Begriffe lassen sich nicht so von ihrem Inhalt trennen, als würden sie nur die Schale bilden, die den Inhalt umgeben. Gedanken werden stets begrifflich gefaßt und sind folglich von den Begriffen nicht völlig trennbar. Daraus ergibt sich: Wenn Gregor in seinem Kontext eine bestimmte philosophische Begrifflichkeit verwendet und dann neue Bedeutungen einführt, sind diese implizit durch das dem neuen Gedanken zunächst Fremde mitbestimmt. Die Methode der philosophischen Implikation will und kann also keine Quellenkunde oder eine bloße Anwendung philosophischer Termini auf Gregors Texte sein, sondern sie ist eine Bedingung für das Verständnis seines Denkens.

Ausgangspunkt der Untersuchung sind bestimmte Gedanken und Begriffe, die Gregor in der »Vita Moysis« verwendet und die meist auf einen ursprünglichen philosophischen Kontext verweisen. Es ist dabei zu unterstellen, daß Gregor diese Gedanken in aller Regel nicht durch eine direkte Lektüre und natürlich erst recht nicht durch eine historisch-kritische

Kontextanalyse im modernen Sinn übernimmt und für sich überprüft. Vielmehr kommen Gedanken vielfach gefiltert, adaptiert, durch andere philosophische Denker gebrochen — möglicherweise auch in einer Florilegiensammlung oder in den so beliebten Epitomen auf ihn und werden so auch von ihm verwendet. Dieser Vorgang kann als geschichtliche Filiation verstanden werden; das heißt, daß einzelne Gedanken geschichtlich in neuen Kontexten vermittelt werden. Dadurch können die ursprünglichen philosophischen Konzeptionen bei Gregor theologisch verdeckt sein. Ist dann aber das »Philosophische« bei Gregor nur Schmuck oder bloßes Bildungsgut? Wie ich meine, ist dies nachweisbar nicht der Fall. Gregor greift auf philosophische Traditionen zurück, weil er sie braucht, um für seine Begriffe ein kohärentes Gedankengebäude zu errichten und die christliche Theologie, so wie er sie versteht, damit zu durchdringen. Das heißt, daß das philosophische Moment die reflexive Struktur seiner Gedanken im ganzen erst ermöglicht und diese durchgehend mitträgt. Anders formuliert: Ohne diese philosophische Durchdringung ist Gregors Denken so nicht nachvollziehbar. Wie aber verhält es sich dann mit dem »Christlichen« bei Gregor? Gregor reflektiert selbst, wie in der Forschung gezeigt wurde, über seine Aneignung oder, wie er es selbst nennt, über seine »Chresis« der Philosophie. Dadurch trägt er selbst schon — wenn auch nicht in unserem heutigen historisch-kritischen Sinne — zur Herausarbeitung des Christlichen bei, weil die jeweilige Differenz von philosophisch bestimmtem Gedanken und biblisch orientierter Theologie »bewußt« gehalten wird. Wenn, wie im folgenden angestrebt, der jeweilige philosophische Kontext eines Gedankens, den Gregor verwendet, herausgearbeitet wird, werden die Konturen und das Profil des Denkers und insbesondere des christlichen Denkers, Gregor von Nyssa, besser greifbar, ohne daß er als genuiner Philosoph stilisiert werden müßte.

Dies möchte ich anhand zweier Beispiele kurz skizzieren:

1) Wenn Gregor z.B. bei der Behandlung des Begriffes »Grenze« im Proömium der »Vita Moysis« die Differenz von Kontinuierlichem und Diskretem einführt, verweist dies auf die ursprüngliche Verwendung dieser Unterscheidung bei Aristoteles. Das heißt allerdings noch nicht, daß Gregor *unmittelbar* auf die Kategorienschrift und die dort von Aristoteles dargelegten Gedankengänge und Differenzierungen zurückgegriffen hätte. Gregor steht vielmehr inmitten einer jahrhundertelangen Diskussion, die in seiner Zeit durch hervorragende Vertreter (Plotin, Porphyrius, Dexipp) fortgeführt wurde. Gerade am Beispiel der Kategorienschrift kann man vielleicht eine Vorstellung davon erhalten, wie die Vermittlung von

»Philosophoumena« vor sich ging. Philosophen vieler Schulen hatten zu
Gregors Zeit die Schrift des Aristoteles schon bedacht, zum Teil kommentiert und kritisiert, und sie war schlechthin zum Gemeingut des philosophischen Denkens geworden. Auch im Schulbetrieb wurde sie gelehrt,
wovon noch die *Isagoge* des Porphyrius Zeugnis gibt; zur Zeit der ariani-
schen Streitigkeiten wurden sogar öffentlich beim täglichen Einkauf die
Subtilitäten der Trinitätslehre unter Verwendung der Kategorienlehre
diskutiert. Wie kann man nun diesen schwer faßbaren Vermittlungsweg
für das Verständnis Gregors fruchtbar machen? Hier zeigt sich die Stärke
der vorgeschlagenen Methodik, da gerade das Erfassen der philosophischen Implikationen, unterschieden von einer rein historischen Quellenforschung oder der Zuordnung Gregors zu einer bestimmten Tradition
bzw. der Unterstellung einer umfassenden philosophischen Bildung zu
einer präziseren Beschreibung von Gregors Denken führen kann. Wenn
nämlich Gregor die Unterscheidung von »Kontinuierlichem« und
»Diskretem« einführt, ist zu untersuchen, auf welchen philosophischen
Diskussion er dabei aufruht. Dadurch können die philosophischen Momente seines Denkens besser erfaßt werden und so letztlich ein genauerer
Einblick in seinen philosophischen Horizont gewonnen werden.

2) Ähnlich verhält es sich mit dem für Gregor zentralen Begriff der
ὁμοίωσις, der ebenfalls deutlich eine philosophische Herkunft erkennen
läßt. Auch hier ist eine lange Wirkungsgeschichte festzustellen. Mit Hilfe
einer Analyse der philosophischen Möglichkeiten, mit denen die ὁμοίωσις gedacht werden kann, d.h. dem Erfassen der philosophischen Implikationen, kann verdeutlicht werden, welche Bedeutung diesem Begriff für
die Theologie Gregors zukommt. Es sei schon hier angemerkt, daß dieses
Bedenken des philosophischen Hintergrundes dazu führen kann, auch im
Terminologischen Altgewohntes aufgeben zu müssen. Zum Beispiel macht
im Falle der ὁμοίωσις schon der Kontext in Platons *Theaitetos* (176b)
deutlich, daß es sich nicht um eine *Angleichung* an Gott handelt, sondern
daß der Mensch im Aufstieg zu Gott diesem *ähnlich* wird. Es läßt sich in
der »Vita Moysis« erkennen, daß der Mensch auf seinem Weg zu Gott
diesem nie »gleich« zu werden vermag, sondern nur »ähnlich«. Angemessener als »Angleichung« für die ὁμοίωσις ist deshalb im Sinne Gregors
der Begriff »Anähnlichung«.

Aus diesem methodischen Ansatz heraus ergibt sich häufig eine sehr detaillierte Interpretation der für das Verständnis von Gregor relevanten
Texte und Philosophen. Daß dies den Schwerpunkt dieser Arbeit aus-
macht, soll aber nicht bedeuten, daß Gregor mit der »Vita Moysis« eine

komplexe philosophische Abhandlung auf dem Niveau eines Plotin oder eines Platon verfaßte, noch daß sie dazu gemacht werden soll, sondern es geht darum, einzelne, für das Verständnis der Schrift wichtige Gedanken in ihrem sachlichen Zusammenhang aufzuzeigen. So erst kann es zu einem angemessenen Verstehen Gregors kommen. Keinesfalls möchte diese Vorgehensweise als rein historische, positivistische Quellenforschung mißverstanden werden.

Wie sich diese Vorgehensweise und der *Skopos* dieser Arbeit in die bisherige Forschung einreihen, will zunächst das Kapitel »Forschungsstand« (Teil I,2) deutlich machen. Im Anschluß daran wird die methodische Reflexion zum Thema »christlicher Platonismus« vertieft werden (Teil I,3).

Darauf aufbauend, soll folgendes deutlich gemacht werden: Im Proömium nimmt Gregor die Themen der gesamten Schrift »De Vita Moysis« (VM) »in nuce« vorweg. Hier soll gezeigt werden, daß Rhetorik, Theologie und Philosophie ineinandergreifen (Teil II). Bei dieser Untersuchung ergibt sich, daß der Begriff θεωρία von zentraler Bedeutung ist, der deshalb eingehend beleuchtet wird. Dabei wird es sich zeigen, daß nach Gregor für den Menschen grundsätzlich eine Erfassung des Wesens Gottes ausgeschlossen ist, aber auch eine Einung mit Gott im Sinne Plotins. Obwohl Gregor ganz bestimmte philosophische, näherhin platonische Elemente für seine Theoria-Konzeption aufgreift, unterscheidet er sich deutlich, wie nachzuweisen sein wird, von dieser Tradition hinsichtlich der Möglichkeit eines Zugangs zum Wesen Gottes (Teil III, 1.1). Dies hat dann weitreichende Folgen für die in der Forschung häufig vertretene Ansicht, man müsse Gregors Theologie (z.B. die ἐπέκτασις) mystisch verstehen, ohne daß dies hier ausdiskutiert werden könnte (Teil III, 1.2).

Die Überlegungen zur Theoria bei Gregor ergeben eine enge Beziehung zur Unendlichkeit Gottes, die Gregor, wenn auch nicht ausschließlich, in Abgrenzung zu Eunomius entwickelt. Obwohl der Unendlichkeitsgedanke bei Gregor bereits eingehend erforscht wurde, ist ein erneuter Blick auf »Contra Eunomium« (Eun) und die »Vita Moysis« (VM) nötig, da VM chronologisch in die Nähe zu Eun gerückt wurde. Speziell für die Unendlichkeit Gottes werden sich jedoch zwischen Eun und VM so deutliche Unterschiede feststellen lassen, daß eine Vordatierung von VM in die eunomianische Kontroverse wenig plausibel erscheint (Teil III, 2.1 bis 2.3). Eine eingehende Untersuchung von Gregors Konzeption der Unendlichkeit Gottes in seinen Texten wird zeigen, daß sich Gregor zwar deutlich von den entsprechenden Überlegungen Platons und Aristoteles' unterscheidet, daß aber gerade Plotins Ansatz der Unendlichkeit des

Einen die Konturen des Verständnisses Gregors z.B. in VM deutlicher hervortreten läßt. Wenn aber Gregors Verständnis der Unendlichkeit von Plotin her verständlich wird, dann hat Gregor gerade nicht mit der metaphysischen Tradition in dem Maße gebrochen, wie dies von mancher Seite hervorgehoben wurde (Teil III, 3.1 bis 3.3).

Die Frage nach der Theoria ist aber nicht allein auf die Unendlichkeit Gottes beschränkt, sondern umfaßt zugleich die verschiedenen Möglichkeiten eines Zugangs des Menschen zu Gott. Gregor erörtert dies u.a. anhand der Anähnlichung des Menschen an Gott und den sprachlichen Bedingungen, unter denen die Anähnlichung und Unendlichkeit gefaßt werden können. In Abgrenzung zu Eunomius betont Gregor im Anschluß an die stoische Sprachtheorie, daß das Unendliche mit der Sprache nicht erreicht werden kann und die Sprache begrenzt ist. Die positive Funktion der Sprache besteht für Gregor darin, daß sie Differenz beschreibt und die in sich differente Sprache z.B. durch Bilder und Metaphern über sich selbst hinauszuweisen vermag (Teil III, 4.1). Weiterhin ergibt sich, daß die Ausführungen Gregors zur Sprache und Unendlichkeit nicht als ein isoliertes Konstrukt angesehen werden können, sondern daß sie in eine Lebensform eingebettet sind, die als Teilhabe, Anähnlichung oder »Bild Gottes« beschrieben wird. Zuletzt zeigt ein Vergleich von Gregor und Plotin, daß zwar beide betonen, der Mensch müsse in einem Prozeß der ἀφαίρεσις versuchen, zu Gott zu streben; im Gegensatz zu Plotin ist aber für Gregor ein »Erreichen« Gottes nicht möglich und die Anähnlichung an Gott läßt sich nicht als eine Selbstvervollkommnung verstehen; vielmehr setzt der nie endende Aufstieg zu Gott im Sinne Gregors die Gnade voraus (Teil III, 4.2).

Im Mittelpunkt des sog. philosophischen Denkens des Gregor von Nyssa steht immer das ›tugendhafte‹ Leben bzw. der Beitrag, den das philosophische Denken dazu leisten kann. Diese Lebensform, die Anähnlichung an Gott, wird durch die Auslegungsmethode (Allegorese der Bibel) unterstützt. In diesem Sinne kann man die Allegoria als Theoria verstehen. Obwohl das Thema der allegorischen Auslegung schon intensiv Gegenstand der Forschung ist, ist dieser bei Gregor wichtige Aspekt für VM noch nicht ausreichend untersucht worden. Das Ziel dieses Kapitels (Teil III, 5) ist es, eine größere Klarheit des Zusammenhangs zu erreichen.

Diese für Gregor zentralen Gedanken — Unendlichkeit, Sprache, Anähnlichung, Interpretation der Schrift, die sich alle zusammen als verschiedene Momente der Theoria verstehen lassen — spielen in der »Vita Moysis« eine wichtige Rolle. Exemplarisch wird dies durch die Interpretation der zentralen Stellen der Vita Moysis deutlich, nämlich den Theophanien (Teil IV). Eine Untersuchung dieser Texte wird zum Abschluß zeigen, daß Gregor in der Tat einen geschlossenen Entwurf vorgelegt hat, dessen verschiedene Momente von philosophischen Sachfragen, Denk- und Sprachformen mitbestimmt sind.

2. KAPITEL

STAND DER FORSCHUNG

Auf die Bedeutung von drei Bereichen für das Verständnis von Gregors Schriften im allgemeinen hat vor allem H. Dörrie in seinem wegweisenden Aufsatz »Gregor III (Gregor von Nyssa)«[1] aufmerksam gemacht: die exegetische Methode, die Frage nach den theologischen Gegnern und die Bedeutung der Philosophie für Gregor.

Dörrie betont für den ersten Bereich, daß im Sinne Gregors die allegorische Methode notwendig sei, um den in den Worten der Hl. Schrift verborgenen, tieferen Sinn δι᾽ ὑπονοίας zu entschlüsseln.[2]

Für den Aspekt der theologischen Gegnerschaft verweist Dörrie besonders auf die Arianer. Eunomius griff mit Vehemenz den Bruder Gregors, Basilius von Caesarea, an, und zwar kurz vor dessen Tod, so daß sich Basilius selbst nicht mehr zur Wehr setzen konnte. Eine Verteidigung seines Bruders übernahm Gregor in *Contra Eunomium*.[3]

Schließlich geht Dörrie auf die philosophische Bildung Gregors ein. Die Theurgik im Sinne des Iamblich werde von Gregor völlig abgelehnt, genauso wie die Einung mit dem Einen, wie sie Plotin beschreibt.[4] Vielmehr spreche Gregor von dem dauernden Streben nach Gott, von ὁμοίωσις[5], nicht aber von ἕνωσις. Das Ziel sei die Nachahmung Christi.[6] Nach Dörrie kennt Gregor von Nyssa zwar den Platonismus und die Stoa[7], zitiert deren Vertreter aber oft aus dem Gedächtnis, so daß ein philologischer Nachweis der Quellen zumeist unmöglich sei.[8] Damit gelinge es Gregor zum einen, daß er auf längst Gewußtes rekurrieren, zum anderen, daß er Unchristliches ausschalten könne.[9] Im besonderen geht Dörrie auf das Verhältnis Gregors zu Porphyrius ein. Auch wenn sich Gregor z.B. in

---

[1] Vgl. H. DÖRRIE, 1983, 863-895.

[2] Vgl. H. DÖRRIE, 1983, 878f. Zur Übernahme der allegorischen Methode durch Philon bzw. Origenes aus dem paganen Bereich vgl. H. DÖRRIE, 1974, 121-138; weiterführend F. BUFFIÈRE, 1973; J. PÉPIN, 1987 sowie allgemein zum rechten Schriftgebrauch CHR. GNILKA, 1984, zu Gregor bes. 76-79; zu Philon vgl. auch B. BOTTE, 1963, 173-181.

[3] Vgl. H. DÖRRIE, 1983, 873f.

[4] Vgl. H. DÖRRIE, 1983, 880. H. DÖRRIE verweist hier zusätzlich auf den Aspekt der Einung des Einen bei Ammonius Sakkas; die Problematik eines einigermaßen gesicherten Zuganges zu dessen Lehre zeigt H.-R. SCHWYZER (vgl. H.-R. SCHWYZER, 1983). Darauf kann hier jedoch nicht eingegangen werden.

[5] Vgl. z.B. Cant 12, p. 352,15-17.

[6] Vgl. H. DÖRRIE, 1983, 880.

[7] Vgl. H. DÖRRIE, 1983, 884.

[8] Vgl. H. DÖRRIE, 1983, 885 mit dem Beispiel: Cant 1, p. 25,6-10.

[9] Vgl. H. DÖRRIE, 1983, 885.

De virginitate[10] bezüglich der Reinheit des Lebens in Stil und Wortwahl
eng an Porphyrius[11] anschließe, so mache er doch von den typisch porphy-
rianischen Wendungen keinen Gebrauch.[12] Wenn überhaupt bei Gregor
von einem Platonismus gesprochen werden könne, dann lediglich von
einem völlig verchristlichten.[13] Wie ist nun der Forschungsstand zur *Vita
Moysis* hinsichtlich dieser von Dörrie hervorgehobenen Bereiche einzustufen?

»De Vita Moysis« ist seit einigen Jahrzehnten Gegenstand intensiver
Forschung[14], die die von Dörrie aufgezeigten Bereiche behandelt. Ein
Überblick über diese Forschung zur »Vita Moysis« (VM) läßt jedoch aus
philosophisch-theologischer Sicht vor allem drei Desiderate erkennen:
1. Die Verwendung der Allegorese wurde in der Forschung nicht hinreichend dargestellt. Man erklärte die Allegorese in der Schrift VM

---

[10]   Virg 23, p. 339,1-11.

[11]   Vgl. Vita Plotini 22,13-63.

[12]   Vgl. H. DÖRRIE, 1983, 887. Dies gelte trotz der Ausführungen von P. COURCELLE
(P. COURCELLE, 1967, 402-406; dazu auch J. DANIÉLOU, 1967, 395-401). Weiterführend H.
DÖRRIE, 1976, 21-42.
Eine solche Gegenüberstellung, wie sie H. DÖRRIE hier vornimmt, ist äußerst problema-
tisch, wie die gesamte Untersuchung zeigen wird.

[13]   Dies wendet H. DÖRRIE gegen H.F. CHERNISS (H.F. CHERNISS, 1971) ein (vgl. H.
DÖRRIE, 1983, 893).
Es fällt auf, daß A.M. RITTER auf einem Kolloquium zu »Gregor von Nyssa und die Philosophie« die Schrift *De vita Moysis* unter dem Aspekt der Gnadentheologie behandelt, ohne
eingehend philosophische Fragestellungen aufzugreifen (vgl. A.M. RITTER, 1976, 195-239).
Der einzige philosophische Verweis besteht in einem Zitat des einflußreichen Aufsatzes
von W. PANNENBERG (vgl. W. PANNENBERG, 1967, 296-346; dazu A.M. RITTER, 1976, 199
Anm. 21). Gegen PANNENBERG wurden jedoch schwerwiegende Bedenken eingebracht, so
von C.J. DE VOGEL, die auch in Auseinandersetzung mit H. DÖRRIE für eine verant-
wortbare Vermittlung der beiden Denkformen »griechische Philosophie« und »christliche
Theologie« plädiert (vgl. C.J. DE VOGEL, 1985, 1-62; dazu auch eine Besprechung von W.
BEIERWALTES, 1989, 23-27 sowie W. BEIERWALTES, 1988, 43). Kritisch Stellung zu W.
PANNENBERG nimmt auch die Arbeit von G.C. STEAD (vgl. G.C. STEAD, 1986, 349-371).
Zur gesamten Problematik vgl. TH. BÖHM, 1991, 274-285.

[14]   Umfangreiche bibliographische Hinweise zum Forschungsstand von »De vita Moysis« finden sich bei M. ALTENBURGER und F. MANN (vgl. M. ALTENBURGER / F. MANN,
1988, bes. 273f und Ergänzungen 364-374). Für die philosophische Fragestellung können
zwei Publikationen, die bei M. ALTENBURGER / F. MANN angeführt sind, vernachlässigt
werden, die sich ausschließlich mit georgischen Übersetzungen der Vita Moysis beschäftigen (vgl. G. PERADZE, 1930, 91; P.M. TARCHNIŠVILI, 1955, 138). Kritische Editionen liegen
von J. DANIÉLOU ([2]1955; [4]1987), H. MUSURILLO (1964; [2]1991) und M. SIMONETTI (1984)
vor; gegen die Editionen von DANIÉLOU und MUSURILLO werden von M. SIMONETTI zu
Recht Bedenken eingebracht (M. SIMONETTI, 1982, z.B. 348 und 350; dazu auch TH.
BÖHM, 1992a, 465f). Für die Ausgaben müssen ferner die Hinweise bei R. RIEDINGER (vgl.
R. RIEDINGER, 1970, 161-173) und F. BLASS (vgl. F. BLASS, 1880, 34f) beachtet werden. Ich
zitiere wie üblich nach GNO (ed. H. MUSURILLO). Wo nötig, werde ich die verschiedenen
Lesarten diskutieren. Die neue Übersetzung und Einleitung von T.H. MARTÍN-LUNAS war
mir nicht zugänglich (T.H. MARTÍN-LUNAS, 1993).

hauptsächlich in Abgrenzung zur sog. antiochenischen Exegese. Im
Fall von VM sei ihr Sinn entweder in der Auslegung einzelner Stellen oder in der Funktion als »Lückenbüßer« zu suchen, falls die
haggadische Exegese scheitere.

2. Was den theologiegeschichtlichen Aspekt betrifft, so versuchte man diesen in der Forschung einerseits werkimmmanent aufzuarbeiten, andererseits betonte man den Zusammenhang mit der eunomianischen
   Kontroverse. Dabei wurde aber — im Falle des Eunomius — die genaue Entwicklung der *theologischen* Spekulation zu wenig beachtet
   und die *philosophischen Implikationen* sowohl der eunomianischen
   als auch der gregorianischen Position nur im Ansatz behandelt.

3. Besonders auffällig ist, daß man bisher philosophische Fragen nicht ein-
   gehender diskutiert hat.

Was den ersten, von Dörrie genannten Aspekt, die Allegorese, betrifft,
wird in der *De vita Moysis*-Forschung zunächst auf zwei von Gregor getrennte Bereiche aufmerksam gemacht, nämlich die ἱστορία und die
θεωρία. Nach J. Daniélou ist die Historia ganz im Sinne haggadischer
Exegese, im Anschluß an Philons *Leben des Mose*, abgefaßt.[15] Dem stehe
im zweiten Teil von VM die typologische Exegese gegenüber.[16] Auffällig
ist hier, daß Daniélou die Typologie wie auch die Allegorese nicht positiv
bewertet, sondern beide als Derivate der haggadischen Exegese erscheinen läßt: »Die Allegorie ist das Ergebnis der Haggada, wenn sie in ihrer
erbaulichen Absicht scheitert.«[17] Über diese Bestimmung der Exegese
geht M. Simonetti lediglich insofern hinaus, als er stärker als Daniélou die
Abhängigkeit Gregors von Origenes betont, der einer der Wegbereiter der
Allegorese im christlichen Bereich war. Dabei hebt Simonetti hervor, daß
Origenes drei Schriftsinne kenne, nämlich den literalen, den moralischen
und den spirituellen[18]; dagegen unterscheide Gregor nur zwischen dem
literalen und dem allegorischen Sinn.[19] Zusätzliche Aspekte werden darüber hinaus von R.E. Heine eingebracht, der einerseits zu zeigen versucht,
daß Gregor mit der allegorischen Interpretation der Schrift Eunomius

---

[15] Vgl. J. DANIÉLOU, 1963, 289-299.

[16] Vgl. J. DANIÉLOU, 1963, 299-306 mit reichen Beispielen aus der Vita Moysis.

[17] J. DANIÉLOU, 1963, 297. Ihm schließen sich im wesentlichen auch I.G. GARGANO
(vgl. I.G. GARGANO, 1970, 131-158) und E. MOUTSOULAS an (vgl. E. MOUTSOULAS, 1969,
465-485).

[18] Vgl. Origenes, Princ 4,2,4 - 4,3,15, p. 708-780.

[19] Vgl. M. SIMONETTI, 1982a, 401-418. An dieser Stelle ist auch C.W. MACLEOD zu
erwähnen, der für die Vorrede zu *De vita Moysis* einige Anklänge an die theologische und
philosophische Tradition aufzeigt (vgl. C.W. MACLEOD, 1982, 183-191; ferner L.F. MA-
TEO-SECO, 1993, 25-31).

diskreditieren möchte, obwohl es nicht sicher erscheint, ob Eunomius selbst die Allegorese abgelehnt habe.[20] Andererseits habe Gregor die Allegorie hauptsächlich in Opposition zur »antiochenischen Schule« verwendet, besonders gegen Diodor von Tarsus, Johannes Chrysostomus und Theodor von Mopsuestia.[21]

Als Ergebnis der bisherigen Forschung zur exegetischen Methode Gregors bleiben vor allem zwei negative Bestimmungen der Allegorese, so weit sie VM betreffen: 1) Die Allegorese ist erst dann sinnvoll, wenn die Haggada scheitert. 2) Die Allegorese wird in Opposition zu theologischen Gegnern betrieben. Worin besteht jedoch die *positive* Bestimmung von Allegorese in der Schrift *De vita Moysis*? Eine genaue Erklärung dieses Fragenkomplexes ist in der Forschung zu VM noch nicht ausreichend geleistet.[22]

Das zweite und dritte angesprochene Desiderat der Forschung betrifft die Interpretation von *De vita Moysis* in theologiegeschichtlicher und philosophischer Hinsicht. Hier fällt zunächst auf, daß sich die meisten Interpreten speziellen Themen dieser Schrift widmen und diese werkimmanent behandeln, so z.B. das Wegemotiv.[23] Breiter angelegt ist die Untersuchung der Schrift VM von E. Ferguson, der sein Augenmerk auf die drei Theophanien richtet. Den Ausgangspunkt bildet bei ihm die Bestimmung der ἀρετή als Wissen Gottes und zugleich als richtiges Verhalten im Sinne einer Lebensform.[24] Dies wendet Ferguson auf alle drei Theophanien

---

[20] Vgl. R.E. HEINE, 1984, 365.

[21] Vgl. R.E. HEINE, 1984, 366-368; zur antiochenischen Exegese vgl. CHR. SCHÄUBLIN, 1974, bes. 84-155 und TH. BÖHM, 1991, 232-234.

[22] Diese Festtellung trifft unbeschadet der Tatsache zu, daß einige Interpreten zu zeigen versuchen, daß Gregor alttestamentliche Stellen typologisch auf Christus bezieht (vgl. z.B. H.R. DROBNER, 1990, 275-281). Damit ist nämlich nur die *Anwendung* einer Methode expliziert, nicht jedoch deren spezifischer Sinn, d.h. die Frage, warum die Allegorie als solche notwendig mit dem Begriff des Aufstiegs korrespondiert (vgl. dazu z.B. L.F. MATEO-SECO, 1993, 51). Die obige Festtellung trifft auch trotz der Untersuchungen von M.N. ES-PER zu (vgl. M.N. ESPER, 1979; ausführlich dazu Teil III, 5).

[23] Vgl. P.F. O'CONNELL, 1983, 301-324. P.F. O'CONNELL arbeitet zwar zu Recht heraus, daß das Wegemotiv nicht nur den Aufstieg des Moses betrifft, sondern zugleich die Wanderung des Volkes Israel (darin unterscheidet er sich wesentlich von M. MEES [vgl. M. MEES, 1976, 317-335]); die gesamte Interpretation O'CONNELLs ist jedoch von der Thematik »Apostolizität und Sakramentalität« (z.B. Eucharistie; vgl. P.F. O'CONNELL, 1983, 311) beherrscht.
Auch A.M. RITTER behandelt VM vor allem unter *einem* Gesichtspunkt, den der Gnadentheologie (vgl. A.M. RITTER, 1976, 195-239). Ähnliches gilt für die Beiträge von C. PERI, 1974, 313-332; M.A. BARDOLLE, 1984, 255-261; E. JUNOD, 1978, 81-98; A.W. ANDERSON, 1961.

[24] Vgl. E. FERGUSON, 1976, 308.

an.[25] Betrachtet man diese Ausführungen von Ferguson allerdings näher, dann bleibt er bei seiner Interpretation sehr nahe am Text, ohne eine weitergehende Betrachtung des philosophischen Hintergrundes einzubeziehen.[26]

Weit über die bisher angeführte Literatur geht Heine hinaus.[27] Er versucht erstens zu zeigen, daß die späte Datierung, die Daniélou vorgeschlagen hat (392 n. Chr.), nicht zutreffen könne; vielmehr gehöre VM in eine sachliche und zeitliche Nähe zu *Contra Eunomium*.[28] Zweitens sei VM nicht als ein Werk für Mönche, sondern für die priesterliche Ausbildung verfaßt, wobei sie aber eine Gelegenheitsschrift darstelle.[29] Drittens habe Gregor VM in weiten Teilen in Auseinandersetzung mit dem zeitgenössischen Origenismus und in Modifikation der origenistischen Theologie verfaßt.[30] Und schließlich wende sich Gregor trotz des unpolemischen Tones gegen Eunomius.[31]

Für Heine steht die Gegnerschaft zu Eunomius, nicht hingegen der philosophische Aspekt von VM im Vordergrund.[32] Auf philosophische Fragestellungen geht er somit erklärlicherweise nur gelegentlich ein. Daß hier noch philosophische Fragen offen bleiben, kann an Heines Interpretation der dritten Theophanie deutlich werden: »Gregory's awareness that he is transcending the Platonic polarity of mutability and immutability and even

---

[25] Vgl. E. FERGUSON, 1976, 308-311; vgl. darüber hinaus auch M. HARL, 1978, 87-108, zu Gregor bes. 101-108 und L.F. MATEO-SECO, 1993, 31-45.

[26] Ähnlich auch G. BEBIS, 1967, 369-393. G. BEBIS schreibt sogar zu den drei Theophanien: »This purely theological orientation does not fully exclude Gregory's interest in human knowledge and in human categories even in Greek philosophy and speculation.« (G. BEBIS, 1967, 370). Fraglich ist aber, ob es sich um eine *rein* theologische Orientierung handelt; zugleich verrät die Formulierung *even in Greek philosophy*, daß G. BEBIS von der von A.V. HARNACK, A. RITSCHL, aber auch W. PANNENBERG vertretenen Hellenisierungsthese beeinflußt ist; zu den verschiedenen Ansätzen vgl. C.-F. GEYER, 1990, 47-58 und TH. BÖHM, 1991, 16-23 und 260-263.

[27] Vgl. R.E. HEINE, 1975.

[28] Vgl. R.E. HEINE, 1975, 11-15. F. DÜNZL versucht durch einen Vergleich von den Homilien zum Canticum und der Vita Moysis zu zeigen, daß eine enge (auch zeitliche) Verbindung dieser beiden Werke besteht (vgl. F. DÜNZL, 1990, 371-381). Um seine Thesen zu stützen, greift er u.a. auch auf die Ausführungen von R.E. HEINE zurück (vgl. F. DÜNZL, 1990, 381 Anm. 13; ferner I.G. GARGANO, 1981, 142f.237)

[29] Vgl. R.E. HEINE, 1975, 22-25; kritisch dazu L.F. MATEO-SECO, 1993, 19.

[30] Vgl. R.E. HEINE, 1975, bes. 71-97.

[31] Vgl. R.E. HEINE, 1975, 127-191. Ähnlich auch A. MEREDITH: »the *Vita* in its approach to the problem of the nature of God stands in the same tradition as the *Contra Eunomium*« (A. MEREDITH, 1990, 143).

[32] Ein Beispiel dafür, daß sich Gregor nicht an philosophischen Konzeptionen orientiere, sei die Definition der ἀρετή, die Gregor bewußt im Anschluß an Origenes konzipiert habe (gegen Platon und Plotin): vgl. R.E. HEINE, 1975, 36-46.

reversing some of the values connected with this polarity can be seen in the following passage.«[33] Er zitiert im Anschluß daran VM II 243f[34]. Dort heißt es: für den, der aufsteigt (ὁ ἀνιών), sind zugleich Bewegung und Ständigkeit gegeben; der, der aufsteigt, steht nicht still, und der, der still steht, steigt nicht auf. Für Gregor gilt also, daß hier τὸ ἀναβῆναι und τὸ ἐστάναι miteinander vermittelt werden müssen. In diesem Gegensatz, den Heine festzustellen meint, sieht er die Polarität von Bewegung und Nicht-Bewegung des Platonismus überwunden. Es bleibt in diesem Zusammenhang jedoch zu prüfen, ob Gregor in der Tat die von Heine hervorgehobene Position des Platonismus »bewußt« hinter sich gelassen hat.

Ferner muß betont werden, daß Heine die Theologie des Eunomius zu eng faßt. Er reduziert sie auf den Begriff ἀγέννητος[35]; die für das Verständnis von VM und Eunomius grundlegende Interpretation des Seinsbegriffs in der Auslegung von Ex 3,14 wird vor allem geschichtlich[36], nicht aber im Sinne der philosophischen Implikation durchdrungen. Dadurch greift Heine, philosophisch gesehen, zu kurz. Darüber hinaus entwickelt Heine die neo-arianische Kontroverse aus der theologischen Konzeption des Arius selbst, der nach der Ansicht Heines die Transzendenz Gottes überbetont habe.[37] Für Arius läßt sich aber zeigen, daß dessen Ausgangsbasis die Christologie ist, nämlich im Sinne einer relationalen Bestimmung des Verhältnisses von Vater und Sohn.[38]

Zuletzt wurde die von Heine vorgetragene These, daß VM aufgrund der Betonung der Unendlichkeit Gottes[39] und des moralischen Charakters des Menschen am besten von einem anti-eunomianischen Hintergrund verstehbar sei[40], von Simonetti einer scharfen Kritik unterzogen. Die Konvergenzen zwischen *De vita Moysis* und *Contra Eunomium* müssen nicht notwendig auf eine Frühdatierung deuten; das gleiche Thema kann vielmehr auch in zwei Schriften einer unterschiedlichen Schaffensperiode aufgegriffen werden.[41] »In realtà Gregorio ha scritto la *Vita di Mosè* non per pole-

---

[33] R.E. HEINE, 1975, 59.

[34] Vgl. VM II 243f, p. 118,3-24.

[35] Vgl. R.E. HEINE, 1975, bes. 135-137.

[36] Vgl. R.E. HEINE, 1975, 130f; zu beachten wäre hier besonders R. MORTLEY, 1986a, 128-191.

[37] Vgl. R.E. HEINE, 1975, 132f.

[38] Vgl. TH. BÖHM, 1991, bes. 53-67; M. VINZENT, 1993, 66f; zur Kritik an einem solchen Ansatz durch B. STUDER und A.M. RITTER vgl. TH. BÖHM, 1994a, 593-599.

[39] Vgl. VM I 7, p. 4,9 und z.B. VM II 235-238, p. 115,8-116,17.

[40] Vgl. R.E. HEINE, 1975, 132-137 für ersten Aspekt; R.E. HEINE, 1975, 158-191 für den zweiten Aspekt.

[41] Vgl. M. SIMONETTI, 1984, XVIII f; ähnliches gilt für VM und Cant.

mizzare contro eunomiani, origeniani e altri eretici e assimilati, ma soltanto per venire incontro alla richiesta del suo corrispondente.«[42]

Diese drei Desiderate in der Forschung zu VM sollen die folgenden Untersuchungen leiten. Es scheint notwendig zu sein, die *philosophischen Implikationen* besonders der drei Theophanien zu untersuchen, vor allem auch hinsichtlich der Licht-Metapher, die in allen drei Theophanien beim Aufstieg der Seele zur Anschauung Gottes als eine Bewegung der Abstraktion eine besondere Rolle spielt. Was W. Beierwaltes für Plotins Metaphysik des Lichtes schreibt, kann in gleicher Weise als eine ›Problemanzeige‹ im Hinblick auf Gregors Einsichten gelten: »In einer Wiederaufnahme der Thematik wäre u.a. intensiver auf die Unterscheidung des zeitfrei sich denkenden und dadurch als Licht sich vollziehenden Denkens des Nus von dem in zeitlicher Verfaßtheit sich erhellenden Denken des Nus *in* der Seele zu reflektieren [...].«[43] Zugleich ist der Frage nachzugehen, welche Leistung der *Metapher* im Zusammenhang mit der Allegorese zukommt, d.h. der Frage, ob die Licht-Metapher als uneigentliche Rede einzustufen ist oder ob sie gerade als solche nicht durch den Begriff ersetzt werden kann.[44] Schließlich ist darauf einzugehen, welche philosophischen Konzeptionen die Positionen von Gregor *und* Eunomius beeinflußten, um zu zeigen, daß die theologischen Kontroversen zwischen Gregor von Nyssa und Eunomius von Cyzicus gerade *auch* aus philosophischen Voraussetzungen heraus verstanden werden können.

---

[42] M. SIMONETTI, 1984, XIX f; vgl. auch L.F. MATEO-SECO, 1993, 21f.
[43] W. BEIERWALTES, 1977, 116.
[44] Vgl. W. BEIERWALTES, 1977, 116 und W. BEIERWALTES, 1985, 139.

3. KAPITEL

METHODOLOGISCHE ÜBERLEGUNGEN: DIE PHILOSOPHISCHE IMPLIKATION

Die Forschung hat sich in diesem Jahrhundert eingehend mit dem Phänomen des sog. christlichen Platonismus auseinandergesetzt.[1] Ein Gang durch die Forschung, beginnend mit A.v. Harnack, soll im folgenden dazu dienen, die Schwächen der bisher vorgelegten Ansätze zu verdeutlichen und die in dieser Arbeit angewandte Methode der philosophischen Implikation zu begründen.

Obwohl zum Beispiel die Positionen von Harnack und Dörrie nicht gegensätzlicher erscheinen könnten, haben sie doch *einen* Kerngedanken gemeinsam: Die Grundthese *einer* Forschungsrichtung, der von Harnack, war, daß der Einfluß der Philosophie auf Gregor von Nyssa beträchtlich gewesen sei; dies führte zu der Ansicht, Gregor sei von der Philosophie so stark geprägt worden, daß er dadurch den biblischen Glauben destruiert habe. Dabei wird der biblische Glaube als ein Kern vorgestellt, der durch die dogmengeschichtliche Entwicklung verändert worden ist. Auf der *anderen* Seite hob Dörrie hervor, daß Gregor lediglich formal an die philosophische Tradition seiner Zeit anknüpfte, so daß die Philosophie für ihn wenig Bedeutung gehabt habe; deshalb könne auch nicht von platonisierten und platonisierenden Christen gesprochen werden. Denn die Kirchenväter hätten sich zwar der *platonischen Sprache* bedient[2], den ursprünglichen *Inhalt* dieser Sprache aber verkannt oder unterdrückt.[3] Weil die christlichen Grunddogmen in einem klaren Widerspruch zu den Aussagen des Platonismus stünden, liege eine lediglich formale Beeinflussung vor, inhaltlich müsse man aber von einem Gegen-Platonismus sprechen.[4]

Beiden hier vorgestellten Positionen ist gemeinsam, daß der Inhalt christlichen Glaubens als Kern gedacht wird, der — von der sprachlichen Form unabhängig und von ihr abstrahierbar — durch die platonische Sprache und durch platonische Denkformen entweder unberührt bleibe (Dörrie) bzw. destruiert werde (Harnack).[5]

---

[1] Zur geschichtlichen Entwicklung der Hellenisierungsthese und der kritischen Auseinandersetzung mit ihr vgl. L. SCHEFFCZYK, 1982 und TH. BÖHM, 1991, 260-263.

[2] Vgl. H. DÖRRIE, 1971, 294 und 300f.

[3] Vgl. H. DÖRRIE, 1971, 295.

[4] Vgl. H. DÖRRIE, 1971, 300-302 und H. DÖRRIE, 1987, 7; dazu E.P. MEIJERING, 1974, 15f; C.J. DE VOGEL, 1985, 1-62 und W. BEIERWALTES, 1988, 40f. Vgl. zum Ansatz von H. DÖRRIE insgesamt E. PEROLI, 1993a, 107-138.

[5] Zum Problem W. BEIERWALTES, 1989, 23 und W. BEIERWALTES, 1993, 198.

Dabei ist auch zu bemerken, daß sich diese beiden Forschungsrichtungen auf die Auseinandersetzungen von Christentum und Platonismus konzentrieren. Es ist jedoch zu betonen, daß die Glaubenswahrheiten in der Alten Kirche nicht dem Platonismus entgegengesetzt wurden, sondern den Häresien bzw. den kirchlichen Gegnern; der Platonismus kommt vorrangig in der theologischen Reflexion zur Geltung, wenn gesagt wird, die Häretiker hätten ihre Häresie der griechischen Philosophie entnommen.[6] Aber nicht nur die Grundwahrheit des christlichen Credos ist entscheidend, sondern auch die argumentative Struktur, mit der das Credo erreicht wird.

Dies wird z.b. am Begriff ὁμοούσιος deutlich. Harnack betont nämlich, daß das ὁμοούσιος, von den Arianern und Origenisten abgewiesen, *formal* ein philosophisches Wort sei, *inhaltlich* aber der Philosophie der Zeit entgegenstehe.[7] Damit sei der Hellenisierung des Christentums eine klare

---

Diesen Aspekt hebt zwar auch CH. APOSTOLOPOULOS zu Recht hervor (vgl. CH. APOSTOLOPOULOS, 1986, 102), allerdings versucht er nicht, eine klare Differenzierung zwischen »christlich« und »platonisch« zu erarbeiten, um so die Nutzung der platonischen Philosophie durch die christlichen Schriftsteller zu zeigen (zum Problem vgl. M. PELLEGRINO, 1938, 472-474; P. HACKER, 1970, 253-278; L.F. MATEO-SECO, 1971, 77-79; H. DÖRRIE, 1976, 23-25; T.P. VERGHESE, 1976, 244; P. HACKER, 1978, 338-359; H. DÖRRIE, 1983, 884-887; CHR. GNILKA, 1984, 44-79; J.C.M. VAN WINDEN, 1987, 194f; C. FABRICIUS, 1988, 185; H.M. MEISSNER, 1991, 5-14; CHR. GNILKA, 1993, 63-91). Grundsätzlich zum Problem neuerdings P. BEER, 1995, passim.

[6] Vgl. z.B. Irenäus, Adv haer II 14,2-6, p. 132-140; dazu E.P. MEIJERING, 1974, 16. Der Gedanke, daß die christliche Botschaft durch die Philosophie korrumpiert und dadurch die christliche Lehre neu gestaltet werde, ist ein beliebter Topos der Invektive: vgl. Gregor von Nyssa, Eun I 156-158, p. 73,26-75,1 und Athanasius, C. Ar I 8, p. 25CD; dazu A. MEREDITH, 1976, 318. Zur Invektive vgl. auch J.-A. RÖDER, 1993, 92-95.166.

[7] Vgl. A.v.HARNACK, 1991, 226-228. Einen ähnlichen Gedanken vertritt E.V. IVÁNKA, wenn er davon spricht, daß Gregor von Nyssa im Hinblick auf die Erkenntnis Gottes die platonischen Philosopheme aus dem jeweiligen Systemganzen herauslöse und von der metaphysischen Deutung befreie, um so zu einer mystischen Schau Gottes zu gelangen (vgl. E.V. IVÁNKA, 1964, 170). Es ist jedoch nicht zwingend einzusehen, warum die Herauslösung eines Philosophems aus dem Systemganzen lediglich rein formal die Übernahme einer Begrifflichkeit sein soll, die in dem neuen Kontext bei Gregor unmetaphysische Züge annimmt. Ist aber mit dem metaphysischen Gehalt eines Philosophems notwendig die Destruktion des christlichen Kerygmas verbunden? Ähnliches gilt auch von der Einschätzung der Erkenntnislehre Gregors, die nach E.V. IVÁNKA trotz des platonischen Tones unplatonisch sei; einerseits spielten die Ideen keine Rolle, andererseits beschränke Gregor die Erkenntnis auf räumlich, zeitlich oder graduell Bestimmtes und negiere die Erkenntnismöglichkeit des Unendlichen (vgl. E.V. IVÁNKA, 1964, 160). Wenn aber Gregor z.B. behauptet, daß das Göttliche seinem *Wesen* nach *unbegrenzt* sei (z.B. VM I 7 [4,9f Musurillo]), muß die Wesensbestimmung weder aristotelisch noch stoisch (Poseidonius) sein (gegen E.V. IVÁNKA, 1964, 160f; kritisch zur behaupteten Abhängigkeit von Poseidonius z.B. H.M. MEISSNER, 1991, 17). Daß das Göttliche nämlich als unbegrenzt zu betrachten ist, ergibt sich konsequent aus der Bestimmung der Grenze im Bereich des Kontingenten *via negativa* (dazu W. BEIERWALTES, 1979, 50-52). Vgl. auch Teil III, 2.1 b und 2.2 a.

Schranke gesetzt worden. Die Kappadokier hätten es aber als ὁμοιούσιος interpretiert und seien dadurch zu Origenes und zum *Platonismus* zurückgekehrt, was ein deutlicher Rückschritt gegenüber der Theologie des Athanasius gewesen sei.[8] »Die großen Theologen Apollinaris von Laodicea und die drei Kappadozier sind von Origenes und von dem Ὁμοιούσιος ausgegangen; aber sie haben das Ὁμοούσιος nun anerkannt und mit und neben demselben ihre philosophischen Spekulationen betreiben können; denn man durfte nun sagen, daß es drei Hypostasen sind, und war *doch* orthodox.«[9] Diese Aussage beinhaltet zugleich, daß sich die Orthodoxie nach v. Harnack — abgesehen von der Rezeption durch die Kirche — im Grunde genommen *ohne* die Philosophie ergibt oder ergeben müßte. Dabei besteht jedoch folgendes Problem: Bei einer solchen Position müßte das biblische Verstehen in einer Reinheit erhalten werden und somit frei bleiben von geschichtlichen Wandlungen. Wird nun das biblische Verstehen etwa mit Hilfe der Philosophie durchdacht, also zur Reflexion erhoben, bedeutet dies zugleich, daß die Einfachheit des Glaubens *notwendig* zerstört wird und somit dem Verfall unterworfen ist. Der Glaube ist dann aber ein Sonderfall des Weltverhaltens, der sich ›übernatürlich‹ von der Reflexion durch das Denken abheben müßte, um noch existent zu sein. Um jedoch den eigenen christlichen Gedanken auf den *Begriff* bringen zu können, mußte das Christentum aus der griechischen Metaphysik sein Begreifen und Entfalten von Theorieelementen gewinnen.[10]

Demgegenüber arbeitet G.C. Stead vor allem heraus, daß Gregor von Nyssa einerseits die philosophische Arbeitsweise mißachtet habe, andererseits die sog. christliche Philosophie eine Theologie mit Hilfe philosophischer Begriffe sei. Er betont, daß die Philosophie dem Christentum half, seine Glaubensanschauungen zu profilieren und argumentativ zu vertreten.[11] Für Gregor seien Bibel und christliche Tradition die Quelle aller Wahrheit.[12] Er verachte die nichtchristlichen Philosophen wegen ihrer mangelnden Folgerichtigkeit[13], was aber — nach Stead — in gleicher Weise auch auf Gregors eigene Lehre vom zukünftigen Leben zutreffe.[14] Obwohl

---

[8] Vgl. A.V. HARNACK, 1991, 227f; dazu auch E.P. MEIJERING, 1985, 31f.
[9] A.V. HARNACK, 1991, 227 (Hervorhebung Th.B.).
[10] Vgl. W. BEIERWALTES, 1993, 197f.
[11] Vgl. G.C. STEAD, 1990, 57f.
[12] Vgl. G.C. STEAD, 1990, 58.
[13] Vgl. G.C. STEAD, 1990, 66.
[14] Vgl. T.J. DENNIS, 1981, 55-74.

also Gregor Philosophen kritisiere[15], mißachte er aufgrund seiner eigenen Inkonsistenz die philosophische Arbeitsweise.[16]

Trotzdem habe Gregor für seine Zwecke die Philosophie benutzt: »... yet where philosophical opinions seem to *serve* his theological ends he will press them into service; but he has no concern to organize these opinions into a coherent system. He lacks the essential attributes of the philosopher ...«[17] Dies zeigt Stead z.B. für die Differenz von αἰσθητά und νοητά, um auf die Inkonsistenzen der Begrifflichkeit bei Gregor hinzuweisen.[18]

---

[15] In diesem Zusammenhang betont STEAD, daß nur wenige wie etwa Porphyrius es verstanden hätten, philosophische Sachverhalte leichtverständlich darzubieten; Plotin und Proklos seien von gewaltiger Denkkraft gewesen, jedoch zu esoterisch und schwierig, um größeren Einfluß auszuüben (vgl. G.C. STEAD, 1990, 59).

[16] Vgl. G.C. STEAD, 1990, 66 gegen B. STUDER, 1985, 177. G.C. STEAD wehrt sich auch gegen die Ansicht W. PANNENBERGs, daß das Rückschlußverfahren in der *gesamten* griechisch philosophischen Theologie durchgängig vorhanden gewesen sei. Dabei behauptet W. PANNENBERG zugleich, daß Gott ein Teil der natürlichen Weltordnung geworden sei, andererseits werde aber die Unbegreiflichkeit Gottes hervorgehoben, die Gott seiner Personalität beraube. Dies sei maßgebend für die Entwicklung des philosophischen Gottesbegriffes in der frühchristlichen Theologie geworden. Einerseits sei aber – nach G.C. STEAD – die Theorie einer einheitlichen Methode zu einfach, andererseits entspreche der Gedanke der freien Kreativität Gottes nicht der frühchristlichen Theologie (G.C. STEAD, 1986, 368 mit den entsprechenden Nachweisen zu W. PANNENBERG). W. PANNENBERG gebraucht jedoch in der Auseinandersetzung mit M. WILES (vgl. M. WILES, 1976, 14f) die Argumentation zum Rückschlußverfahren vorsichtiger (vgl. W. PANNENBERG, 1988, 296; zu Gregor auch 369-371 unter Bezugnahme auf E. MÜHLENBERG).

[17] G.C. STEAD, 1976, 107; dies ist auch gegen den Versuch von H.F. CHERNISS gerichtet, die Ansätze des Denkens Gregors aus der Lektüre der platonischen Dialoge zu eruieren (vgl. H.F. CHERNISS, 1971, z.B. 3 und 61f).

[18] Vgl. G.C. STEAD, 1976, 108f (Hervorhebung Th.B.).
Ähnlich wie STEAD versucht auch M.-B.V. STRITZKY zu zeigen, daß die von Gregor verwendeten philosophischen Termini lediglich ein Gerüst darstellen, das als Mittel der Kommunikation diene, der Inhalt sei aber ein völlig anderer geworden (vgl. M.-B.V. STRITZKY, 1973, 25.46.48.64.72f und 75). Diesen Gedanken äußert M.-B.V. STRITZKY z.B. für den Zusammenhang von »Bild«, »Anähnlichung« und »Teilhabe«, da für die Anähnlichung an Gott bzw. das Göttliche ein großer Bedeutungsunterschied im Gottesbegriff bei Gregor und Plotin festzustellen sei (vgl. M.-B.V. STRITZKY, 1973, 25). Daß sich die Gottesvorstellungen unterscheiden, trifft zwar zu, aber das Problem besteht auch darin, welche *Begriffe* angewendet werden, um eine Annäherung an Gott zu beschreiben oder zu deuten – in diesem Fall in dem von beiden Autoren verwendeten Begriff »*Anähnlichung*«. Es ließen sich auch ganz andere Modelle vorstellen, die gerade nicht mit einem solchen (begrifflichen) Instrumentarium arbeiten.
Problematisch scheint auch zu sein, wenn M.-B.V. STRITZKY unter Berufung auf E.V. IVÁNKA (vgl. E.V. IVÁNKA, 1936, 179-195) und H.F. CHERNISS (vgl. H.F. CHERNISS, 1971, 41) behaupten, daß bei Gregor von Nyssa im *Gegensatz* zur platonischen Philosophie die Sinneswahrnehmung wieder das erste sei (vgl. M.-B.V. STRITZKY, 1973, 48). Aber nicht in der *Vorrangigkeit* bzw. dem *Ansatz* in der Wahrnehmung kann der Gegensatz zum Platonismus in seiner Gesamtheit bestehen; denn für Plotin beispielsweise läßt sich zeigen, daß er in der Tat bei der Sinneswahrnehmung ansetzt (vgl. E.K. EMILSSON, 1988, 63-140; H. BENZ, 1990, 186-282; W. BEIERWALTES, 1991, 184-190).

Es muß jedoch in diesem Zusammenhang gegen Stead kritisch angemerkt werden, daß das Problem nicht allein in der Inkonsistenz bestehen
kann, die im gesamten Werk Gregors enthalten ist[19], sondern darin, welche Bedeutung und Konsequenz der *jeweilige* Sprachgebrauch *in sich* hat.
R.M. Hübner verweist zu Recht darauf, daß Gregor in einigen Schriften
über eine konsequente Terminologie verfügt, etwa in *De differentia essen-
tiae et hypostaseos*, *Ex communibus notionibus* oder *Quod non sint tres dii*[20].
Ferner zeigen sich die gleichen Inkonsistenzen, die für Gregor nachgewiesen wurden, z.B. auch bei Alkinoos. Für Gregor könnte sich also der
Zwang ergeben, philosophische Termini in der Mischbedeutung *seiner*
Zeit und nicht im ursprünglichen Gehalt zu übernehmen.[21]

Eine andere Einschätzung der philosophischen Bildung bei Gregor von
Nyssa vertritt H.F. Cherniss. Er versucht zu zeigen, daß sich die Grundlagen von Gregors Denken aus einer direkten Lektüre Platons eruieren lassen:[22] »... it is evident from our previous investigation that Gregory knew
Plato at first hand and knew him exceedingly well.«[23] Gregor ist für Cherniss ein Philosoph der Kirche und der Vermittler des Platonismus für das
christliche Dogma.[24] Es sei aber, so betont Cherniss, nicht entscheidend,
welche Quelle Gregor von Nyssa genau gelesen habe: »Rather more im-
portant than the fixing of the exact source is the philosophical importance
of the *translation* of these Platonic doctrines bodily into Christian theo-

---

Ferner betont M.-B.V. STRITZKY, daß sich Gregor von Plotin vor allem dadurch absetze,
daß der Mensch gnadenhaft in der *Schöpfung* mit der Gottebenbildlichkeit ausgestattet
worden sei (vgl. M.-B.V. STRITZKY, 1973, 64). Dabei müßte aber *näher* geklärt werden,
worin die Leugnung einer »Schöpfung« etwa bei Plotin besteht oder ob nicht auch bei Plotin diese Problematik vorhanden ist, wie dies K. KREMER zu zeigen versucht (vgl. K. KRE-
MER, 1987, 998-1017).

[19] D.L. BALÁS verwies im Anschluß an den Vortrag G.C. STEADs (1976) auf dessen
sprachanalytischen Hintergrund; die Konvergenz eines solchen Ansatzes mit dem Verstehen antiker Autoren müßte allerdings geprüft werden (vgl. Text bei G.C. STEAD, 1976,
121).

[20] Text bei G.C. STEAD, 1976, 120.

[21] Vgl. E.V. IVÁNKA bei G.C. STEAD, 1976, 126.

[22] Vgl. H.F. CHERNISS, 1971, z.B. 35, 48, 61. Auch E. MÜHLENBERG streicht in dieser
Hinsicht die Bedeutung der Einsichten von H.F. CHERNISS heraus (vgl. E. MÜHLENBERG,
1966, 90).

[23] H.F. CHERNISS, 1971, 60.
Damit grenzt sich CHERNISS gegen den Ansatz von K. GRONAU ab, der meinte, einen Einfluß von Poseidonius auf Gregor annehmen zu müssen, was aber platonische Philosopheme
nicht unbedingt ausschließen würde: vgl. K. GRONAU, 1908 passim; K. GRONAU, 1914, 244;
dazu die Kritik von H.F. CHERNISS, 1971, 13f.59.65 Anm. 9.68.70 usw. Es ist jedoch
hervorzuheben, daß GRONAU vor allem den Einfluß des Poseidonius auf die Naturphilosophie und Naturkunde aufzeigen wollte.

[24] Vgl. H.F. CHERNISS, 1971, 3; ähnlich auch R. ARNOU, 1935, 2345-2347 und J.M.
RIST, 1981, 216-220.

logy.«[25] Diese Sicht relativiert Cherniss aber selbst: »Gregory has *merely applied* Christian names to Plato's doctrine and called it Christian theology.«[26] Cherniss gesteht zwar zu, daß dies bei Gregor nicht immer zutreffe, weil er— um orthodox zu sein— einige Dogmen akzeptieren mußte, die mit seinem Platonismus nicht vereinbar waren.[27] Aber lediglich davon zu sprechen, daß Gregor die Lehren Platons auf christliche Ansichten appliziert hätte, wird dem Phänomen eines christlichen Platonismus nicht gerecht, da man erst zeigen müßte, wie dieser Vorgang im Sinne von Cherniss hätte funktionieren können.[28]

Damit relativiert sich aber das zunächst geschlossen erscheinende Bild bei Cherniss, Gregor hauptsächlich von Platon her verstehen zu können.[29] Gregor, für den zwischen Philosophie und Mysterium kein *sachlicher* Widerspruch bestand, berichtigt stillschweigend die Abweichungen von Philosophen, die er kaum wörtlich zitiert.[30] Damit wird ein exakter philologischer Nachweis der Quellen fast unmöglich, weil Gregor zum einen auf längst Gewußtes rekurriert, zum anderen das aussondert, was seiner Meinung nach unchristlich ist.[31] Gregor betont selbst, daß man sich vom Bildungsgut der damaligen Zeit so viel wie möglich zu eigen machen solle.[32] Dies bedeutet aber auch, daß der Platonismus Gregors nicht notwendig eine direkte Lektüre Platons voraussetzt, wie Cherniss annahm; Gregor und seine Zeitgenossen unterschieden nicht zwischen dem *historischen* Platon und dem *gegenwärtigen Platonismus*.[33] Dieser Platonismus konnte Gregor z.B. in der Form Plotins erscheinen, wie P. Henry durch eine Sammlung von Zitaten und Anspielungen Plotins bei den Kirchenvätern gezeigt hat[34], ohne allerdings zu differenzieren, ob Plotin selbst oder die Vermittlung durch Porphyrius gemeint ist.[35] Auch wenn Gregor Plotin

---

[25] H.F. CHERNISS, 1971, 48 (Hervorhebung Th.B.).
[26] H.F. CHERNISS, 1971, 62 (Hervorhebung Th.B.).
[27] Vgl. H.F. CHERNISS, 1971, 62.
[28] In diesem Sinne zeigt sich eine Nähe zum Ansatz von H. DÖRRIE.
[29] Vgl. dazu auch G.C. STEAD, 1976, 107.
[30] Vgl. H. DÖRRIE, 1983, 884f; dazu H.M. MEISSNER, 1991, 5-14.
[31] Vgl. H. DÖRRIE, 1983, 885; dazu Basilius von Caesarea, Adulesc 10, p. 23-25; zum »usus iustus« bei Gregor vgl. Chr. GNILKA, 1984, 76-79.
[32] Vgl. Gregor, VM II 115, p. 68,8-18; dazu W. JAEGER, 1954, 134f; zum Problem auch Chr. KLOCK, 1987, 48-51.
[33] Vgl. H. DÖRRIE, 1976, 28; H. LANGERBECK, 1957, 84.
[34] Vgl. P. HENRY, 1938; vgl. z.B. Gregor, Inst p. 40,1-9 und Plotin, Enn. IV 8,1,1-7; dazu E. MÜHLENBERG, 1966, 82.
[35] Vgl. H. DÖRRIE, 1976, 28 Anm. 8. Dieser Ansatz von H. DÖRRIE ist insofern problematisch, als nicht klar zu sein scheint, ob die Vermittlung Plotins durch Porphyrius geschehen konnte, nachdem dieser die Christen in scharfer Form angegriffen hatte (Κατὰ χριστιανῶν; vgl. T.D. BARNES, 1973, 424-442 und J.M. RIST, 1981, 141-143). Zudem

oder Porphyrius gekannt haben sollte, ist damit noch nichts über eine direkte Abhängigkeit ausgesagt.[36] E. Mühlenberg kommt sogar am Ende seiner Untersuchung der Kontroverse Gregors mit Eunomius zu dem Ergebnis: »Die ganze Wirklichkeit des Intelligiblen, die für die menschliche Vernunft nach Platons Ideenlehre erreichbar war und auf die Aristoteles seine Logik gründet, *wird zerschlagen*, weil Gregor den Grund der Häresie [des Eunomius; Th.B.] hier gefunden zu haben glaubte.«[37]

Anhand der von Cherniss aufgestellten Thesen zeigt sich, daß die Philosophie weder notwendig negativ eingestuft werden muß noch eine einseitige Quellenforschung die Ansätze von Gregors Theologie zutage treten läßt. Es braucht auch nicht davon gesprochen zu werden, daß Gregor seine philosophische Bildung direkt aus der Lektüre Platons[38] bezogen hat und daß ein Theologe des vierten Jahrhunderts unter ›Platonismus‹ den historischen Platon selbst meinte. Dies liefe auch der antiken Auffassung der Philosophie als *Lebensform* entgegen, insofern diese nicht nur ein *begriffliches* Instrumentarium (etwa das von Platon) liefert.[39]

Damit ergeben sich folgende methodische Probleme der Interpretation: Zum einen knüpft eine bestimmte Terminologie nicht nur rein formal an die Philosophie an, wie dies die Überlegungen zu Harnack und Dörrie gezeigt haben; zum anderen läßt sich der jeweilige philosophische Kontext aufgrund der oben dargestellten Forschungsergebnisse nicht sicher erschließen. Dann stellt sich also die Frage, wie *methodisch* an die Texte Gregors herangegangen werden kann, ohne die beiden aufgezeigten Probleme zu umgehen.

Einen Ansatz zur gegenseitigen Durchdringung philosophischer und theologischer Konzeptionen legt W. Beierwaltes im Hinblick auf Eriugena dar.[40] Obwohl direkte Bezugspunkte für Eriugenas' Theologie Augustinus,

---

konnte J.M. RIST plausibel machen, daß verschiedene Ausgaben der Werke Plotins im Umlauf waren, aber nur spärlich benutzt wurden (vgl. J.M. RIST, 1981, 140-147; eine Ausnahme bilde lediglich Gregor von Nyssa; dazu J.M. RIST, 1981, 216-220).
Vgl. auch P. COURCELLE, 1967, 402-406 und J. DANIÉLOU, 1967, 395-401. Entgegen der Ansicht J. DANIÉLOUs ist es aber im Zusammenhang seiner Ausführungen zu Hierokles nicht zwingend, die neuplatonischen Implikationen der Philosophie des Hierokles aus einer mündlichen Tradition abzuleiten; sie können durchaus von Porphyrius stammen. Zum Problem vgl. TH. KOBUSCH, 1976, z.B. 24-26.
[36] Vgl. E. MÜHLENBERG, 1966, 82.
[37] E. MÜHLENBERG, 1966, 195 (Hervorhebung Th.B.); vgl. auch E. MÜHLENBERG, 1966, 201f; dazu H.U.v. BALTHASAR, 1954, 10; W. ELERT, 1957, 67-70 und H. LANGERBECK, 1957, 86.
[38] Eine Ausnahme bildete vielleicht der *Timaios*.
[39] Vgl. P. HADOT, 1991, bes. 164-176.
[40] W. BEIERWALTES, 1983, 64: »ursprünglich Philosophisches ist in die Intention der Theologie aufgehoben, primär Theologisches ist durch philosophische Reflexion und

Gregor von Nyssa, Pseudo-Dionysius Areopagita und Maximus Confessor sind, also für Eriugena kein unmittelbarer Zugang zur ursprünglichen Philosophie nachgewiesen werden kann[41], sind für ihn theologisch verdeckte Philosopheme — wenn auch auf ihre Herkunft unbefragt — für seinen eigenen Problem- und Denkhorizont bestimmend.[42] Der Rezeptionsvorgang ist somit auch nicht rein *formal* begreifbar, als ob die in der je spezifischen Theologie verdeckten Philosopheme lediglich die Begrifflichkeiten lieferten, die von den ursprünglich damit verbundenen Konzeptionen völlig isoliert vermittelt worden wären. Der Philosophie kommt nicht etwa eine sekundäre Reflexions-, sondern eine originäre Konzeptionsfunktion für den Glauben zu[43], auch wenn diese Philosopheme geschichtlich als bereits theologisch vermittelt angenommen werden müssen. Das dem eigenen Denken zunächst Fremde gestaltet das Eigene mit, ohne daß der Aufnehmende sich dessen bewußt sein müßte, wie auch das Eigene das Fremde zu einem neuen Gedanken synthetisierend fortbestimmt.[44] Die philosophischen Implikationen als Vermittlungsprozeß des philosophischen Gedankens zielen also auch nicht primär auf eine unmittelbare geschichtliche Abhängigkeit, sondern auf die *Bewegung der Sache selbst*. Die »ursprüngliche Bedeutung oder Kraft eines Gedankens ist aus seinem geschichtlichen Kontext zu rekonstruieren, seine Implikationen, seine produktiven Impulse in seiner Wirkungsgeschichte sollten bewußt gemacht werden, im Blick auf seine Wahrheitsrelevanz sollte sein in den geschichtlichen Metamorphosen bleibender sachlicher Kern umsichtig analysiert werden.«[45]

Bei der Frage nach der philosophischen Bildung Gregors von Nyssa und der Verwendung von Philosophemen kann also nicht primär die Quellenfrage im Vordergrund stehen oder die Frage, ob es sich bei der Konzeption Gregors um einen Platonismus oder Anti-Platonismus handelt. Vielmehr wird die Sache selbst als bewegende Kraft in der Vermittlung von Philosophemen bedacht (philosophische Implikation) — dies freilich nicht ohne eine Reflexion auf die Möglichkeit der geschichtlichen Genese

---

Argumentation in die Dimension des Begriffs eingeführt«; vgl. W. BEIERWALTES, 1994, 32 (mit einem geringen Zusatz).

[41] Vgl. W. BEIERWALTES, 1983, 65 (gegen M. TECHERT, 1927, 28-68) bzw. W. BEIERWALTES, 1994, 33.

[42] Dies gilt in gleicher Weise für manche Implikationen der Theologie bei Marius Victorinus, Augustinus, Meister Eckhart und Cusanus; vgl. W. BEIERWALTES, 1980, 57-143 sowie W. BEIERWALTES, 1969, 51-61 und W. BEIERWALTES, 1980a, 15-29.

[43] Vgl. A.J. BUCHER, 1989, 64-66 (gegen E. JÜNGEL, 1972, 51).

[44] Vgl. W. BEIERWALTES, 1983, 66; W. BEIERWALTES, 1994, 33-36.

[45] W. BEIERWALTES, 1990, 3; vgl. auch W. BEIERWALTES, 1990, 6f.

von Begriffen. Die Entwicklung des Gedankens in einem bestimmten
Kontext läßt sich dann aufgrund der verwendeten Begrifflichkeit auch
philosophisch interpretieren, ob sich nun der jeweilige Theologe des Ursprungs der bewegenden Sache bewußt ist oder nicht, wie sich dies
exemplarisch bei Eriugena zeigen läßt. Dieser philosophische Ansatz kann
deshalb maßgebend für die Interpretation der Texte Gregors sein und soll
im folgenden am Beispiel der *Vita Moysis* angewandt werden.

Wenn in der vorliegenden Studie die philosophischen Implikationen
oder das philosophische Umfeld, auf dem Gregors Gedanken aufruhen,
untersucht werden, stellt dies eine notwendige Ergänzung zur bisherigen
Forschung dar und unterliegt in diesem Sinne auch nicht dem Verdikt
einer einseitigen philosophischen Interpretation.[46] Es geht nicht um die
Frage, ob Gregor von Nyssa z.B. Plotin in allen Schattierungen gekannt
hat. Die Position Gregors verweist jedoch in sich auf Probleme, die auf
einer Meta-Ebene diskutiert werden müssen. Die folgenden Ausführungen
sind also unter diesen Vorgaben zu verstehen.

---

[46] Gegen eine philosophische Interpretation wendet sich neuerdings F. DÜNZL (vgl. F.
DÜNZL, 1993, 281.323 unter Berufung auf M. CANÉVET, 1983, 13f; ferner F. DÜNZL, 1994a,
83f). Dies resultiert bei F. DÜNZL aus seinem strikt synchronen Interpretationsansatz; dieser hat in mancher Hinsicht gewisse Vorteile (vgl. W. WIEFEL, 1995, 154), ist aber auch
problematisch, weil einige Fragestellungen (z.B. die Unendlichkeit Gottes) nicht losgelöst
von philosophischen Überlegungen adäquat diskutiert werden können.

TEIL II

DAS PROÖMIUM DER »VITA MOYSIS«

1. KAPITEL

DIE BEDEUTUNG DES PROÖMIUMS FÜR DAS VERSTÄNDNIS DER VITA MOYSIS

Die *Vita Moysis* Gregors ist, wie der Forschungsstand gezeigt hat[1], vor allem Gegenstand theologischer Erörterungen gewesen. Bereits das Proömium dieser Schrift läßt jedoch das Ineinander rhetorischer, theologischer und philosophischer Fragestellungen erkennen. Somit ist es notwendig, auch den rhetorischen Duktus zu erörtern, zumal die Bedeutung der Rhetorik für das Verständnis von Gregors Werken im allgemeinen in der jüngeren Forschung herausgearbeitet worden ist[2]: »Die Kappadokier verwirklichen ihr praktisches Christentum als Philosophen und Rhetoren, sie teilen das Interesse für Rhetorik mit den Anhängern des Neuplatonismus, vertreten aber ihr Ideal gegen eine Bildungsmacht, die Zweite Sophistik, in der die Rhetorik längst die Spitze des Systems eingenommen und die Philosophie verdrängt hat.«[3] Von hier aus haben sich eingehende Untersuchungen zu den Proömialtopoi sowie dem gesamten rhetorischen Habitus der jeweils interpretierten Proömien Gregors ergeben. Detailliert wurde dies in der Forschung für die Proömien der Osterpredigten aufgewiesen[4] (besonders für *Sanct Pasch*[5] und *Trid spat*[6]) wie auch für seine Abhandlungen (z.B. *Or cat*[7] und *An et res*[8]). Durch die anagogische Form dieser Proömien oder einer ganzen Predigt[9] will Gregor von Nyssa den Hörer zu dem von ihm intendierten Gedanken hinführen[10], zugleich

---

[1] Vgl. Teil I, 1.

[2] Vgl. den Forschungsbericht von CHR. KLOCK, 1987, 123-145 (für Predigten, Briefe und Dialoge); dazu auch H. LANGERBECK, 1957, 83f; A. SPIRA, 1966, 106-114; H. HÖRNER, 1971, 49f; A. SPIRA, 1981, 225-238 sowie H.M. MEISSNER, 1991, 15-18.

[3] CHR. KLOCK, 1987, 119; zur Sache vgl. auch B. STUDER, 1992, 481-484.

[4] Vgl. CHR. KLOCK, 1987, 186-216; Vergleiche werden dabei auch mit Meliton, *Peri Pascha*; Gregor von Nazianz, Or 38 (vgl. CHR. KLOCK, 1987, 174-178) und Amphilochius von Ikonium, *In Natalitia Domini* (vgl. CHR. KLOCK, 1987, 182-184) gezogen.

[5] Vgl. M. HARL, 1981, 81-94.

[6] Vgl. H. DROBNER, 1982, 43-79; ST.G. HALL, 1981, 139-151; M. ALEXANDRE, 1981, 153-180 und A. SPIRA, 1981, 195-243.

[7] Vgl. H.M. MEISSNER, 1991, 127-130; weniger deutlich R.J. KEES, 1995, 5-28.

[8] Vgl. H.M. MEISSNER, 1991, 47-72.

[9] Vgl. CHR. KLOCK, 1987, 180-182.

[10] Vgl. z.B. Gregor von Nyssa, Salut Pasch p. 309,15-18: ἡ δὲ καρδία ... διὰ τῶν φαινομένων χειραγωγουμένη πρὸς τὸ ἀόρατον. Dies erreicht Gregor auch dadurch, daß er mit dem Leser/Hörer von einer gemeinsamen Basis (ὁμολογούμενον) ausgeht: vgl. H.M. MEISSNER, 1991, 128.130-135.

aber die Distanz zwischen dem Lehrer als Führendem und dem Hörer als
Geführtem gewahrt wissen.[11]

Die breite rhetorische Ausbildung ist für die Kappadokier im allgemeinen[12] und für Gregor von Nyssa im speziellen[13] ausführlich nachgewiesen.
Dabei ist Gregor von seinem eigenen Anspruch her bemüht, die Behandlung eines Themas angemessen (πρέπον, οἰκεῖον, πρόσφορον) zu gestalten[14], wie es etwa in der rhetrischen Tradition seiner Zeit von Menander
Rhetor[15] oder Hermogenes[16] gefordert war[17]: Dieses Bemühen, ein
Thema angemessen zu gestalten, geht bei Gregor von Nyssa mit dem Gedanken einher, daß die griechische (heidnische) Bildung dazu benutzt
werden könne, die christlichen Anschauungen darzustellen bzw. zu
>schmücken<: κελεύει ὁ τῆς ἀρετῆς καθηγούμενος παρὰ τῶν τὰ
τοιαῦτα πλουτούντων ἐν Αἰγύπτῳ λαβόντα λόγῳ χρήσεως
ὑποδέξασθαι, ὡς ἐν καιρῷ χρησιμευσόντων ὅταν δέῃ τὸν θεῖον τοῦ
μυστηρίου ναὸν διὰ τοῦ λογικοῦ πλούτου καλλωπισθῆναι[18]. Dieser
Schmuck besteht nicht in einer rein *äußerlichen* Darstellungsfunktion, als

---

[11] Vgl. CHR. KLOCK, 1987, 181 (mit Hinweis auf Menander Rhetor); im Hinblick auf
die Predigt vgl. A. SPIRA, 1981, 217f und H. DROBNER, 1982, 173.
Für die rhetorische Bildung vgl. auch die Akzentrhythmik; zur Forschungslage der
Akzentrhythmik und zur Anwendung auf die Texte von Gregor von Nyssa: CHR. KLOCK,
1987, 224-239. Sie ist auch für *De vita Moysis* nachgewiesen: Grundlage man könnte noch PG
44, 297-325; dazu L. MÉRIDIER, 1906, 184-189; P. MAAS, 1906, 776f; P. MAAS, 1912, 997
Anm. 1; ST. SKIMINA, 1927, 55-75; ST. SKIMINA, 1937, 198f; A. STEIN, 1928, LXXXVIII-
XCII sowie W. JAEGER, 1963, 63 und 112f Anm. 21. Zur Bewertung dieser For-
schungsansätze vgl. CHR. KLOCK, 1987, 244f.
[12] Vgl. CHR. KLOCK, 1987, 82-89 und 109-121; vgl. auch E. NORDEN, 1971, 529-573; H.
HUNGER, 1965, 334-345 und G.L. KUSTAS, 1973, 27-62.
[13] Vgl. CHR. KLOCK, 1987, 135-145 (Verhältnis zur sog. Zweiten Sophistik); vgl. z.B.
auch die anti-isokrateische Stilkritik in der Polemik gegen Eunomius von Cyzicus (Eun I 1-
150, p. 22,5-71,27); dazu E. NORDEN, 1971, 558-562; A. MEREDITH, 1976, 315-319; CHR.
KLOCK, 1981, 333-335 und J.-A. RÖDER, 1993, z.B. 151-166; zum kirchenpolitischen und
theologiegeschichtlichen Hintergrund vgl. z.B. B. STUDER, 1992, 465-498; F. MANN, 1977,
126-130; L. MÉRIDIER, 1906, 69-78; W. JAEGER, 1966, 82-84; kritisch zu W. JAEGER: CHR.
KLOCK, 1987, 148 Anm. 62.
[14] Für Gregor vgl. z.B. Sanct Pasch p. 247,11-25; dazu CHR. KLOCK, 1987, 118f und
174; ähnliches gilt für Basilius von Caesarea: vgl. G.L. KUSTAS, 1981, 252-256.
[15] Vgl. Menander Rhetor, 2,14 p. 182-192; dazu M. ESPER, 1984, 145-159.
[16] Die Angemessenheit ergibt sich bei Hermogenes konsequent aus dessen Forderung,
eine Rede müsse glaubwürdig und wahr (ἀληθινός) sein: Hermogenes, De Ideis II 7, p.
352,16f; zum Problem D. HAGEDORN, 1964, 59f und H.M. MEISSNER, 1991, 58f.
[17] Zum Zusammenhang zwischen Angemessenheit, moralischer Integrität und technischer Kompetenz für einen »bonus orator« vgl. Quintilian, Inst 12,1,1, p. 691; Aristoteles,
Poetik 15, 1454a16-b18; Horaz, Ars poet 73-250 und Cicero, De orat 3,210, p. 500f.
Zu diesem Sachverhalt vgl. G. KENNEDY, 1963, 293; G. KENNEDY, 1972, 497-514; M.
FUHRMANN, 1984, 119.
[18] VM II 115, p. 68,14-17; dazu CHR. GNILKA, 1984, 79.

ob der christliche Glaube dadurch nicht einem strukturierenden Moment
unterworfen wäre. Das Ideal der Angemessenheit einer Rede oder eines
Werkes bzw. das Ideal des rechten Gebrauchs (χρῆσις ὀρθή[19]) korrespondiert bei Gregor mit dem über Platon hinausgehenden Rheto-
rikideal der Stoa: die ἐπιστήμη τοῦ εὖ (ὀρθῶς) λέγειν wird als τὸ ἀληθῆ
λέγειν verstanden; ferner sind ἀλήθεια und ἀρετὴ τοῦ βίου ineinander
verwoben.[20] Neben der rhetorisch ausgestalteten Hinführung zum Thema
zeigt sich gerade der letztgenannte Aspekt auch deutlich in VM. Denn
Gregor betont, es sei nötig, daß jemand, der zur Erkenntnis Gottes gelangen will, sich von aller sinnlichen Regung reinigt (Tugend) und daß er jede
Meinung (δόξα), die aus der sinnlichen Wahrnehmung stammt, aus dem
Denken verbanne.[21] Erst so gelange er zur Wahrheit, wobei diese der
δόξα oder φαντασία entgegengesetzt sei.[22] Damit kann Gregor von Nyssa
den Anspruch auf Wahrheit mit dem Kriterium der Klarheit und Deutlichkeit (σαφήνεια) verbinden[23], um z.B. mit dem Instrumentarium der
Rhetorik seine Werke zu strukturieren.

Die rhetorische Tradition, die in der philologischen Forschung für andere Werke Gregors nachgewiesen wurde, kann auch für die Interpretation des Prologes von *De vita Moysis* vorausgesetzt werden. Die antiken Theorien des Proömiums, wenn sie auch voneinander in der Gewich-
tung der einzelnen Momente für das Proömium differieren[24], müssen für
die Interpretation des vorliegenden Textes zum Vergleich herangezogen
werden.

Von den drei bekannten Zielen eines antiken Proömiums, den Leser
attentum, *docilem* und *benevolum* zu machen, sind für VM besonders die
ersten beiden von Bedeutung, obwohl auch der dritte Aspekt mitintendiert
ist. Wie häufig erregt Gregor die Aufmerksamkeit des Lesers gleich zu
Beginn durch ein Bild, das er ausführlich ausmalt.[25] Wie es etwa auch

---

[19] Dazu CHR. GNILKA, 1984, passim.

[20] Vgl. Xenokrates bei Sextus Empiricus, Adv math 2,6 (SVF 2,294); Chrysipp bei Diogenes Laërtius 7,41 (SVF 2,48); Kleanthes bei Quintilian, Inst 2,15,34f (SVF 1,491): vgl.
dazu G.L. KUSTAS, 1973, 27-39; für Gregor z.B. Sanct Pasch p. 247,11-25 und Diem lum p.
223,3-11: vgl. dazu G.L. KUSTAS, 1981, 264; CHR. KLOCK, 1981, 332 und CHR. KLOCK,
1987, 118f.142 und 162f; zur Frage der Wahrheit vgl. H.M. MEISSNER, 1991, 139f.145.

[21] Vgl. VM II 157, p. 84,13-17.

[22] Vgl. VM II 23, p. 40,4-8; dazu TH. BÖHM, 1993, 9-13. Beide Stellen werden später
eingehend interpretiert (vgl. Teil IV, 1 und 2).

[23] Vgl. H.M. MEISSNER, 1991, 142.159.

[24] Einen Überblick bietet H. LAUSBERG, 1973, 148f.

[25] Vgl. zu dieser Konzeption H. LAUSBERG, 1973, 152-155 und 161.

Aristoteles fordert[26], erreicht er das *docilem parare* durch eine kurze Auf-
zählung der zu behandelnden Gegenstände. Es ergibt sich somit folgender
Aufbau des Proömiums:

I) Attentum et benevolum parare

   1) Vergleich mit der Rennbahn[27]

   2) Anlaß und Umstände der Schrift[28]

II) Docilem parare

   1) Doppelter σκοπός[29]

     a) Erfassung der Vollkommenheit im Geist[30]

     b) Anweisung zum Leben der Tugend[31]

   2) Überleitung und Groß-Gliederung von VM[32]

Für das Verständnis des Proömiums wie des Gesamtwerkes ist aus antiker rhetorischer Sicht die Frage des Adressaten von großer Bedeutung.
Obwohl der Name des Adressaten nicht mehr greifbar ist[33], läßt sich aus
dem gesamten Kontext erschließen, welchen *intendierten* Adressaten Gregor vor Augen hat: Er ist gebildet, ein Christ — deshalb ist keine christliche
Hinführung zum Thema nötig —, evtl. ein Mönch oder Priester[34]; er ist jünger als Gregor, so daß dieser eine Respektsperson ist; und schließlich tritt

---

[26] Aristoteles, Rhet 3,14, 1415a12f; vgl. z.B. auch Quintilian, Inst 4,1,34, p. 192 und
10,1,48, p. 577.
[27] VM I 1, p. 1,5-2,7.
[28] VM I 2, p. 2,7-17.
[29] VM I 3-4, p. 2,17-3,6.
[30] VM I 5-8, p. 3,6-4,19.
[31] VM I 9-14, p. 4,20-6,24.
[32] VM I 15, p. 6,24-7,3.
[33] Vgl. VM II 319, p. 143,20.
Der Name Caesarius ist enthalten in den HSS H / Mess 50 / Vat 2090 / Q / codd recc v.
Aufgrund dieser textlichen Basis übernahmen H. MUSURILLO und M. SIMONETTI (252 Simonetti) diesen Namen nicht in den Text; anders aber J. DANIÉLOU (134 Daniélou[2]; 324
Daniélou[4]). Zum Teil werden Caesarius oder Gregors Bruder Petrus auch im Titel von
VM genannt (Nachweise S. 3 Musurillo; dazu auch A.J. MALHERBE / E. FERGUSON, 1978,
2f; R.E. HEINE, 1975, 15f Anm. 3). Aufgrund der handschriftlichen Situation (Beschreibung
der HSS: H. MUSURILLO, 1991, V-XV) dürfte Caesarius als Adressat ausscheiden. Evtl. ist
in den entsprechenden Handschriften auch an Caesarius, den Bruder Gregors von Nazianz,
gedacht.
[34] Vgl. das Thema εὐπείθεια: VM I 2, p. 2,12; zur Frage vgl. R.E. HEINE, 1975, 17-25;
L.F. MATEO-SECO, 1993, 18f.

Gregor wie ein Lehrer auf[35]. Er hat Kenntnis von der griechischen Bildung, die Philosophie eingeschlossen; er folgt jedoch schon länger dem christlichen Lebensideal. Die VM ist somit an einen christlichen Leserkreis gerichtet, der sich schon länger mit einem tugendhaften Leben auseinandergesetzt hat. Deshalb kann auch ein »Vorwissen« dieses intendierten Leserkreises, was die Anspielungen auf christliche Kontexte, vor allem auf die Hl. Schrift angeht, in besonderem Maße vorausgesetzt werden. Es ist daher auf die von Harl am Beispiel von *In Canticum Canticorum* herausgestellten doppelte Anspielungen auf philosophische *und* biblische Bezüge zu achten.[36]

Der Vergleich mit der Rennbahn

Unvermittelt beginnt Gregor von Nyssa seine Schrift mit einem Vergleich: Οἷον τι ... τοιοῦτόν τι[37]. Der erste Abschnitt beschreibt ein Pferderennen, der zweite überträgt das Bild auf ein Leben entsprechend der Tugend: das Stadion der Tugend im göttlichen Lauf -- τὸ τῆς ἀρετῆς στάδιον ... τῷ θείῳ δρόμῳ[38]. Der vorliegende Vergleich mit der Rennbahn soll m.E. allerdings nicht nur dem rhetorisch geforderten proömialen Suchtopos des *attentum parare* genügen, sondern ist dem Thema auch in besonderer Weise angemessen (πρέπον). Zum einen stellt es eine urbane *captatio* dar, ein feines Kompliment an den Adressaten, der sich bereits im Lauf befindet. Zum anderen kehrt das Bild an zentraler Stelle von VM wieder: Die unbegrenzte Natur Gottes kann nach Gregor nicht gesehen oder gedacht werden; das eigentliche Sehen Gottes sei es, niemals eine Sättigung des Verlangens nach Gott zu erreichen.[39] Dieser Gedanke wird von Gregor mit Hilfe des Laufens zur Tugend (τὸν τῆς ἀρετῆς ... δρόμον) erläutert.[40] Der Vergleich mit dem Pferderennen läßt somit bildlich die Aufwärtsbewegung der Seele zu Gott, den kontinuierlichen Fortschritt, anklingen.[41] Der σκοπός bzw. der Vergleichspunkt ist zwar im Proömium und in VM II,243 deutlich unterschieden: Im Proömium liegt der Schwerpunkt auf der guten Absicht der Anfeuernden, während in VM II,243 der

---

[35] Vgl. z.B. VM I 1, p. 2,5-7; zur Einschätzung der Rolle des Lehrers bei Gregor vgl. H.M. MEISSNER, 1991, 34-38
[36] Vgl. M. HARL, 1990, 117-131.
[37] VM I 1, p. 1,5.15.
[38] VM I 1, p. 2,1f.
[39] Vgl. VM II 238f, p. 116,13-19.
[40] VM II 243, p. 118,8; vgl. den gesamten Kontext VM II 242-246, p. 117,15-119,13; eine Interpretation dieser Stellen erfolgt Teil IV, 3.
[41] Vgl. C.W. MACLEOD, 1982, 183f.

Wettkampf ohne Ende hervorgehoben wird. An beiden Stellen ist jedoch das Grundthema, die Anstrengung im Kampf um die ἀρετή, vergleichbar. Es liegt deshalb nahe anzunehmen, daß auch der Vergleich zu Beginn des Proömiums neben der Funktion, die Aufmerksamkeit zu wecken, ebenfalls schon in direktem Bezug zu dem zu behandelnden Thema steht, wie sich dies in ähnlicher Weise auch in anderen Schriften Gregors nachweisen läßt.[42]

Die Zuschauer, so beginnt Gregor, feuern aus Begeisterung mit ihren Rufen und Gesten die Pferde in der Rennbahn an, als ob dadurch der Pferdelenker auf dem Wagen eine größere Schnelligkeit erreichen könnte.[43] Gregor betont, daß er selbst dem Adressaten beistehen und ihn anleiten wolle, ein Leben nach der Tugend zu führen.[44] Die Metapher des Pferdes für jemanden, der nach der Tugend strebt, weist auf einen weiteren Hintergrund hin. Ähnlich vergleicht nämlich Gregor im Hoheliedkommentar die Seele mit einem Rennpferd im Wettkampf: »wie läuft die Seele, die schön mit einem Pferd verglichen wurde, den göttlichen Lauf ...«[45] Der Vergleich von Pferd und Seele könnte an philosophische Vorbilder erinnern, so vor allem an die Auffahrt des Parmenides zum Licht der Göttin Dike[46] und an den Seelenwagen im platonischen

---

[42] Vgl. Deit fil p. 553C-556A: Vergleich mit den Blumen auf der Wiese; vgl. Prof p. 129,1-130,19; Beat 6, p. 137 sowie Gregor von Nazianz, In Bas 35, p. 544D-545A; zur Wettkampfmetapher (z.B. für Steph I) vgl. CHR. KLOCK, 1987, 214f; (z.B. für An et res) vgl. H.M. MEISSNER, 1991, 50.

[43] Vgl. VM I 1, p. 1,1-15.
1) Inaktiver, wohlwollender Zuschauer und der Athlet: Gregor von Nyssa, Deit Euag p. 331,18-21.
2) Begeisterung für die Wettkämpfer: Ref Eun 227, p. 408,3f - φησὶ γὰρ περὶ τοῦ πνεύματος ὅτι τοῖς ἀγωνιζομένοις ὑποφωνεῖ ...; dazu auch W. JAEGER, 1954, 99. Für den ἀγών im Zusammenhang mit moralischen Handlungen vgl. W. JAEGER, 1954, 102.
3) Zuschauer: Gregor von Nazianz, In Bas 35, p. 544D-545A; Dio Chrysostomus 32,81-82, p. 291; Thukydides 7,71,3, p. 144; Dionysius von Halikarnaß, De Thucydide 26, p. 540-542; Polybius 3,43,8, p. 263; Sallustius, Jug 60,3-4, p. 83; Dio Cassius 49,9,2-3, p. 297.
4) Schreie der Zuschauer als Ausdruck des guten Willens: Platon, Phaid 60e-61a; Homer, Ilias 23, 306-309; Isokrates 9,78-80, p. 48; Paulus, Röm 15,14; Gal 5,10; Hebr 6,9. Für die gesamten Hinweise vgl. C.W. MACLEOD, 1982, 184f.

[44] Vgl. VM I 1, p. 1,15-2,5.

[45] Vgl. Gregor von Nyssa, Cant 4, p. 119,14f: πῶς τρέχει τὸν θεῖον δρόμον ἡ καλῶς τῇ ἵππῳ προσεικασθεῖσα ψυχή; biblischer Ansatz ist 2 Tim 4,7. E. FERGUSON und C. PERI verweisen hier lediglich auf die Textstelle ohne jegliche Interpretation (vgl. E. FERGUSON, 1976, 308; C. PERI, 1974, 330). F. DÜNZL betont, daß die relative Chronologie von VM und Cant entgegen der Ansicht von C.W. MACLEOD (vgl. C.W. MACLEOD, 1982, 184 Anm. 3) und J.B. CAHILL (vgl. J.B. CAHILL, 1981, 452 Anm. 1) für einen zeitlichen Vorrang von VM entschieden werden muß (vgl. F. DÜNZL, 1990, 372-379). Diese Frage muß hier jedoch offen bleiben.

[46] Vgl. Parmenides, Frg B 1,1-10.

Phaidros.[47] Dort heißt es von der vollkommenen, gefiederten Seele, daß sie in höheren Gegenden schwebt[48], nämlich durch die Kraft des Gefieders, die nach oben führt, wo das Geschlecht der Götter wohnt: τὸ ἐμβριθὲς ἄγειν ἄνω, μετεωρίζουσα ᾗ τὸ τῶν θεῶν γένος οἰκεῖ.[49] Dort sieht die Seele auch das Schöne, Weise und Gute und erblickt die Gerechtigkeit selbst (αὐτὴν δικαιοσύνην), die Besonnenheit und das wahrhaft Seiende (τὰ ὄντα ὄντως θεασαμένη)[50] als »Ideen«. Darüber hinaus wird dieses Bild den christlichen Leser an die Paulusbriefe (1 Kor 9,24; 2 Tim 4,7) erinnern[51], so daß Gregor auch hier in der VM auf platonische und biblische Texte zugleich anspielt.[52] Der intendierte Adressatenkreis kann die Anspielungen auf beide »Welten« verstehen.

Mit diesem Bild vom Pferderennen, das sowohl bei Gregor von Nyssa[53] als auch in der sonstigen antiken Literatur weit verbreitet war[54], kann Gregor folgende Themen anklingen lassen: Aufstieg der Seele zu Gott, Problem der Erkenntnis des Göttlichen als nicht endende Schau, ein Leben entsprechend der Tugend, Betrachtung des wahrhaft Seienden[55]. Für die Vermittlung dieser Themen weiß sich Gregor in der Rolle des Lehrers, der nicht nur wie die Zuschauer beim Pferderennen eine passive Rolle spielt, weil diese sich ihrer eigenen Meinung hingeben, ohne den Wettlauf beeinflussen zu können (ὥς γε νομίζουσιν)[56]. Vielmehr übernimmt er als Lehrer eine aktive Rolle - statt οὐκ ἀλόγῳ τινὶ προθυμίᾳ ... φερόμενος ist seine Haltung die des χαριζόμενος.[57]

---

[47] Vgl. Platon, Phaidr 246a-247e. Eine ähnliche Verbindung ergibt sich z.B. auch bei Pindar, der in der dritten Nemeischen Ode zunächst von dem *Agon* des Zeus spricht und im Anschluß daran erwähnt, daß das menschliche Leben *vier Tugenden* sprossen läßt (Nem III 65 und 74f); vgl. auch A. SPIRA, 1984, 117. Zur Sache vgl. auch J.-A. RÖDER, 1993, 149; zu einigen Aspekten der Wirkungsgeschichte des platonischen Seelenwagens vgl. E. FRÜCHTEL, 1994, 164-174.

[48] Vgl. Platon, Phaidr 246c.

[49] Vgl. Platon, Phaidr 246d.

[50] Vgl. Platon, Phaidr 246de; 247de.

[51] Vgl. 1 Kor 9,24.

[52] Vgl. zur doppelten Bezugnahme auf den platonischen und christlichen Kontext M. HARL, 1990, bes. 117-124; ferner M. CANÉVET, 1983, 253f (zu Phil 3,13).

[53] Virg 22, p. 332,15-26; Infant p. 67,10-69,6; An et res p. 61B; Eccl 5, p. 367,18-368,1; dazu H.M. MEISSNER, 1991, 56.

[54] Sophokles, Antigone 477f; Xenophon, DeReEqu 9,2, p. VIII-IX; Platon, Leg 701c; vgl. H.M. MEISSNER, 1991, 56; dazu auch M. NALDINI, 1984, 190 und H.F. CHERNISS, 1971, 12-19; der stoische Hintergrund, den CH. APOSTOLOPOULOS propagiert (vgl. CH. APOSTOLOPOULOS, 1986, 156 mit 170 Anm. 16), ist für dieses Bild nicht notwendig aufweisbar (vgl. H.M. MEISSNER, 1991, 56).

[55] Zu letztem Aspekt vgl. z.B. VM II 23, p. 40,8.

[56] Vgl. VM I 1, p. 1,10.

[57] Vgl. VM I 1, p. 2,5-7.

Anlaß, Zeit und Umstände der Schrift

Bevor darauf eingegangen werden kann, wie Gregor den Vergleich mit
der Rennbahn für die konkrete Situation auswertet, sei zunächst auf eine
Passage verwiesen, in der Gregor sein hohes Alter hervorhebt.[58] Diese war
in der Forschung einer der zentralen Belege für die Spätdatierung von
VM.[59] Gegen diese zeitliche Einordnung wendet sich vor allem R.E.
Heine. Er versucht zu zeigen, daß die Erwähnung des hohen Alters allein
nicht ausreicht, VM als ein Spätwerk Gregors auszuweisen.[60] Vielmehr ergebe ein inhaltlicher Vergleich von *Contra Eunomium* und VM, daß auch
letztere Schrift in die Nähe zur eunomianischen Kontroverse gehöre.[61]
Abgesehen davon, ob es sich bei der Betonung des Alters bzw. der Le-
benserfahrung vielleicht um einen Proömialtopos handelt[62], zeigen die
Ausführungen Heines, daß eine Entscheidung über die zeitliche Einordnung von VM nur über inhaltliche Kriterien zu gewinnen ist. Damit ergibt
erst die Gegenüberstellung von VM und *Contra Eunomium*, die gesondert
zu behandeln ist[63], Aufschluß über die relative Chronologie der Schriften
Gregors.

Wenn Gregor nach dem Vergleich mit dem Pferderennen auf den Anlaß
von VM eingeht, läßt sich daraus also kaum ein Schluß auf die historischen Umstände ziehen. Vielmehr zeigt sich in der Übertragung des Bildes vom Pferderennen auf die konkrete Situation der Abfassung von VM
die pädagogische Intention, mit Hilfe des vorbildhaften Lebens von Moses
eine entsprechende Anleitung für den τέλειος βίος seines Adressaten liefern zu können.[64] Diese Intention wird schon im zweiten Teil des Vergleichs deutlich, wenn Gregor hervorhebt, der Gesprächspartner solle von
ihm selbst unterwiesen werden.[65] Der Vergleich mit dem Pferderennen
zeigt, wie Gregor das Leben umschreibt: das Stadion der Tugend (τὸ τῆς

---

[58] Vgl. VM I 2, p. 2,13f.
[59] Im Anschluß an J. DANIÉLOU (vgl. J. DANIÉLOU, 1966, 166) betonte man, daß VM
ca. 390 entstanden sei: so auch W. JAEGER, 1954, 118f; G. BEBIS, 1967, 373; M.A. BAR-
DOLLE, 1984, 255; E. FERGUSON, 1976, 307; ähnlich C. PERI, 1974, 313-315; E. JUNOD,
1978, 82 und J.E. HENNESSY, 1963, 23.
[60] Vgl. R.E. HEINE, 1975, bes. 11-15 mit dem Hinweis auf Ref Eun 208, p. 401,3; vgl.
dazu L.F. MATEO-SECO, 1993, 64 Anm. 5. Vgl. ferner Platon, Parm 127b.
[61] Vgl. R.E. HEINE, 1975, bes. 11-15.
[62] Celsus bei Origenes (Cels I 28, p. 79,17; dazu R.E. HEINE, 1975, 12 Anm. 4); vgl. vor
allem CHR. KLOCK, 1987, 96.
[63] Vgl. Teil III, 2.1b und 2.2.
[64] Vgl. CHR. KLOCK, 1987, 211; dazu VM I 1, p. 1,15f.
[65] Vgl. VM I 1, p. 1,15-2,7; vgl. z.B. P.F. O'CONNELL, 1983, 302.

ἀρετῆς στάδιον)[66] im Lauf zu Gott (τῷ θείῳ δρόμῳ)[67]. Auch in diesem Fall sind wieder Christliches und Paganes miteinander verschränkt. Neben den Anspielungen auf den platonischen *Phaidros* steht nämlich das biblische Bild vom Stadion der Tugend und die Ausrichtung der gesamten Schrift auf das Leben des Mose.

Um diesen Lauf zu Gott vollziehen zu können, ist es im Sinne Gregors notwendig, ein vollkommenes Leben zu führen[68], in dem Theorie und Praxis zusammengehören.[69] Ganz im protreptischen Sinne soll ein Beispiel gefunden werden[70], um das eigene Leben in der Suche nach der Vollkommenheit ausrichten zu können. Ist bereits durch das Beispiel des Pferderennens das Thema des Aufstiegs zu Gott durch Anklänge an den platonischen *Phaidros* impliziert, versucht Gregor im weiteren Verlauf durch den Hinweis auf die großen Gestalten der biblischen Geschichte das Bild zu präzisieren: Der Aufstieg zum Göttlichen als Suche nach einem vollkommenen Leben kann zwar angestrebt werden, aber das Ziel des Aufstiegs ist noch nie erreicht worden, wie die verschiedenen Beispiele des Gehorsams zeigen.[71] Gregors These ist, daß ein vollkommenes Leben protreptisch über Beispiele zu vermitteln ist und daß >Theorie< und >Praxis< eng miteinander verbunden sind.[72] Hatte Gregor sich zu Beginn als Lehrer eingeführt, so wendet er hier den Blick von seiner eigenen Person weg auf den allgemeinen Begriff βίος[73], um so bereits auf das Paradigma Moses zu zielen. Wenn Gregor davon spricht, daß das Thema des vollkommenen Lebens über Beispiele zu vermitteln sei, nimmt er bereits den Gedanken der nicht-adäquaten Abbildlichkeit der τελειότης Gottes vorweg, die in das eigene Leben übertragen werden soll. Schon hier ist die Vermittlung von Gott und Mensch über den Begriff der Teilhabe angedeutet.[74]

Ein vollkommenes Leben (τέλειος βίος)[75] verlangt entsprechend diesen Überlegungen einen doppelten σκοπός: die rationale Beschreibung der Vollkommenheit auf der einen Seite und eine Verwirklichung des dort

---

[66] VM I 1, p. 2,1.
[67] VM I 1, p. 2,1f.
[68] Vgl. VM I 2, p. 2,9.
[69] Vgl. Gregor von Nyssa, Ep 24,2, p. 75,13f; Cant 13, p. 393,21-394,6; dazu H.M. MEISSNER, 1991, 39; zu dieser Konzeption in der antiken Philosophie vgl. A.H. ARMSTRONG, 1983, 35; W. BEIERWALTES, 1991, 14.81.98; P. HADOT, 1991, 164-176.
[70] Vgl. VM I 2, p. 2,12 und I 3, p. 2,22-26.
[71] Vgl. VM I 3, p. 3,2.
[72] Ausführlich dazu Teil III, 5.
[73] Vgl. VM I 3, p. 2,21.
[74] Vgl. VM I 3, p. 2,21f.
[75] Vgl. VM I 3, p. 2,20f.

Erkannten im Leben auf der anderen Seite: τό τε γὰρ περιλαβεῖν τῷ
λόγῳ τὴν τελειότητα καὶ τὸ ἐπὶ τοῦ βίου δεῖξαι ὅπερ ἂν ὁ λόγος
κατανοήσῃ[76]. Beide Aspekte greifen ineinander und können nicht getrennt werden.[77]

---

[76] VM I 3, p. 2,24f.

[77] Vgl. VM II 166, p. 88,6: εἴς τε τὸ θεῖον καὶ εἰς τὴν τοῦ ἤθους κατόρθωσιν; zum
Gedanken vgl. auch A.M. RITTER, 1976, 211.
Die Zusammengehörigkeit von Erkenntnis und Reinheit der Lebensführung bzw. die
Angemessenheit des Ethos im Vergleich zu der angestrebten »Wahrheit« zeigt sich auch in
der Polemik Gregors gegenüber Eunomius, dem er nicht nur eine irrige Meinung in
Glaubensfragen, sondern auch eine laxe und verwerfliche Lebensführung vorwirft (vgl. z.B.
den Vorwurf, Eunomius dichte in Sotadeen: Eun I 17, p. 27,11-17); vgl. zum Problem auch
R.E. HEINE, 1975, 8; A. MEREDITH, 1976, 318f; J.-A. RÖDER, 1993, 159f.180.204. Ein ähnlicher Hintergrund der Argumentation läßt sich für Athanasius gegen Arius aufzeigen (vgl.
TH. BÖHM, 1992, 343-355) und ist auch sonst weit verbreitet (vgl. H.-J. KLAUCK, 1991, 129
und 142). Diese Einheit von Erkenntnis und Reinheit der Lebensführung ist vor allem auch
eine platonische Thematik: vgl. Platon, Phaid 67b.

2. KAPITEL

DIE PHILOSOPHISCHE HINFÜHRUNG ZUM THEMA

1. BEREICH DES KONTINGENTEN

Der doppelte Skopos der VM wird von Gregor von Nyssa im Prolog zunächst in einer knappen Durchführung aufgezeigt: Gregor wendet sich bei der Untersuchung des Begriffes »Vollkommenheit« (τελειότης)[1] zunächst dem Bereich zu, der durch die Wahrnehmung erfaßt werden kann (ὅσα τῇ αἰσθήσει μετρεῖται).[2] Er erläutert dies durch den Begriff der Quantität (ποσότης)[3]. Vom Begriff der Quantität ist nach Gregor aber der Bereich der Tugend zu unterscheiden, für den es keine Grenze gibt.[4] Der Grund dafür[5] liege in der Natur des Guten, das nur durch seinen *Gegensatz* begrenzt werde[6], nicht aber wie im Bereich des Quantitativen durch *eigene*, d.h. in diesem Bereich liegende Bestimmungen (ἰδίοις τισὶν ὅροις)[7].

Davon sei das Göttliche zu unterscheiden, das in höchster und eigentlicher Weise Gute.[8] Für diese Gutheit gebe es keinen Gegensatz, so daß sie auch grenzenlos sein müsse (ἀόριστος ... καὶ ἀπεράτωτος)[9]. Die Verbindung beider Bereiche, des menschlich-kategorialen und des göttlich-transzendenten, wird bei Gregor über den Begriff der Teilhabe geleistet (μετέχει)[10]: Der, der tugendhaft lebt, hat Teil an Gott, der die vollkommene Tugend ist (παντελὴς ἀρετή)[11]. Für Gregor ergibt sich daraus, daß auch das Verlangen (ἐπιθυμία) nach dem Guten ohne Ende bzw. Stillstand (στάσις) sein muß.[12]

---

[1] VM I 5, p. 3,6.
[2] VM I 5, p. 3,7.
[3] Vgl. VM I 5, p. 3,8-12.
[4] Vgl. VM I 5, p. 3,12-17.
[5] VM I 5, p. 3,17.
[6] Vgl. VM I 5-6, p. 3,17-4,5.
[7] VM I 5, p. 3,9.
[8] VM I 7, p. 4,5.
[9] VM I 7, p. 4,9.
[10] VM I 7, p. 4,11.
[11] VM I 7, p. 4,12.
[12] VM I 7, p. 4,12-15.

Daraus läßt sich also entsprechend der Skizzierung des Gedankenganges
für den Bereich der Erfassung der Vollkommenheit folgende Gliederung
skizzieren:

I) Bereich des Kontingenten

   1) Quantität und Grenze[13]

   2) Begriff der Tugend

      a) Tugend und Grenzenlosigkeit[14]

      b) Begründung[15]

II) Bereich des Absoluten

   1) Gutheit als Unbegrenztes[16]

   2) Teilhabe durch ein Leben nach der Tugend[17]

III) Schlußfolgerung:

   unendliches Streben[18]

a) Quantität und Grenze

Gregor versucht, zunächst den Begriff der Vollkommenheit (τελειότης)
für den Gegenstandsbereich der Wahrnehmung (αἴσθησις) deutlicher zu
fassen. Dort gelte, daß die Vollkommenheit durch gewisse Grenzen fest-
gelegt werde (πέρασί τισιν ὡρισμένοις).[19] Diese allgemeine Bestimmung der Erfassung von Vollkommenheit erläutert Gregor mit dem Beispiel der Quantität (τὸ ποσόν), die entsprechend der aristotelischen Unterscheidung[20] in Kontinuierliches (συνεχές) und Diskretes (τὸ

---

[13] VM I 5, p. 3,6-12.
[14] VM I 5, p. 3,12-17.
[15] VM I 5-6, p. 3,17-4,5.
[16] VM I 7, p. 4,5-10.
[17] VM I 7, p. 4,10-12.
[18] VM I 7-8, p. 4,12-19.
[19] VM I 5, p. 3,6-8.
[20] Aristoteles, Cat 4b20: Τοῦ δὲ ποσοῦ τὸ μέν ἐστι διωρισμένον, τὸ δὲ συνεχές.
Auf das zweite Merkmal, das Aristoteles für das ποσόν diskutiert, nämlich daß die Quantität aus Teilen besteht, die eine (relative) Lage zueinander haben oder nicht haben (vgl.
Aristoteles, Cat 4b21f und 5a15-37), braucht in diesem Zusammenhang nicht eingegangen
zu werden, da diese Unterscheidung bei Gregor keine Rolle spielt (zur Interpretation bei
Aristoteles vgl. KL. OEHLER, 1984, 231f).
Die Autorschaft von Cat kann hier nicht diskutiert werden. Sie ist für den behandelten
Zusammenhang von geringerer Bedeutung, da die Antike, wie am Beispiel des Porphyrius

διωρισμένον) differenziert wird.[21] Denn jedes Maß im Bereich des Quantitativen werde nach Gregor durch gewisse eigene Grenzen erfaßt.[22] Er nennt als Beispiele die Elle oder die Zahl »Zehn«, die jeweils an einem Punkt beginnen und an einem Punkt enden[23]. An dieser Stelle ist es notwendig, diese Aussage Gregors im Sinne unserer Methode etwas genauer zu beleuchten. Dies soll im folgenden durch eine Untersuchung dieses Gedankens von Aristoteles bis zu Dexipp geschehen, um zu zeigen, daß Gregors Ansatz am besten von Dexipp her verstanden werden kann.

Die beiden Beispiele, die Gregor verwendet, belegen deutlich ihre aristotelische Herkunft. Denn auch in Aristoteleskommentaren wird hervorgehoben, daß Aristoteles zum Kontinuierlichen γραμμή, ἐπιφάνεια, σῶμα, χρόνος und τόπος rechne, zum Diskreten ἀριθμός und λόγος.[24] Die Elle als γραμμή und die Zahl »Zehn« als ἀριθμός wären also gerade Beispiele, die Aristoteles für συνεχές und διωρισμένον zulassen würde. Für die Teile einer Zahl z.B. gilt nach Aristoteles, daß sie keine gemeinsame Grenze oder Bestimmung (ὅρος) haben, auf die hin ihre Teile zusammengefaßt werden[25]; z.B. gilt 5 + 5 = 10 — aber die beiden »5« haben keine gemeinsame Grenze, sie sind voneinander getrennt (διώρισται).[26] Dies ist genauer zu erläutern.

Aristoteles beginnt in der Kategorienschrift die Behandlung der Quantität ohne eine Definition dieses Begriffs, anders als in der Metaphysik. Dort heißt es:»Quantum wird das genannt, was in Teile, die ihm innewohnen, zerlegt werden kann, von denen jeder der Natur nach ein Eines und ein Das ist.«[27] Dabei unterscheidet Aristoteles die Menge (πλῆθος) als Diskretes, das zählbar ist, von der Größe (μέγεθος) als Kontinuierli-

---

oder Dexipp in ihren Kommentaren zur Kategorienschrift faßbar, die Autorschaft des Aristoteles nicht in Frage gestellt hat.

21 VM I 5, p. 3,8-9.
22 VM I 5, p. 3,9-10.
23 VM I 5, p. 3,10-12.
24 Besonders deutlich wird dies von Ammonius hervorgehoben (In Arist Cat 4b20, p. 54,16-18); ähnlich auch Porphyrius, In Arist Cat p. 100,32-107,30, vor allem Porphyrius, In Arist Cat p. 105,5-6. Dexipp ist im Hinblick auf die aristotelische Einteilung von Cat 4b20 undeutlicher (In Arist Cat p. 64,1-71,15), weil er an dieser Stelle vorrangig an einer Auseinandersetzung mit Plotin interessiert ist (vgl. W. KROLL, 1903, 293). Zur aristotelischen Einteilung vgl. auch KL. OEHLER, 1984, 226 und 228 sowie CHR. EVANGELIOU, 1988, 74-76. Für Porphyrius folgt die Kategorie der Quantität auf die Substanz; die Gründe, die er dafür angibt, brauchen hier nicht erörtert zu werden (vgl. Porphyrius, In Arist Cat p. 100,11-28; dazu CHR. EVANGELIOU, 1988, 74).
25 Vgl. Aristoteles, Cat 4b25f.
26 Vgl. Aristoteles, Cat 4b26-28.
27 Aristoteles, Met 1020a7f: Ποσὸν λέγεται τὸ διαιρετὸν εἰς ... ἐνυπάρχοντα ὧν ἕκαστον ἕν τι καὶ τόδε τι πέφυκεν εἶναι.

chem, das meßbar ist.[28] Wesentlich sind für Aristoteles die Begriffe der
Teilbarkeit und des Einen: Das Teilbare kann stets erneut geteilt werden,
während das Eine als solches unzerlegbar ist. Wäre das Eine teilbar,
müßte es aus verschiedenen Einheiten bestehen und wäre folglich nicht
mehr eins.[29] Zwei Körper sind z.B. genau dann kontinuierlich, wenn sie
sich in ihrem Äußersten berühren bzw. zusammenfallen, d.h., wenn sich
zwei Flächenstücke berühren. Kontinuierlich sind die Dinge, die sich so
berühren, daß ihre äußersten Grenzen eins sind.[30] Demgegenüber betont
Aristoteles für die Zahlen, daß sie sich nicht berühren[31], weil keine gemeinsame Grenze zwischen ihnen besteht. Die Einheit als Unzerlegbar-
keit ist für den Meßvorgang konstitutiv: »Eine diskrete Menge ist in reale
Teile zerlegbar, von denen jeder einzelne als etwas wirklich Unzerlegba-
res eine Einheit darstellt.«[32] Dabei ist zu beachten, daß für Aristoteles die
Zahl eine Prädikatsstruktur aufweist, d.h. auf eine Menge von Dingen rekurriert, die als Einheiten aufgefaßt werden.[33] Damit setzt Aristoteles für
die Bestimmung der Quantität als Kontinuierliches und Diskretes die Bestimmung der Grenze voraus, die das Äußerste eines jeden einzelnen ist,
außerhalb dessen von dem jeweiligen Etwas nichts zu finden ist und innerhalb dessen alles von diesem Etwas ist.[34]

Daraus ließe sich nun folgern, daß das Maß für die Quantität durch gewisse *eigene Grenzen* erfaßt wird, wie Gregor schreibt.[35] Dies findet sich

---

[28] Vgl. Aristoteles, Met 1020a8-10. Dabei ist zu betonen, daß Aristoteles den Begriff
Meßbarkeit als Abgrenzung zum Begriff Zählbarkeit im Sinne von Nur-Meßbarkeit versteht (vgl. KL. OEHLER, 1984, 225). Auf die Probleme, die sich aus der Sicht der heutigen
Mathematik in diesem Zusammenhang ergeben (vgl. KL. OEHLER, 1984, 225f), kann hier
nicht eingegangen werden.

[29] Diese Argumentation ist nur dann schlüssig, wenn man wie Aristoteles oder Euklid
von den natürlichen Zahlen ausgeht und die Zahl als Zusammenfassung von Einheiten versteht: vgl. Euklid, El VII, Def 1 und 2, p. 103; vgl. auch Platon, Resp 525d-526a. Dazu J.L.
AKRILL, 1963, 94f; H. GERICKE, 1994, 81f.109.114 sowie KL. OEHLER, 1984, 228. 232f. Zum
Begriff der Teilbarkeit vgl. auch E. TUGENDHAT, 1988, 96-98 und J. STENZEL, 1933, 63-
65.71.117f (auch für die entsprechenden Ausführungen von Porphyrius, Simplicius, Themistius und Johannes Philoponus).

[30] Vgl. Aristoteles, Phys 231a24.

[31] Vgl. Aristoteles, Phys 227a19f.

[32] KL. OEHLER, 1984, 228.

[33] Vgl. Aristoteles, Cat 5b33-40; Met 1087b34 und Phys 224a2-10; dazu KL. OEHLER,
1984, 232f.

[34] Vgl. Aristoteles, Met 1022a4f und Phys 227a11. Zur Grenze vgl. auch Platon, Menon
75e.

[35] VM I 5, p. 3,9.

allerdings nicht so deutlich an der soeben skizzierten Stelle der aristotelischen Kategorienschrift, wie z.b. Mühlenberg annimmt[36].

Um diesem Problem zu entgehen, versucht Heine zu zeigen[37], daß sich
Gregor von Nyssa an eine Stelle aus der Physik des Aristoteles anlehne.[38]
Gregor betone nämlich, daß das vollkommen sei, von dem man den Anfang und das Ende kenne (οἶδε τὸ ἀπὸ τίνος ἀρξάμενον καὶ εἰς τί
καταλῆξαν)[39], dieses also vollständig erfassen könne. Somit habe es definitive Grenzen. Aristoteles argumentiert an der erwähnten Stelle, daß das
ἄπειρον nicht vollendet sei, weil es keine Grenze habe.[40] »Wo aber nichts
außerhalb ist, das ist vollendet und ganz. So nämlich definieren wir das
Ganze, von dem nichts abwesend ist ...«[41] Mit dieser Stelle aus der *Physik*
kann zwar verdeutlicht werden, warum Gregor davon spricht, daß man
wissen müsse, was der Anfang und was das Ende sei im Hinblick auf die
Vollendung im Bereich der Quantität. Aber auch in diesem Fall ergibt
sich nur implizit der Gedanke Gregors, daß jegliches Maß im Bereich der
Quantität durch gewisse *eigene* Bestimmungen umfaßt werde. Zudem vernachlässigt Heines Vorschlag die Unterscheidung der Quantität in
Kontinuierliches und Diskretes. Ein wichtiger Gedanke Heines ist jedoch,
daß die Parallelen zu Aristoteles nicht notwendig eine direkte
Auseinandersetzung mit oder einen Anschluß an Aristoteles bedeuten
müssen.[42]

Die Verhältnisbestimmung von Kontinuierlichem und Diskretem als
zweier *gleichrangiger* Arten der Quantität, wie sie sich im Anschluß an
Aristoteles denken ließe, wird von Plotin eingehend untersucht und in

---

[36] E. MÜHLENBERG, 1966, 160: »Eng sich an Aristoteles anschließend, so daß man
versucht ist, eine wörtliche Kenntnis der Stelle anzunehmen, sagt Gregor: ›Denn jedes
quantitative Maß wird durch ihm eigentümliche Bestimmungen umfaßt‹«.
[37] Vgl. R.E. HEINE, 1975, 65f.
[38] Vgl. Aristoteles, Phys 207a8-15.
[39] VM I 5, p. 3,11f.
[40] Vgl. auch Phys 207a7, wo in diesem Zusammenhang der Begriff τὸ ποσόν eingeführt wird.
[41] Phys 207a8-10.
R.E. HEINE verweist hier zudem auf Platon, Phileb 31a und Parm 137d (vgl. R.E. HEINE,
1975, 66); in beiden Fällen betont Platon zwar, daß das, was ἄπειρον ist, auch ohne Anfang, Mitte oder Ende ist. Im ersten Fall geht es Platon jedoch um die Lust (ἡδονή), im
zweiten Fall um das ἕν. Beide Stellen können also nur bedingt als Parallelen zur Verdeutli-
chung herangezogen werden (zur Stelle vgl. auch J. HALFWASSEN, 1991, 309-311).
[42] Vgl. R.E. HEINE, 1975, 66.
Auf die Ausführungen von Alexander von Aphrodisias zu diesem Thema kann hier nicht
eingegangen werden: vgl. dazu z.B. CHR. PIETSCH, 1992, 124-126.

Frage gestellt.[43] Denn Plotin setzt sich kritisch von der Anwendung der
Kategorien auf verschiedene Wirklichkeitsbereiche ab:»Wenn sie sagen,
das Kontinuierliche als Kontinuierliches sei eine Quantität, könnte wohl
das Diskrete keine Quantität sein; wenn aber das Kontinuierliche die
Quantität als ein Akzidenz besitzt, was wird beidem (dem Kontinuierlichen und Diskreten) gemeinsam sein, um sie zu Quantitäten zu machen?«[44] Neben dieser Kritik bestreitet Plotin außerdem, daß Ort, Zeit
und Rede wirklich Quantitäten sind.[45] Das Ziel der Argumentation Plotins
ist es zu zeigen, daß dieselben Kategorien nicht in gleicher Weise auf die
sensible und die intelligible Sphäre anwendbar sind.[46] Die aristotelischen
Kategorien seien auf die sensible Welt beschränkt.[47]

Diese Problematik, die Plotin herausgestellt hat, wird von Dexipp aufgegriffen, indem er den Gesprächspartner Seleucus sagen läßt, daß nach
Plotin das Kontinuierliche und das Diskrete nicht zugleich Quantitäten

---

[43] Dabei ist aber zu beachten, daß sich Plotin evtl. nicht so sehr von Aristoteles absetzen will, wie in der Forschung oft angenommen wurde (vgl. die Nachweise bei ST.K.
STRANGE, 1987, 955; allgemein zur Kritik Plotins an Aristoteles hinsichtlich der Konzeption der Quantität: CHR. RUTTEN, 1961, 83-92). Diese Vermutung legen die Äußerungen
von Dexipp (vgl. Dexippus, In Arist Cat p. 5,1-12) und Simplicius (vgl. Simplicius, In
Arist Cat p. 2,3-8). Vielmehr scheint es wahrscheinlicher zu sein, daß sich Plotin vor allem
mit den Interpretationen der Kategorienschrift von Lukios und Nikostratos auseinander-
setzt (vgl. Simplicius, In Arist Cat p. 1,18-22), um zu zeigen, für welchen Bereich die
Kategorien angewendet werden können (vgl. ST.K. STRANGE, 1987, 964f).
Anders ist die Tendenz bei Porphyrius, der Plotin und Aristoteles zu harmonisieren versucht, was P. HADOT vor allem für den Begriff οὐσία nachweist (vgl. P. HADOT, 1974, 31-
47).
[44] Plotin, Enn VI 1,4,5-8: εἰ μὲν δὴ τὸ συνεχὲς ᾗ συνεχὲς ποσὸν φήσουσιν εἶναι,
τὸ διωρισμένον οὐκ ἂν εἴη ποσόν· εἰ δὲ κατὰ συμβεβηκὸς τὸ συνεχές, τί κοινὸν
ἀμφοτέροις ἔσται τὸ ποσοῖς εἶναι; An anderer Stelle betont Plotin, daß die Größe groß
ist durch die Quantität (Enn VI 3,11,12f). Dabei übernimmt Plotin allerdings in dieser
Enneade die Unterscheidung von Kontinuierlichem und Diskretem (Enn VI 3,13,1), die
sich hinsichtlich der Grenze durch die Prädikate >gemeinsam< und >eigen<
unterscheiden (Enn VI 3,13,2; vgl. dazu CHR. EVANGELIOU, 1988, 152). Aber auch in
diesem Zusammenhang besteht ein Unterschied zu Gregor, der für den *gesamten* Bereich
der Quantität davon spricht, daß er eigene Grenzen hat (vgl. Gregor, VM I 5, p. 3,9).
CHR. EVANGELIOU versucht in diesem Zusammenhang nicht, die verschiedenen Ansätze
bei Plotin und Porphyrius zusammenzusehen. Demgegenüber vermag ST.K. STRANGE zu
zeigen, daß für Porphyrius die Kategorien nicht in einem metaphysischen Sinne zu verstehen seien, sondern als Versuch einer Behandlung der Prädizierbarkeit (vgl. ST.K.
STRANGE, 1987, 957-963 mit den entsprechenden Nachweisen bei Porphyrius, Herminus,
Alexander von Aphrodisias und Simplicius; zur Prädikation bei Plotin vgl. CHR. RUTTEN,
1961, 89-92).
[45] Vgl. Plotin, Enn VI 3,11,1-9 und VI 3,12,25-28.
[46] Vgl. Plotin, Enn VI 3,1,3-6.19-21; VI 1,12,51-53; dazu V. VERRA, 1992, 73f. Dies
richtet sich z.B. gegen Ansätze von Boëthus von Sidon und Eudorus von Alexandrien (vgl.
Simplicius, In Arist Cat p. 78,4f und 206,10-15; dazu ST.K. STRANGE, 1987, 969).
[47] Vgl. ST.K. STRANGE, 1987, 965-972. Für die intelligible Welt rezipiert Plotin vor allem den platonischen *Sophistes*. Vgl. zu dieser Frage auch P. AUBENQUE, 1985, 9f.28-33.

sein könnten[48]; was ist beiden dann aber noch gemeinsam? Die Antwort des Dexipp lautet: »gemeinsam haben sie das Maß in sich selbst und die Grenze, die im Unterschiedenen und Kontinuierlichen zu finden ist« (κοινὸν ἔχουσι τὸ μέτρον ἐν ἑαυτοῖς καὶ τὸ πέρας, ὅπερ ἐν τῷ διωρισμένῳ καὶ τῷ συνεχεῖ θεωρεῖται)[49]. Diese Antwort deckt sich mit der Lösung Plotins.[50] Nach einem möglichen Einwand, der die Quantität in der Größe als Quantität durch Teilhabe an der Zahl faßt[51] und der durch Hinweise auf die Natur und den Kosmos widerlegt wird[52], kehrt Dexipp noch einmal auf die Frage des κοινόν zurück: »was ihnen beiden gemeinsam ist, ist nämlich gemessen und begrenzt zu werden gemäß der eigenen Hypostase von jedem« (κοινὸν γὰρ ἐν αὐτοῖς ὑπάρχει τὸ μετρεῖσθαι καὶ τὸ πεπερατῶσθαι κατὰ τὴν ἰδίαν ἑκάστου ὑπόστασιν)[53]. Damit kann gezeigt werden, daß im Bereich der Quantität sowohl für das Kontinuierliche als auch das Diskrete jeweils eine definitive Grenze vorhanden ist, indem beim Wahrnehmbaren nur das vollendet sein kann, wovon man Anfang und Ende weiß. Gemeinsam ist dem Kontinuierlichen und Diskreten, daß es begrenzt ist nach seiner je *eigenen* Maßgabe. Man könnte an dieser Stelle einwenden, daß Dexipp statt ὅρος (Gregor) das Wort πέρας (πεπερατῶσθαι) verwendet. Für Gregor von Nyssa trifft jedoch zu, daß er beide Termini als austauschbar betrachtet, wenn er z.B. ἀόριστος und ἄπειρος miteinander identifiziert: τὸ δὲ ἀόριστον τῷ ἀπείρῳ ταὐτόν ἐστιν.[54]

Ein weiterer Ansatzpunkt zum Verständnis dieses Gedankens liegt wiederum in den beiden Beispielen, die Gregor von Nyssa verwendet, um den Begriff ποσόν zu erläutern: Zehn (δεκάς) und Elle (πῆχυς)[55]. Beide Beispiele werden auch von Plotin gebraucht, allerdings in einem anderen

---

[48] Vgl. Dexippus, In Arist Cat p. 66,14-17.
P. HENRY verweist in diesem Zusammenhang darauf, daß die Texte, die Dexipp im Hinblick auf die Frage der Quantität als plotinisch ausgibt, nicht in den Enneaden zu finden sind. Sie müßten deshalb aus der mündlichen Traditon stammen. Zudem sei Dexipp in dieser Frage von der Schrift *Ad Gedalium* des Porphyrius abhängig, die ihm über Iamblich vermittelt worden sei (vgl. P. HENRY, 1982, 3-12). Eine Untersuchung dieser Fragen kann hier nicht geleistet werden. Allgemein zum Problem des Verhältnisses von Aristoteles, Plotin und Dexipp P. HENRY, 1973, 234-265.
Zur Abgrenzung des Philosophen Dexipp von dem Historiker vgl. A. BUSSE, 1888, 402-409.
[49] Dexippus, In Arist Cat p. 66,18-20.
[50] Vgl. Plotin, Enn VI 3,13; vgl. den Hinweis bei J. DILLON, 1990, 114 Anm. 12 und 13.
[51] Es handelt sich um einen Einwand, den Plotin selbst vorbringt (Enn VI 1,4,11-14).
[52] Vgl. Dexippus, In Arist Cat p. 66,23-67,6; vgl. auch Iamblich, De Comm Math Sc 7, p. 28,24-29,20 und Iamblich, In Nic p. 7,6-23.
[53] Dexippus, In Arist Cat p. 67,6f.
[54] Eun I 169, p. 77,20; vgl. dazu R.E. HEINE, 1975, 65f Anm. 1.
[55] Vgl. VM I 5, p. 3,10f.

Kontext: Plotin geht der Frage nach, ob die Zeit eine Zahl bzw. das Maß der Bewegung ist.[56] Wäre die Zeit so etwas wie eine Zahl, wie sollte sie sich dann von der Zehn oder einer anderen Zahl unterscheiden?[57] In diesem Fall bliebe die Zeit als Zahl (Quantität) der Bewegung äußerlich und würde lediglich auf die Dinge appliziert.[58] Nähme man aber an, so Plotin, die Zeit sei ein zusammenhängendes Maß (συνεχὲς μέτρον), dann wäre sie ein Maß einer bestimmten Größe (ποσόν), wie es bei der Elle der Fall ist (τὸ πηχυαῖον μέγεθος).[59] Hier bliebe aber die Zeit das Maß einer bestimmten Quantität, wonach dann die Dauer der Größe einer Bewegung folgen würde.[60] Das Ziel der Argumentation Plotins ist es, die Zeit von beiden Bereichen, der Zahl und dem zusammenhängenden Maß, deutlich zu unterscheiden. Darin berührt sich Gregor von Nyssa mit dem Gedanken Plotins, wenn Gregor die Tugend z.B. von der Zahl (Zehn) und dem zusammenhängenden Maß *differenzieren* will.[61]

Geht man von der Bestimmung aus, die sich hier für das Quantitative ergeben hat, können weitere Überlegungen eingebracht werden, und zwar für die philosophischen Implikationen, die das Verhältnis von Begrenztem und Unbegrenztem betreffen. Für Plotin folgt der Gedanke, daß das Eine (oder Gott) unendlich oder grenzenlos ist, notwendig aus seiner Gestalt- und Formlosigkeit, da das Eine auch nicht dadurch erreicht werden kann, daß *Größe* oder *Zahl* ins Unermeßliche gesteigert werden: ληπτέον δὲ καὶ ἄπειρον αὐτὸν οὐ τῷ ἀδιεξιτήτῳ ἢ τοῦ μεγέθους ἢ τοῦ ἀριθμοῦ[62]. Wenn das Eine als solches in seiner Un-Unterschiedenheit gefaßt wird, ist es in dieser seiner In-Differenz von allem Bestimmten, das sich unterein-

---

[56] Vgl. Plotin, Enn III 7,9,1f.
Nach Porphyrius könne die Elle in immer Teilbares geteilt werden und schließe so eine Art Unendlichkeit zum Großen und zum Kleinen ein; dies sei die unbestimmte Zweiheit (vgl. Simplicius, In Arist Phys p. 53,28-54,11; dazu J. STENZEL, 1933, 64; M. HOFFMANN, 1993, 46f)
[57] Vgl. Plotin, Enn III 7,9,15-17.
[58] Vgl. W. BEIERWALTES, 1981, 230f.
[59] Vgl. Plotin, Enn III 7,9,17-19.
Wenn Plotin annimmt, es handle sich hier um ein zusammenhängendes Maß und dies mit δέ dem Vorhergehenden gegenübergestellt, greift er mit Sicherheit die aristotelische Unterscheidung (Cat 4b20) auf, wonach dann konsequent die Zahl (z.B. Zehn) das Diskrete ist (διωρισμένος); zur Elle vgl. auch Enn III 7,9,31. Zur Zeitauffassung des Aristoteles vgl. KL. OEHLER, 1984, 230f.
[60] Vgl. Aristoteles, Phys 221a3; dazu W. BEIERWALTES, 1981, 231.
[61] VM I 5, p. 3,10-13.
Weitere Überlegungen könnten hier eingebracht werden, so z.B. zum Verhältnis von Zeit und Maß bei Gregor von Nyssa.
[62] Plotin, Enn VI 9,6,10f; dazu W. BEIERWALTES, 1987, 465.

ander unterscheidet, different und somit das Nichts von allem.[63] Weil sich
die Identität des einzelnen dadurch ergibt, daß es je als Prinzipiiertes
durch Grenze, Form und Gestalt bestimmt wird und sich als Etwas von
Anderem unterscheidet, folgt daraus konsequent, daß das Eine als Nichts
von allem *in sich* grenzenlos (ἄπειρον), form- und gestaltlos (ἀνείδεον
καὶ ἄμορφον) sein muß[64], vor und über dem Sein und vor dem Etwas.[65]
Das Etwas-Sein begrenzte das Eine, so daß es aufhören würde, es selbst zu
›sein‹. Die Grenze (πέρας) als Akt und Zustand[66] ist das Umschließende,
nach Proklos der Grund für die beständige Eigentlichkeit (μόνιμος
ἰδιότης[67]). Sie bestimmt jedes Seiende zu einem umgrenzten Etwas, so
daß dieses selbig mit sich selbst und von allem anderen unterschieden ist.
»Jedes mit sich selbst selbige und darum bestimmte und begrenzte Etwas
beschränkt ein anderes Etwas, da es nur dadurch *ist*, daß es *nicht* das andere ist. Selbst aber kann es wiederum nur sein, indem das andere als ein
es selbst ausgrenzendes, d.h. ebenso πέρας ist.«[68] Nach dem platonischen
Sophistes bestimmen Selbigkeit und Andersheit den für jedes Seiende ge-
mäßen Ort.[69] Jedes Seiende ist mit sich identisch, insofern es ein Eines,
Umgrenzt-Bestimmtes ist; jede Selbigkeit impliziert Andersheit.[70] Der
Grund der Grenze liegt somit im Selben *und* im Anderen.[71]

Diese dargelegte Struktur von πέρας und ἀπειρία für das Etwas und das
Eine bei Plotin und Proklos impliziert jedoch nicht etwa eine bloß theoretische Unterweisung. Vielmehr wird sie bestimmend für eine Lebens-

---

[63] Vgl. Plotin, Enn VI 7,32,12f; III 8,9,54; vgl. W. BEIERWALTES, 1980, 26 und W. BEI-
ERWALTES, 1985, 41.

[64] Vgl. z.B. Plotin, Enn VI 7,17,18-43; dazu W. BEIERWALTES, 1985, 41. Diesem Gedanken widerspräche eine Stelle Plotins (Enn VI 8,9,10), an der das Eine ὡρισμένον τι
genannt wird. Zu Recht verweist aber W. BEIERWALTES darauf, daß Plotin noch im selben
Kapitel (Enn VI 8,9,39 und 42) davon spricht, daß das Eine nicht begrenzt sein könne.
Außerdem betone Plotin das Allein-Sein des Einen, so daß es auch nicht von einem anderen begrenzt sein könne (Enn VI 8,7,38 und VI 9,11,51; Plotin bezieht dabei Platon, Phileb
63b7f auf das Eine selbst: Enn V 5,13,6; VI 7,40,28; vgl. W. BEIERWALTES, 1990a, 92f). Die
Konjektur von W. BEIERWALTES <κεχ>ωρισμένον als Anzeige der absoluten Andersheit
des Einen (vgl. Proklos, In Parm 1184,12f und 18; Heraklit, Frg. B 108) erklärt den Sachverhalt eindeutig: vgl. W. BEIERWALTES, 1990a, XXVII f und 91f; ferner W. BEIERWALTES,
1987, 455f.

[65] Plotin, Enn VI 9,3,36-38.

[66] Zu beiden Aspekten vgl. W. BEIERWALTES, 1979, 51 mit Anm. 2 für den pythagoreischen Hintergrund.

[67] Proklos, Theol Plat III 9, p. 136,47f.

[68] W. BEIERWALTES, 1979, 52.

[69] Vgl. Platon, Soph 256 de.

[70] Zur Frage der Andersheit und der Zahl vgl. W. BEIERWALTES, 1972a, 183f.
Für eine ähnliche Konzeption bei Pseudo-Dionysius Areopagita vgl. ST. GERSH, 1978,
234f.240.

[71] Vgl. W. BEIERWALTES, 1979, 61.

form, die es dem Menschen ermöglicht, sich zu läutern und so zu Gott
bzw. dem Einen zu gelangen: »Die Lehrer dafür sind Analogien und Ab-
straktionen, die Erkenntnis dessen, was aus Ihm herstammt, und jene besonderen Stufen des Aufstiegs; Wegbegleiter aber dahin sind Reinigun-
gen, Tugenden und Läuterungen, Wandeln im geistigen Reich ...«[72] Für
Plotin ist also ohne wahrhafte Tugend eine Rede von Gott bloßes Ge-
rede.[73]

Wenn Gregor für den Bereich der Quantität behauptet, daß alles durch
gewisse eigene Grenzen erfaßt wird, so wird dadurch deutlich, daß sich
Etwas von Anderem je unterscheidet in der Selbigkeit mit sich selbst und
der Unterschiedenheit von allem anderen: Durch die Grenze wird jedes
Seiende bestimmbar, definierbar und denkbar.[74] Damit zeigt sich für Gregor von Nyssa, daß dessen Erörterungen aus einer Diskussion der aristotelischen Bestimmung der Quantität im vierten Jahrhundert verständlich
werden, so vor allem aufgrund der Auseinandersetzung Dexipps mit
Plotin, ohne daß damit allerdings Gregors »Quellen« eindeutig bestimmt
werden könnten oder sollten. Zugleich ist aber durch die implizierte
Differenz von Grenze und Grenzenlosigkeit auch die Frage aufgeworfen,
wie die Vollendung des Menschen zu denken ist. Gerade der Kontext bei
Plotin, daß eine Rede von Gott die wahrhafte Tugend voraussetze, verweist darauf, daß speziell das Problem einer Bestimmung der Tugend
einer Klärung zugeführt werden muß.

---

[72] Plotin, Enn VI 7,36,6-9; zum Kontext vgl. P. HADOT, 1991, 36f.
[73] Vgl. Plotin, Enn II 9,15,39f; W. BEIERWALTES, 1991, 14.
[74] Vgl. W. BEIERWALTES, 1979, 51 Anm. 2.

b) Der Begriff der Tugend

Gregor hat für den Bereich der Quantität den Begriff der Vollkommenheit eingeführt; beim Quantitativen muß stets eine Grenze
(πέρας)[1] angenommen werden. Es ergibt sich deshalb auch konsequent
die Frage, ob eine solche Bestimmung auf die Tugend zutreffe. Um hier
das Prädikat der Vollkommenheit anwenden zu können[2], müsse man nach
den Überlegungen zur Quantität und deren Vollkommenheit auch wissen,
wo die Tugend beginnt (ἀπὸ τίνος ἀρξάμενον) und wo sie endet (εἰς τί
καταλῆξαν)[3]. Gregor von Nyssa sichert seinen Gedanken durch ein
Schriftzitat ab, so daß er auch hier einen doppelten Bezug zum christlichen und philosophischen Kontext wahrt[4]: Unter Hinweis auf Phil 3,13[5]
nimmt er als unumstößliche, d.h. für Gregor wahre Prämisse an[6], daß es
für die Tugend hinsichtlich ihrer Vollkommenheit nur eine einzige Grenze
gebe, nämlich keine Grenze zu haben: ἐπὶ ... τῆς ἀρετῆς ἕνα ... τε-
λειότητος ὅρον ἐμάθομεν τὸ μὴ ἔχειν αὐτὴν ὅρον[7]. Damit betont Gre-

---

[1] Vgl. VM I 5, p. 3,7.

[2] Mit der Frage, was die Vollkommenheit der Tugend (τελειότης τῆς ἀρετῆς) sei,
bewegt sich Gregor auf einer anderen Ebene als in dem Fall, bei dem nach der besten oder
vollendeten Tugend (τελεία ἀρετή) gesucht wird, etwa bei Arius Didymus (Nachweise bei
P. MORAUX, 1973, 310) oder bei Aspasius in seinem Kommentar zur Nikomachischen
Ethik (Nachweise bei P. MORAUX, 1984, 272f Anm. 166). Sie unterscheidet sich aber auch
wesentlich von der Fragestellung der Pythagoreer, die nach Aristoteles (EN 1106b36 -
1107a2; vgl. auch Met 986a22-26) das Gute dem Begrenzten, das Schlechte dem Unbegrenzten zuordnen; für das Gute gebe es nur *eine* richtige Handlungsweise, für das
Schlechte aber jeweils *mehrere* Möglichkeiten einer falschen Handlungsweise (dazu auch
Aspasius, In Arist EN p. 47,35-48,1; vgl. P. MORAUX, 1984, 261).

[3] VM I 5, p. 3,11f; dazu E. MÜHLENBERG, 1966, 160.

[4] Vgl. M. HARL, 1990, 117-122 und H.M. MEISSNER, 1991, 145-149.

[5] Vgl. VM I 5, p. 3,15-17.

[6] Vgl. dazu die grundlegenden Ausführungen von H.M. MEISSNER, 1991, 145-154.

[7] VM I 5, p. 3,12-14. Auf diesen Zusammenhang wird allgemein hingewiesen von R.E.
HEINE, 1975, 67; E. FERGUSON, 1976, 308; E. JUNOD, 1978, 83; G. WATSON, 1987, 102.
Zur Frage der Vollkommenheit im ethischen Kontext bei den Mittelplatonikern vgl. J.
DILLON, 1977, 72 und 148.
C.W. MACLEOD betont hier zu Recht die Unausgewogenheit in der Argumentation Gregors (vgl. C.W. MACLEOD, 1982, 187). Wenn nämlich Gregor den Bereich der Tugend von
der Quantität dadurch abgrenzt, daß er den Begriff der Grenze einführt, dann könnte —
von dem Begriff Grenze aus betrachtet — alles Intelligible ohne Grenze vorgestellt und
dadurch der spezifische Sinn und eine genaue Erfassung von Tugend umgangen werden.
Dies zeigt sich besonders deutlich im Hohelied-Kommentar (Cant 6, p. 173,7-174,20). Dort
unterscheidet Gregor das Wahrnehmbare und Stoffliche vom Intelligiblen und
Unstofflichen: τὸ μὲν γάρ ἐστιν αἰσθητὸν καὶ ὑλῶδες, τὸ δὲ νοητόν τε καὶ ἄϋλον
(Cant 6, p. 173,8f). Das Intelligible sei ἄπειρον und ἀόριστον, alles andere (Hinweis auch
auf das Quantitative [Cant 6, p. 173,13]) werde vollständig durch Grenzen erfaßt (Cant 6, p.
173,11-13). Das Intelligible entfliehe jeder Grenze (ἐκφεύγει τὸν ὅρον [Cant 6, p.
173,18]). Diese Art der Grenzenlosigkeit/Unendlichkeit, die stets wiedergeschaffen werde

gor von Nyssa, daß ein tugendhaftes Leben sich ständig selbst überschreiten muß. Mit dieser Konzeption befindet sich Gregor in Opposition zu Aristoteles. Denn für diesen muß das τέλος der Tätigkeit im Lebendigen selbst liegen. Da die Tätigkeit aber nichts als ein Vermögen ist, dieses sich aber in der Tätigkeit erfüllt, muß die Tätigkeit selbst das τέλος der Tätigkeit sein.[8] Diesen Grundsatz wendet Aristoteles auch auf die Tugend an. Das Weswegen, der Grund einer Handlung, ist ein Ziel, das um seiner selbst willen verfolgt wird. Damit gibt es auch ein Äußerstes für eine solche Handlung.[9] Das Äußerste ist aber die Grenze eines jeden.[10] Wenn es aber eine Grenze gibt, ist auch kein unendliches Fortschreiten möglich. Es würde nämlich nach Aristoteles die Natur des Guten zerstören.[11] Gregor muß also für seine Annahme eines unendlichen Fortschritts im Bereich der Tugend eine Begründung liefern. Dafür wählt Gregor, wie oben gezeigt, ein Schriftzitat (Phil 3,13) als Basis der Argumentation, die er für den philosophisch gebildeten Leser der damaligen Zeit durch eine Begründung absichert (ὁμολογούμενον). Mit dieser zweifachen Bezugnahme, nämlich auf die Bibel und die philosophische Diskussion, liefert er eine Begründung, die nicht allein dem christlichen Leser genügt, sondern auch der paganen Bildung Rechnung trägt.

Als Grund für diese Behauptung führt Gregor an, daß alles Gute entsprechend seiner Natur ohne Grenze sei, nur begrenzt durch sein Gegenteil.[12] Daß das Gute keine Grenze habe, kann im Anschluß an die Überlegungen zur Quantität nur bedeuten, daß es keine eigenen, ihm inhärenten Grenzen (ἰδίοις τισὶν ὅροις)[13] hat, die ein Etwas von einem Anderen abgrenzen. Wäre nämlich das Gute in sich strukturiert wie eine quantitative Gegebenheit, müßte entweder angenommen werden, daß sich

---

(vgl. Cant 6, p. 174,6-20), unterscheide sich jedoch von der Unendlichkeit Gottes (vgl. auch J. DANIÉLOU, 1970, 108f). Die Differenz zwischen »Unendlichkeit« und »schlechter Unendlichkeit«, um mit HEGEL zu sprechen (vgl. G.W.F. HEGEL, Enzykl. § 93-94), hebt sich klar z.B. von der Konzeption bei Origenes ab; dieser behauptet nämlich: ἐὰν γὰρ ἄπειρος ἡ θεία δύναμις, ἀνάγκη αὐτὴν μηδὲ ἑαυτὴν νοεῖν· τῇ γὰρ φύσει τὸ ἄπειρον ἀπερίληπτον (Princ II 9,1, p. 400). Es besteht jedoch in dieser Hinsicht eine deutliche Nähe zu Plotin (Enn III 7,11,45-62; VI 6,18,1-3); zu diesem Fragenkreis vgl. W. BEIERWALTES, 1981, 271f mit weiteren Belegen (W. BEIERWALTES, 1981, 272). Zu diesen Aspekten ausführlich Teil III, 2.1 a; 2.2 a und 3.3.

  [8] Vgl. E. TUGENDHAT, 1988, 101.
  [9] Vgl. Aristoteles, Met 994b9-10.
  [10] Vgl. Aristoteles, Met 1022a4-5.
  [11] Vgl. Aristoteles, Met 994a10-13.
  [12] Vgl. VM I 5, p. 3,17-19; dazu auch E. MÜHLENBERG, 1966, 160 und R.E. HEINE, 1975, 67.
  [13] VM I 5, p. 3,9.
Zum Problem intelligibler Grenzen vgl. W. KÜNNE, 1983, 74f.

das Gute auch aus etwas zusammensetzt, was nicht gut ist; oder man müßte z.b. argumentieren, daß es im Guten selbst Abstufungen gebe: ein mehr oder weniger Gutes. Beides widerspräche jedoch der *Natur* des Guten (ἀγαθὸν τῇ ἑαυτοῦ φύσει)[14], d.h. seinem Wesen. Die Behandlung von »gut« und »schlecht« als logische Entgegensetzungen ist dabei in der Tradition belegt, so daß Gregor[15] mit einer breiten Übereinstimmung (ὁμολογία)[16] bei den Lesern rechnen kann; nachweisbar ist dieser Gedanke für Aristoteles[17], die Stoa[18], den Mittel-[19] und Neuplatonismus[20]. Maßgebend ist für diese Tradition Platons *Theaitetos*.[21] Dort betont Platon für das Leben, daß man die Übel oder das Schlechte (κακά) nicht ausrotten könne; denn mit Notwendigkeit müsse es immer ein dem Guten Entgegengesetztes geben (ὑπεναντίον γάρ τι τῷ ἀγαθῷ ἀεὶ εἶναι ἀνάγκη)[22]. Um diesem Spannungsfeld zu entgehen, schlägt Platon vor, sich Gott so weit als möglich anzunähern (ὁμοίωσις θεῷ κατὰ τὸ δυνατόν)[23]. Da Gott nie ungerecht sein könne, ist die Erkenntnis (γνῶσις) von Gottes Gerechtigkeit wahre Weisheit und Tugend.[24]

Mit dieser Konzeption Platons, die Gregor von Nyssa mit Phil 3,13 verbinden konnte und somit in ein christliches Weltbild einzubetten suchte,

---

[14] VM I 5, p. 3,17f.

[15] Für Gregor vgl. auch Eccl 5, p. 356,1-19; Op hom 12, p. 164A; Or cat 5, p. 27,3-10; Or cat 28, 105,15-106,7; An et res p. 93B; 104B; Cant 4, p. 103,5-15. Ein ähnliches Problem behandelt Gregor bei der Frage nach der Bedürftigkeit/Unbedürftigkeit zur vollendeten Gutheit, Macht usw. für die Hypostase des Einziggeborenen und des Hl. Geistes in *Contra Eunomium* (Eun I 167, p. 77,4-7); auch dort wird betont, daß das Gute keine Grenze seiner Gutheit kenne (Eun I 168, p. 77,7f). Also gebe es auch nicht, wie Eunomius vermute, einen Wandel zum Schlechteren im Hinblick auf die Natur des Sohnes und Geistes (Eun I 169, p. 77,13-20); dazu auch E. MÜHLENBERG, 1966, 120. Eine genaue Interpretation findet sich Teil III, 2.1 a.

[16] Dazu ausführlich H.M. MEISSNER, 1991, 126-170.

[17] Vgl. Aristoteles, Met 1051a17; vgl. auch Alexander von Aphrodisias, In Arist Met p. 594,37. Für Aristoteles vgl. D. O'BRIEN, 1980, 109.127 und 132f.

[18] Vgl. SVF I 566; SVF I 536; Philon von Alexandrien, Sacr 135, p. 256,5-12 und Ebr 7, p. 171,11-13; Origenes, In Joh 20,13, p. 343f; dazu C.W. MACLEOD, 1982, 187.

[19] Vgl. J. DILLON, 1977, 34.44.122f.192f.299.

[20] Vgl. z.B. Plotin, Enn I 8,11; ähnlich Porphyrius, Sent 32, p. 26,5-12; Porphyrius, In Arist Cat p. 114,3-6: Οἷον ἡ ἀρετὴ τῇ κακίᾳ ἐναντίον ἐστίν, ἡ δὲ ἀρετὴ καὶ ἡ κακία ἕξις, πᾶσα δὲ ἕξις εἴρηται ὅτι τῶν πρός τι καθό τινος ἕξις. ἀλλὰ μὴν ἡ ἀρετὴ καὶ ἡ κακία ἕξεις εἰσίν· τῶν πρός τι δὴ ἂν εἴη ἡ ἀρετὴ καὶ ἡ κακία· ἤ τε γὰρ ἀρετὴ τινός ἐστιν ἕξις ἤ τε κακία; Dexipp, In Arist Cat p. 28,8f: καὶ τῶν ἀρετῶν καὶ κακιῶν διαφερουσῶν τῷ γένει τὰς αὐτὰς εἶναι διαφοράς.

[21] Vgl. Platon, Theait 176a-d.

[22] Platon, Theait 176a5.

[23] Platon, Theait 176b1f.

[24] Vgl. Platon, Theait 176bc. Ausführlich dazu Teil III, 4.2.

sind die wesentlichen Schritte der weiteren Argumentation Gregors vorbe-
reitet. Hier soll aber zunächst deutlich werden, daß einerseits für das Gute
die Vollkommenheitsvorstellung, wie sie für den Bereich des ποσόν entwickelt ist, nicht zutreffen kann. Andererseits ist dem Guten konkret das
Böse entgegengesetzt. Konsequent kann dann Gregor auch folgern, daß
das Gute im kontingenten Bereich dort aufhört, wo sein Gegensatz beginnt.[25] Gregor führt diesen Gedanken weiter, indem er von der Bestimmung des Guten zur Bestimmung der Tugend wechselt und behauptet,
daß das Stehen (στάσις) im Lauf auf dem Weg zur Tugend bereits der
Beginn des Laufes auf dem Weg zum Laster ist.[26] Dieser Übergang ist
deshalb gerechtfertigt, weil das Streben (d.h. die Bewegung) nach dem
Guten als Tugend gefaßt werden kann. Der Satz ›stehen zu bleiben auf
dem Weg der Tugend‹ impliziert aber zugleich das Problem der Freiheit
des Menschen: Dieser kann das Gute oder das Böse wählen.[27] Auch in
dem Fall, daß sich jemand der Tugend oder dem Guten zuwendet, darf es
kein Halten geben; dieser immerwährende Fortschritt bedingt, daß die
Tugend selbst nicht vollendet werden kann.[28] Ein Aufstieg (der Seele) ist
für Gregor dadurch ermöglicht, daß die Seele als ὁμοίωμα θεοῦ betrachtet werden kann[29], insofern die Seele von Gott her (θεόθεν)[30] ist.

---

[25] Vgl. VM I 5, p. 3,20f. Gregor vergleicht diesen Sachverhalt mit Leben und Tod,
Licht und Finsternis: VM I 5, p. 3,19 und VM I 5, p. 3,21f.

[26] VM I 6, p. 3,22f.

[27] Vgl. Gregor, Or cat 5, p. 25,2-28,11; Inscr I 7, p. 46,24-47,1; Inscr I 8, p. 52,18-53,12;
Inscr II 4, p. 79,6-24; Origenes, Princ II 9,2, p. 402/404; dazu J. DANIÉLOU, 1970, 105-
108.121-125 und C.W. MACLEOD, 1982, 187.

[28] Vgl. R.E. HEINE, 1975, 67f. Gregor von Nyssa meint jedoch damit nicht bloß, wie
dies E.G. KONSTANTINOU nahelegt (vgl. E.G. KONSTANTINOU, 1966, 96), daß die Vollkommenheit der Tugend auf Erden nicht erreicht werden könne und deshalb »in der Ewigkeit (...) Früchte tragen« wird (E.G. KONSTANTINOU, 1966, 96); denn Gregor betont im
Hohelied-Kommentar, daß das Gute nie eine Grenze habe und das Ausstrecken nach Gott
in aller Ewigkeit der Äonen (ἐν πάσῃ τῇ τῶν αἰώνων ἀϊδιότητι) kein Ende finde (Cant
8, p. 245,21f und 246,3-247,18); vgl. auch D.L. BALÁS, 1966, 155.

[29] An et res p. 52A; dazu E. PEROLI, 1993, 247.

[30] An et res p. 120C. Dieses Begründungsverhältnis der Herkunft der Seele von Gott
bedeutet nach CH. APOSTOLOPOULOS, daß die Seele in ihrer ontischen Struktur göttlich ist
(vgl. CH. APOSTOLOPOULOS, 1986, 131f und 331); demgegenüber hebt H.M. MEISSNER
hervor, daß es auch lediglich die geschaffene Wirklichkeit der Seele umfassen könne, die
eine Ursache voraussetzt (vgl. H.M. MEISSNER, 1991, 318 Anm. 32). Es wird noch genauer
ausgeführt (vgl. Teil III, 4.2), daß Gregor nachweisen will, wie die Seele trotz ihres geschaffenen Status eine innere Verwandtschaft mit dem Göttlichen aufweist. Eine Anähnlichung an Gott ist aber für Gregor nicht aus einer alleinigen Selbstbefreiung des Menschen
zu erklären, sondern setzt für ihn ein Handeln Gottes voraus, das das Streben des Menschen zu Gott erst ermöglicht.

Zum Gedanken der Anähnlichung an Gott als τὸ ἀκρότατον τῶν ὀρεκτῶν bei Basilius
(De spir sanct IX 23, p. 328; vgl. auch Aristoteles, EN 1177b33f) vgl. W. JAEGER, 1954, 103
und H.-J. SIEBEN, 1993, 74f.

Dieser Gedanke kann weiterverfolgt werden: Mühlenberg nimmt an, daß Gregor von Nyssa die Begriffe στῆναι bzw. ἵστασθαι als Konträrbegriffe zum *progressus in infinitum* verwende und sich somit in einer Diskussion mit Aristoteles befinde, um dessen innere Logik zu überwinden.[31] Heine kann aber überzeugend nachweisen, daß in der dritten Theophanie das Verlangen, Gott zu sehen, einmal durch das Begriffspaar κόρος und στάσις erläutert wird[32], kurz darauf allerdings durch κόρος und πέρας[33]. Den Stand bzw. die Grenze zu erreichen, bedeutet somit auch, gesättigt zu sein (κόρος).[34] In einem tugendhaften Leben ist es aber im Sinne Gregors nicht möglich, einen Zielpunkt oder eine Sättigung der Tugend zu erreichen. Dies ist nicht auf das konkrete Leben beschränkt, sondern erstreckt sich für Gregor auch auf die Schau Gottes: Sogar dort wird das Streben nach Gott im Sinne einer Anähnlichung an kein Ende kommen.[35] Denn—

---

[31] Vgl. E. MÜHLENBERG, 1966, 165 unter Verweis auf Eun I 364, p. 134,17-26; II 75, p. 248,21-249,1; II 88, p. 252,19-24; vgl. auch E. MÜHLENBERG, 1966, 107.154 und 162. Zu den Begriffen Tugend, Grenze und Quantität bei Aristoteles vgl. auch G.W.F. HEGEL, Gesch. der Phil. II, 224: »Die Tugend, und vollends das bestimmte, tritt in eine Sphäre ein, wo das Quantitative seinen Platz hat; der Gedanke ist hier nicht mehr als solcher bei sich selbst, die quantitative Grenze ist unbestimmt.«

[32] Vgl. VM II 232-233, p. 114,18-23.

[33] Vgl. VM II 239, p. 116,17-23; dazu R.E. HEINE, 1975, 84f.

[34] R.E. HEINE zeigt darüber hinaus auf, daß sich Gregor hier in einer Auseinandersetzung mit Origenes befinden könnte (vgl. R.E. HEINE, 1975, 96). Den κόρος der Seelen bei Origenes konnte Gregor im Sinne des Neuplatonismus verstehen (vgl. M. HARL, 1966, 400-404 und H.M. MEISSNER, 1991, 321). Mißverständlich ist aber die Äußerung, daß die neuplatonische κόρος-Lehre im göttlichen Bereich den Grund der Sättigung sah (vgl. H.M. MEISSNER, 1991, 321 Anm. 47). Das Ziel der κόρος-Lehre wird z.B. bei Plotin vom Begriff der Selbstgenügsamkeit her entwickelt: Der zeitfreie, absolute νοῦς bedarf eines Grundes oder Ursprungs, der zugleich der Zielpunkt der ἐπιστροφή ist. Somit ist der *Nous* nicht Grund seiner selbst wie das Eine (vgl. W. BEIERWALTES, 1990a, XXXI). Zur Selbstgenügsamkeit des *Nous* gehört gerade seine Reflexivität, die *seine* Einheit erst begründet, so daß von hier aus gesehen der *Nous* nichts außerhalb seiner selbst bedarf (außer seines *Grundes*). Diese doppelte Bedürftigkeit— der Reflexivität und des Grundes für die Einheit des Geistes— ist (paradox) seine Sättigung; vgl. Plotin, Enn V 9,8,7f; zur Entwicklung des Gedankens vgl. W. BEIERWALTES, 1991, 229f (mit reichen Belegen bei Plotin); ferner A.H. ARMSTRONG, 1989, 85.

[35] Vgl. Gregor, Cant 8, p. 246,3-247,18. Daß dieses Fortschreiten ohne Ende für das Leben >vor< und >nach< dem Tode anzuwenden ist, zeigen auch die Überlegungen Gregors in *De anima et resurrectione* (12A-17B und 88C-108A; dazu H.M. MEISSNER, 1991, 85-92 und 310-321); im irdischen Leben wird dieses Streben vorrangig durch die ἐπιθυμία motiviert (vgl. T.J. DENNIS, 1979, 503 Anm. 1 und H.M. MEISSNER, 1991, 310), im Leben nach dem Tode durch den ἔρως (H.M. MEISSNER, 1991, 312f). Daraus folgert CH. APOSTOLOPOULOS, daß Gregor als Neuplatoniker die Konzeption des ἔρως an die Stelle der christlichen ἀγάπη gesetzt habe (vgl. CH. APOSTOLOPOULOS, 1986, 321-366). Gegen diese Interpretation wurde von verschiedener Seite Kritik geübt:
1) Beide Begriffe reichen nicht aus, um eine Grenze zwischen Christentum und Platonismus zu ziehen (A. MEREDITH, 1988, 326; so schon J. DANIÉLOU, 1944, 204); der Hinweis allerdings, daß es sich hier zudem um den Fall einer χρῆσις heidnischen Bildungsgutes

so betont Gregor – am Ziel (τέλος) bewahrheitet die Seele in voll-
kommener Nachahmung der göttlichen Natur den χαρακτήρ der göttlichen Seligkeit[36]; daß es deswegen keine Sättigung der Seele gibt, wird in
De anima et resurrectione durch die göttliche Selbsterkenntnis begründet:
die ἀγάπη als ἐνέργεια bestimmt das Verhältnis der Seele zu Gott wie
das Verhältnis des θεῖον zu sich selbst.[37]

Wenn aber die Vollkommenheit im Bereich der Tugend unmöglich ist[38],
muß der *Sinn* eines Lebens gemäß der Tugend klar gemacht werden:

---

handelt, der den rechten Gebrauch des Begriffes *Eros* festlege (vgl. H.M. MEISSNER, 1991,
313), ist zunächst formaler Art. Problematisch ist, daß einerseits der Begriff des rechten
Gebrauches (usus iustus) impliziert, daß eine Kriteriologie an die Selektion angelegt wird,
die der Konzeption z.b. des *Eros* selbst fremd ist; andererseits müßte klar gemacht werden,
daß durch die Verwendung einer bestimmten Begrifflichkeit lediglich eine formale Struktur
übernommen wird, die von den damit assoziierten Konnotationen frei sein könnte.
2) Das Argument, daß Gregor oder seine Zeitgenossen keinen Gegensatz zwischen Glauben und Philosophie sahen (vgl. J.C.M. VAN WINDEN, 1987, 194 und H.M. MEISSNER,
1991, 313), berührt die philosophischen Implikationen der jeweils vertretenen Position
nicht. Ob jemand sich der Tatsache bewußt ist oder nicht, daß seine Begrifflichkeit bestimmte Implikationen philosophischer Art aufweist, hat nichts damit zu tun, daß diese Implikationen vorhanden und de facto philosophischer Natur sind. Im übrigen sind die Grenzen zwischen ἔρως und ἀγάπη in diesem Kontext fließend (vgl. Gregor von Nyssa, z.B.
Cant 13, p. 383,9).
3) Gegen CH. APOSTOLOPOULOS hat A. MEREDITH geltend gemacht, daß dieser für die
Frage einer philosophischen Konzeption im Zusammenhang mit *De vita Moysis* den christlichen σκοπός des Werkes völlig übersehe, nämlich das tugendhafte Leben (vgl. A. MERE-
DITH, 1988, 326 und H.M. MEISSNER, 1991, 313). Aber auch in diesem Fall ist nicht deutlich, warum dies eine Differenz von Philosophie und Christentum ausmachen sollte, da es
auch im philosophischen Bereich entsprechende Ausführungen gibt: Philosophie als Le-
bensform bei Platon (z.B. Siebter Brief); Aristoteles (EN); Plotin, Proklos usw. (vgl. A.M.
HAAS, 1986, 330; zu Plotin und dessen Wirkungsgeschichte vgl. vor allem W. BEIERWAL-
TES, 1991 passim). Eine Differenz ergibt sich *vorrangig* von der Konzeption der *angezielten
Schau des Göttlichen / Einen* und den daraus gefolgerten Implikationen her (dies habe ich
für den Begriff der Mystik zu zeigen versucht: vgl. TH. BÖHM, 1994,45-64); vgl. ferner Teil
III,1.2.
   [36] An et res p. 96BC.
Der Gedanke, daß sich bei Handlungen das Prädikat >gut< als Qualifikation von Hand-
lungs*zielen* gemäß dem Worumwillen (οὗ ἕνεκα) bestimmen läßt, d.h. daß es sich um ein
zielgerichtetes Handeln aufgrund einer positiven Kennzeichnung des Erstrebten als loh-
nend oder wertvoll handelt, ist ein Grundgedanke des Aristoteles. Das Worumwillen ist im
Begriff >gut< impliziert (vgl. auch Platon, Gorg 466-481 und die Differenzierung des
Worumwillens für etwas [τινί] und von etwas [τινός] bei Aristoteles, Met 1072b1-4; vgl. A.
KENNY, 1978, 197-201 sowie R. BUBNER, 1992, 165 und 172f).
   [37] Vgl. An et res p. 96C-97A; zur Stelle D.L. BALÁS, 1966, 84; CH. APOSTOLOPOULOS,
1986, 286f.334f sowie H.M. MEISSNER, 1991, 320; vgl. zu diesem Gedanken auch Plotin,
Enn VI 8,13,20-59 und VI 8,15 und später Proklos, In Parm VII, p. 511,76: »unius deside-
rium et indeficiens motio« (ὠδίς).
   [38] Vgl. VM I 6, p. 4,3f.
Zum Gedanken des Fortschritts bei Albinos (Alkinoos) vgl. J. DILLON, 1977, 302.

Warum soll man überhaupt tugendhaft leben?[39] Der Gedanke wird von Gregor in zwei Schritten entwickelt: wie ist das Gute selbst zu bestimmen und was bedeutet eine solche Bestimmung für ein Leben entsprechend der Tugend?

---

[39] Vgl. VM I 6, p. 4,4f.

2. Bereich des Absoluten

a) Das Gute als Unbegrenztes

Das erste und eigentliche Gute, das Gutsein selbst, ist für Gregor das Göttliche, soweit es auch immer in seiner Natur erkannt wird.[1] Um die Gutheit des Göttlichen selbst zu fassen, greift Gregor zunächst auf das bisher Gesagte zurück: Die Tugend selbst hat keine Grenze außer der Schlechtigkeit (κακία)[2]. Diese Bestimmung hatte Gregor dadurch erreicht, daß er die Tugend vom Bereich der Quantität abgegrenzt hatte, die selbst durch die Grenze bestimmt ist. Für das Göttliche oder das Gute selbst kann aber kein Gegensatz bestehen (ἀπαράδεκτον δὲ τοῦ ἐναντίου τὸ θεῖον)[3]; die Folgerung lautet für Gregor: Das Göttliche selbst muß ohne *jede* Grenze sein - ἀόριστος ... καὶ ἀπεράτωτος.[4] Dieser Gedanke wird von Gregor an späterer Stelle nochmals aufgegriffen: Nähme man an, das Göttliche wäre begrenzt, so müßte auch gefolgert werden, daß es etwas gäbe, was jenseits dieser Grenze liege, da das Begrenzte an ein Ende kommen müßte.[5] Somit müßte das Göttliche als Begrenztes von einer ihm fremden Natur, d.h. von etwas anderem als es selbst, umschlossen sein, so daß das Göttliche nicht mehr das Alles-Umfassende wäre.[6] Gregor bestimmt jedoch die göttliche οὐσία als jenseits alles Geschaffenen, d.h. getrennt von jeder Bestimmung, die Extension bedeutet: Gott hat

---

[1] Vgl. VM I 7, p. 4,5-7; die Übersetzung von M. Blum »was auch immer durch die Natur erkannt wird« (M. BLUM, 1963, 29) mit einem *dativus instrumentalis* für ὅ τί ποτε τῇ φύσει νοεῖται trifft diesen Sachverhalt nicht, weil dabei nicht klar wird, was unter *Natur* zu verstehen ist. Sicher denkt Gregor nicht an eine sog. natürliche Gotteserkenntnis (zum Problem vgl. z.B. W. PANNENBERG, 1988, 121-132); vgl. dagegen z.B. die Übersetzung mit einem *dativus respectus* von A.J. MALBERBE / E. FERGUSON, 1978, 31: »and is known *by this nature*« [Hervorhebung Th.B.]. Diese Deutung wird auch dadurch unterstützt, daß Gregor von Gott aussagt: »er *ist* die vollkommene Tugend« - αὐτός ἐστιν ἡ παντελὴς ἀρετή (VM I 7, p. 4,11f). Zur Sache vgl. A. MEREDITH, 1990a, 137.
[2] Vgl. VM I 7, p. 4,8; vgl. auch D. O'BRIEN, 1980, 127.
[3] VM I 7, p. 4,8f.
[4] VM I 7, p. 4,9; allgemein zu dieser Konzeption E. MÜHLENBERG, 1966, 160; R.E. HEINE, 1975, 68 und E. FERGUSON, 1976, 308.
Damit grenzt sich Gregor von Nyssa eindeutig von Origenes ab, für den Gott gerade deshalb nicht unbegrenzt ist, weil er sich dann nicht mehr selbst denken könnte (vgl. Origenes, Princ II 9,1, p. 400; dazu H. LANGERBECK, 1957, 86).
[5] Vgl. VM II 236, p. 115,16-18.
[6] Vgl. VM II 236, p. 115,24-116,1.
Eine ausführliche Interpretation findet sich Teil III, 2.2 a.

keinen Anfang und kein Ende, also keine Grenze.[7] Er ist damit auch
außerhalb oder jenseits jeder zeitlichen Folge.[8]

Dieser Gedanke der Unbegrenztheit Gottes oder des Guten ergibt sich
für Gregor konsequent aus der Konzeption der Quantität (ποσόν), wonach jedes einzelne, um es selbst zu sein, mit sich selbig und anders als
alles andere sein muß. Die Identität jedes einzelnen wird als je Prinzipiiertes durch Grenze, Form und Gestalt bestimmt. Das Eine / Gute als in sich
Un-Unterschiedenes und damit von allem anderen Unterschiedenes, also
als Nichts von allem, hat in der Hinsicht des Nicht-Seins keine Grenze und
ist deshalb in sich grenzenlos (ἄπειρον).[9] Um diesen Gedanken sachlich
aufschlußreich zu verdeutlichen, kann man auf Plotin verweisen: »Das
Eine ist grenzenlos, weil es nicht mehr als eines ist und nichts hat, wo-
gegen es abgegrenzt wäre in Bezug auf etwas von sich selbst; denn nach
der Maßgabe seines Eins-Seins ist es nicht Gegenstand von Maß oder
Zahl. Also ist es nicht begrenzt einem anderen oder sich selbst gegenüber;

---

[7] Vgl. Eun I 363, p. 134,13-17. Dieser Gedanke Gregors soll im Zusammenhang mit
der Frage nach dem Wesen Gottes (Unendlichkeit) näher erläutert werden (vgl. Teil III,
2.1 a).

[8] Vgl. Eun I 365, p. 135,2-7; Eun I 668, p. 218,11-17: Gott ist nicht endlose Zeit, sondern zeitloses Leben (vgl. auch Plotin, Enn III 7,3; dazu W. BEIERWALTES, 1981, 39-43);
ferner für die Geschöpfe Eun III,VI 67, p. 209,26-210,5 und für die göttliche Natur Eun
III,VII 32-33, p. 226,18-227,2; zum gesamten Komplex vgl. D.L. BALÁS, 1976, 134.136.143
und 145.

[9] Der Hinweis von C.W. MACLEOD, daß der Apeiria-Begriff zur Zeit Gregors ein
Gemeinplatz war (vgl. Apuleius, De Plat I 5, p. 86f; Porphyrius, De abst II 37, p. 103f; Alexander von Aphrodisias, In Arist Met p. 695,36-37; Clemens von Alexandrien, Strom V
81,6, p. 380,21-25; Tertullian, Apol 17,2, p. 45, Minucius Felix, Oct 18,8, p. 56; Augustinus,
Conf VII 20, p. 165f; De doctr Chr I 15, p. 11f; Platon, Parm 137d; Leg 716c; ferner der
Gedanke des unermessenen Maßes: Plotin, Enn V 5,4,13-14; Philon von Alexandrien, Sacr
59, p. 226,3-7; Origenes, Princ III 5,2, p. 624 und Proklos, In Parm 1118,9-19), trifft sicher
zu, klärt jedoch nicht den Gedanken Gregors.
Ein weiteres Problem bei der Deutung dieses Zusammenhanges entsteht dadurch, daß
C.W. MACLEOD auf die eunomianische Kontroverse verweist: Basilius von Caesarea (Adv
Eun PG 29,568A), Gregor von Nazianz (PG 35, 1005A) und Gregor von Nyssa (Eun I 168-
170, p. 77) würden den Unendlichkeitsbegriff gegen Eunomius von Cyzicus verwenden, um
eine Stufung in der Gottheit abzuwehren (vgl. C.W. MACLEOD, 1982, 188f mit dessen Hinweisen auf die PG-Stellen; deutlicher noch W. ULLMANN, 1987, 155-163 gegen E. MÜH-
LENBERG, 1966, 159-165; zur Problematik mancher Einordnungen von philosophischen
Konzeptionen bei W. ULLMANN vgl. TH. BÖHM, 1994, 55f Anm. 48); dies trifft für Gregors
Contra Eunomium sicher zu. Zu fragen bleibt jedoch, ob dieser Unendlichkeitsbegriff, der
dazu dient, eine Stufung in der Gottheit abzuwehren (gegen Aëtius und Eunomius), auch
für De vita Moysis vorausgesetzt werden kann, wie dies C.W. MACLEOD hervorhebt (so
auch R.E. HEINE, 1975, 132-158 und A. MEREDITH, 1990, 143). Diese Probleme werden
unten gesondert untersucht (Teil III, 2.1 b).

andernfalls wäre es zwei.«[10] Es trifft zwar zu, daß Plotin hier vom Einen spricht, Gregor dagegen vom Guten; diese Differenz sollte aber nicht wie bei MacLeod überbetont werden.[11] Denn der positive, gründende oder verursachende Aspekt des Einen bei Plotin ist dessen Gutheit[12]: die Einheit von Gutheit *und* Freiheit als Ursache »seiner selbst«.[13] Darin manifestiert sich auch die Mächtigkeit zu allem: Der Grundzug des absoluten Guten (ἀγαθόν) ist seine Neidlosigkeit, wodurch es an sich selbst teilgibt.[14]

Einem ähnlichen Gedankengang folgt Gregor von Nyssa. Er versucht nämlich aufzuzeigen, daß für das *Göttliche selbst* nicht zutreffen könne, daß es seine Gutheit aufgrund einer Teilhabe besitze. Dies würde implizieren, daß dem Göttlichen ›Etwas‹ vorausgesetzt werden müßte, *woran* es in seiner Gutheit teilhaben könnte. Außerdem würde der Gedanke, Gott *habe* an der Gutheit *teil*, fordern, daß er sich zu dem entwickeln oder an das annähern könnte, was das Teil-Gebende der Gutheit ist; somit müßte sich Gott in dieser Hinsicht verändern können.[15] Unter der Voraussetzung, daß für Gregor ›Gutheit‹ und ›Schönheit‹ Synonyme sind[16], kann es für das νοητὸν κάλλος heißen: »welches das Schön-Sein nicht anderswoher hat ..., sondern aus sich selbst und durch sich selbst schön ist.«[17] Aber auch die Gutheit des Göttlichen soll im Sinne Gregors dieses nicht

---

[10] Plotin, Enn V 5,11,1-4: Καὶ τὸ ἄπειρον τούτῳ τῷ μὴ πλέον ἑνὸς εἶναι μηδὲ ἔχειν πρὸς ὃ ὁριεῖ τι τῶν ἑαυτοῦ· τῷ γὰρ ἓν εἶναι οὐ μεμέτρηται οὐδ' εἰς ἀριθμὸν ἥκει. οὔτ' οὖν πρὸς ἄλλο οὔτε πρὸς αὑτὸ πεπέρανται· ἐπεὶ οὕτως ἂν εἴη καὶ δύο.

[11] Vgl. C.W. MACLEOD, 1982, 189. Anders aber z.B. A. MEREDITH, 1990a, 141-145. MEREDITH sieht vor allem Anknüpfungspunkte Gregors an Plotins Enn. I 6. Diese eher an der »Quellenfrage« orientierte Untersuchung berührt die hier vorgestellte Diskussion um die philosophische Implikation nicht (zur Methode vgl. Teil I, 1 und 3).

[12] Vgl. W. BEIERWALTES, 1985, 33; vgl. zu Plotin, Enn VI 7, 31-42 auch G. SIEGMANN, 1990, 142-184.

[13] Vgl. W. BEIERWALTES, 1990a, XXXI.

[14] Vgl. Enn V 4,1,35f und VI 8,6; dazu W. BEIERWALTES, 1985, 49. Vgl. auch Platon, Tim 29e und Phaid 98b; dazu auch K. KREMER, 1987, 994-1032; K. KREMER, 1988, 579-585; J. HALFWASSEN, 1992, 122f Anm. 57 sowie P.A. MEIJER, 1992, 213-215.
Irreführend könnte in diesem Zusammenhang die Bemerkung von DÖRRIE sein, daß sich Plotin gegen die Zuwendung des Einen zum Vielen ausspreche und darin einen Kernsatz Platons opfere (vgl. H. DÖRRIE, 1976, 32). Es trifft zwar zu, daß Plotin von einem Bleiben des Einen spricht, aber der Begriff der Teilgabe oder der der Neidlosigkeit weisen in die Richtung, die von DÖRRIE kritisiert wird.

[15] Vgl. Eun I 234f, p. 95,12-25; Eun I 276, p. 107,4-10; Eun I 285f, p. 110,14-111,4; An et res p. 93A; Mort p. 29,18-30,7; dazu W. VÖLKER, 1955, 43 (auch zur Gleichsetzung von ἀγαθόν und κάλλος).

[16] Vgl. z.B. Beat 1, p. 80,12f.

[17] Virg 11, p. 296,15-17: ὃ οὐχ ἑτέρωθεν ἔχει τὸ καλὸν εἶναι ..., ἀλλ' ἐξ ἑαυτοῦ καὶ δι' ἑαυτοῦ καλόν; vgl. auch Platon, Symp 211ab; dazu auch A. MEREDITH, 1990a, 139f.

begrenzen, so daß Gott auch jenseits des Guten (ἐπέκεινα τοῦ ἀγαθοῦ) ist.[18]

---

[18] Vgl. Inscr I 1, p. 26,7f; Virg 10, p. 289,26; An et res p. 93A; Eccl 7, p. 406,13-17. Wenn W. VÖLKER in diesem Zusammenhang behauptet, dies sei völlig unplatonisch (vgl. W. VÖLKER, 1955, 44), ist an folgendes zu erinnern: Für Gregor sind das Schöne und Gute Synonyme; dann kann sachlich aufschlußreich auf Plotin verwiesen werden, der im Zusammenhang mit der Frage nach dem Guten selbst auch das Überschöne behandelt. Dabei betont er, daß die Liebe zum Schönen nicht begrenzt sein könne, weil auch das Geliebte nicht begrenzt sei; folglich müsse auch das Geliebte, die Schönheit, eine Schönheit über die Schönheit hinaus sein (vgl. Plotin, Enn VI 7,32,26-29).

b) Die Bedeutung der Teilhabe für das menschliche Leben

Der Kontext der Ausführungen Plotins zum Thema ›absolute Gutheit des Einen‹ zeigte, daß der Gedanke des Guten in seiner Mächtigkeit zugleich impliziert, daß das Gute neidlos an sich selbst teilgibt.[1] Die Teil*gabe* vom Guten her kann zugleich als Teil*habe* des Prinzipiierten begriffen werden. Gregor von Nyssa behauptet nun im Zusammenhang mit seiner Darlegung der Tugend, daß das Streben gemäß der wahrhaften Tugend eine Teilhabe an Gott ist, der selbst die Tugend ist.[2] Gregor faßt also den Teilhabe-Gedanken konsequent aus dem Duktus seiner Überlegungen zur Tugend des Menschen. Um diesen Gedanken zu verstehen, reicht es aber nicht aus, lediglich darauf zu verweisen, daß sich Gregor hier vom Platonismus und von Aristoteles unterscheidet, wenn er *Gott* als Tugend einführt.[3] Zwar behaupten z.B. die Stoiker, daß Gott eine Tugend habe; diese sei aber mit der menschlichen Tugend identisch bzw. nur von daher verstehbar.[4] Dies widerspricht jedoch der Konzeption Gregors, nach dessen Ansicht das Göttliche als Unbegrenztes von allem Kontingenten scharf unterschieden werden muß.

Ein Problem bei der Behauptung, Gott sei die Tugend, ergibt sich vor allem deshalb, weil besonders in der philosophischen Tradition die Fragestellung, ob Gott eine Tugend haben könne, negativ beschieden wurde. Denn die Annahme einer Tugend bei Gott würde zugleich implizieren, daß Gott auch Affekte hätte. Zwar versucht Alkinoos aufzuweisen, daß eine Anähnlichung an Gott (ὁμοίωσις θεῷ) als Ziel des theoretischen und praktischen Lebens gelten könne[5]. In diesem Zusammenhang betont J.H. Loenen zu Recht, daß Alkinoos zwischen dem ἐπουράνιος θεός und dem ὑπερουράνιος θεός unterscheide.[6] Mit letzterem ist eine Anähnlichung in einem tugendhaften Leben deshalb unmöglich, weil dieser keine ἀρετή besitze.[7] Dieser Gedanke ist bei Aristoteles noch

---

[1] Vgl. Plotin, Enn V 4,1,35f.
[2] Vgl. VM I 7, p. 4,10-12.
[3] Vgl. C.W. MacLeod, 1982, 189; A. Meredith, 1990a, 137; dazu Aristoteles, EN 1145a25-26; Philon von Alexandrien, Opif 8, p. 2,20; Mut 183-184, p. 188,4-11; Alkinoos, Didask 28, p. 57; Plotin, Enn I 2,1.
[4] Vgl. SVF I 245-252 und SVF I 564. Auf die Probleme, wie der stoische Gedanke in sich verständlich gemacht werden könnte, kann hier jedoch nicht eingegangen werden.
[5] Alkinoos, Didask 2, p. 2; Didask 28, p. 56; für den Bereich der Theoria vgl. z.B. auch Porphyrius, Sent 32, p. 25,6-9.
[6] Vgl. J.H. Loenen, 1981, 111.
[7] Alkinoos, Didask 28, p. 56f. Wenn H. Merki lediglich auf die erste Stelle bei Alkinoos Bezug nimmt, um den Gedanken der Angleichung an Gott zu fassen (vgl. H. Merki, 1952, 26), verkürzt er den Gedanken wesentlich, weil Alkinoos darauf abhebt, daß

deutlicher hervorgehoben: Falls die Götter eine Tugend besäßen, müßten sie auch Affekte haben[8] und wären somit der Veränderung unterworfen. Zwar schreibt Aristoteles in der *Eudemischen Ethik*, daß es eine Tugend Gottes gäbe.[9] Damit meint er jedoch nicht eine ethische Tugend, da die Götter kein »praxis-orientiertes« Leben führen— ihre einzige Tätigkeit ist die θεωρία.[10] Über Alkinoos und Aristoteles geht Sextus Empiricus hinaus, der die Konzeption einer Tugend Gottes gegen die Behauptung von dessen Existenz einsetzt: Wenn Gott existiert, muß er ein Lebewesen sein und alle Tugenden besitzen; viele der Tugenden könnten jedoch Gott nicht zugeschrieben werden; also könne Gott nicht existieren.[11] Wenn auch dieser Beweis in sich nicht schlüssig ist, zeigt er doch, daß die Redeweise von Gottes Tugend Implikationen hat, die bei Gregor von Nyssa auf den ersten Blick ausgeblendet erscheinen. Dies gilt besonders von dem Argument des Aristoteles, daß beim Besitz der Tugend auch Affekte vorhanden sein müßten.

Daß Gregor dieses Problem jedoch kennt, zeigt eine Stelle aus *De virginitate*: Gott ist weder Trauer noch Lust, weder Furcht noch Mut oder Angst oder Zorn oder irgendein so beschaffener Affekt (πάθος)[12]; all dies müsse außerhalb Gottes liegen, der selbst die Tugend sei.[13] Damit ist sich Gregor durchaus der Problematik bewußt, wenn er von der Tugend im Zusammenhang mit Gott spricht. Jeder affektive Zusammenhang muß notwendig ausgeschlossen werden. Gottes Tugend ist für Gregor die Weisheit selbst (αὐτοσοφία), die Gerechtigkeit selbst (αὐτοδικαιοσύνη), die Wahrheit selbst (αὐτοαλήθεια)[14].

Dem Problem der Implikation der Affekte aufgrund des Besitzes der Tugend versucht Gregor dadurch zu entgehen, daß er betont: Gott *ist* die Tugend.[15] Er bedarf nicht der ἔφεσις dahin. Wenn nämlich das Gute nur

---

Gott keine Tugend haben könne (vgl. P. MORAUX, 1984, 277 Anm. 176; ferner J. DILLON, 1977, 299f).

[8] Vgl. Aristoteles, EN 1145a26f.

[9] Vgl. Aristoteles, EE 1238b18f.

[10] Vgl. Aristoteles, EN 1178b8-22; MM 1200b13-16.

[11] Vgl. Sextus Empiricus, Adv Math IX 152-177, p. 80-90.

[12] Vgl. Gregor, Virg 17, p. 314,13-15.

[13] Vgl. Gregor, Virg 17, p. 314,25f.

[14] Vgl. Cant 1, p. 36,7f; vgl. auch Cant 3, p. 90,1f sowie Plotin, Enn I 2,6. Vermittelt wird diese Tugend im Sinne Gregors durch Christus, der die vollkommene Tugend ist: vgl. Eccl 5, p. 358,9 und VM II 244, p. 118,20; dazu R.E. HEINE, 1993, 205.219-222; H.M. MEISSNER, 1993, 230f.

[15] Nach Aristoteles ist für die göttliche Tätigkeit keine Unterscheidung zwischen Dynamis und Betätigung möglich (vgl. Met 1071b17-26). Hier fallen Energeia, Ergon und Dynamis zusammen. »Weil die Präsenz hier nicht die ἐντελέχεια einer ὕλη ist, ist sie nicht,

durch sich selbst >bestimmt< werden kann, also jegliches Böse aus ihm
ausgeschlossen ist und folglich, wie Gregor gezeigt hat, das Gute auch
keine Grenze besitzen kann, *ist* Gott die Tugend oder Gutheit schlechthin,
da Tugend und Gutheit kompatibel sein können. Diesen Gedanken führt
Gregor im Kommentar zum Ecclesiastes aus: »denn das außerhalb des
Seienden Seiende ist nicht im Sein. Da also die Schlechtigkeit der Tugend
als (dem Guten) entgegengesetzt betrachtet wird, Gott aber die vollkommene Tugend ist, ist die Schlechtigkeit außerhalb Gottes, deren Natur
nicht darin besteht, sie selbst zu sein, sondern darin erfaßt wird, daß sie
nicht gut ist; denn für den Gedanken des außerhalb des Guten Seienden
setzen wir als Namen >die Schlechtigkeit<. So also wird die Schlechtigkeit
dem Guten als entgegengesetzt betrachtet, wie das Nichtseiende dem Seienden.«[16] Damit kann Gregor behaupten, daß Gott die Tugend *ist*, und
zugleich vermeiden, von den Affekten sprechen zu müssen, was durch die
Rede von dem Besitz oder gar dem Erwerb der Tugend impliziert würde.
Somit führt Gregor eine klare Distinktion zwischen dem menschlichen
Vermögen eines tugendhaften Lebens und der göttlichen Tugend ein[17],
also die Differenz zweier Gutheiten[18], die über den Begriff der Teilhabe
verbunden werden. Wie aber ist diese Teilhabe im ethischen Bereich zu
interpretieren?

Dafür verweist Gregor auf die Anähnlichung an Gott (ὁμοίωσις θεῷ)
als ethisches Ideal. Die Anähnlichung an Gott wird von Gregor von Nyssa
als *Mittel* zur Flucht betrachtet, um ins Vaterland, d.h. zum Göttlichen, zu
gelangen.[19] Sie geschieht durch das Ablegen alles Fremden, des Bösen,

---

wie bei der endlichen οὐσία, die δύναμις zu einer Tätigkeit, sondern *ist* die Tätigkeit.« (E.
TUGENDHAT, 1988, 101).

[16] Eccl 7, p. 406,16-407,5: τὸ γὰρ ἔξω τοῦ ὄντος ἐν τῷ εἶναι οὐκ ἔστιν. ἐπεὶ οὖν
ἀντιθεωρεῖται τῇ ἀρετῇ ἡ κακία, θεὸς δὲ ἡ παντελὴς ἀρετή, ἔξω ἄρα τοῦ θεοῦ ἡ κακία, ἧς ἡ φύσις οὐκ ἐν τῷ αὐτήν τι εἶναι, ἀλλ' ἐν τῷ ἀγαθὴν μὴ εἶναι
καταλαμβάνεται· τῷ γὰρ ἔξω τοῦ ἀγαθοῦ νοήματι ὄνομα τὴν κακίαν ἐθέμεθα. οὕτως
οὖν ἀντιθεωρεῖται τῷ ἀγαθῷ ἡ κακία, ὡς ἀντιδιαιρεῖται τὸ μὴ ὂν τῷ ὄντι; vgl. auch
Cant 9, p. 285,16f.

[17] Dies gilt für Gregor auch in erkenntnistheoretischer Hinsicht: vgl. A.A. MOSSHAM-
MER, 1990, 103-108.

[18] Vgl. z.B. auch Philon von Alexandrien, Ebr 133-137, p. 196,2-27; Det 160, p. 294,15-
25; Mut 183, p. 188,4-7; SVF III 75; Origenes, Cels V 39, p. 43: dazu C.W. MACLEOD, 1982,
190.

[19] Vgl. Gregor, Or dom 2, p. 27,24-28,8; dazu Plotin, Enn I 2,1. H. MERKI betont hier
zu Recht, daß Gregor der Auffassung Plotins näher steht als der Platons (Theait 176ab):
vgl. H. MERKI, 1952, 126f. Nach dem, was sich für den Zusammenhang von Teilhabe und
Gutheit im Rahmen philosophischer Erörterungen gezeigt hat, scheint die Betonung der
Andersheit des Ansatzes von Gregor bei D.L. BALÁS überzogen zu sein: »Yet the notion of
participation, as found in his theology, has been *deeply transformed* and inserted in a Christian synthesis« (D.L. BALÁS, 1966, 164; Hervorhebung Th. B.). Für diese Feststellung

insofern im geistigen Bereich Tugend und Böses getrennt werden müssen.[20] Die ὁμοίωσις θεῷ ist aber für Gregor nicht nur in dem Sinne zu
verstehen, daß das menschliche Tun tugendhaft sein soll[21], sondern die
Teilhabe am Guten erfährt ihr Maß vom Guten selbst als dem Prinzip des
menschlichen Tuns. In der Teilhabe am Guten >besitzt< der Mensch Gott
(bzw. Christus) in sich.[22] *Philosophisch* kann dies als Rückgang des Denkens in sich selbst begriffen werden, wodurch das Denken den göttlichen
Grund in sich selbst entdeckt. Dies wird ermöglicht, indem das Sinnenfällige überstiegen wird - ein Freiwerden von der Mannigfaltigkeit des Seienden. Das Maß des Abstraktionsprozesses ist das Eine oder Gute selbst,
da es Prinzip eben dieser Bewegung ist.[23] Dieser Gedanke ist bei Plotin
grundgelegt: die Überwindung des menschlichen Lebens[24] als Übergang in
das göttliche Leben. Das Geläutert-Sein als Hinwegnahme alles Fremden[25] ist die Vollendung des Aufstiegs, ist Tugend.[26] Damit kann Tugend
als »eine Form des Denkens und der Betrachtung«[27] (νόησις καὶ θεωρία)
verstanden werden. Wenn aber die menschliche Tugend oder das Streben
nach der Maßgabe des Prinzips, des Guten oder — im Sinne Gregors —
Gottes als (absoluter) Tugend vollzogen wird, ist dieses Streben des Menschen zur Anähnlichung an Gott vom Gottesbegriff selbst her zu entwickeln, nämlich von der Konzeption des Unbegrenzten.

---

reicht es nicht aus, darauf zu verweisen, daß Gregor— anders als Platon— nicht so sehr auf
die Ideen abhebt; auch die Betonung des personalen Charakters der Theologie Gregors
genügt nicht, da z.B. Plotin für das Eine einen personalen Bezug kennt (vgl. H.-R. SCHWY-
ZER, 1978, 515 und W. BEIERWALTES, 1988, 41). Auch scheint nach dem bisher für Gregor
Dargelegten die Ansicht von D.L. BALÁS nicht angemessen zu sein, die Verbindung zwischen Teilhabe und Begrenzung sei neu (D.L. BALÁS, 1966, 164).

[20] Vgl. Or dom 2, p. 26,20-27,24.

[21] Für die Ansicht, daß der Mensch konkrete Maßnahmen im Leben ergreifen soll,
gibt es bei Gregor reiche Belege: vgl. H. MERKI, 1952, 129-135.

[22] Vgl. Beat 6, p. 143,21-23; Cant 9, p. 285,16f; dazu D.L. BALÁS, 1966, 154.

[23] Vgl. W. BEIERWALTES, 1979, 296.

[24] Vgl. Plotin, Enn I 2,7.

[25] Vgl. Plotin, Enn I 2,4,6.

[26] Vgl. Plotin, Enn I 2,3,19-31; dazu W. BEIERWALTES, 1979, 294 Anm. 2; ferner M. DE
GANDILLAC, 1952, 90-107 und P. HADOT, 1963, 89-101.

[27] W. BEIERWALTES, 1990a, XL.
Weiterführende Analysen im Teil III, 2.1 b.

3. DAS UNENDLICHE STREBEN

Wenn das wesenhaft Gute ohne Grenze ist und die Menschen in ihrem
Streben, dem tugendhaften Handeln, am Guten teilhaben, dann muß diese
Teilhabe am unbegrenzten Guten ohne στάσις sein[1]; denn der Stand auf
dem Weg der Tugend widerstrebt der Tugend selbst und führt zum Laster,
wie Gregor unter Rückgriff auf die Unterscheidung von ἀρετή und κακία
expliziert.[2] Die Teilhabe als Streben nach dem Guten wird von Gregor als
Verlangen (ἐπιθυμία) ausgelegt.[3] Obwohl dieses Verlangen von seinem
Wesen her ohne στάσις ist, kann es das Vollkommene nicht erreichen;
zum einen weil die Vollkommenheit selbst unbegrenzt ist, zum anderen
weil die menschliche Tugend eine Grenze hat, nämlich diese Grenzenlosigkeit.[4]

E. Mühlenberg verweist in diesem Zusammenhang auf den platonischen
Eros: Platon orientiere sich im *Symposion* an der menschlichen Bedürftigkeit.[5] Das Ziel des menschlichen Strebens sei die Teilhabe an den ewigen
Ideen; weil der Mensch unvollkommen sei, müsse Gott jenseits davon
bleiben. Zwar treibe der Eros den Menschen zu Gott, aber Platon kann
nach Mühlenberg nicht aus dem Wesen Gottes klären, daß der Mensch
ihn nicht erreichen könne. Diese Schwäche sei durch Gregor überwunden
worden.[6] Zum einen müßte hier jedoch der detaillierte Nachweis geführt
werden können, daß für Platon Gott jemals voll erreicht werden könne;
dies ist m.E. von Mühlenberg nicht geklärt worden. Zum anderen muß
bedacht werden, daß für Platon das Schöne an sich als Idee der Grund des
vielheitlichen Schönen und als solcher zeitfrei ist, aber in zeithafter Erscheinung wirkt.[7] Darin erweist es sich als normatives Prinzip von Tugend.
Im Schönen manifestiert sich das Gute: Bereits das sinnlich Schöne gelte
als Anstoß des anamnetischen Rückgangs des Denkens vom Sinnenfälli-

---

[1] Vgl. VM I 7, p. 4,12-15.
[2] Vgl. VM I 6, p. 3,22f.
[3] VM I 7, p. 4,14; vgl. dazu C.W. MACLEOD, 1982, 191. Die Hinweise auf Platon,
Phaid 74d-75b und Plotin, Enn VI 4,8,37-45 sind als Parallelen zu undeutlich, weil sie lediglich von ὄρεξις bzw. ἔφεσις sprechen. Mit der Orientierung am absoluten Guten durch
die Begierde oder das Streben befindet sich Gregor in deutlicher Opposition zu Epikur
(vgl. Epikurs Tugendlehre bei M. HOSSENFELDER, 1991, 98-100); zur Frage insgesamt auch
E. FERGUSON, 1973, 71-74.
[4] VM I 8, p. 4,16-18; vgl. W. VÖLKER, 1955, 186-195; D.L. BALÁS, 1966, 154f und E.G.
KONSTANTINOU, 1966, 96.
[5] Vgl. Platon, Symp 200a-201b; 203b-204a.
[6] Vgl. E. MÜHLENBERG, 1966, 161.
[7] Vgl. Platon, Symp 211ab.

gen in dessen intelligiblen Grund.[8] Es wird deutlich, »daß Schönheit sowohl den äußeren Anblick als auch die innere Haltung (ἀρετή) benennt, also Leibliches *und* Geistiges oder Seelisches bestimmt«[9]. Die vermeintliche Opposition, die Mühlenberg feststellt, ist in dieser Form bei Platon nicht realisiert.

Wenn Gregor davon spricht, daß die Tugend ihre Grenze in der Grenzenlosigkeit hat, zieht er erneut eine deutliche Unterscheidung zwischen der Tugend, die der Mensch handelnd verwirklicht, und der absoluten Tugend, die Gott selbst ist.[10] Andererseits begründet Gregor das unbegrenzte Streben nach dem Guten vom Guten selbst (dem Göttlichen und der Vollendetheit) her[11], wodurch er auch den zunächst eingeführten Gedanken der Vollendung als Einschluß durch πέρατα[12] modifiziert: Die Vollendetheit im Bereich des Göttlichen besteht in der Unbegrenztheit.[13]

---

[8] Vgl. Platon, Phaidr 249d5; 250d3.5; 251a2; dazu W. BEIERWALTES, 1980b, 13-15.

[9] W. BEIERWALTES, 1980b, 17.

[10] Diese Unterscheidung korrespondiert mit der Differenz von >geschaffen< und >ungeschaffen<, die Gregor herausarbeitet (vgl. Teil III, 4.1 b).

[11] Vgl. VM II 237-239, p. 116,3-23 und VM II 243f, p. 118,3-24; vgl. auch Platon, Menex 237a.
Vgl. außerdem Plotin, Enn VI 7,32,26-29: οὐ γὰρ ὥρισται ἐνταῦθα ὁ ἔρως, ὅτι μηδὲ τὸ ἐρώμενον, ἀλλ' ἄπειρος ἂν εἴη ὁ τούτου ἔρως, ὥστε καὶ τὸ κάλλος αὐτοῦ ἄλλον τρόπον καὶ κάλλος ὑπὲρ κάλλος; die Hinweise zu Plotin bei G. SIEGMANN führen in diesem Zusammenhang nicht weiter (vgl. G. SIEGMANN, 1990, 153); zum grenzenlosen Eros vgl. auch Plotin, Enn III 8,10,1; III 5,7,6 und III 8,11,40; dazu A. SPIRA, 1984, 125; ferner: W. BEIERWALTES, 1979, 310-313 und W. BEIERWALTES, 1985, 18f.

[12] Vgl. VM I 5, p. 3,6-8; vgl. auch Inscr I 4, p. 79,17-19; dazu A. SPIRA, 1984, 126.

[13] Vgl. R.E. HEINE, 1975, 70f.

3. KAPITEL

DIE PROTREPTIK IN DER VITA MOYSIS

Wenn das Vollkommene nicht erreicht werden kann, auch nicht durch das unendliche Streben, dann stellt sich die Frage, wie man leben[1], wie man nach seiner Vollendung streben soll.[2] Das Leben des Mose ist für Gregor ein Beispiel für die Anleitung zur Tugend, das heißt, wie für den Menschen ein vollkommenes Leben möglich ist.[3] Die bisherigen Erörterungen Gregors sind nicht eine gedankliche Spielerei, die vielleicht den Begriff >Tugend< in verschiedenen Schattierungen beleuchtet, sondern ein wesentlicher Impuls zur Selbst-Erkenntnis[4] mit den entsprechenden Folgen für das menschliche Leben. Damit bewegt sich Gregor in der Tradition der (neuplatonischen) Philosophie, für die exemplarisch ein Passus Plotins stehen kann: »Euch überlasse ich es, vor allem dieses Eine überall im Blick zu haben: daß die Weise des Philosophierens, die wir erstreben, — außer all dem anderen Guten— auch die Einfachheit der Lebensform zusammen mit reiner Gesinnung bezeugt, indem sie auf das in sich Ehrwürdige und nicht auf eitle Selbstgefälligkeit zielt, und die Kühnheit mit begründendem Denken, mit einem hohen Maß an Verläßlichkeit, Behutsamkeit und mit größter Umsicht verbindet. Alles Andere meßt daran!«[5] Dementsprechend muß der Mensch versuchen, intensiv nach dem Guten zu streben, damit er es zumindest teilweise erreicht.[6] Um diesen Weg einschlagen zu können, ist nach Gregor ein Blick auf große Gestalten notwendig, etwa auf Abraham und Sarah[7] für solche, die von der Tugend

---

[1] Vgl. VM I 8, p. 4,18f.

[2] Vgl. VM I 9, p. 4,22f; der Bezug auf Mt 5,48 ähnlich auch bei der Stelle Or dom 2, p. 29,2f; für einen weiteren Kontext vgl. Perf p. 214,4-6; dazu H. MERKI, 1952, 125f; G. BEBIS, 1967, 381; E. FERGUSON, 1976, 308 und C.W. MACLEOD, 1982, 190.

[3] Vgl. A. SPIRA, 1984, 124.

[4] Obwohl der Begriff »Selbst-Erkenntnis« für Gregor von Nyssa Schwierigkeiten bereiten könnte, weil der Mensch in seinem unendlichen Aufstieg zu Gott nie an ein Ende gelangt, sei er an dieser Stelle verwendet, um den Bezug zur Auslegungstradition des platonischen *Alcibiades maior* anzuzeigen (dazu ausführlich Teil III, 1.1).

[5] Plotin, Enn II 9,14,36-43 (Übersetzung W. BEIERWALTES, 1991, 71); ähnlich auch Porphyrius, De abst I 29, p. 63f; vgl. P. HADOT, 1991, 36.

[6] Vgl. VM I 9-10, p. 4,23-5,4; dazu A.M. RITTER, 1976, 209.

[7] Gregor betont hier, daß die menschliche Natur in >männlich< und >weiblich< zerfalle; beide hätten das Vermögen zur Tugend und zur Sünde (VM I 12, p. 5,16-24). Gregor differenziert dieses Vermögen von Mann und Frau dahingehend, daß die Frau fleischlich und affektgeladen sei, der Mann aber das Harte und Starke der Tugend besitze (VM II 2, p. 34,1-4). Im Handeln würden wir uns selbst schaffen; je nachdem, wie wir unser Leben in der >Praxis< führen, gestalten wir es im übertragenen Sinne als männlich oder weiblich, in der Tugend oder im Laster, worunter Gregor hier evtl. die Affekte versteht (VM II 3, p. 34,13f; vgl. auch Philon von Alexandrien, Leg all III 1,3, p. 113,16-21; Leg all III 87,243, p.

abgewichen sind.[8] Das Vorbild dieser Menschen soll zur Nachahmung an-
regen[9] und als Reglementierung dienen. Dabei zeigt sich, daß Gregor von
Nyssa gerade durch die Umsetzung der bisherigen Überlegungen für ein
Leben nach dem Vorbild biblischer Gestalten erneut versucht, einen bibli-
schen Kontext zu erarbeiten bzw. seine Gedanken in einen christlichen
Rahmen durch die Hinweise z.B. auf Mt 5,48 und Jes 51,2 einzubetten.
Die Heilige Schrift regt in diesem Zusammenhang die μίμησις an.[10]

Das Leben des Mose kann als eine solche Anleitung verstanden werden:
daraus ergibt sich die folgende Gliederung in ἱστορία als Darstellung des
Lebens und θεωρία als Deutung.[11] Gregor von Nyssa hat somit im Prolog

---

166,31-167,4; Origenes, Hom Ex II 1-3, p. 68-80 und Hom Num 20,2, p. 188-191; Didymus,
Comm in Gen V 32, p. 20; dazu W. VÖLKER, 1955, 119). Zu einer solchen Einschätzung
bereits bei Homer und Hesiod vgl. W. LUTHER, 1935, 135; zu Gregor: E.F. HARRISON,
1990, 441-471; E. F. HARRISON, 1993, 34-38 (weitere Lit.); zur Rolle Philons vgl. K. ASPE-
GREN, 1990, bes. 90-95; zum Problem allgemein: U. MATTIOLI, 1983; E. CLARK, 1986; E.
CLARK, 1991, 221-245.
Über diesen Gedanken der geschlechtsspezifischen Einschätzung der Tugend geht aber
Gregor von Nyssa selbst hinaus; denn Gregor weist seiner Schwester Makrina vor allem in
De anima et resurrectione eine führende Rolle als Lehrerin zu (vgl. H.M. MEISSNER, 1991,
34-42). In den Augen Gregors hat Makrina, wie die Schriften *Vita Macrinae* und *De anima
et resurrectione* zeigen, in ihrer Anähnlichung an Gott die Unterscheidung in Frau und
Mann bereits überwunden (vgl. H.M. MEISSNER, 1991, 55).
    [8] Vgl. VM I 11, p. 5,7-16. Gregor wählt hier die Metapher vom Meer des Lebens, wo-
rauf ein Schiff ohne Steuermann durch den Leuchtturm in den Hafen des göttlichen Willens, in den Hafen der Tugend gelenkt werde (VM I 11 und 13, p. 5,10-16 und 6,1). Diese
Metapher hat, wie H. RAHNER mit reichen Belegen gezeigt hat, weitreichende Konnotationen, die hier nicht im einzelnen nachgezeichnet zu werden brauchen: die Bedrohung durch
das Meer (vgl. H. RAHNER, 1964, 277f), die Heimkehr in den Hafen als Rettung der *Seele*
(vgl. H. RAHNER, 1964, 550), der Leuchtturm als Symbol der *lux perpetua* (vgl. H. RAHNER,
1964, 551), die seelische Stille im Hafen (vgl. H. RAHNER, 1964, 553) usw. Zugleich kann
diese Metapher im kirchlichen Bereich darauf verweisen, daß man durch das Meer der Häresien in den Hafen der Wahrheit gelangt (H. RAHNER, 1964, 561f). Dies ist insofern von
Bedeutung, als Gregor von Nyssa dem Eunomius nicht nur eine häretische Meinung zu-
spricht, sondern ihm zugleich vorwirft, daß sein schlechter Lebenswandel der christlichen
Lebensweise widerspreche (vgl. R.E. HEINE, 1975, 8; J.-A. RÖDER, 1993, 180.204f.236.254).
    [9] Vgl. VM I 13, p. 6,5-8; M. MEES, 1976, 324; ferner M. SIMON, 1954, 98-127 und E.
JUNOD, 1978, 84. Der mögliche Einwand, daß die Lebensumstände des Vorbildes (Moses,
Abraham usw.) und des Lesers völlig verschieden sind, wird dadurch abgewehrt, daß die
Tugend nicht durch äußerliche Bedingungen (Geburt, Herkunft usw.) bestimmt werde (vgl.
VM I 14, p. 6,8-24). Die geläufige rhetorische Technik, bereits im Vorfeld mögliche Ge-
genargumente oder den Zweifel einzubringen, ist bei Gregor auch sonst belegt: vgl. Sanct
Pasch p. 252,24-253,5; dazu CHR. KLOCK, 1987, 202 und ferner 195.
    [10] Vgl. VM I 13, p. 6,7 und VM I 14, p. 6,14.
    [11] Vgl. VM I 15, p. 6,24-7,3. Dieser Ansatz der Zweiteilung ist ein geläufiges Mittel der
Katechese (vgl. CHR. KLOCK, 1987, 137).

die wesentlichen Momente der gesamten Schrift VM genannt und eine Orientierung durch die Definition der Tugend geliefert.[12]

Durch die Methode der philosophischen Implikation konnte gezeigt werden, auf welchen philosophischen Gedanken Gregor aufruht. Dadurch läßt sich nicht nur die Geschlossenheit seines Denkens erkennen, sondern es hat sich weitergehend schon im Prolog gezeigt, wie Gregor aus der paganen Philosophie genommene Gedankengänge mit biblischen Zitaten oder Anspielungen verbindet. Abschluß der »theoretischen« Überlegungen, die jeweils an ihrem Ort durch biblische Zitate untermauert wurden, ist die Rückführung auf die »Praxis«. Die richtige Lebensführung ($\pi\rho\tilde{\alpha}\xi\iota\varsigma$) kann allerdings für Gregor nicht mehr durch heidnische, sondern nur durch biblische Vorbilder gewährleistet werden. Daher nennt Gregor am Ende des Prologs Abraham, Sarah und Moses[13], um eine Protreptik zur christlichen Lebensführung sicherzustellen.

---

[12] Vgl. auch Platon, Phaidr 237bc; Aristoteles, Rhet 1415a22-25; Cicero, Off 1,7; Menander Rhetor p. 84; dazu C.W. MACLEOD, 1982, 186.

[13] Vgl. virg p. 249,6-15. Auch Basilius wird von Gregor als Vorbild eingeführt. Dabei ist daran zu erinnern, daß dieser in eine Reihe biblischer Vorbilder, z.B. Elias, gestellt wird (vgl. Bas p. 115,18-23; dazu M. HARL, 1984, z.B. 95f).

TEIL III

PHILOSOPHISCHE IMPLIKATIONEN
DER VITA MOYSIS

1. KAPITEL

ZU DEN BEGRIFFEN THEORIA UND MYSTIK BEI GREGOR

Gregor von Nyssa hat im Proömium von VM die für ihn wesentlichen Gedanken der gesamten Schrift expliziert. Im weiteren Verlauf faßt er das Leben des Mose im Sinne einer Haggada (als erbauliche Lebensbeschreibung) zusammen[1], die für eine *philosophische* Betrachtung dieses Werkes zunächst außer Betracht bleiben soll. Die Historia wird allerdings später untersucht, um den Zusammenhang von Historia, Allegoria und Theoria zu klären.[2] Von der Historia ausgehend, will Gregor das Leben des Mose für ein Leben entsprechend der Tugend fruchtbar machen[3], indem es einer >Betrachtung< (θεωρία) unterzogen wird.[4]

Diesen Begriff hat Daniélou näher untersucht. Er unterscheidet bei Gregor drei Ebenen: »connaissance scientifique«, »méthode exégétique« und »contemplation mystique«[5]. Damit sind bei Daniélou wichtige Aspekte der θεωρία erfaßt.[6] Im folgenden soll allerdings geklärt werden, wie die exegetische Methode, die sog. mystische Betrachtung und die Unendlichkeit Gottes bei Gregor aufeinander bezogen sind. Die Auslegung der Schrift als θεωρία korrespondiert nämlich, so viel sei hier schon gesagt, für Gregor mit der anagogischen Betrachtung[7], die zu dem unbegrenzten Gott durch ein Leben entsprechend der Tugend führen soll, das an kein Ende gelangt. Über Daniélou hinaus ist eine systematische Ausarbeitung des Bezuges der verschiedenen Bedeutungen gefordert[8], und zwar auch dann, wenn der Aspekt der θεωρία als Schau Gottes bei Gregor nicht dominant sein sollte, wie Völker hervorhebt.[9] Denn nach Gregor führt die Betrachtung nicht nur *vom* Sichtbaren, der Historia, zum

---

[1] Vgl. Gregor, VM I 16-77, p. 7,6-33,10; dazu J. DANIÉLOU, 1963, 289-299.

[2] Vgl. Teil III, 5.

[3] Vgl. Gregor, VM I 77, p. 33,7-9.

[4] Dabei ist zu beachten, daß der Begriff θεωρία als Überschrift zum zweiten Buch von VM lediglich in der HS S und bei v überliefert ist, die Sache selbst aber in VM häufig angesprochen wird, so z.B. Gregor, VM II 43, p. 45,11-13: εἰ γὰρ πρὸς τὴν τροπικωτέραν μεταληφθείη θεωρίαν τὸ καθ᾽ ἱστορίαν γεγενημένον, οὐδὲν ἂν ἡμῖν ἄχρηστον πρὸς τὸν ἡμέτερον εὑρεθείη σκοπόν.

[5] J. DANIÉLOU, 1970, 1.

[6] Vgl. J. DANIÉLOU, 1970, 1-9; 9-13; 13-17 für die jeweilige Ebene.

[7] Vgl. z.B. VM II 201, p. 103,10-12; VM II 202, p. 103,13f; vgl. auch Gregor, Cant 5, p. 144,17-19.

[8] Vgl. W. BEIERWALTES, 1973, 514.516.

[9] Vgl. W. VÖLKER, 1955, 147.

Unsichtbaren, sondern vor allem *durch* das Sichtbare zum Unsichtbaren.[10] Die Schrift selbst wie auch jede gedankliche Konzeption muß als Endliches auf das Unendliche (Unsichtbare) hin überschritten werden; dies erfordert eine Zeit des Schweigens jenseits jeden Wortes und Gedankens, jedoch *durch* das Wort hindurch.[11] »Aber jedes hat seine natürliche Energeia als Grenze der eigenen Mächtigkeit; so kann auch die ganze Schöpfung durch die begreifende Betrachtung nicht außerhalb ihrer selbst sein, sondern sie bleibt immer in sich selbst und erblickt sich selbst, was sie auch immer sieht. [...] Jenes Gute aber [...] ist oberhalb (jenseits) der Schöpfung und jenseits der Erfassung.«[12]

Wenn im folgenden zunächst die θεωρία als Betrachtung des Göttlichen von der θεωρία als exegetischer Methode unterschieden wird, dann lediglich, um zu zeigen, daß Gregor verschiedene Nuancen ins Spiel bringt. Denn die Schriftinterpretation als anagogische Form der Auslegung unterstützt in dieser Funktion gerade den Aufstieg der Seele zu Gott, mit dem Ziel, diesen sehen zu können.

1. THEORIA

a) Die Konzeption der Theoria bei Gregor

Im Proömium hat Gregor von Nyssa zu zeigen versucht, daß unter der Voraussetzung, der unbegrenzte Gott sei die Tugend, das Streben nach Tugend keine Grenze finden könne: Gregor gewinnt den Begriff des Unbegrenzten u.a. durch eine Analyse des Begriffes »Grenze« (z.B. des ποσόν); das Streben nach Gott erfolgt Schritt für Schritt, gelangt dabei jedoch an kein Ende.[13] *Durch* das Begrenzte hindurch, das am Unbegrenzten teilhat, strebt man über die Grenze hinaus. Deswegen muß man nach Gregor das Begrenzte oder Seiende selbst betrachten, das in νοητόν und αἰσθητόν unterschieden und geteilt[14], aber vom wahrhaft Seienden diffe-

---

[10] Vgl. Gregor, Cant 6, p. 192,19-193,18.

[11] Vgl. Gregor, Eccl 7, p. 410,20-412,19; dazu A.A. MOSSHAMMER, 1990, 112 und H.M. MEISSNER, 1991, 149-152.

[12] Gregor, Eccl 7, p. 412,5-9.15.17: ἀλλ' ἕκαστον ὅρον ἔχει τῆς ἰδίας δυνάμεως τὴν κατὰ φύσιν ἐνέργειαν· οὕτω καὶ πᾶσα ἡ κτίσις ἔξω ἑαυτῆς γενέσθαι διὰ τῆς καταληπτικῆς θεωρίας οὐ δύναται, ἀλλ' ἐν ἑαυτῇ μένει ἀεὶ καὶ ὅπερ ἂν ἴδῃ, ἑαυτὴν βλέπει· [...] ἐκεῖνο δὲ τὸ ἀγαθόν [...] ἄνω ὂν τῆς κτίσεως ἄνω ἐστὶ τῆς καταλήψεως.

[13] Dieser Gedanke wird im folgenden noch einmal gesondert aufgegriffen, wenn die Unendlichkeit Gottes in den Schriften *Contra Eunomium* und *De vita Moysis* untersucht wird (vgl. Teil III, 2).

[14] Vgl. Gregor, Eun II 572-574, p. 393,15-394,5. G.C. STEAD verweist hier lediglich auf die Wendung θεωρία τῶν ὄντων, diskutiert sie aber nicht weiter (vgl. G.C. STEAD, 1976,

rent sei (τὸ ὄντως ὄν).[15] Dies betont Gregor auch in der Schrift VM: Aus
der Betrachtung des Seienden (ἐκ τῆς θεωρίας τῶν ὄντων) gelangt der,
der zu Gott aufsteigen will, zur Erkenntnis der göttlichen Kraft oder
Mächtigkeit (πρὸς τὴν τῆς θείας δυνάμεως γνῶσιν). Er kommt in der
διάνοια, also der geistigen Fähigkeit des Menschen, in die Dimension des
Göttlichen.[16] Damit hebt Gregor ein Zweifaches hervor: Einerseits muß
der Mensch beim erkennenden Aufstieg zu Gott beim Konkreten beginnen, also dem, was der Mensch — modern ausgedrückt — kategorial vor-
findet[17]; andererseits erreicht er aber in der fortschreitenden Erkenntnis
gerade Gott *selbst* nicht, sondern nur die Manifestationen Gottes, nicht
aber dessen In-sich-Sein. Diese Feststellung wird dadurch bestärkt, daß
Gregor fortfährt: Das, wo Gott ist, wird ›Finsternis‹ genannt; in diesem
Sinne wird Gott von Gregor als der Unerkennbare und Unsichtbare bezeichnet.[18] Damit zieht Gregor eine deutliche Grenze zwischen Gott, dem
Unerkennbaren, Unsichtbaren, Unendlichen und Unbegrenzten, und dem,
was dem menschlichen Erkenntnisvermögen zugänglich ist. Das Sehen
oder die Betrachtung des Absoluten ist also in dieser besonderen Hinsicht
ein Nicht-Sehen oder es ist jenseits der Betrachtung, insofern jede Stufe
des Aufstiegs als Sehen interpretiert werden kann. Dieses Sehen übersteigt hier also das kategoriale Sehen in Differenz und die sich in Differenz manifestierende Sprache.[19]

---

108). Der Hinweis von D.L. BALÁS, daß Gregor mit dieser Konstruktion meist die Betrachtung der Engelwesen meine (vgl. D.L. BALÁS, 1966, 109), trifft sicher nicht die
sprachliche und konzeptionelle Weite Gregors (vgl. W. VÖLKER, 1955, 146f).
Zur Differenzierung von sensibel/intelligibel und geschaffen/ungeschaffen in verschiedenen Werken Gregors vgl. A.A. MOSSHAMMER, 1988, 353-371; ferner E. PEROLI, 1993,
25-30.35-38.
Der Unterschied des Intelligiblen vom Sinnlichen besteht nach Gregor u.a. auch darin, daß
das Intelligible keine räumliche Ausdehnung besitzen kann (vgl. z.B. An et res p. 48A für
die geistige Natur der Seele; vgl. auch Op hom 12, p. 156C-161B; Plotin, Enn IV 3,20 und
Porphyrius bei Nemesius von Emesa, Nat hom 3, p. 41,10-42,5; dazu K. GRONAU, 1914,
241f; M. PELLEGRINO, 1938, 450; H. DÖRRIE, 1959, 83f.87.94-98 und J. TERRIEUX, 1981,
31). Dies richtet sich in *De anima et resurrectione* gegen eine materialistische Auffassung
von der Seele bei Epikur (vgl. H.M. MEISSNER, 1991, 236.238.260; zum Problem auch M.
HOSSENFELDER, 1991, 136f).
[15]   Vgl. z.B. Gregor, VM II 23, p. 40,8.
[16]   Vgl. Gregor, VM II 169, p. 89,8-10.
Für Gregor hängen also »erkennen«, »sehen« und »betrachten« zusammen und sind ineinander verwoben.
[17]   Vgl. auch Gregor, VM II 156, p. 84,1-4. Dort betont Gregor, daß man die Erkenntnis der Sinnesdinge zur Erkenntnis des Geistigen überschreiten müsse.
[18]   Vgl. Gregor, VM II 169, p. 89,10-11.
[19]   Zu ähnlichen Konzeptionen bei Pseudo-Dionysius Areopagita, Meister Eckhart und
Cusanus vgl. W. BEIERWALTES, 1988, 24-26.
Ausführlich dazu Teil III, 4.1 b.

Dies wird auch dadurch deutlich, daß man sich nach Gregor vom Bereich des Sinnlichen, »des Fleisches«, abwenden muß[20], um so zu einer noëtischen Betrachtung (νοητὴ θεωρία) zu gelangen[21]. Gregor drückt dieses Sehen durch die Metapher vom >Auge der Seele< aus.[22] Durch die Betrachtungen wird das Auge der Seele gereinigt und erhoben[23], so daß die Seele sich in dem unendlichen Prozeß des tugendhaften und erkennenden Lebens an Gott annähern kann, wie dies Gregor im Proömium dargelegt hat.[24] Was aber sinnlich wahrnehmbar ist und was intelligibel erfaßt bzw. betrachtet wird, ist stets der Veränderung unterworfen und muß, um als Veränderliches zur Existenz gelangen zu können, von etwas verursacht sein, das sich selbst nicht ändern kann.[25] Denn jegliches Seiende bedarf, um es selbst sein zu können, des anderen: Als es selbst ist das Seiende durch Andersheit gekennzeichnet (ἐν οὐδενὶ τῶν ὄντων τὸ ἀπροσδεὲς τοῦ ἑτέρου ἐνθεωρεῖ ὁ λόγος)[26]. Wovon aber alles abhängt, das muß selbst unbedürftig sein; es kann nach den bisherigen Überlegungen nur erstrebt werden. Dies hat zur Voraussetzung, daß alles an dem wahrhaft Seienden teilhat.[27]

Wenn aber das Auge der Seele bzw. der Mensch mit seinen dianoëtischen Fähigkeiten alles Seiende betrachtet, dieses wiederum am wahrhaft Seienden (Gott) teilhat, dann stellt sich für Gregor konsequenterweise die Frage, ob auch Gott betrachtet werden kann. Da die Betrachtung in sich different ist, weil sie den Unterschied von Betrachtendem und Betrachteten voraussetzt, kann das Wesen Gottes, d.h. Gott in sich (als Einheit), nicht in dieser Einheit gesehen werden.[28] Zwar betont Gregor, daß der

---

[20]   Vgl. Gregor, VM II 269, p. 126,2-3.

[21]   Gregor, VM II 269, p. 125,25-126,1.

[22]   Vgl. Gregor, VM II 189, p. 97,23-24; vgl. auch das »prophetische Auge« in VM II 183, p. 95,4; ferner Basilius von Caesarea, Adv Eun I 7, p. I 190. Dabei ist zu beachten, daß für die Antike— mit Ausnahme der Epikureer— der Sehvorgang selbst aktiv *und* rezeptiv gedacht ist, d.h., daß das Auge etwa auch einen Strahl auszusenden vermag (vgl. A. DIHLE, 1983, 85-91). Man muß also auch damit rechnen, daß der aktive *und* der rezeptive Aspekt bei der Metapher »Auge der Seele« mitgedacht ist.
Zur Metapher »Auge der Seele« vgl. auch W. BEIERWALTES, 1972b, 713; CHR. RIEDWEG, 1987, 97 (zu Platon und Philon mit den entsprechenden Stellennachweisen); zur Frage der visio absoluta und des unendlichen Auges vgl. W. BEIERWALTES, 1988, 14; zur Wirkungsgeschichte M. SCHMIDT, 1984, 27-57.

[23]   Vgl. Gregor, VM II 189, p. 97,23-24.

[24]   Vgl. zu diesen beiden Aspekten J. DANIÉLOU, 1976, 17 und A. LOUTH, 1981, 82.

[25]   Vgl. Gregor, VM II 24, p. 40,14-17.

[26]   Gregor, VM II 25, p. 40,18-19.

[27]   Vgl. Gregor, VM II 25, p. 40,23-25.

[28]   Vgl. Gregor, Eun II 149, p. 268,25-30. Zu verschiedenen Ansätzen der Begrenzung der Schau im Zusammenhang mit dem Mysterium vgl. H.M. MEISSNER, 1991, 149-152.154.165f.

Name ›Gott‹ (θεός) deswegen verwendet werde, weil Gott aufgrund der Ähnlichkeit der sehenden Fähigkeit der Seele[29] »betrachtet« (θεωρεῖν) wird[30]. Dies ist aber im Rahmen der ›Sprachtheorie‹ Gregors zu sehen: Sprache als kontingente und in sich Differenz anzeigende Möglichkeit des Menschen kann nie Absolutes bezeichnen.[31] Die Natur Gottes bleibt also unaussprechlich.[32] Damit ist eine klare Grenze zwischen dem sinnlichen und intelligiblen Bereich auf der einen Seite und dem wahrhaft Seienden auf der anderen Seite gezogen. Betrachtet werden also die *Hervorgänge* oder *Erscheinungen* Gottes,[33] auch wenn Gregor z.B. in VM die Formulierung τὸν θεὸν ἰδεῖν verwendet.[34]

Da die θεωρία bei dem sinnlich Erscheinenden ansetzt und durch dieses hindurch auch die geistigen Fähigkeiten des Menschen umfaßt, kann dieser gesamte Prozeß von Gregor mit dem Begriff θεωρία umschrieben werden. Es ist ein geistiger Aufstieg, in dem die Seele— was exemplarisch am Beispiel des Mose dargestellt wird — ständig über sich hinaus schreitet.[35] Die Betrachtung des Lebens des Mose fordert selbst eine Übertragung auf das eigene Leben[36], ist also als eine exemplarische Lebensform

---

Dabei braucht in diesem Zusammenhang nicht etwa die Unterscheidung von οὐσία und ὑπόστασις diskutiert zu werden oder die Frage, wie sich die Dreiheit der Hypostasen zur Einheit des Wesens verhält, da es Gregor an dieser Stelle nicht um einen trinitätstheologischen Sachverhalt im engeren Sinne geht.
Auch die Verfasserfrage der Ep 38 (Pseudo-)Basilius, die vor allem das Verhältnis von οὐσία und ὑπόστασις zum Thema hat, braucht hier nicht genauer erörtert zu werden. R.M. HÜBNER plädiert mit guten Gründen für Gregor von Nyssa (vgl. R.M. HÜBNER, 1972, 463-490), fand aber von verschiedener Seite Widerspruch (vgl. die knappen Hinweise von G.C. STEAD, 1981, 180; ferner W.-D. HAUSCHILD, 1990, 182-184 und J. HAMMER-STAEDT, 1991, 416-419; die Interpretation, in Ep 38 werde ein materieller οὐσία-Begriff verwendet, trifft aber sicher nicht zu, wie dies J. HAMMERSTAEDT nahelegt [vgl. J. HAMMERSTAEDT, 1991, 418]; dagegen z.B. Ep 38,5, p. 87-89); große Nähe zu Ep 38 weist z.B. auch Gregor von Nyssa, Ref Eun 5-6 (314,25-315,8 Jaeger) auf.
Weitere Ausführungen dazu im Teil III, 2.1 b.

[29] Vgl. Gregor, An et res p. 57B; dazu H.M. MEISSNER, 1991, 276.

[30] Vgl. Gregor, Eun II 585-586, p. 397,14-19; Abl p. 44,9-45,7; Eun III.X 10, p. 292,23-25; vgl. hierzu und zum folgenden J. DANIÉLOU, 1970, 2.

[31] Vgl. die Nachweise bei A.A. MOSSHAMMER, 1990, 112; ferner E. CLAPSIS, 1992, 103-110. Ausführlich dazu Teil III, 4.1 b.

[32] Vgl. Gregor, Eun II 149, p. 268,28.

[33] Vgl. Gregor, Deit fil p. 576A; Inscr I 6, p. 40,20f; Cant 5, p. 141,8-12; dazu A. LOUTH, 1981, 86f.

[34] Vgl. Gregor, VM II 162, p. 86,12. Diese Stelle bedarf einer besonderen Behandlung (vgl. Teil IV, 2).

[35] Vgl. Gregor, VM II 307, p. 139,6-10; vgl. auch VM II 217, p. 109,11-12; dazu den Hinweis bei A.M. RITTER, 1976, 205; ferner M. FIGURA, 1987, 36f. Anders ist jedoch die Wendung »Betrachtung *des* Aufstiegs« zu verstehen, bei der Gregor die Interpretation der Schrift meint: vgl. z.B. VM II 202, p. 103,13-14.

[36] Vgl. Gregor, VM II 320, p. 144,18-20.

zu verstehen; sie findet an der Natur Gottes ihre Grenze, wie Gregor dies
auch in anderen Schriften deutlich expliziert.

Für Gregor ist — wie sich aus der Behandlung der bisher zitierten Texte
ergeben hat — das Objekt der θεωρία nicht Gott selbst, sondern dessen
Manifestationen. Somit erscheint Gott *jenseits* der θεωρία, wodurch sich
Gregor — nach der Interpretation von A. Louth — scharf von Origenes[37],
Evagrius Ponticus[38] und der platonischen Tradition unterscheidet: »it is
beyond *theoria*, in the darkness of unknowing, that the soul penetrates
more and more deeply into the knowledge and presence of God through
love.«[39]

Einige Äußerungen Gregors scheinen allerdings dieser Ansicht zu widersprechen. So betont Gregor, daß man den Alleinigen betrachtet
(θεωρεῖ τὸν μόνον), jenen, der in der unwandelbaren und ewigen Natur
erfaßt wird (τὸν μόνον τὸν ἐν τῇ ἀτρέπτῳ τε καὶ ἀϊδίῳ
καταλαμβανόμενον φύσει)[40]. Der Alleinige ist nach Gregor der, der in
seiner einzigen Natur betrachtet wird.[41] Daß Gregor hier wirklich daran
denken könnte, daß Gott in der θεωρία doch erreicht werden kann, ließe
sich durch mehrere Stellen erhärten: In VM spricht Gregor ausdrücklich
von der θεωρία τοῦ θεοῦ[42]; ferner könnte man[43] auf eine Passage aus der
Schrift *Apologia in Hexaemeron* verweisen: Moses gelangte in das Dunkel
der Betrachtung der unsichtbaren ›Dinge‹ (εἰς τὸν γνόφον τῆς τῶν
ἀπορρήτων θεωρίας[44]). Man könnte also annehmen, daß Gregor an diesen Stellen wesentlich über seine sonstige Konzeption hinausgeht.[45] Aber
an der zuletzt zitierten Stelle fährt Gregor fort: »und Moses sah das Unbe-

---

[37] Zu Origenes vgl. z.B. W. Völker, 1931, 77.84.90 usw.; D.A. Csányi, 1960, 10-27;
auf dessen Origenes-Interpretation hinsichtlich einer »vita contemplativa« und »vita activa«
als Deutung von Lk 10,38-42 (Origenes, Hom Luc Frg 72, p. 458/460) kann in diesem Zusammenhang aber nicht eingegangen werden; weitere Literatur zum Thema bei H.-J. Sieben, 1992, 459.
[38] Einführend dazu H.-G. Beck, 1983, 13f.22.
[39] A. Louth, 1981, 97.
[40] Gregor, Cant 8, p. 258,1-3.
[41] Vgl. Gregor, Cant 8, p. 258,4-5.
[42] Vgl. Gregor von Nyssa, VM II 157, p. 84,9.
[43] Dies soll im Sinne einer *Annahme* verstanden werden.
[44] Gregor, Hex p. 65C.
[45] Damit scheint auch E.V. Ivánka zu rechnen, wenn er betont, daß Gregor trotz seiner Abgrenzung von dem origenistischen Standpunkt des Didymus die platonisch-ontologi-
sche Auffassung vom Geistsein mit Didymus teilt: »Geistsein bedeutet *wesenhaft* Gottesschau, wenn keine ›Trübung‹ (λήμη) vorhanden ist« (E.V. Ivánka, 1976, 79); E.V.
Ivánka verweist dabei vor allem auf *De Infantibus* (vgl. Gregor, Infant p. 85,21-86,21).

trachtbare« (εἶδε ... τὰ ἀθέατα).[46] Es scheint dort zudem eher um die Erschaffung der Welt zu gehen. In der Schau erfaßt man die Weisheit der
Natur, durch die man erkennt, *daß* Gott ist. Ihn selbst sieht man nicht.

Es könnte also folgendes Paradox konstruiert werden: die Möglichkeit,
Gott betrachten zu können, der aber wiederum als der Unbetrachtbare
verstanden wird. Eine Erklärung dieser Spannung kann aus Gregors
Schriften durch folgende zwei Ansätze geleistet werden: 1. durch die Ver-
hältnisbestimmung von Grenze und Grenzenlosigkeit sowie 2. durch den
Namen θεός.

1. Sinnliche Erfassung der erscheinenden Dinge (φαινόμενα) setzt immer schon die Differenz der unter sich verschiedenen Dinge voraus, die
durch jeweils eigene Grenzen[47] bestimmt werden; sie sind somit durch
Andersheit konstitutiv voneinander unterschieden. Sinnliche Erscheinungen verdunkeln in ihrer Unterschiedenheit die Betrachtung des Schönen[48],
die selbst geistig und unkörperlich ist.[49] Um zur Betrachtung der geistigen
Schönheit zu gelangen, wonach alles andere durch Teilhabe als Schönes
entsteht und benannt wird, muß man die Materie zurücklassen[50], aber
nicht so, als ob das sinnlich Erfaßbare ohne Bedeutung wäre.[51] Man muß
nach Gregor von Nyssa vielmehr durch die Grenzen der sinnlichen Natur
hindurchgehen, um in die geistige Ordnung als Betrachtung der νοητά
einzutreten.[52] Gerade die in der sinnenfälligen Welt gesetzte und
vorgefundene Unterschiedenheit muß auf die Einfachheit Gottes

---

[46] Gregor, Hex p. 65C. Diese Stelle könnte auch so aufgefaßt werden, daß sich Gott
betrachtbar *macht*, was aber dort nicht ersichtlich ist.
Auch die Stelle aus *De virginitate* (Virg 10, p. 289,23-26), auf die A. SCHNEIDER verweist
(vgl. A. SCHNEIDER, 1918, 35), scheint zunächst in diese Richtung zu deuten, da von einer
Betrachtung des Guten oder dessen, was jenseits des Guten ist, gesprochen wird.
Gregor verwendet in diesem Zusammenhang den Ausdruck »Schwindel« (ἴλλιγγος), der
die Seele auf der höchsten »Stufe« der Erkenntnis Gottes ergreift, wenn man sich nicht
mehr auf die sinnliche Wahrnehmung stützen kann (vgl. Beat 6, p. 137,10-21; Eccl 7, p.
413,13-414,9; vgl. auch Plotin, Enn VI 9,3,3-10; dazu H.M. MEISSNER, 1991, 242f).
[47] Vgl. Gregor, VM I 5, p. 3,9.
[48] Vgl. Gregor, Eccl 6, p. 374,8-10.
[49] Vgl. Gregor, Virg 5, p. 277,26-278,1 und Virg 6, p. 278,20-24.
Mit einem solchen Hinweis auf die Unkörperlichkeit der Betrachtung wehrt sich Gregor
von Nyssa sicher gegen materialistische oder sensualistische Ansichten (Epikur), wonach
alle Inhalte für die Vernunft durch die Sinnlichkeit und Materialität geliefert werden. Zu
Epikur vgl. M. HOSSENFELDER, 1991, 111; zur Gegnerschaft Gregors gegenüber Epikur
vgl. H.M. MEISSNER, 1991, 198-200.
[50] Vgl. Gregor, Virg 11, p. 292,10-15.
[51] Vgl. M.-B.V. STRITZKY, 1973, 48-50; dazu Gregor, Op hom 6, p. 140A und An et res
p. 29AB und 32B.
[52] Vgl. Gregor, Hex p. 121A sowie 121A-124C; ferner Eun II 181, p. 277,12f. Weiterführend TH. KOBUSCH, 1993, 310f.

(ἁπλότης θεοῦ)[53] hin überschritten werden, um so die Anähnlichung an
Gott (ὁμοίωσις θεῷ) vollziehen zu können. Diese Anähnlichung wird als
Anschauung der jenseits aller irdischen Grenzen liegenden Natur
beschrieben.[54]

Die Begründung der These, daß Gott wesenhaft unbegrenzt ist, ist folgende: Nähme man an, das Göttliche wäre begrenzt, so müßte man auch
etwas jenseits dieser Grenze annehmen. Grenze impliziert— auch ganz im
aristotelischen Sinne[55] — ein Ende (τέλος).[56] Um diesen Gedanken zu
verdeutlichen, wählt Gregor ein Beispiel. Die Luft grenzt an das Wasser;
wie der Vogel ganz von der Luft umgeben ist und der Fisch vom Wasser
und darin die äußersten Grenzen sichtbar werden, so müßte auch das
Göttliche— unter der Annahme der Begrenztheit— von einer ihm fremden
Natur umschlossen sein. Denn das Umfassende[57] sei größer als das Umfaßte.[58] Weil das Erkenntnisvermögen des Menschen aber begrenzt bzw.
endlich ist, ist auch ein Erreichen des Unbegrenzten (dessen Wesen oder
Natur) für den Geist unmöglich.[59] Eine Annäherung an Gott, den Unsehbaren, ist nur durch die Teilhabe an ihm möglich, die der Mensch in der
Anähnlichung unter der Voraussetzung eines gnadenhaften Handelns von
Seiten Gottes erwirbt[60], ein »Zustand«, der bei Gregor durch die Begriffe

---

[53] Vgl. Gregor, Diem lum p. 225,3: der Mensch besitzt die Einfachheit nicht. Für Gott
z.B. Antirrh p. 133,22-24; Eun I 232, p. 94,27-95,1.
[54] Vgl. Gregor, VM II 153, p. 83,6-7.
[55] Vgl. Aristoteles, Met 1022a4-10.
[56] Vgl. Gregor, VM II 236, p. 115,16-17 (für den Begriff >Grenze< ausgeführt).
[57] Im Sinne einer Außengrenze.
[58] Vgl. Gregor, VM II 236, p. 115,18-116,2; vgl. auch Gregor, Cant 5, p. 157,14-158,12;
ferner Platon, Tim 49a-52d; Plutarch, De defectu oraculorum 35, p. 354; Plotin, Enn IV 3,8;
VI 5,4; Proklos, Elem theol 93, p. 84. Dabei will vor allem Sextus Empiricus zeigen, daß
man weder den Begriff Begrenzung noch den der Unbegrenztheit auf Gott anwenden
könne (im Zusammenhang mit den Begriffen Bewegung und Beseelung), so daß dadurch—
seiner Meinung nach— die Inexistenz Gottes gezeigt werden könne (Adv math 9, 148-150,
p. 78/80).
Demgegenüber wehrt sich Origenes dagegen, daß Gottes Macht unbegrenzt sein könne, da
sich Gott auch nicht selbst denken könne (Princ II 9,1, p. 400; vgl. auch Princ IV 4,8, p.
808/810; ferner Basilius von Caesarea, Adv Eun I 7, p. I 192; Gregor von Nazianz, Or 23,8,
p. 298 und 38,7, p. 114/116); zum Problem vgl. W. VÖLKER, 1955, 32-48; H. LANGERBECK,
1957, 86; E. MÜHLENBERG, 1966, 100-126.133-147; R.E. HEINE, 1975, 64-71.
[59] Vgl. Gregor, Macr p. 390,19-22 und Eun I 363f, p. 134,13-22; vgl. ferner Cant 6, p.
181,4-8; dazu F. DÜNZL, 1993, 114. 274 und 297.
Dabei wird in diesem Zusammenhang das Erkennen als sukzessiver Aufstieg gedeutet.
Ausführlich dazu Teil III, 2.2 a.
[60] Zu den verschiedenen Aspekten der Teilhabe bzw. Anähnlichung bei Gregor: vgl.
Teil II, 2.2.b sowie Teil III, 4.2.

ἀπάθεια, Glückseligkeit und das Fernsein von allen Übeln ausgedrückt wird.[61]

2. Ein weiterer Gesichtspunkt besteht in der Differenz voraussetzenden Sprache, die als solche die Einfachheit Gottes bzw. die Natur Gottes (Gott selbst) nicht zu erfassen vermag. Weil Sprache ihrer Struktur nach immer Differenz setzt, kann Gott für sich als ἁπλότης durch eben diese Form der Sprache nicht benannt werden.[62] Die Betrachtung Gottes vermenschlicht das Göttliche nach unserer eigenen Maßgabe[63], so daß der Mensch in der Betrachtung Gottes, des Unsehbaren und Unsagbaren, zwar eine große Mühe (κόπος) aufwenden muß[64], Gott selbst aber jenseits jeglicher Faßbarkeit verbleibt. Daraus ergibt sich für den Menschen eine Zeit des Schweigens.[65] Diese Überlegung wendet Gregor konsequent auf die Verhältnisbestimmung von θεωρία und θεός an: Gott erhält den Namen ›Gott‹ aufgrund der Betrachtung (ἐκ τοῦ θεᾶσθαι θεὸς ὀνομάζεται)[66], d.h. die Benennung ›Gott‹ kommt ihm nicht als solchem zu, sondern aufgrund der menschlichen Bezeichnung.[67] Damit behandelt Gregor von

---

[61] Vgl. Gregor, Flacill p. 486,13-15; vgl. Op hom 4, p. 137BC; M.-B.V. STRITZKY, 1973, 21.

[62] Vgl. Gregor, Eun II 149, p. 268,25-30.

[63] (8U Vgl. Gregor, Eun II 232, p. 293,22-24.

[64] Vgl. Gregor, Eccl 1, p. 293,4-6.

[65] Vgl. Gregor, Eccl 7, p. 411,1-14; dies wird auch weiter durch den Begriff »Grenze« expliziert: vgl. Eccl 7, p. 411,19-412,19; vgl. hierzu A.A. MOSSHAMMER, 1990, 112. Vgl. Teil III, 4.1 b.

[66] Gregor, Eun II 585, p. 397,15-16; vgl. auch Eun II 586, p. 397,17-19. Dazu M. HARL, 1984, 85 mit Anm. 49 (weitere Belege).
Dies entspricht der antiken Vorstellung vom etymologischen Zusammenhang von θεός und θεωρεῖν: vgl. Plutarch, De mus 27, p. 342; Ammonius, De adfinium vocabulorum differentia p. 114-116; Pollux II 55, p. 99; Schol Aristoph Pax 342, p. 55; Glosse in Schol Pind N 3,122, p. 59; es kann auch die Bedeutung annehmen, daß Gott selbst sieht: Euripides, Ion 1074-1077; vgl. H. RAUSCH, 1982, 15-18.
Philodem wehrt sich vehement gegen die Vorstellung eines Zusammenhangs von θεός und θεωρία, wie sie Diogenes vertreten habe; sein Gegenargument besteht darin, daß man ebenauso gut eine Verbindung zu θεῖν (laufen) herstellen könne (vgl. Philodem, De mus IV 4,40-5,5, p. 42f; dazu A.J. NEUBECKER, 1986, 131f; vgl. auch Philodem, De mus I 23, p. 26; dazu der Kommentar von D.A. VAN KREVELEN, 1939, 27.29) und Platon, Krat 397d; dies zeigt aber, daß diese etymologisierende Deutung zumindest eine weite Verbreitung gefunden haben mußte.
Ferner Plotin, Enn V 3,17,33: ἄθεος ἐκείνου. Zu Recht stellt W. BEIERWALTES diesen etymologischen Zusammenhang heraus, um die von Plotin intendierte Ambivalenz auszudrücken: »die Seele, die nicht vom Licht des Einen als des Gottes erleuchtet wird, (...) sieht diesen Gott nicht und ist deshalb gott-los« (W. BEIERWALTES, 1991, 249).

[67] Für G.C. STEAD hat dies nichts mehr mit einer biblischen Namenstheologie zu tun, sondern sei vielmehr eine Unachtsamkeit Gregors, der eigentlich τὸ θεός hätte sagen müssen (vgl. G.C. STEAD, 1976, 114). Obige Überlegungen haben aber deutlich zu machen versucht, daß diese Auffassung der Namen oder Benennungen von Gregor bewußt eingesetzt

Nyssa die Frage, wie man mit Namen auf das Wesen Bezug nehmen kann. Für Gregor drückt der Name ›Gott‹ Gott nicht als etwas aus, dem eine Eigenschaft zukommt, ganz im Gegensatz zu Eunomius, für den der Begriff Agennesie Gott notwendig beigelegt und durch den Namen auch das Wesen Gottes verstehbar wird.[68] Damit führt Gregor auch in diesem Zusammenhang eine klare Differenzierung zwischen dem göttlichen und dem menschlichen Bereich hinsichtlich der Benennung ein.

Mit diesen beiden Argumenten, dem ontologischen und dem epistemologischen, kann also Gregor zeigen, daß die θεωρία eine deutliche Begrenzung erfährt. Diese besteht für ihn darin, daß der Mensch in der Betrachtung Gott nicht erfassen kann, sondern sich zu ihm nur auszustrecken vermag.[69] In diesem Sinne interpretiert Gregor in VM auch das Sehen ins Angesicht Gottes. Moses erblickt nur den Rücken Gottes, schaut ihm also nach und kann dessen Angesicht nicht sehen.[70] Im Dunkel ›sieht‹ Moses Gott, d.h. er erkennt immer mehr, daß die göttliche Natur unsichtbar ist.[71]

In der Forschung wurde von Louth und Dörrie in diesem Zusammenhang betont, daß sich Gregor eindeutig von der platonischen Konzeption unterscheide[72]; ebenso steht Gregor nach Stritzky auch in einem Kontrast zu Aristoteles, obwohl Gregor sich die platonisch-aristotelischen Philospheme zunutze gemacht habe.[73] Diese Interpretationen bedürfen einer genaueren Klärung.

---

wird und nicht nur als Unachtsamkeit abgetan werden kann, auch wenn Gregor in diesem Fall nicht dem biblischen Duktus folgen sollte.

[68] Dies geht in Richtung »informative Namen« (Beschreibungen) oder »Eigennamen« bei B. RUSSELL; zum Problem vgl. W. KÜNNE, 1983, 115-118.176f.188-196. Das Problem der Sprache bei Eunomius und Gregor von Nyssa wird gesondert behandelt: Teil III, 4.1.

[69] Vgl. Gregor, Virg 5, p. 277,16-278,1; Inscr I 7, p. 44,1-3.

[70] Vgl. Gregor, VM II 254, p. 121,21-24.

[71] Vgl. Gregor, VM II 162, p. 86,20-87,1; vgl. dazu auch P.T. CAMELOT, 1967, 157 und C. PERI, 1974, 320. Der Hinweis von W. VÖLKER, daß Gregor in diesem Zusammenhang eine Mysterienterminologie verwende (vgl. W. VÖLKER, 1955, 149), mag in der Tat berechtigt sein (vgl. M.-B.V. STRITZKY, 1973, 85 und 104; zur Terminologie vgl. auch CHR. RIEDWEG, 1987, z.B. 142-147 [für Clemens von Alexandrien] und W. BURKERT, 1990, 56-74). Die psychologisierende Deutung dieses Zusammenhangs als der Drang der Zeit nach einem geheimnisvollen Dunkel (vgl. W. VÖLKER, 1955, 149), bringt aber keine nähere Klärung des Sachverhaltes und dürfte in dieser Form auch methodisch kaum zu rechtfertigen sein; zur Kritik an einer solchen Deutung vgl. H. LANGERBECK, 1957, 88f. Zum Gedanken vgl. auch Origenes, Princ I 1,1-2, p. 98-104; Origenes entwickelt diese Konzeption über den Gedanken der Immaterialität.

[72] Vgl. A. LOUTH, 1981, 97 und H. DÖRRIE, 1976a, 55.

[73] Vgl. M.-B.V. STRITZKY, 1973, 99 und 104. Dies ist insofern zutreffend, als M.-B.V. STRITZKY betont, daß Gregor sich die entsprechenden Philospheme *zunutze* macht (auch die aristotelischen), diese also auch überstiegen haben muß.

Zur Bedeutung des Begriffes Theoria (Betrachtung) für das Mittelalter vgl. W. BEIER-
WALTES, 1980c, 2085-2087; speziell für Richard von St. Viktor und dessen Umkreis vgl.
M.A. ARIS, 1992, 35-63; zur Bedeutung einer »duplex theoria« bei Eriugena vgl. W. BEI-
ERWALTES, 1990b, 39-64; W. BEIERWALTES, 1994a, 82-114; ferner W. BEIERWALTES, 1988
passim (zu Cusanus, zu dessen theologischen und philosophischen Voraussetzungen sowie
zur Wirkungsgeschichte).
Zu Ps.Dionysius Areopagita in dieser Hinsicht z.B. R. ROQUES, 1953, 1885-1911; W. VÖL-
KER, 1958 passim (mit zahlreichen Verweisen auf andere Väter und die Wirkungsgeschichte bis zur Renaissance). Diese Ansätze können hier jedoch nicht diskutiert werden,
vor allem nicht das Verhältnis zu Gregor.

b) Philosophische Implikationen zur Theoria-Konzeption

Für Gregor hat sich vor allem gezeigt, daß er beim Menschen die Möglichkeit einer Schau oder Betrachtung *Gottes* verneint. Gregors Überlegungen bemühen sich vorrangig um eine Klärung des ontologischen und gnoseologischen Moments der Betrachtung. Deshalb sollen auch die philosophischen Ansätze in dieser Hinsicht untersucht werden, um im Sinne der philosophischen Implikation Anknüpfungspunkte an oder Differenzen zu dieser Tradition zu sehen.

Zugleich muß vorausgeschickt werden, daß die Untersuchung auf Platon, Aristoteles, Alkinoos, Plotin und Porphyrius beschränkt ist. Von hier aus werden die Konvergenzen oder Divergenzen Gregors zu diesen philosophischen Ansätzen erörtert. Diese Beschränkung ergibt sich aus der Tatsache, daß bei diesen Philosophen der Begriff θεωρία eine breitere Auslegung erfährt.

Für Platon ist zunächst festzuhalten, daß er terminologisch an einer zentralen Stelle des *Symposions* den Aufstieg der Seele zum Schönen, der schrittweise entfaltet wird, mit Begriffen des Sehens umschreibt, u.a. auch mit θεάσασθαι[1]. Diotima betont an dieser Stelle, daß das Ziel (τέλος) dessen, der das einzelne Schöne betrachtet, darin besteht, plötzlich (ἐξαίφνης) ein von Natur aus wunderbar Schönes zu erblicken.[2] »Wer diesen methodisch streng gedachten Aufstieg als einen Zusammenhang (...) vollzieht, in dem das Verstehen des jeweils Höheren das Verstehen des jeweils Niedrigeren zu seinem Grunde hat, der >wird plötzlich ein seiner Natur nach wunderbares Schönes sehen, das nämlich, um dessentwillen alle vorhergehenden Mühen ertragen wurden<.«[3]

Von diesem Schönen muß eine Veränderung ausgeschlossen werden, desgleichen eine Stufung, also die Möglichkeit, daß dieses Schöne in

---

[1] Vgl. Platon, Symp 210c3; 210d5; 210e3; dazu CHR. RIEDWEG, 1987, 2. Zur hier verwendeten Mysterienterminologie vgl. auch W. BEIERWALTES, 1981a, 16f.

[2] Vgl. Platon, Symp 210e2-5; vgl. auch Platon, Ep VII 341c; dazu R.G. BURY, 1932, 129 (als mystisches Erlebnis geschildert); so auch H. GAUSS, 1958, 108; gegen eine solche Deutung W. BEIERWALTES, 1972b, 712.
H. GAUSS sieht hier zudem eine Verbindung zu Platon, Parm 156d-157b. Der Begriff >Augenblick< steht aber gerade nicht in Verbindung zur Betrachtung etwa der Schönheit an sich (vgl. dazu J. STENZEL, 1933, 80.82; W. BEIERWALTES, 1966/67, 275; zum platonischen Ansatz im Dialog *Parmenides* vgl. auch J. HALFWASSEN, 1991, 390f). Auch ist kaum verständlich zu machen, was es genauer heißen soll, daß die Berührung mit dem Schönen nicht physikalisch, sondern *mathematisch* sei (vgl. H. GAUSS, 1958, 110). Die Stelle wird von K. DOVER kaum ausgewertet (so K. DOVER, 1980, 157).

[3] W. BEIERWALTES, 1980b, 13.

irgendeiner Hinsicht nicht schön sein könnte.[4] Das absolut Schöne, das als
es selbst nicht in einer konkreten Gestalt erscheint, ist als das zeitfrei Seiende in sich selbst nur es selbst, d.h., es ist von allem anderen Schönen,
das wahrgenommen oder gedacht werden kann, verschieden: αὐτὸ καθ᾽
αὐτὸ μεθ᾽ αὑτοῦ μονοειδὲς ἀεὶ ὄν.[5] Weil aber— im Sinne Platons— alles
Schöne nur dadurch schön ist, daß es am absolut Schönen Anteil hat[6], ist
das Schöne selbst — trotz oder gerade wegen seiner Differenz zu allem—
mit jenem bei bleibender Unterschiedenheit auch identisch; denn es ist als
Grund in ihm bestimmend und anwesend.[7] Die Schau des Schönen kann
daher im Sinne Platons in der Tat als unmittelbar-evidentes (plötzliches)
Erfassen des Urbildes oder der Urbilder bzw. als direkter Kontakt mit
dem Sein[8] verstanden werden.[9]

Wie Platon im *Symposion* davon spricht, daß die Betrachtung des Schönen selbst zeige, daß es nicht dem Werden unterworfen, sondern vielmehr
das ewig Seiende ist, so behandelt er auch im *Phaidros* im Gleichnis vom
göttlichen Seelenwagen die Betrachtung in diesem Sinne. Beim Aufstieg
der Seele werde diese in einem Umschwung (περιφορά) vom Rücken des
Himmels fortgerissen, und die Seelen betrachteten (θεωροῦσι), was
außerhalb des Himmels ist.[10] Obwohl Platon in diesem Zusammenhang
darauf verweist, daß die Sprache — auch der Hymnus — bei der Beschreibung der Wahrheit an ihre Grenze gelangt[11], versucht er, in negativer Weise auszusagen, daß das wahrhaft Seiende von allen Bestimmungen
wie Farbe, Gestalt oder Stoff abgegrenzt werden müsse.[12] Ziel und Ende
der Betrachtung ist die Schau des Wahren (θεωροῦσα τἀληθῆ)[13] oder des
wahrhaft Seienden (τὰ ὄντα ὄντως θεασαμένη)[14]. Wenn Platon die Betrachtung des wahrhaft Seienden aber in Verbindung mit der Gerechtigkeit selbst, der Besonnenheit und dem wahrhaften *Wissen* (ἐπιστήμη)

---

4 Vgl. Platon, Symp 211a1-5.
5 Platon, Symp 211b1-2; dazu R.G. BURY, 1932, 128 und K. DOVER, 1980, 158.
6 Vgl. Platon, Symp 211b2-3.
7 Vgl. W. BEIERWALTES, 1980b, 14; W. BEIERWALTES, 1990a, XIX.
8 Vgl. V. CILENTO, 1971, 203.
9 Vgl. dazu auch W. BEIERWALTES, 1980b, 12; W. BEIERWALTES, 1981a, 17.
10 Vgl. Platon, Phaidr 247c1-2; vgl. G. REALE, 1993, 183f.
11 Vgl. dazu H. RAUSCH, 1982, 109-115; M. LATTKE, 1991, 30f; vgl. auch G.J. DE
VRIES, 1969, 135 und C.J. ROWE, 1988, 179. Zur Frage der philosophischen Relevanz der
platonischen Sprache vgl. A.H. ARMSTRONG, 1985, 90f (Rückgriff auf TH. SZLEZÁK).
12 Vgl. Platon, Phaidr 247c6-7.
13 Platon, Phaidr 247d4.
14 Platon, Phaidr 247e4; zu diesem Aspekt auch H. RAUSCH, 1982, 56f.103 sowie CHR.
RIEDWEG, 1987, 37f.

sieht[15], so versteht er die Betrachtung zugleich als höchste Form der *Erkenntnis*.[16] Dies ergibt sich auch aus der Struktur der platonischen Wahrheitskonzeption, wonach der ontologische vom gnoseologischen Aspekt nicht zu trennen ist. Das reine Denken richtet sich auf die Wahrheit des Seins. Das reine Sein als mit sich selbst Identisches wird als seiende Wahrheit gedacht.[17] Einsicht als die Wahrheit im Denken zielt auf die Wahrheit des Seienden oder Seins der Idee.[18] Dabei muß aber noch näher geklärt werden, wie die Seele zur Erkenntnis oder Betrachtung des wahrhaft Seienden gelangen kann.

In den bereits zitierten Dialogen, *Symposion* und *Phaidros*[19], schildert Platon die Betrachtung oder den Weg zur Betrachtung des Schönen an sich als eine Loslösung von der einzelnen körperlichen Schönheit bis hin zur Idee des Schönen (*Symposion*)[20]. Dabei ist bei der Anähnlichung an Gott[21] nicht etwa allein der Aspekt einer Absonderung vom Leib, die als Reinigung gefaßt werden kann, maßgebend.[22] Entscheidender ist vielmehr der Ansatz des platonischen Sokrates, sich selbst zu prüfen.[23] Dabei versteht Platon das Selbst als das, was einen Menschen von Grund auf bestimmt. Indem sich der Mensch diesem Selbst oder Wesen (Seele) zuwendet[24], vollzieht er eine Wendung von außen in das Innere, das als seiende Ermöglichung für das Begreifen von Erscheinung und als Bewußtwerdung des eigenen Selbst verstanden wird.[25] Dieser Gedanke ist für den Begriff der Selbsterkenntnis im Augengleichnis des *Alcibiades maior* maßge-

---

[15]　Vgl. Platon, Phaidr 247d6-8.
[16]　Vgl. A.J. FESTUGIÈRE, 1950, 233 und R. ROBINSON, 1953, 174.
[17]　Vgl. Platon, Resp 585b12 und c2; dazu W. BEIERWALTES, 1980a, 18.
[18]　Vgl. Phileb 65d2; Resp 517c4; Ep VII 342c3; Resp 509d9; Resp 511e; Soph 240b-241b und 263b-264b; dazu W. BEIERWALTES, 1972b, 712; W. BEIERWALTES, 1980a, 19f.
[19]　Vgl. Platon, Phaidr 246e-249d3.
[20]　Vgl. Platon, Symp 210de und 211b; dazu CHR. RIEDWEG, 1987, 22; H. RAUSCH, 1982, 66.
[21]　Vgl. Platon, Theait 176b1-3.
[22]　Vgl. Platon, Phaid 67cd und 80e. Diesen Aspekt hebt M.-B.V. STRITZKY besonders hervor, um eine Differenz zu Gregor herauszuarbeiten (vgl. M.-B.V. STRITZKY, 1973, 75). Zum Problem insgesamt vgl. M. BALTES, 1993, 227.
[23]　Vgl. z.B. Apol 28e5f; 38a5f; weitere Belege bei W. BEIERWALTES, 1991, 80.
[24]　Platon, Alc.m 130c; Apol 29d-30b; Gorg 501b-d; 526de; Phaid 64e-67b; 82d-84b; 107b; Resp 618b-619e; vgl. auch Aristoteles, Met 1043b2f.
[25]　W. BEIERWALTES, 1991, 81.
Damit zeigt sich, daß eine klare Differenzierung in eine Betrachtung der Weltdinge und eine Anagogé im Sinne einer Wendung in das eigene Selbst zumindest für Platon unzureichend ist, weil beide Sichten nicht näher aufeinander bezogen werden. Im Anschluß an die platonische Konzeption fragt man sich, ob beide Bereiche bei Gregor von Nyssa klar auseinandergehalten werden können, wie dies I. ESCRIBANO-ALBERCA anzudeuten scheint (vgl. I. ESCRIBANO-ALBERCA, 1976, 55).

bend.[26] Die Wendung in das Innere bedeutet hier nicht eine Abkehr etwa von der Polis oder eine solipsistische Innerlichkeit, sondern gerade die Ermöglichung eines sinnvollen Sich-Öffnens gegenüber dem Gemeinsamen, der Polis.[27] Dabei wird der delphische Spruch »erkenne dich selbst« im Sinne von »sieh dich selbst« gedeutet[28]; er wird anhand des Sehens in die Augen erläutert: Wenn man in das Beste oder die ›Arete‹ eines anderen Auges sieht (Pupille)[29], erblickt man sich in diesem Auge selbst wie in einem Spiegel.[30] Dieser Gedanke wird von Platon auf das Sehen der Seele übertragen, wobei dort die Seele in den göttlichen Teil, die Weisheit, sieht.[31] Wie W. Beierwaltes betont, hält Platon allerdings die Analogie nicht streng durch, weil die Seele nicht auf ein von ihr Verschiedenes blickt, sondern in sich selbst, um so in der Selbst-Betrachtung zum ›Anderen‹ ihrer selbst zu werden.[32] Im Sehen des ›Anderen‹ ihrer selbst als identifikatorisches Moment des Sehens wird die Seele sich ihrer selbst bewußt und, wie es in dem von Eusebius überlieferten Text heißt, auch des Gottes (in uns). Die Erkenntnis der Seele als Erkenntnis ihrer selbst ist die notwendige Voraussetzung und die Vermittlung für eine Erkenntnis Gottes.[33] Die Selbst-Erkenntnis der Seele impliziert gerade nicht eine Abgrenzung von Gott, sondern vielmehr eine innere Verwandtschaft mit dem Göttlichen.[34] Insofern sind diese Überlegungen die notwendigen

---

[26] Dieser Aspekt wird von H. RAUSCH nahezu vernachlässigt (vgl. H. RAUSCH, 1982, 77f).
Daß es in der Forschung umstritten ist, ob der *Alcibiades maior* von Platon stammt (vgl. die Forschungsliteratur bei I. ESCRIBANO-ALBERCA, 1976, 46f Anm. 11 sowie W. BEIERWALTES, 1991, 81f Anm. 9), ist in diesem Zusammenhang von untergeordneter Bedeutung, da dieses Werk für die Antike (und Gregor) platonisch war.
[27] Vgl. z.B. Theait 173e2-174a2; zum Problem: W. BEIERWALTES, 1991, 82. 87 und 169 sowie R. BUBNER, 1992, 23.25-27 (zu Handlungsziel und falscher Einschätzung eines solchen Ziels; zu dieser Frage vor allem TH. SPITZLEY, 1992, 5-59).
CHR. MARKSCHIES betont in diesem Zusammenhang, daß die Konzeption des platonischen ›inneren Menschen‹ vor allem erst bei Clemens von Alexandrien und Origenes systematisch in ihr Denken integriert worden sei (vgl. CHR. MARKSCHIES, 1994, 10-13)
[28] Vgl. Platon, Alc.m 132d.
[29] Vgl. Platon, Alc.m 133b.
[30] Vgl. Platon, Alc.m 133a. Zum Phänomen vgl. U. ECO, 1991, 29-34; zur Wirkungsgeschichte H. LEISEGANG, 1949, 161-183.
[31] Vgl. Platon, Alc.m 133b.
[32] Vgl. W. BEIERWALTES, 1991, 83. Eine Ausnahme bildet die Passage, die bei Eusebius von Caesarea (Praep ev 11,27,5, p. 59,5-18) sowie Stobaeus überliefert ist (=Alc.m 133c8-17). Auf das Problem, wie diese bei Eusebius und Stobaeus überlieferten Stellen zu bewerten sind, kann hier jedoch nicht eingegangen werden.
[33] Zum gesamten Komplex: W. BEIERWALTES, 1991, 83f.
[34] Vgl. Platon, Alc.m 133 c; dazu W. BEIERWALTES, 1991, 84.86; ferner G. WATSON, 1987, 109f.

Voraussetzungen einer Betrachtung Gottes, wie sie für das *Symposion* und den *Phaidros* dargelegt wurden.

Vergleicht man diese Konzeption Platons mit der Gregors, so ergeben sich vor allem zwei Anknüpfungspunkte: Beide betonen die Grenzen der Sprache und die Anähnlichung an Gott über den Weg der Selbsterkenntnis[35] als Betrachtung der >Arete< der Seele. Gregor von Nyssa schließt sich in dieser Hinsicht strukturell[36] gerade an den *Alcibiades maior* an. Er hebt hervor, daß man zum Schönen[37] oder wahrhaft Guten[38] geführt werde, indem die Seele in sich selbst blicke und insofern wisse, wie beschaffen ihre Natur ist; wie in einem Spiegel oder Bild sehe sie Gott, indem sie mit Hilfe der eigenen Schönheit zum Urbild blicke und so die Anähnlichung an Gott erreiche.[39] Dadurch kann die Seele den Gott in uns erkennen.[40] Eine klare Differenz zwischen Platon und Gregor besteht allerdings darin, daß Gregor das von Platon im *Symposion*, *Phaidros* und *Alcibiades maior* vertretene Sehen des »Höchsten« im Sein oder jenseits (ἐπέκεινα) des Seins aus ontologischen und gnoseologischen Gründen zurückweist: Gott kann nicht seiner Natur nach erfaßt oder betrachtet werden, sondern lediglich aufgrund seiner Manifestationen.

Ähnliche Differenzen wie zwischen Gregor und Platon ergeben sich zwischen Gregors und Aristoteles' Auffassungen. Grundlegend ist für Aristoteles die Differenz von theoretischen und praktischen Wissenschaften.[41] Theoretisch ist nämlich im aristotelischen Sinne diejenige Wissen-

---

[35] Gregor entwickelt eine solche Vorstellung u.a. auch in seiner Auslegung des platonischen Höhlengleichnisses (vgl. W. BLUM, 1974, 47f).

[36] Dies ist im Sinne der hier vorgelegten Methode der philosophischen Implikation zu verstehen.

[37] Vgl. Gregor, An et res p. 89C.

[38] Vgl. Gregor, Beat 6, p. 142,25.

[39] Vgl. Gregor, An et res p. 89C; Cant 3, p. 72,9-14; Beat 6, p. 143,21-144,13; dazu C.P. ROTH, 1992, 21.23.
Vgl. auch Clemens von Alexandrien, Paid III 1,1, p. 235,20-236,4; Strom IV 27,3, p. 260,12-16; Gregor Thaumaturgus, Dankrede 11,41-63, p. 152/154; Basilius von Caesarea, In illud >Attende tibi ipsi< p. 197-217. CHR. MARKSCHIES behandelt das Thema des inneren Menschen zwar aspektreich, nimmt allerdings nicht auf Gregors eigene Konzeption Bezug (vgl. CHR. MARKSCHIES, 1994, 1-17).
Der Begriff der Anähnlichung an Gott bei Gregor von Nyssa wird im folgenden gesondert untersucht (Teil III, 4.2).

[40] Vgl. Gregor, Virg 12, p. 300,22. Auffälligerweise wird diese Konzeption im Anschluß an den *Alcibiades maior* in den entsprechenden neueren Arbeiten zu *De anima et resurrectione* und *In Canticum Canticorum* nicht behandelt (vgl. H.M. MEISSNER, 1991, 316-321 und H. DÜNZL, 1993, 76f. 232.333f). Darauf hat aber bereits I. ESCRIBANO-ALBERCA hingewiesen (vgl. I. ESCRIBANO-ALBERCA, 1976, 46.53-55); vgl. auch die Andeutungen bei P. BRATSIOTIS, 1951/52, 293.

[41] Vgl. Aristoteles, Met 1064a10-19.

schaft und diejenige Betrachtung der Dinge, die nicht Mittel zu etwas anderem ist, sondern allein um ihrer selbst willen besteht, das heißt, sie ist ein Wissen um des Wissens willen.[42] Damit beruht sie nicht auf Notwendigkeiten des Lebensvollzugs. Voraussetzung der θεωρία ist die Muße, die sich gegen ein ständiges Sich-Verlieren an das Mannigfache richtet. Denkendes Betrachten ist um seiner selbst willen, das heißt, es sucht nichts außerhalb seiner selbst und ist folglich auch frei: In sich seiend ist es nur es selbst um seiner selbst willen.[43] Die erste Philosophie als theoretische Wissenschaft untersucht nach Aristoteles die ersten Gründe und Ursachen.[44] Indem man sich in der Theoria dem Prinzip des ewig Seienden als dem im höchsten Sinne Wahren zuwendet[45], entdeckt man darin nichts anderes als das, wovon die Alten, d.h. die Vorgänger des Aristoteles, berichtet haben.[46] Das betrachtende Denken ist um so vollendeter, je vollendeter das ist, worauf es sich richtet, nämlich Gott, der in sich vollkommen ›noushaft‹ ist, weil reine ἐνέργεια.[47] Die Betrachtung ist ihrem Wesen nach Theologie, das heißt, sie ist Betrachtung als ein Sagen des Gottes und der göttlichen Ordnung der Dinge.[48] Hier ergibt sich eine wesentliche Kongruenz zwischen Platon und Aristoteles.[49]

Der Grund für diese Bestimmung der Theoria bei Aristoteles liegt in der von Gott selbst vollzogenen Betrachtung. Theoria ist die Erkenntnis, die zuerst Gott selbst hat, um dann in ihr im Ganzen der Welt und des Seienden als ἀρχή oder αἰτία zu wirken.[50] Das Göttliche als das beste Le-

---

D.A. CSÁNYI beschränkt sich hier darauf hinzuweisen, daß bei Aristoteles die verschiedenen Lebensweisen enger aufeinander bezogen werden als bei Platon, ohne dies allerdings detailliert aufzuweisen (vgl. D.A. CSÁNYI, 1960, 14f).

[42] Vgl. Aristoteles, Met 982b26; vgl. W. MARX, 1972, 15.

[43] Vgl. Aristoteles, Met 981b21f und 982b26; vgl. W. BEIERWALTES, 1981a, 12. Die Theoria ist somit auch ›nutzlos‹, wie Platon dies anhand des Brunnensturzes des Thales zu zeigen versucht (vgl. Theait 174 ab); vgl. dazu H. BLUMENBERG, 1987, 13-22; zum Ganzen H. RAUSCH, 1982, 143-146 und J. RITTER, 1988, 10-13.

[44] Vgl. Aristoteles, Met 982b9f.

[45] Vgl. Aristoteles, Met 993b19-31; vgl. dazu H. RAUSCH, 1982, 153. Problematisch ist allerdings bei ihrer Deutung, die Frage nach dem Seienden, insofern es seiend ist, im Sinne von Sein als Sein auszulegen (vgl. H. RAUSCH, 1982, 153 und 159), wie sich dies im Anschluß an die Interpretation von M. HEIDEGGER ergibt (vgl. z.B. M. HEIDEGGER, 1984, 3f oder M. HEIDEGGER, 1988, 1-3; zum Sein des Seienden: vgl. M. HEIDEGGER, 1977, 37-39 und M. HEIDEGGER, 1986, 19-21: Vorwurf der onto-theologischen Verfaßtheit); zum Problem vgl. W. BEIERWALTES, 1980, 4f. 131-143.

[46] Vgl. Aristoteles, Phys 203b6-15.

[47] Vgl. W. MARX, 1972, 26; zum betrachtenden Denken vgl. auch V. CESSI, 1987, 147.

[48] Vgl. Aristoteles, Met 983a6f.

[49] Vgl. A.J. FESTUGIÈRE, 1950, 253-267 und J. RITTER, 1988, 14f und 17.

[50] Vgl. Aristoteles, Met 983a8-10.

ben[51] denkt sich selbst, das heißt, es kann nur sich selbst als >Gegenstand<
seines Denkens haben.[52] Das göttliche Denken ist reine Theoria ohne Praxis[53], der absolute Ausschluß einer zu verwirklichenden Möglichkeit.[54]
Beim göttlichen νοῦς ist die Unterscheidung von materiellen Gegenständen außerhalb des Denkens und den immateriellen Formen des Denkens
hinfällig. Die erste οὐσία, nämlich Gott, als νόησις νοήσεως ist aufgrund
ihrer Immaterialität unteilbar und ungeteilt.[55] Dabei ist auch die Ausdehnung in Raum und Zeit negiert.[56] Gott als reine Tätigkeit des stetigen
(συνεχές) Denkens[57] kann nur das Wahrhafteste denken, nämlich sich
selbst.[58] Wie ist aber für den Menschen eine Betrachtung des Göttlichen
möglich und welche Konsequenzen ergeben sich daraus für eine Verhältnisbestimmung des theoretischen und praktischen Lebens?

Die Möglichkeit, Gott *ständig* zu betrachten, ist dem Menschen von sich
aus nicht gegeben[59], sondern nur, sofern der Mensch etwas Göttliches in
sich hat.[60] Das Göttliche im Menschen ist der νοῦς, so daß die Zuwendung zum Höchsten in uns, ein Leben im Geistigen, zugleich die

---

51 Vgl. Aristoteles, Met 1072b29f.
52 Vgl. Aristoteles, Met 1074b33-35.
53 Vgl. Aristoteles, De caelo 292a22f.
54 Vgl. W. BEIERWALTES, 1972, 6; H.J. KRÄMER, 1969, 363-382.
H.J. KRÄMER wendet sich in diesem Zusammenhang mit guten Gründen gegen eine
formalistische Interpretation der νόησις νοήσεως, wie sie z.B. K. OEHLER vertritt (vgl. K.
OEHLER, 1962, z.B. 205f; kritisch dazu auch E. TUGENDHAT, 1966, 757-759), d.h. gegen die
Ansicht von K. OEHLER, Aristoteles führe das Denken des Denkens lediglich dazu ein, um
einen *regressus ad infinitum* zu vermeiden. Zum Problem auch W. BEIERWALTES, 1965,
315-318; TH. LEINKAUF, 1987, 395-404; W. BEIERWALTES, 1991, 180f.
Vgl. außerdem F. DIRLMEIER, 1956, 229-235; J. DUDLEY, 1982, 89-123; J.G. DE FILIPPO,
1994, 404-409.
Ferner ist zu beachten, daß Aristoteles davon spricht, daß Gott νοῦς oder jenseits des
νοῦς sein müsse (vgl. ΠΕΡΙ ΕΥΧΗΣ Frg 1, p. 57; EE 1248a27-29 und EN 1096a24f; dazu
A.H. ARMSTRONG, 1985, 101; in der EE wird das göttliche Element vom νοῦς getrennt,
während Aristoteles es in EN 1177a13-17 und EN 1177b27-31 mit ihm identifiziert; vgl. M.
WOODS, 1992, 170).
55 Vgl. Aristoteles, Met 1075a5-10.
56 Vgl. Aristoteles, Met 1073a7-10; dazu H.J. KRÄMER, 1969, 367f.
57 Vgl. Aristoteles, Met 1074b29.
58 Vgl. W. BEIERWALTES, 1981a, 14f; M. FORSCHNER, 1993, 16f.
59 Vgl. Aristoteles, Met 1072b15f.
Aristoteles betrachtet den Menschen nicht ausschließlich durch einen erkennenden Selbstbezug, sondern vor allem durch die Kennzeichnung des Weltbezugs (vgl. Met 1074b35); der
Geist aktuiert die aus dem Sinnlichen stammende Erkenntnisform (vgl. Met 1072a31; dazu
R.L. FETZ, 1975, 32-39; V. CESSI, 1987, 58-94; H. BENZ, 1990, 28-52; M. FORSCHNER, 1993,
17).
60 Vgl. Aristoteles, EN 1177b26-29; dazu W. MARX, 1972, 18.26; W. BEIERWALTES,
1981a, 13.

Wendung auf unser wahres Selbst ist.[61] Das θεωρεῖν als das höchste Vermögen des Lebendigen ist die Weisheit.[62] In dieser Tätigkeit des von Gott oder der ersten Substanz Abhängigen durch die Vermittlung des Göttlichen im Menschen (νοῦς) ist eine wesensmäßige Intention auf das Erste hin wie auf ein Geliebtes (ὡς ἐρώμενον)[63] angezeigt. Die Intention besteht darin, daß das Erstrebte und Erreichte immerwährend bleibe, um so die zeit-freie Stetigkeit und Tätigkeit des Grundes oder Prinzips nachzuvollziehen.[64]

Aus der theoretischen oder betrachtenden Wissenschaft werden von Aristoteles Konsequenzen für das Leben dessen gezogen, der sich dieser Wissenschaft hingibt. Ein Weiser führt ein Leben entsprechend dem göttlichen Grund[65], ein Leben aus Gott, weil der Weise Gott am nächsten ist[66], sofern er ein Leben nach dem νοῦς führt. Er ist also vom Göttlichen im Menschen bestimmt und erhebt sich folglich auch nicht selbst zur Vollendung.[67] Die Seligkeit erreicht der Weise deshalb, weil er im Sein das gleiche Göttliche denkt und als Maß ergreift, das auch der Inhalt des göttlichen Denkens ist.[68] »Als *Theorie* bleibt sie [die Wissenschaft] das freie Anschauen des Göttlichen und der göttlichen Ordnung; dies unterscheidet sie von allem praktischen Wissen. Indem sie aber *Wissenschaft* wird, nimmt sie die Form der das praktische Dasein leitenden Einsicht an und wird so > Wissen der Gründe und Ursachen der Dinge< (Met. VI, 1. 1025 b 3).«[69]

---

[61]   Vgl. Aristoteles, EN 1177b30-34; ferner Met 1026a5f; De anima 403a28; De part an 641a34-b4; De gen an 736b27f.
Dazu D. Ross, 1961, 167f; F. Dirlmeier, 1962, 498-504; I. Düring, 1966, 581f; H.J. Krämer, 1969, 374f; H. Rausch, 1982, 176; R.D. Hicks, 1990, 200; W. Beierwaltes, 1991, 87 Anm. 17.
[62]   Vgl. Aristoteles, EN 1141a12-20 und 1141b2-3; vgl. M. Forschner, 1993, 7.18f.
Probleme, die sich aus einer solchen Deutung ergeben, werden von A. Kenny neuerdings ausführlich diskutiert (vgl. A. Kenny, 1992, 87-102.105f), können an dieser Stelle jedoch nicht weiter verfolgt werden. Zum Ansatz von A. Kenny vgl. die kritische Würdigung durch T.D. Roche, 1994, 202-208 und Th. Ebert, 1994, bes. 473.
[63]   Vgl. Aristoteles, Met 1072b3; vgl. W. Beierwaltes, 1972, 6; ferner J.G. de Filippo, 1994, 399f.
[64]   Vgl. W. Beierwaltes, 1981a, 14 (für den Begiff >Glück<).
[65]   Vgl. Aristoteles, EN 1177b30f; zur Sache vgl. auch H. Deku, 1986, 270.
[66]   Vgl. Aristoteles, EN 1179a30.
[67]   Vgl. Aristoteles, EN 1177b31-34.
[68]   Vgl. Aristoteles, EN 1178b22-32; dazu H. Rausch, 1982, 179 und J. Ritter, 1988, 20f und 30.
[69]   J. Ritter, 1988, 24 [Ergänzung Th.B.].
M. Forschner betont in diesem Zusammenhang, daß die Führung eines politischen Gemeinwesens und die intellektuelle Kontemplation zwei Hauptweisen des Lebensentwurfes seien, die nach Aristoteles nicht ineins realisiert werden könnten (vgl. M. Forschner, 1993, 8).

Gregor nähert sich dieser aristotelischen Konzeption hinsichtlich der
Bestimmung eines Lebens entsprechend dem göttlichen Grund an, da der
Mensch sich dem eigenen Selbst zuwendet und in dessen höchster Form,
dem νοῦς, die innere Verwandtschaft mit dem Göttlichen erblickt, wie
sich dies bereits im Zusammenhang mit dem platonischen *Alcibiades
maior* gezeigt hat. Deutliche Unterschiede bestehen jedoch darin, daß für
Aristoteles eine Betrachtung oder Schau Gottes möglich erscheint, die
wiederum ihren Grund in der θεωρία hat, in der sich Gott im Denken
selbst betrachtet. Wenn Gregor allerdings behauptet, daß die ἀγάπη als
ἐνέγρεια das Verhältnis der Seele zu Gott bestimmt wie das θεῖον *zu sich
selbst*[70], kann dies in der Tat mit dem aristotelischen Selbst-Denken des
θεός verglichen werden.

Eine Synthese des platonisch-aristotelischen Ansatzes läßt sich bei
Alkinoos finden.[71] Entsprechend der aristotelischen Differenzierung[72]
unterscheidet er ein theoretisches (betrachtendes) Leben von einem praktischen.[73] Die Definition der θεωρία ist nach Alkinoos die Verwirklichung
oder Tätigkeit (ἐνέργεια) des Geistes, indem dieser die Gedanken denkt
(ἐνέργεια τοῦ νοῦ νοοῦντος τὰ νοητά).[74] Dadurch daß die Seele das
Göttliche und die Gedanken Gottes betrachtet, gleicht sie sich an das

---

[70] Vgl. Gregor von Nyssa, An et res p. 96BC.

[71] Nach den Untersuchungen von J. WHITTAKER muß hier Alkinoos von Albinos
unterschieden werden (vgl. J. WHITTAKER, 1984, XIX 127-139; XX 320-354; XXI 450-456;
XXII 239-244; ferner S. LILLA, 1992, 27-40 und 49-52). Er kann den überzeugenden Nachweis führen (gegen J. FREUDENTHAL und R.E. WITT), daß zwischen dem Prolog des Albinos und dem *Didaskalikos* inhaltlich wesentliche Unterschiede bestehen (vgl. J. WHITTA-
KER, 1987, 85-89) und daß außerdem die von J. FREUDENTHAL vorgebrachten stilistischen
Übereinstimmungen der beiden Werke nicht stichhaltig sind (vgl. J. WHITTAKER, 1987, 89-
97). Allerdings kann man nach J. WHITTAKER nicht eindeutig entscheiden, ob Alkinoos mit
dem von Philostratus erwähnten stoischen Alkinoos oder dem von Stobaeus angeführten
Philosophen Alkinoos identisch ist (Nachweise zu Philostratus und Stobaeus bei J.
WHITTAKER, 1987, 98 Anm. 61 und 62; zum gesamten Kontext: J. WHITTAKER, 1987, 99-
102); so auch J. DILLON, 1993, IX-XIII.
Anders als J. WHITTAKER: J. FREUDENTHAL, 1893, 1314f; E. ZELLER, 1963, 842-845; H.
DÖRRIE, 1964, 234; R.E. WITT, 1971, 104-113; M. BALTES, 1976, 96-100; J. DILLON, 1977,
267-271.

[72] Vgl. Aristoteles, Met 1026a18-19 und Met 1064a10-19; vgl. J. DILLON, 1993, 53
(auch mit Hinweisen auf Platon). E. ZELLER spricht hier allgemeiner von einer *peripate-
tischen* Einteilung (vgl. E. ZELLER, 1963, 842).

[73] Vgl. Alkinoos, Didask 2, p. 2 und Didask 4, p. 7f; dazu und zum Umfeld einer solchen Unterscheidung J. DILLON, 1993, 53f.

[74] Alkinoos, Didask 2, p. 2; vgl. auch Aristoteles, Met 1072a24-28; Met 1072b7.18-20;
Alexander von Aphrodisias, Mantissa p. 109,4-5; dazu A.H. ARMSTRONG, 1960, 402-404; S.
LILLA, 1992, 28f; J. DILLON, 1993, 54f.

Göttliche an[75], was von Alkinoos auch »Erkenntnis des Seienden«[76] oder »Erkenntnis der Wahrheit«[77] genannt wird.

Was im betrachtenden Leben erkannt wird, muß in eine Lebensform oder Praxis umgesetzt werden.[78] Die Betrachtung wird aber gerade durch eine Trennung vom Leib (χωρὶς τοῦ σώματος)[79] erreicht, d.h. durch eine Zuwendung zum Intelligiblen. Der Mensch kümmert sich dann nicht mehr um das, was das Eigene und was das Fremde ist, sondern betrachtet das Wahre.[80] Erst so ist ein Aufstieg (ἀνιών)[81] möglich, um die ersten, oberen und ursprünglichen Ursachen zu erkennen (θεολογικοῦ τέλος ἡ περὶ τὰ πρῶτα αἴτια καὶ ἀνωτάτω τε καὶ ἀρχικὰ γνῶσις)[82]. Indem sich die Seele dem Ersten, dem Göttlichen, zuwendet, erkennt sie zugleich ihre innere Verwandtschaft mit dem Göttlichen: Weil sie selbstbewegend ist, muß sie wie das Prinzip selbst (ἀρχή) ungeworden, ohne Untergang und unsterblich sein (ἀγένητος, ἄφθαρτος, ἀθάνατος)[83]. Wenn nämlich die ἀρχή immerbewegt ist (ἀεικίνητον), muß sie auch— ohne Entstehen und Vergehen— sich selbst bewegen (αὐτοκίνητον).[84] Um zum Ersten zu gelangen und die innere Verwandtschaft mit ihm zu erkennen[85], muß die Seele durch Aphairesis, Analogie und die via eminentiae (ἀφαίρεσις, ἀναλογία, ὑπεροχή)[86] zur Betrachtung des ersten Guten (θεωρίᾳ τοῦ πρώτου ἀγαθοῦ) aufsteigen.[87] Somit zeigt sich, daß Alkinoos hier die wesentlichen Ansätze von Platon und Aristoteles rezipiert, wenn auch die Wendung in das Innere, das Selbst, nicht in der Breite entfaltet wird wie

---

[75] Vgl. Alkinoos, Didask 2, p. 2; dazu J. DILLON, 1977, 299.

[76] Vgl. Alkinoos, Didask 3, p. 3; Didask 7, p. 18; zu unterschiedlichen Interpretationen und einem Vergleich zu Numenius vgl. J. WHITTAKER, 1984, VIII 144-154.

[77] Vgl. Alkinoos, Didask 2, p. 2. Dieser Aspekt scheint bei J. DILLON nicht besonders hervorgehoben zu sein, wenn er davon spricht, daß Albinos (Alkinoos) die Physik mit der Theoria verbinde und die wirkliche Physik nur eine Unterabteilung der Theoria sei. Er klärt hier allerdings nicht genauer, um welche Form der Theoria es sich handelt (vgl. J. DILLON, 1977, 272; anders aber J. DILLON, 1993, 55).

[78] Vgl. Alkinoos, Didask 2, p. 2; dazu J. DILLON, 1993, 56.

[79] Alkinoos, Didask 4, p. 7; vgl. J. DILLON, 1993, 66f.69.

[80] Vgl. Alkinoos, Didask 4, p. 8.

[81] Alkinoos, Didask 5, p. 9; Didask 7, p. 18; dazu J. DILLON, 1993, 75.87.

[82] Alkinoos, Didask 7, p. 16.

[83] Zum Kontext vgl. A.J. FESTUGIÈRE, 1954, 97.

[84] Vgl. Alkinoos, Didask 5, p. 10.

[85] Zur Entsprechung von göttlichem und menschlichem Geist (Seele) vgl. R.M. JONES, 1981, 187-199; J.H. LOENEN, 1981, 118; A.N.M. RICH, 1981, 203; zur Anähnlichung vgl. J.M. RIST, 1981a, 214f.

[86] Vgl. Alkinoos, Didask 10, p. 24; A.J. FESTUGIÈRE, 1954, 99f; J.H. LOENEN, 1981, 111; J.M. WHITTAKER, 1981, 175-181 (auch zum weiteren Umfeld); S. LILLA, 1992, 29; J. DILLON, 1993, 107.109f.

[87] Vgl. Alkinoos, Didask 27, p. 53 und Didask 34, p. 69; dazu auch Platon, Phileb 30c; Tim 39e; Resp 509b; dazu S. LILLA, 1992, 30.

etwa im platonischen *Alcibiades maior*; dieser Gedanke ist aber durchaus in der Seelenlehre bei Alkinoos anzutreffen. Damit zeigt sich ein ähnlicher Befund wie im Vergleich von Platon und Aristoteles mit Gregor, daß sich nämlich Gregor von Nyssa vor allem hinsichtlich seiner Vorstellung der Betrachtung Gottes von Alkinoos unterscheidet.

Besonders von Plotin wird diese Tradition[88] eingehend aufgegriffen und kritisch weiter entwickelt. Da für Gregor von Nyssa der Begriff θεωρία in dem bis jetzt behandelten Zusammenhang vor allem für die Frage des Aufstiegs der Seele und der Begrenzung der θεωρία in der Betrachtung Gottes erörtert wurde, sollen für Plotin vor allem diese Aspekte untersucht werden; dies, obwohl Plotin den Begriff θεωρία z.B. auch auf die Natur in einem spezifischen Sinne anwendet; für diese stellt nämlich die θεωρία die unterste Stufe dar.[89]

Ein wesentlicher Ansatz Plotins besteht in dem Imperativ: ἄφελε πάντα[90] — ›nimm alles weg‹ oder: ›laß ab von allem‹, um so zu einem einigeren Leben oder einem Leben auf Einheit hin zu gelangen. Die Gelassenheit ist somit die Bedingung der Möglichkeit einer ›unio mystica‹.[91] Entdifferenzierung und Entzeitlichung des Denkens sowie Reinigung und Befreiung von allem, was fremd ist[92], bedeutet aber keine radikale Verwerfung des Sinnlichen, sondern eine Einordnung des Sinnlichen auf das Einigere hin.[93] Für den Menschen heißt dies, den Weg zum inneren Menschen zu gehen[94], eine Wendung nach innen, um so des eigenen Selbst von seinem Grunde her bewußt zu werden.[95] Der Mensch muß gerade das diskursive Denken der Seele hinter sich lassen. So wird das noëtische Element in der Seele bewußt gemacht, indem der νοῦς selbst durch sein

---

[88]   Zum Verhältnis Plotins zur ihm vorausgehenden Tradition vgl. die eingehende Behandlung bei W. BEIERWALTES, 1988a, 76-80 (hier vor allem im Blick auf den platonischen *Parmenides*).

[89]   Zu dieser Frage einleitend J. STENZEL, 1934, 192-195; V. SCHUBERT, 1973, 12 sowie 45f; R. ARNOU, 1972, 81-83; V. CILENTO, 1971, 207-211; V. CILENTO, 1971a, 121-155. Die Studie von W. THEILER zur Frage der Rückkehr zu Gott ist in diesem Zusammenhang von geringerer Bedeutung, da sie auf Gregor überhaupt nicht und auf Plotin nur am Rande eingeht (vgl. W. THEILER, 1964, 352-361).

[90]   Plotin, Enn V 3,17,38.

[91]   W. BEIERWALTES weist hier zu Recht auf diese Konnotationen bei Meister Eckhart hin, so daß die Abstraktionsbewegung (ἀφαίρεσις) nicht nur wie bei Aristoteles als logischer Prozeß verstanden wird, sondern geradezu als ethischer Imperativ, als Lebensprogramm eines bewußten Lebens (vgl. W. BEIERWALTES, 1991, 250-253; vgl. ferner W. BEIERWALTES, 1972b, 714 und H. OOSTHOUT, 1991, 183.

[92]   Plotin, Enn I 2,4,6.

[93]   Vgl. H. BENZ, 1990, 277.

[94]   Plotin, Enn I 1,10,15; V 1,10,10; knapp dazu CHR. MARKSCHIES, 1994, 8.

[95]   Vgl. H. BENZ, 1990, 291 und W. BEIERWALTES, 1991, 169f.

klares und wahres Licht die Seele zu einer denkenden macht.[96] Die *reine*
Schau ist dann *vor* der Seele.[97] Die Gegenwart des Geistes in der Seele ist
der Grund der Möglichkeit des Aufstiegs, »in der der Geist selbst deren
Bildhaftigkeit und Ähnlichkeit mit ihm realisiert«.[98] Indem die Seele sich
nach innen wendet[99] und sich selbst erkennt, ist das Wissen um ihren
eigenen Ursprung das Ziel, d.h. die Bewußtmachung des Geistes *und
zugleich* des in ihm sich vermittelnden Einen als solchen.[100] Der Rückgang
der Seele in sich selbst durch Reflexion auf ihren Ursprung führt somit
zum eigenen Grund, zum νοῦς, der zugleich die Bedingung für das Sehen
des Ursprungs schlechthin (des Einen) ist.[101] Das Ziel der Betrachtung der
Seele in dem denkenden, inneren Aufstieg ist die Ruhe[102], die vollendet
ist in der Ruhe und im Stand im Einen[103]. »Das Eine selbst als der Grund
und Ursprung von Allem bildet sich selbst in den immer schwächer werdenden Intensitätsgraden von Eins-Sein ab [...]. Wenn [...] der *Mensch*
durch die Seele als ein Bild des Geistes in seinem Denken und Sein bestimmt wird, wenn er durch die in ihren eigenen Grund sich transformie-
rende Seele sich selbst denken und erkennen will, dann muß er >hier< [...]
- im Stande der Entäußerung aus dem reinen Nus als *Anfang* einer Rück-
Bewegung — eben diese Seele, oder *sein* Denken, als Bild des Geistes erkennen.«[104]
Im Gegensatz zur Seele eignet sich der Geist aber nicht nur seine
Denkinhalte sozusagen in einem zweiten Schritt an[105], sondern sein Denken und Sein sind dem Wesen nach eines (οὐσίᾳ καὶ τῷ ταὐτὸν τὸ εἶναι
καὶ τὸ νοεῖν εἶναι).[106] Diese Identität von Denken und Sein wird von

---

[96] Vgl. Plotin, Enn III 8,6,37-40; da~u D. ROLOFF, 1970, 11; ferner J.N. DECK, 1967,
53-55.
[97] Vgl. Plotin, Enn III 8,6,38.
[98] W. BEIERWALTES, 1991, 126; vgl. Plotin, Enn V 3,8,41-49; dazu auch K. KREMER,
1987, 1013.
[99] Vgl. Plotin, Enn III 8,6,40.
[100] Vgl. Plotin, Enn VI 9,7,33; zur Sache vgl. auch W. BEIERWALTES, 1990a, XIX.
[101] Vgl. W. BEIERWALTES, 1991, 174.
[102] Vgl. Plotin, Enn III 8,6,12.
[103] Vgl. Plotin, Enn VI 9,11,13-16; dazu W. BEIERWALTES, 1991, 207; P.A. MEIJER,
1992, 278.
[104] W. BEIERWALTES, 1991, 114.
[105] Vgl. Plotin, Enn III 8,8,6-7.
[106] Plotin, Enn III 8,8,8. Damit steht Plotin im Horizont der parmenideischen Philosophie, für den im Sein das Denken ausgesprochen ist; während aber die Identität von
Sein und Denken bei Parmenides als gewisse äußere Bezogenheit gedacht werden kann, ist
sie bei Plotin als Aufhebung in sich ständigen Geistes verstanden; vgl. V. CILENTO,
1964, 194-203; W. BEIERWALTES, 1972, 19; W. BEIERWALTES, 1981, 25; W. BEIERWALTES,
1988a, 77-80; vgl. auch H.J. KRÄMER, 1964, 415; J.N. DECK, 1967, 25-30; L.P. GERSON,
1994, 249.

Plotin als lebendige Betrachtung gefaßt[107], weil das Betrachtete dem Betrachtenden nicht äußerlich bleibt, sondern ein Moment des Denkens
selbst ist. Das Denkende *ist* das Gedachte als Leben des zeit- und ortsfreien Geistes und als Maß und Grund allen anderen Lebens.[108] Wenn
aber der Geist als erstes Leben eines ist, stellt sich die Frage, wie die Vielheit in ihm selbst zustande kommt.[109] Die Antwort Plotins ist, daß der
Geist nicht Eines betrachtet. Selbst in dem Fall, wenn er Eines betrachtet,
ist ihm dies nicht *als* das Eine möglich, weil die Betrachtung die Differenz
von Betrachtendem und Betrachteten voraussetzt, die für das Eine selbst
als das Differenzlose ausgeschlossen ist.[110] Der Geist hebt als Eines an
und entfaltet sich selbst als Geist.[111] Dies läßt sich als Vollzug aus einer
Phase des noch nicht vollendeten Sehens zum selbstbezüglichen Sehen
deuten, so daß der Geist eine abgeschlossene Hypostase ist.[112] Der Geist
hebt, wenn er sich zum Einen hinwendet, als ein noch unbestimmtes
Blicken an[113] und wird durch das Erfassen des durch das Eine konstituierten Seins als Gegenstand der Denkintention selbst zur Vielheit, indem er
zur νόησις wird und sich so selbst als Vielheit betrachtet.[114] Indem der
Geist aber diese Vielheit denkt, denkt er sie nicht als von sich selbst verschieden, als wenn eines der Gedachten nicht Geist wäre[115], sondern bindet sie selbst in die Einheit zurück und richtet sich im Denken auf das
Eine als den Grund des Geistes. Das intentionale Denken bestimmt sich
im Durchdenken von immer wieder Anderem zur Einheit fort und ist so
durch Andersheit *und* Selbigkeit notwendig bestimmt.[116] Die aktive
Rückwendung in den Ursprung hat die Selbstbegrenzung oder Selbstkonstitution des Geistes zu einer eigenen Hypostasis zum Ziel, die gerade
durch die Rückwendung zum Ursprung sie selbst ist: »Denken des ›vor‹

---

[107] Vgl. Plotin, Enn III 8,8,11.
[108] Vgl. Plotin, Enn III 8,8,12f.26-30; dazu W. BEIERWALTES, 1972, 19f; L.P. GERSON,
1994, 59.
[109] Vgl. Plotin, Enn III 8,8,30.
[110] Vgl. Plotin, Enn III 8,8,30f.
[111] Vgl. Plotin, Enn III 8,8,32f.
[112] Vgl. Plotin, Enn V 3,11,5-12; dazu W. BEIERWALTES, 1991, 215; H. OOSTHOUT,
1991, 146-148 (mit einer Diskussion von textlichen Problemen); L.P. GERSON, 1994, 223.
[113] Vgl. Plotin, Enn V 2,1,10f.
[114] Vgl. J. HALFWASSEN, 1991, 140f und K. KREMER, 1990, XXIV-XXV. Vgl. auch
TH.A. SZLEZÁK, 1979, 106-108.
[115] Vgl. Plotin, Enn III 8,8,40-48.
[116] Vgl. W. BEIERWALTES, 1991, 131. Vgl. auch W. HIMMERICH, 1959, 133. W. HIM
MERICH betont, daß für Plotin die Höchstform der Schau gerade die Schau des totalen
Geistes sei (vgl. W. HIMMERICH, 1959, 131). Damit vernachlässigt er aber die Frage, wie
der Geist das Eine betrachten kann.

ihm seienden Ursprungs, des Einen, *in* ihm selbst *ist* sein Selbst-Den-ken«[117] als Einheit von Ursprungs- und Selbstbezug.[118]

Da der Geist als Identität von Denken und Sein in sich die Struktur von Einheit und Vielheit hat und über sich selbst hinausweist auf den ihn verursachenden Ursprung (ἕν), muß dieses Eine von allem, was nicht reine Einheit ist, ausgegrenzt werden.[119] Es kann gerade nicht das sein, was dem Geist als solchem zukommt, also auch nicht Sein, Wesen, Den-ken oder Leben.[120] Als der alles verursachende Grund[121] muß das Eine selbst Nichts von allem sein[122], und zwar im Sinne der Fülle, in der alles aus ihm sich Entfaltende nur Es selbst ist, als universale Mächtigkeit des Einen zu Allem.[123] Würde man dem Einen Erkenntnis zuschreiben und dächte so das Eine, dann wäre es durch eine Setzung von Differenz in sich selbst nicht mehr es selbst. Folglich muß es aus dem Bereich des Intelligi-blen ausgegrenzt werden; es ist vor dem Etwas, so daß es nur im Spiegel unseres Denkens als dieses Eine erscheint.[124]

Um zum Einen zu gelangen, muß man auf es selbst den Blick werfen.[125] Dieses Sehen des Einen muß als ein Sehen verstanden werden, das den landläufigen Begriff sprengt, da beim Sehen des Einen gerade die Diffe-renz ausgeschlossen sein muß. Der Sehende wird mit dem Gesehenen dergestalt eins, daß in dem Akt eigentlich nicht ›Gesehenes‹ oder ›Geschautes‹ gesehen wird, sondern Geeintes im Sinne der Selbsthingabe oder ἔκστασις.[126] Einung mit dem Einen geschieht durch Nicht-Geist[127], durch den νοῦς ἐρῶν[128]. Das Ziel ist, den Ursprung zu sehen[129], sich mit

---

[117] W. BEIERWALTES, 1991, 178; vgl. auch W. BEIERWALTES, 1980, 29; W. BEIERWAL-TES, 1991, 163 sowie R. ARNOU, 1972, 65-75 und M. ATKINSON, 1983, 158; dazu Plotin, Enn III 8,11,1-11; V 3,11,10; VI 7,15,16f.

[118] Eine in der Forschung äußerst umstrittene Stelle ist in diesem Zusammenhang Enn V 1,7,5f: ὅτι τῇ ἐπιστροφῇ πρὸς αὐτὸ ἑώρα· ἡ δὲ ὅρασις αὕτη νοῦς. Auf das vielschich-tige Problem einer Deutung kann hier jedoch nicht eingegangen werden.

[119] Vgl. Plotin, Enn III 8,9,2-10; W. BEIERWALTES, 1980, 25-28 (für den Begriff der An-dersheit); W. BEIERWALTES, 1981, 17 (für den Begriff der Nicht-Reflexivität).

[120] Vgl. Plotin, Enn III 8,10,30f; zum Problem vgl. z.B. W. BEIERWALTES, 1991, 146.

[121] Vgl. Plotin, Enn V 2,1,1; VI 9,5,24.

[122] Vgl. Plotin, Enn III 8,10,28; V 3,12,52; vgl. W. BEIERWALTES, 1987, 456f.

[123] Vgl. W. BEIERWALTES, 1987, 457 und W. BEIERWALTES, 1991, 161; vgl. ferner W. BEIERWALTES, 1980, 25 (das Eine ist überall und nirgends).

[124] Vgl. Plotin, Enn VI 7,41,27; G. SIEGMANN, 1990, 169f.174; W. BEIERWALTES, 1991, 146.

[125] Vgl. Plotin, Enn III 8,10,32-35.

[126] Vgl. Plotin, Enn VI 9,11,6.22f; VI 7,35,30; dazu W. BEIERWALTES, 1972b, 715; W. BEIERWALTES, 1988, 35 und W. BEIERWALTES, 1991, 124.

[127] Vgl. Plotin, Enn V 5,8,23; VI 7,35,29f.

[128] Vgl. Plotin, Enn VI 3,18,11-15; VI 7,35,19-25.

[129] Vgl. Plotin, Enn VI 9,11,32.

ihm nicht-denkend zu einen, nämlich als ungegenständliches, nicht-objektivierendes Sehen im Sinne eines Überstiegs in den eigenen Grund.[130] Wenn das Sehen, das vor allem ein Grundakt des Geistes ist, als die zeitfrei sich vollziehende Identität von Denken und Sein verstanden wird[131], dann ist ein Sehen des Einen in *diesem* Sinne auf das Eine nicht anwendbar: weder für den Akt der Einung[132], da das Sehen des Geistes eigentlich nicht mehr Sehen ist, noch für das Eine selbst[133]; denn dessen Blick auf sich selbst intensiviert gerade das gewöhnliche, Differenz implizierende Sehen, da *dieses* Sehen das Moment der Andersheit *in* sich selbst ausschließt.[134]

Im Vergleich zu Plotin vertritt auch Gregor von Nyssa, wie schon im Anschluß an Platon gezeigt, eine Wendung der Seele nach innen, um sich so Gott annähern zu können. Gegenüber Platon betont Plotin für den Begriff der Betrachtung oder des Sehens, daß Gott im eigentlichen Sinne nicht gesehen werden könne. Insofern decken sich also die Anschauungen von Plotin und Gregor *strukturell*. Der wesentliche Unterschied besteht jedoch darin, daß für Gregor aufgrund seiner Theoria-Konzeption[135] gerade eine Einung im Sinne Plotins unmöglich erscheint.[136] Zudem unterscheidet sich Gregor von Plotin darin, daß letzterer das Sein als wesentliches Moment des Geistes denkt, das deshalb auch dem Einen abgesprochen werden muß, während Gregor von Nyssa Gott als den wahrhaft Seienden (u.a. in der Auslegungstradition von Ex 3,14[137]) beschreibt.[138] Darin zeigt sich eher eine Nähe zu Porphyrius (›*Parmenideskommentar*‹)[139], der aber hin-

---

[130] Vgl. W. BEIERWALTES, 1981a, 18f.
[131] Vgl. Plotin, Enn V 8,4; V 5,7,14-21; dazu W. BEIERWALTES, 1985, 57-64; W. BEIER-WALTES, 1988, 42.
[132] Vgl. Plotin, Enn III 8,11,33.
[133] Vgl. W. BEIERWALTES, 1988, 42; vgl. z.B. Plotin, Enn III 8,11,22-25.
[134] Vgl. Plotin, Enn VI 8,16,19-21: οἷον πρὸς αὐτὸν βλέπει καὶ τὸ οἷον εἶναι τοῦτο αὐτῷ τὸ πρὸς αὐτὸν βλέπειν; vgl. K. KREMER, 1987, 1013; zur Sache vgl. auch W. BEIERWALTES, 1985, 45.52f; F.M. SCHROEDER, 1987, 667-699.
[135] Vgl. Teil II, 2. Abschnitt, 1.1 a.
[136] Die Kennzeichnung des plotinischen Ansatzes als ›automatischen‹ Prozeß, wie dies M.-B.V. STRITZKY für eine Unterscheidung zwischen Plotin und Gregor vorschlägt (vgl. M.-B.V. STRITZKY, 1973, 86), scheint Plotin nicht gerecht zu werden.
[137] Vgl. W. BEIERWALTES, 1972, 15.
[138] Vgl. Gregor, VM II 23, p. 40,8.
[139] Vgl. Porphyrius, In Parm IV 8f, p. 74; XII 23-35, p. 104; vgl. W. BEIERWALTES, 1972, 24f. und P. HADOT, 1977, 228-230.

sichtlich der Frage der θεωρία die wesentlichen Momente von Plotin bei-
behält.[140]

Somit ergibt sich, daß Gregor von Nyssa zwar aus der platonischen Tradition wesentliche Elemente für seinen Begriff der θεωρία aufgreift, daß
er sich aber vor allem in der Frage der Betrachtung *Gottes* von dieser Tradition absetzt, weil für ihn ein identifizierendes Sehen Gottes (etwa im
Sinne einer plotinischen Einung) unmöglich ist.[141] Zugleich ist zu betonen,
daß bei Gregor trotz mancher Ähnlichkeiten vor allem zur platonischen
Tradition eine Selbsterkenntnis im eigentlichen Sinne abgelehnt wird.[142]
Der Mensch vermag seine eigene οὐσία nicht zu erkennen: Selbsterkenntnis gibt es für Gregor, wie die Überlegungen zum Proömium von
VM gezeigt haben, nur als Wissen des richtigen und falschen Lebens oder
als Erkenntnis des Menschlichen.[143] In diesem Fall greift Gregor nicht auf
die philosophische Tradition zurück.[144] Der Grund besteht für Gregor
darin, daß die Seele, gerade weil sie mit Gott nur ähnlich ist, diesen nicht
in seiner οὐσία erkennen kann. Dies hat zur Konsequenz, daß die Seele
auch ihre eigene οὐσία nicht zu erfassen vermag.[145]

---

[140] Vgl. Porphyrius, Sent 32, p. 22,14-23,3; p. 24,4f; p. 25,8f; p. 28,1-5; Sent 43, p. 54,12-
56,15. Zur Interpretation des delphischen Spruches »Erkenne dich selbst« bei Porphyrius
vgl. dessen Frg. 272-275, p. 308-313. Ferner Porphyrius, Abst I 29, p. 63f.
Zur Frage auch H. DÖRRIE, 1959, 67 und A. SMITH, 1974, 7.24f.75f.

[141] Die Frage nach der Unmöglichkeit einer Einswerdung mit Gott aufgrund des Gottesbegriffes wird unten gesondert behandelt (Teil III, 1.2 b; 2.1 b; 2.2 a).

[142] Vgl. Gregor, Eccl 7, p. 415,17-416,5.

[143] Vgl. Gregor von Nyssa, Eun III.II 6, p. 53,27f.

[144] Vgl. z.B. Porphyrius, Abst I 29, p. 63f.

[145] Vgl. An et res p. 40A-44A; dazu H.M. MEISSNER, 1991, 239-246.

2. ZUR KLÄRUNG DES BEGRIFFES »MYSTIK« BEI GREGOR

Bei der Untersuchung des philosophischen Kontextes von θεωρία hat sich
gezeigt, daß dort — trotz verschiedener Ansätze — ein Weg beschrieben
wird, der zum eigenen Selbst, d.h. zu dessen Grund, führt und z.B. bei Plotin im Sinne einer Lebensform auch für das gesamte Handeln maßgebend
geworden ist: πάντα θεωρίας ἐφίεσθαι καὶ εἰς τέλος τοῦτο βλέπειν.[1]
Vor allem die platonische Konzeption der θεωρία ist — so A.M. Haas —
hinsichtlich des Begriffes der Mystik für die Alexandriner und dort vor allem für Origenes, aber auch für Gregor von Nyssa wie für das Mittelalter
bestimmend geworden.[2] Zwar zeigten sich für Gregor von Nyssa in der
bisherigen Untersuchung gewisse Ähnlichkeiten zur platonischen Tradition; für die Frage der Betrachtung Gottes bzw. des Einen ließen sich aber
deutliche Unterschiede feststellen. Da aber beispielsweise für Plotin zu
Recht der Begriff einer philosophischen Mystik in Anspruch genommen
werden kann[3], stellt sich die Frage, ob sich Gregor von Nyssa davon
unterscheidet und ob für ihn eine Umschreibung seiner Theologie und
Philosophie als mystische, philosophische Theologie angemessen und
hilfreich ist. Da in der bisherigen Forschung die Texte zu Gregor von
Nyssa für diese Frage weitgehend zusammengestellt sind, sollen sie an dieser Stelle nicht wiederholt werden.

Wie sehr der Begriff einer *theologia mystica* in die Interpretationen der
Schriften Gregors von Nyssa Eingang gefunden hat, zeigt die Tatsache,
daß man Gregor zumindest seit dem 7. Jhd. in diesem Lichte betrachtet.[4]
Dies läßt sich auch in der Mystik-Forschung zu Gregor nachweisen, in der
man Gregors eigene mystische Erfahrung betont[5]; läßt sich aber gerade
die Frage der Gotteserkenntnis, wie sie sich für den Begriff θεωρία gezeigt
hat, als Hinweis auf ein inneres oder äußeres Erleben Gregors deuten?
Gibt es dafür in den Texten einen Anhalt?[6]

---

[1] Plotin, Enn. III 8,1,2-3.

[2] Vgl. A.M. HAAS, 1986, 325.

[3] Vgl. W. BEIERWALTES, 1985, 123.127-147; W. BEIERWALTES, 1987a, 39-49.

[4] Vgl. z.B. Georgius Pisides, C. Sev 378-381 p. 1649A; dazu H. DÖRRIE, 1983, 877.

[5] Vgl. A. LIESKE, 1939, 494; J. DANIÉLOU, 1944, 6; A. LIESKE, 1948, 54.65; W.
VÖLKER, 1955, 185; H. RAHNER, 1964, 49.

[6] Zum Problem vgl. E. MÜHLENBERG, 1966, 149; CH. KANNENGIESSER, 1967, 64f;
C.W. MACLEOD, 1971, 363; M.-B.V. STRITZKY, 1973, 104.110; M. FIGURA, 1987, 28.
Zum Gesamten vgl. F. DÜNZL, 1993, 329; problematisch scheint aber bei der Interpretation
von F. DÜNZL zu sein, daß er diesen Fragenkomplex durch den Begriff >formal< von einer
inhaltlichen Bestimmung abgrenzt (vgl. F. DÜNZL, 1993, 329), da gerade der Erfahrungsbegriff wesentlich zur Mystik gehört (vgl. z.B. W. BEIERWALTES, 1985, 123; A.M. HAAS,
1979, 136-167 [allerdings für die Deutsche Mystik]).

Darüber hinaus versucht man in der Forschung – speziell auch für VM –
zu zeigen, daß hier ein mystischer Aufstieg zu Gott beschrieben wird[7]; dies
faßt man auch durch die Begriffe ›intuitives Wissen von Gott‹[8], ›Einheit
mit Gott‹[9] oder ›Prototyp jeder Mystik‹[10]. Vor allem die Deutung der
Theologie Gregors, die für ein monastisches Leben maßgebend sein soll[11],
als Aufstieg in drei Stufen bis zur Einheit mit Gott, wie dies besonders J.
Daniélou vertritt[12], hat auf die spätere Forschung nachhaltig gewirkt[13],
nicht zuletzt durch die Deutung des Begriffes ›Ekstase‹.[14] Zu fragen ist
also, ob bei Gregor wirklich eine Einung mit Gott beschrieben oder intendiert wird.

Außerdem wird in der neueren Forschung zu Gregor von Nyssa
hervorgehoben, daß sich dessen Konzeption einer *theologia mystica* wesentlich von platonischen Entwürfen unterscheide; so stellt z.B. Dörrie
fest: »Als Mystiker hält G. [sc. Gregor] weiten Abstand von dem, was im
zeitgenössischen Platonismus, bes. in der Nachfolge des Jamblichos, als
legitim galt. Weder besteht irgend eine Verbindung zu den theurgischen
Praktiken, die Porphyrios mit Bedenken für erlaubt, u. die Jamblichos für
geboten erachtete, noch schloß sich G. der von Ammonios u. Plotin aufgestellten Theorie der Einung im Einen an«[15]. Mit dieser Aussage sind
einige Fragen aufgeworfen[16], zumal auch bei Gregor die Begriffe
›Einheit‹ und ›Einung‹ zu finden sind[17]: 1) Wenn sich die Mystik
Gregors von der philosophischen Konzeption einer Einung mit dem Einen
unterscheiden soll, muß erklärt werden können, worin die wesentliche Differenz beider Entwürfe besteht. Was ist unter einer christlichen Mystik zu
verstehen? 2) Bedeutet die Übernahme neuplatonischer Philosopheme
den Verlust einer genuin christlichen Sicht? Diese Problematik ergab sich
in der Forschung hauptsächlich aus der Frage nach der Hellenisierung des

---

[7] Vgl. A. LIESKE, 1939, 487; W. VÖLKER, 1955, 202 (zu F. DIEKAMP und K. HOLL)
und 214; zum Problem dieses Ansatzes vgl. H. LANGERBECK, 1957, 89.
[8] Vgl. H. KOCH, 1898, 406-410.
[9] Vgl. J.T. MUCKLE, 1945, 79-81; H.C. GRAEF, 1954, 6.
[10] Vgl. A.A. WEISWURM, 1952, 200.
[11] Vgl. J. DANIÉLOU, 1961, 9f. So auch I. ESCRIBANO-ALBERCA, 1968, 291 für den Begriff θεωρία.
[12] Vgl. J. DANIÉLOU, 1944, 10.20.
[13] Vgl. zu dieser Frage R.E. HEINE, 1975, 4.
[14] Zum Forschungsstand in dieser Frage vgl. F. DÜNZL, 1993, 346.
[15] H. DÖRRIE, 1983, 880.
[16] Für die Notwendigkeit einer Begriffsklärung plädiert auch W. BEIERWALTES (vgl.
W. BEIERWALTES, 1986, 119).
[17] Vgl. F. DÜNZL, 1993, 340.

Christentums.[18] 3) Wie wurden diese allgemeinen Überlegungen zur
Frage der Hellenisierung in die Konzeption der Mystik bei Gregor von
Nyssa übernommen oder modifiziert? 4) Worin liegt bei Gregor der wesentliche Ansatz zum Verständnis von Mystik, wenn bei ihm überhaupt
von Mystik gesprochen werden kann?

a) Konvergenz und Divergenz christlicher und nichtchristlicher Mystik

Bestimmt man Mystik in einem ersten Zugang als eine religiöse
Erfahrungsebene, »in der sich eine stringente Einheit zwischen Subjekt
und Objekt dieser Erfahrung [...] abzeichnet«[19], eine Erfahrung, die nach
H.U.v. Balthasar nicht nur notionell, sondern existentiell zu verstehen
ist[20], dann stellt sich auch die Frage nach der Eigenart einer christlichen
Mystik. Nach v. Balthasar ist nicht jedes religiöse Suchen eine Hybris,
sondern in der Menschwerdung mitgegeben, weil die Offenbarung Gottes
der Menschheit koextensiv sei.[21] Mit der Übertragung der christlichen, im
engeren Sinne biblischen Botschaft in die hellenistische Sprachwelt habe
sich das Christentum in ein bereitliegendes Begriffsnetz hellenistischer
Mystik eingeschmiegt, um in einem fremden Kleid seine eigenste
Erlebnisform auszudrücken und sein Anliegen geltend zu machen. Durch
diese höchst verwirrende Diastase zwischen Inhalt und Form sei die gesamte abendländische Mystik geprägt worden; diese Diastase sei auch für
die Kappadokier bestimmend gewesen.[22] Damit legt v. Balthasar ein Modell für die Deutung unterschiedlicher Ausprägungen der Mystik zugrunde, das von einem *unwandelbaren* Kern christlicher Botschaft ausgeht,
die in einem zweiten Schritt sprachlich mitgeteilt wird. In dieser Form
wiederholt v. Balthasar die Rede von einem christlichen Platonismus[23], die
behauptet, daß die Väter — anders als die Häretiker — sich lediglich der

---

[18]   Dazu C.-F. GEYER, 1990; TH. BÖHM, 1991, bes. 16-23.259-308; M. LUTZ-BACH-
MANN, 1992, 77-98; ausführlich dazu Teil I, 2.
[19]   A.M. HAAS, 1986, 319f; vgl. auch TH. OHM, 1986, 732; zum Erfahrungsbegriff besonders A.M. HAAS, 1979, 136-167; A.M. HAAS, 1994, 31-33 (mit den Paradigmen der Per-
ennialisten und Konstruktivisten; zur Einordnung im Hinblick auf die Yale-Critics / De-
konstruktivisten vgl. R. WENZEL, 1988, 10-53).
[20]   Vgl. H.U.V. BALTHASAR, 1974, 44.
[21]   Vgl. H.U.V. BALTHASAR, 1974, 45f (mit *dessen* Begrifflichkeit).
[22]   Vgl. H.U.V. BALTHASAR, 1974, 49; ähnlich auch A.M. HAAS, 1986, 325; R. FLA-
SCHE, 1992, 11.
[23]   Hilfreich scheint hier auch der Ansatz von H.M. MEISSNER zu sein, die Begriffe
>christlich< und >platonisch< im Kontext der jeweiligen Zeit zu untersuchen, um Über-
frachtungen aus späteren Deutungen zu eliminieren (vgl. H.M. MEISSNER, 1991, 7-14); vgl.
dazu auch A. SCHMITT, 1988, 187-210; A. SCHMITT, 1989, 54-84; A.H. ARMSTRONG 1980,
74-99; J.M. DILLON, 1983, 60-75.

platonischen Sprache bedient, »an sich jedoch eine Theologie entwickelt
[hätten], die zutreffend als christlicher Gegen-Platonismus bezeichnet
werden müsse«.[24] Eine solche These wäre jedoch nur dann einigermaßen
überzeugend, wenn man die Möglichkeit einer neutralen Übernahme bestimmter Sprachformen voraussetzte.[25] Ein Rezeptionsvorgang ist aber
nicht rein *formal* begreifbar, als ob die in der je spezifischen Theologie
verdeckten Philosopheme lediglich die Begrifflichkeit lieferten, die wiederum von den damit verbundenen Konzeptionen völlig isoliert vermittelt
worden wären. Der Theologie im Modus des Denkens kommt nicht etwa
eine sekundäre Reflexionsfunktion zu, sondern eine originäre Konzeptionsfunktion für den Glauben.[26] Dies gilt auch dann, wenn Philosopheme
theologisch vermittelt sein sollten. Das dem eigenen Denken zunächst
Fremde gestaltet das Eigene mit, ohne daß der Aufnehmende sich dessen
bewußt sein müßte, wie auch das Eigene das Fremde zu einem neuen Gedanken synthetisierend fortbestimmt.[27]

Wenn also die Unterscheidung von äußerlich bleibender Form
(hellenistisches Gedankengut) und christlichem Inhalt (als Erlebnisform)[28] unzureichend ist, um die Eigenart christlicher Mystik zu umschreiben und zudem eine vollkommene Entflechtung von »gottsuchender
nichtchristlicher und von gottgeschenkter christlicher Mystik«[29] nicht ge-
lingen kann, dann ist die Besonderheit christlicher Mystik eher vom Gottesbegriff oder der angezielten ›Schau‹ her zu entwickeln.[30] In diesem
Zusammenhang kann der Begriff ›Mystik‹ in der Tat deskriptiv gefaßt

---

[24] H. DÖRRIE, 1971, 300f [meine Hinzufügung]; dagegen C.-F. GEYER, 1990, 137 und
ähnlich auch E.P. MEIJERING, 1974, 15f.

[25] Vgl. C.-F. GEYER, 1990, 137.

[26] Vgl. A.J. BUCHER, 1989, 64-66.

[27] Vgl. W. BEIERWALTES, 1983, 65f; W. BEIERWALTES, 1994, 32-38.
Ausführlich dazu Teil I, 3.

[28] Vgl. H.U.v. BALTHASAR, 1974, 49.

[29] H.U.v. BALTHASAR, 1974, 66. Hier wiederholt sich auf einer anderen Ebene noch
einmal die oben aufgezeigte Diastase von Form und Inhalt mit einer ähnlichen Problematik.

[30] Es ist zudem hervorzuheben, daß die verschiedenen Typisierungen von Mystik zwar
heuristisch durchaus ihren Wert haben; sie suggerieren jedoch die Möglichkeit einer präzi-
sen Unterscheidung (vgl. W. BEIERWALTES, 1985, 126f mit Anm. 2 und 4 [weitere Lit.]).
Zur philosophischen Mystik vgl. z.B. K. RUH, 1990, 42-71. Dieser gebraucht die Mystik im
Sinne der *Mystica theologia* des Pseudo-Dionysius Areopagita und sieht sich durch die
mittelalterlichen Kommentatoren zur *Mystica theologia* bestätigt (vgl. K. RUH, 1993, 127-
145).
Wichtig ist dabei der Hinweis von A.M. HAAS auf die Kontextualität, um die methodisch
unzulängliche Frage nach einer Mystik *an sich* zu vermeiden (vgl. A.M. HAAS, 1986, 321f;
vgl. auch die Hinweise zur Aufstiegs- und Abstiegsmystik, spekulativen und affektiven
Mystik: A.M. HAAS, 1986, 333).

werden[31], ohne die Mystik als völlig irrationales Geschehen[32] oder als Spielart manipulativer Religiosität abtun zu müssen.[33]

Als wesentliche Momente christlicher Mystik stellt beispielsweise A.M. Haas einerseits das undurchschaubare Mysterium Gottes heraus, andererseits Kreuz, Auferstehung und Geistspendung als personale Erfahrung. Ferner betont er den Zusammenhang zur kirchlichen Sendung und schließlich die Einheit zwischen Gott und Mensch, das *uniri cum Deo*, im denkenden Vollzug und in den gleichzeitig autonom menschlichen Vollzügen.[34] Wesentlich und maßgebend ist also neben der Erfahrung vor allem der Gedanke der Einung mit Gott.[35]

Die *Unterschiede* z.B. zwischen christlicher und neuplatonischer Mystik ergeben sich aufgrund dieser Überlegungen von der Struktur des vorausgesetzten Gottesbegriffes oder der Konzeption des Einen her und nicht prima facie aus dem suchenden Streben des Menschen[36], das aus einer wie auch immer verstandenen religiösen Innerlichkeit heraus gedeutet wird.[37] Diese hier skizzierte Einordnung der Mystik innerhalb der Theologie spiegelt sich in ähnlicher Weise in der Gregor von Nyssa-Forschung wider.

---

[31] Vgl. W. BEIERWALTES, 1985, 124; vgl. auch R. FLASCHE, 1992, 17.

[32] Vgl. z.B. E. UNDERHILL, 1928, 23.

[33] Vgl. z.B. R. FLASCHE, 1992, 11 und 17.

[34] Vgl. A.M. HAAS, 1986, 334.

[35] Vgl. A.M. HAAS, 1986, 333f; A.M. HAAS, 1994, 33f.

[36] Vgl. A.M. HAAS, 1994, 35.52f (zur christlichen und neuplatonischen Sicht).

[37] Vgl. dazu die knappen Anmerkungen von K. RAHNER, 1986, 744.
Mißverständnisse in dieser Hinsicht ergeben sich auch aus einer Dissoziierung von Theorie und Praxis, die nicht mehr als eine Einheit gesehen werden wie noch etwa bei Platon, Plotin oder Proklos (vgl. A.M. HAAS, 1986, 330; dazu auch P. HADOT, 1991, für Plotin z.B. 36f; zur Sache auch M. SCHMIDT, 1987, 221).

b) Ansätze zum Verständnis der »Mystik« bei Gregor von Nyssa

Für die Einordnung Gregors von Nyssa ist es entscheidend, daß er die Begriffe μυστήριον, μυστικός, μυσταγωγεῖν und μυσταγωγία eng mit seiner exegetischen Arbeit verknüpft, wobei die Auslegung der Texte auf einen tieferen Sinn verweisen soll, der zunächst verborgen zu sein scheint.[1] Eine allegorische Schriftauslegung impliziert für Gregor aber gerade nicht das Anzeigen eines irrationalen oder widervernünftigen Bereichs, sondern vielmehr die Möglichkeit, mit Hilfe größtmöglicher rationaler und begrifflicher Schärfe über das Vordergründige hinaus zu verweisen.[2]

Inhaltlich nimmt der Begriff μυστήριον nicht nur auf Christus und die Kirche Bezug[3], sondern auch auf das Wesen Gottes und den göttlichen Heilsplan (z.B. die Auferstehung)[4]. Zudem intendiert das sog. mystische Vokabular gerade *nicht* irgendeinen Bereich religiöser Sondererfahrung, die einzelnen zuteil wird. Vielmehr wird mit dem Aufstieg der Seele etwa in VM eine Möglichkeit beschrieben, die für alle Glaubenden zugänglich ist.[5]

Wenn also die *Terminologie* im Umkreis des Begriffs ›Mysterium‹ eine mystische Deutung im zuvor skizzierten Sinne nicht notwendig eine

---

[1] Vgl. F. DÜNZL, 1993, 331f mit den entsprechenden Nachweisen aus der Hoheliedauslegung Gregors; die Zuweisung etwa von ἄδυτον oder θεογνωσία zu einem mystischen Vokabular durch J. DANIÉLOU (vgl. J. DANIÉLOU, 1944, 193-201) erscheint angesichts der äußerst reichen Begrifflichkeit bei Gregor willkürlich.

[2] Vgl. H.M. MEISSNER, 1991, 145-154; F. DÜNZL, 1993, 332.
Auf den Zusammenhang zur Interpretationsmethode wird gesondert einzugehen sein (Teil III, 5).

[3] So F. DÜNZL, 1993, 334.
Vgl. J. DANIÉLOU, 1944, 212-220; J.T. MUCKLE, 1945, 78f; W. VÖLKER, 1955, 219-224; CHR.N. BOUKIS, 1970, 105-135; W. LÖSER, 1976, 111-118; H. DÖRRIE, 1983, 877f; M. CANÉVET, 1984, 30-33; H.U.V. BALTHASAR, 1984, 21-25; M. FIGURA, 1987, 38.
Für die Verwiesenheit von Christus, Kirche und Sakramente vgl. R.M. HÜBNER, 1974, 27-66.95-231. Diese sind aber im Horizont des Gottesbegriffes zu erörtern (vgl. F.M. YOUNG, 1983, 119).
Dieser Zusammenhang läßt sich exemplarisch an den Ausführungen von M. CANÉVET zeigen, wenn sie pointiert – unter Verweis auf Cant 3, p. 96f und Eccl 8, p. 422f – darauf insistiert, daß Gregors Mystik vor allem kirchlich, sakramental und christozentrisch zu verstehen sei (vgl. M. CANÉVET, 1984, 32). Aber bereits im nächsten Satz schreibt sie: »So wie die Natur Gottes unendlich ist, zieht die Einigung der Seele mit Gott diese in einen unaufhörlich wachsenden Fortschritt hinein« (M. CANÉVET, 1984, 32). Damit setzt M. CANÉVET aber die Unendlichkeit Gottes als Kriterium der zuvor aufgestellten Aussagen; zudem ist kritisch anzumerken, daß Gregor sicher nicht — wie dies die Ausführungen von M. CANÉVET nahelegen — von einer Einigung (besser wohl: Einung oder Einswerdung!) der Seele mit Gott ausgeht, weil diese Einung den unendlichen Aufstieg zu einem Ende bringen würde. Zur Sache vgl. auch M. CANÉVET, 1972, 443-454.

[4] Vgl. H.M. MEISSNER, 1991, 149-152 (mit den entsprechenden Nachweisen).

[5] Vgl. F. DÜNZL, 1993, 336f.

>mystische< Deutung impliziert, ist allein der Weg über eine *inhaltliche*
Bestimmung möglich. Auffällig ist vor allem, daß Gregor — zumindest in
den Schriften, die für eine mystische Deutung hauptsächlich in Anschlag
gebracht werden (Cant, VM) — keine persönlichen Erfahrungen schildert.[6]
Auch der Weg, verschiedene Motivgruppen zu eruieren (z.B. göttliches
Dunkel, wacher Schlaf), die in späteren mystischen Texten — etwa von
Pseudo-Dionysius Areopagita[7] bis ins Mittelalter — Verwendung finden,
läßt keinen Rückschluß darauf zu, daß Gregors Texte *eo ipso* mystisch zu
interpretieren sind, wenn man als Minimalkonsens in der Mystikforschung
festhält, daß die Einung mit Gott eines der zentralen Themen ist.[8] Die
Untersuchung zum Begriff θεωρία hat ergeben, daß Gregor eine Betrachtung Gottes als Sonderstufe der Erkenntnis über Glaube und Gnosis hinaus ablehnt.[9] Von diesem Ansatz her ist also schwerlich eine mystische
Deutung der gregorischen Theologie abzuleiten, genauso wenig wie aus
der Möglichkeit einer indirekten Bezugnahme auf Gott durch die Schöpfung oder Kirche, die als kategoriale Vermittlungen auf den Ursprung
zurückverweisen sollen.[10]

Vor allem die Überlegungen von Mühlenberg zur Mystik Gregors führen einen Schritt weiter. Ihm zufolge ist für eine adäquate Darstellung der
Einheitlichkeit der Theologie Gregors von einem Verständnis von Mystik
auszugehen, das der Fragestellung im 4. Jhd. gerecht wird. Das heißt, es
müßte der Begriff der *unio mystica* näher geklärt werden, der in breiten
Teilen der Gregor-Forschung für eine Umschreibung dieser Art von
Mystik verwendet wird.[11] Das Problem besteht primär darin, ob mit dem

---

[6] Vgl. F. DÜNZL, 1993, 337. Er diskutiert auch Cant 5, p. 140,2-4. Dort wird aber nicht
eine mystische Erfahrung beschrieben, sondern die Wirkung des Textes auf den Exegeten
(so zu Recht F. DÜNZL, 1993, 337 Anm. 20 gegen A. LEVASTI, 1968, 56; vgl. ferner C.W.
MACLEOD, 1971, 363). Demgegenüber spricht z.B. E. FERGUSON von persönlichen Erfahrungen Gregors (vgl. E. FERGUSON, 1973, 71; ähnlich auch J. HOCHSTAFFL, 1976, 104).
Zum Problem vgl. auch M. HARL, 1977, z.B. 16-19.

[7] Vgl. dazu z.B. W. BEIERWALTES, 1985, 147-154; zur Frage der Transzendenz Gottes
und der sich daraus ergebenden Konsequenzen vgl. F. O'ROURKE, 1992, 67-69; ferner J.M.
RIST, 1977, z.B. 381f.

[8] Vgl. W. BEIERWALTES, 1987a, 39.

[9] Unscharf in dieser Hinsicht J. BAYER, 1935, 53.55.

[10] Vgl. F. DÜNZL, 1993, 338f.
Auch die Hinweise auf Texte, die ein Widerspiegeln des Göttlichen in der Seele thematisieren (vgl. H. MERKI, 1952, 153-158), helfen in dieser Richtung nicht weiter (vgl. F. DÜNZL,
1993, 339f mit breiten Belegen).

[11] Vgl. E. MÜHLENBERG, 1966, 147; R.E. HEINE, 1975, 109-114.
Neben den bereits oben erwähnten Arbeiten vgl. auch A. SCHNEIDER, 1918, 35 (plötzliche,
unmittelbare Schau des Unwandelbaren); H. LEWY, 1929, 132-135; M. VILLER / K. RAH-
NER, 1939, 133-145; H. GRAEF, 1959, 198-220; G. QUISPEL, 1969/70, 250-255; G.G. BLUM,
1992, 132 (wahrhafte Vereinigung mit Gott); C. ANDRESEN / A.M. RITTER, 1993, 83

Begriff *unio mystica* die damit verbundenen Konzeptionen, die ihre Wurzel und deren Deutung vor allem in der mittelalterlichen Theologie des Abendlandes haben, in die Interpretation der Lehre Gregors einfließen. Wenn Gregor von der zu Gott strebenden Seele, der Liebe zu Gott spricht, befindet er sich nicht notwendig auf derselben Ebene wie die mittelalterlichen Mystiker, da er hier vor allem vom platonischen Eros ausgeht.[12]

Zwar findet man bei Gregor von Nyssa auch die Begriffe ἕνωσις und ἑνότης.[13] Diese stehen aber gerade nicht in dem Kontext einer *unio* zwischen Gott und Mensch, sondern beschreiben entweder die Inkarnation (als Spezialfall und universelle Deutung des Verhältnisses von Gott und Mensch), die physische Erlösung, oder sie werden auf die Kirche oder die Eschatologie als universalen Prozeß angewandt.[14] Auch in diesem Zusammenhang wäre eine Klassifizierung als >mystisch< eher irreführend und wenig hilfreich.

Entsprechend späteren kirchenamtlichen Dokumenten[15] spricht man davon, daß es eine unmittelbare Intuition gebe, die jede begreifende Erkenntnis ausschließe. So folgerte z.B. F. Diekamp aus der Tatsache, daß er bei Gregor die unmittelbare Wesen*anschauung* nicht verworfen gefunden habe, also aus einem *argumentum e silentio*, daß Gregor sie auch tatsächlich nicht abgelehnt habe.[16] Die vollkommene Wesen*erkenntnis* in dem unendlichen Aufstieg der Seele zu Gott habe Gregor ablehnen können, weil er die *mystische* Gotteserkenntnis kenne — so v. Ivánka.[17] Diese Ansätze einer strikten Unterscheidung von >komprehensiver< und >mystischer< Gotteserkenntnis führten zu einer Diskussion zwischen Daniélou und Völker, in der es primär um eine psychologische Deutung ging.[18] Völker hat zu Recht darauf verwiesen, daß ein Traditionszusam-

---

(mystische Vereinigung der Seele mit Gott); G.S. BEBIS, 1967, 388; J.-A. RÖDER, 1993, 149 (mystische Einkehr). Die Liste ließe sich beträchtlich erweitern.

[12] Vgl. E. MÜHLENBERG, 1966, 147; weiterführend A. NYGREN, 1937, 232-244. Zur platonischen Konzeption vgl. W. BEIERWALTES, 1980b, 10-18.

[13] Vgl. die Nachweise bei F. DÜNZL, 1993, 340.

[14] Vgl. F. DÜNZL, 1993, 341-344. Anders J. BAYER, 1935, 55.

[15] Vgl. z.B. Konzil von Florenz (DS 1304-1306), Leo XIII. (DS 3238-3240).

[16] Vgl. F. DIEKAMP, 1896, 101-113; ausgewogener J. BAYER, 1935, 50.58.

[17] Vgl. E.V. IVÁNKA, 1936, 185. v. IVÁNKA erblickt in der Vertiefung des Gedankens von der Erkenntnis Gottes in der Seele ein wesentliches Moment zur Bildung einer Theorie der Mystik und kann mit diesem Ansatz eine Trennung von Platonismus und christlicher Mystik durchführen (vgl. dazu I. ESCRIBANO-ALBERCA, 1968, 286f); damit ist jedoch das oben diskutierte Problem einer Vermittlung platonischer Denkformen im christlichen Bereich (Hellenisierung) lediglich umgangen und stellt sich auf einer höheren Ebene erneut.

[18] Vgl. I. ESCRIBANO-ALBERCA, 1968, 287; ferner H. CROUZEL, 1957, 189-202.

menhang von Gregor von Nyssa über Pseudo-Dionysius Areopagita zur
mittelalterlichen Mystik im Abendland besteht.[19] Folgt daraus aber, daß
für Gregor der Erlebnischarakter in der Mystik das Wesentliche ist – und
dies geradezu in einer Absetzung von einer philosophisch-rationalen
Gottesbetrachtung?[20] Zwar betont Völker zu Recht, daß Gregor von
Nyssa in seinem Hoheliedkommentar gerade *diese* Fragen lösen möchte[21],
spricht dann aber wieder von ekstatischen *Erlebnissen*.[22] Der Aspekt der
γνῶσις τοῦ θεοῦ, der Erkenntnis Gottes, jedenfalls wird gegenüber
Origenes geradezu intellektualistisch verstanden[23], so daß Gregor in dieser Hinsicht sicher nicht von einer psychologischen Erlebnisform her zu
deuten ist.[24]

Richtig scheint der Weg zu sein, den Mühlenberg einschlägt, indem er
den Aufstieg der Seele zu Gott näher beschreibt, sich aber zunächst
nochmals gegenüber Völker und Leys auf der einen Seite und Daniélou
auf der anderen Seite abgrenzt.[25] Es helfe wenig, diesen Aufstieg lediglich
mit dem Schlagwort ›dynamisch‹ zu belegen oder - wie im Falle von
Daniélou - ein aristotelisches Potenz-Akt-Schema zu unterlegen, wonach
Gott *en acte* unendlich sei, die Seele aber nur *en devenir*.[26] Denn die Seele
kann nach Gregor nie unendlich werden und sie besitzt auch nicht die

---

[19] Vgl. W. VÖLKER, 1955, 200f und 215.

[20] Vgl. J. DANIÉLOU, 1944, z.B. 309-326; vgl. auch L. BEIRNAERT, 1950, 61f. Gegen
einen Dreischritt (etwa in VM und Cant) bis hin zu einer mystischen Einigung bei J. DA-
NIÉLOU wehrt sich R.E. HEINE zu Recht (vgl. R.E. HEINE, 1975, 107f).

[21] Vgl. W. VÖLKER, 1955, 208f.

[22] Vgl. W. VÖLKER, 1955, 202.212; so z.B. auch H. CROUZEL, 1957, 194; zu dieser
Kontroverse vgl. auch H. LANGERBECK, 1957, 83.89f; E. MÜHLENBERG, 1966, 148f.

[23] Vgl. Cant 5, p. 138,12f.

[24] Nach E. MÜHLENBERG gilt dies in gleicher Weise für die von Gregor verwendete
Mysteriensprache, die seit Platon durchweg in einer *rein philosophischen* Metaphorik benutzt werde und nicht innere oder äußere Erlebnisse beschreibe (vgl. E. MÜHLENBERG,
1966, 149). Zum einen ist aber darauf aufmerksam zu machen, daß Gregor z.B. mit einer
Sprache, die gnostisch potenzierten Gehalt aufweist, wesentlich sorgloser umgehen konnte
als etwa Philon (vgl. I. ESCRIBANO-ALBERCA, 1968, 292f); andererseits muß damit gerechnet werden, daß bestimmte Begriffe der Mysteriensprache – auch im Bereich der philosophischen Tradition – nicht rein philosophisch verstanden oder tradiert worden sind (vgl. W.
BEIERWALTES, 1991, 226 im Blick auf die Prädikation ἄρρητον für das Eine; vgl. auch W.
BURKERT, 1990, 16.58), vor allem im christlichen Bereich (z.B. für Clemens von Alexandrien: vgl. CHR. RIEDWEG, 1987, 117-158; CHR. RIEDWEG, 1992, 127-133).
An dieser Stelle ist auch folgendes anzumerken: wenn man Gregor aus seiner eigenen Gedankenwelt heraus versteht, ist eine mystische Deutung seiner Theologie kaum vorzunehmen. Anders verhält es sich jedoch, wenn man Gregor im Lichte späterer Interpretationen
und der Rezeption seiner Theologie betrachtet.

[25] Vgl. E. MÜHLENBERG, 1966, 150.

[26] Vgl. J. DANIÉLOU, 1944, 299-302.

Möglichkeit dazu.[27] Einleuchtender ist der Hinweis von Jaeger, die Begründung für den Aufstieg der Seele im Wesen des Strebevermögens oder dem ἔρως zu suchen.[28] Die Begierde (ἐπιθυμία) dringt nämlich auf die unmittelbare Schau; würde sie allerdings diese Unmittelbarkeit erreichen, würde sie sich selbst zerstören, weil sie befriedigt wäre.[29] Folglich ist für Gregor die Schönheit selbst (oder Gott) unerreichbar und der Aufstieg selbst ohne Ende.[30]

Damit unterscheidet sich Gregor von Nyssa z.B. deutlich von Plotin[31], der von einer Einung mit dem Einen als von einem Impuls spricht, der das Ganze der Wirklichkeit und das Leben des Menschen bestimmt.[32] Plotin soll nach Porphyrius eine Einung als zeitlos erscheinender Augenblick *in* der Zeit viermal gelungen sein.[33] Neben dem Begriff der Einung spielt somit auch die Erfahrung eine grundlegende Rolle bei Plotin. In der Umkehr, die als Rückgang der Seele in sich selbst begriffen wird, schließt sich das in ihr Viele (das Gedachte, Erlebte etc.) zu einer Einheit auf und hält es verstehend zusammen. Diese Seinsform ist begründet durch den Geist. Im Rückgang in sich selbst findet die Seele so das Einigere, den Geist, und kann selbst Geist werden.[34] Der innere Aufstieg in das Eine als den Grund von Geist und Seele muß die erste Andersheit, die der Geist ist, aufheben und sich dadurch dem Einen als dem Nicht-Anderen angleichen durch Entzeitlichung und Entdifferenzierung. Der das Eine Sehende geht ganz in diesem auf und wird dieses selbst. In dieser Einung gelangt der Eros im aktiven Selbstüberstieg des Denkens zu seinem Ziel und kommt zur Ruhe bzw. στάσις.[35] Dies wird von Plotin mit dem Begriff ἔκστασις benannt.[36]

---

[27] Vgl. Perf p. 213,15-214,6; vgl. J. BAYER, 1935, 61.

[28] Vgl. W. JAEGER, 1954, 76 Anm. 2; ferner W. JAEGER, 1960, 266-286.

[29] Vgl. Gregor, An et res p. 88C-108A.

[30] Vgl. Gregor, VM II 231, p. 114,5-13. Vgl. H.U.v. BALTHASAR, 1942, 67-80; zur Bedeutung der Bibel in diesem Zusammenhang M. CANÉVET, 1983, 249-265.
Zur spiegelbildlichen Erkenntnis als Ansatz der Mystik vgl. M. ESPER, 1990, 96.

[31] F. DIEKAMP wollte diesen Unterschied vor allem daran festmachen, daß Plotin einen Pantheismus lehre und das Selbstbewußtsein bei der Ekstase leugne (vgl. F. DIEKAMP, 1896, 96f). In dieser Form läßt sich sicher keine Unterscheidung von Gregor und Plotin durchführen, da F. DIEKAMP dem Ansatz Plotins nicht gerecht wird— zumal er für Plotin eine direkte Abhängigkeit von Philon postuliert (vgl. F. DIEKAMP, 1896, 96).
Für Plotin läßt sich zumindest zeigen, daß er nicht an eine »Vernichtung« des individuellen oder personalen Selbst denkt (vgl. W. BEIERWALTES, 1985, 143f). Folglich sind auch die pauschalisierenden Vorurteile eines Pantheismus im Hinblick auf die philosophische Mystik Plotins zurückzuweisen.

[32] Vgl. W. BEIERWALTES, 1987a, 40; W. BEIERWALTES, 1993, 197.

[33] Vgl. Porphyrius, Vita Plotini 23,12-21.

[34] Vgl. Plotin, Enn VI 7,35,4f; dazu W. BEIERWALTES, 1987a, 43f.

[35] Vgl. W. BEIERWALTES, 1987a, 46f.

[36] Plotin, Enn VI 9,11,23-25.

Einung mit dem Einen ist aber gerade aufgrund der Unendlichkeit und Unbegrenztheit des Einen[37] nicht als in sich fixierter Zustand oder Abschluß einer Bewegung verstehbar, sondern eine Erfahrung, die immer wieder erstrebt wird, auch und gerade wenn die Einung mit dem Einen als nichtsehendes Sehen gelungen ist.[38]

Die Untersuchung zu Plotin hat gezeigt, daß vor allem der Begriff ἔκστασις eine grundlegende Rolle spielt, um eine *unio mystica* zu umschreiben. Da sich für Gregor bis jetzt ergeben hat, daß er eine Einung mit Gott gerade nicht zuläßt, wäre noch mit der Möglichkeit zu rechnen, daß auch bei ihm die ἔκστασις die Einung beschreibt.[39] Dünzl konnte aber überzeugend nachweisen, daß die entsprechenden Passagen aus dem Hoheliedkommentar eher mit den Begriffen Aufstieg, Fortschritt oder ἐπέκτασις parallelisiert werden können als mit dem Begriff der Einung.[40] So bliebe als Lösung lediglich, bei Gregor von einer Mystik zu sprechen, die mit keiner anderen vergleichbar ist[41], was aber zu einer Klärung der Frage wenig beiträgt. In der Tat scheint vielmehr der Gottesbegriff Gregors der maßgebende Grund dafür zu sein, daß eine Schau (θεωρία) Gottes *im Sinne einer Einung* mit ihm nicht möglich ist.[42]

---

[37] Zum Problem der Unendlichkeit des Einen bei Plotin vgl. Teil II, 2. Abschnitt, 3.3.

[38] Vgl. W. BEIERWALTES, 1972b, 714; W. BEIERWALTES, 1987a, 47 sowie die Überlegungen zur θεωρία im philosophischen Kontext; ferner W. BEIERWALTES, 1985, 123-154 für die unterschiedlichen Nuancen und die Wirkung von Plotins Mystik; CL. ZINTZEN, 1977, 395-408. Ferner J.P. KENNEY, 1991, 128-149.
Dies kann als Vollendung durch eigene Leistung *und* Entgegenkommen des Einen durch dessen Gutheit und Lichthaftigkeit gedeutet werden (vgl. W. BEIERWALTES, 1987a, 48); zur Einstrahlung des Lichtes im theologischen und philosophischen Kontext bei Pseudo-Dionysius und Augustinus vgl. W. BEIERWALTES, 1976, 582f.

[39] In der Tat wurde in der Forschung dieser Versuch auf breiter Basis unternommen: vgl. F. DIEKAMP, 1896, 90f; H. KOCH, 1898, 419; J. BAYER, 1935, 57; A. LIESKE, 1948, 70; J. DANIÉLOU, 1953, 1876, A.A. WEISWURM, 1952, 202; W. VÖLKER, 1955, 214; B. MCGINN, 1994, 209.

[40] Vgl. F. DÜNZL, 1993, 347-349; ferner E. MÜHLENBERG, 1966, 157; I. ESCRIBANO-ALBERCA, 1968, 293; M.-B.V. STRITZKY, 1973, 98.100; C.W. MACLEOD, 1971, 365; M. FIGURA, 1987, 37.

[41] So H. DÖRRIE, 1983, 879; M. FIGURA, 1987, 27.

[42] Vgl. F.M. YOUNG, 1983, 118f. YOUNG sieht enge Verbindungen zwischen Gregor und Plotin, auch hinsichtlich der Unendlichkeit Gottes bzw. des Einen. Trotzdem bestehen Differenzen vor allem für den Begriff der Einung. Deshalb erscheint es problematisch, wenn YOUNG schreibt: »and if Plotinus can be described as a mystic, Gregory can too« (F.M. YOUNG, 1983, 118). Zum Problem C.W. MACLEOD, 1971, 363f.
Davon zu unterscheiden ist bei Gregor aber z.B., daß zum Ideal eines Bischofs eine »persönliche Gottesschau« gehöre (vgl. R. STAATS, 1973, 161), wie auch Stephanus Gott schaut (vgl. Gregor von Nyssa, Steph protom, p. 28,15-30,2). Dabei ist jedoch keine identifizierende Betrachtung intendiert.

2. KAPITEL

ZUR VERBINDUNG VON THEORIA UND UNENDLICHKEIT BEI GREGOR

Vor allem die Überlegungen Gregors zur θεωρία sowie die Frage nach der sog. Mystik bei Gregor haben gezeigt, daß es für das Verständnis der VM notwendig ist, seinen Gottesbegriff näher zu erläutern. In der Forschung wurde für die Frage nach der Unendlichkeit Gottes eine enge Verbindung zwischen *Contra Eunomium* und *De vita Moysis* hergestellt — so von Mühlenberg[1] und vor allem von Heine[2]. In dem von Mühlenberg und Heine diskutierten Kontext sollen folgende Fragen untersucht werden: Wie setzt sich Gregor von Nyssa in *Contra Eunomium* von der Gottesvorstellung des Eunomius ab?[3] Welche Funktion hat der Unendlichkeitsbegriff in *Contra Eunomium*? Wie ist die Unendlichkeit Gottes in *De vita Moysis* zu deuten? Daraus ergibt sich die Frage, ob *De vita Moysis* wirklich dieselbe Problematik widerspiegelt wie *Contra Eunomium*. Handelt es sich bei *De vita Moysis* in der Tat um eine Schrift, die aus einem polemischen Kontext gegen Eunomius verstehbar ist, wie dies Heine beweisen wollte?[4]

Nach der Untersuchung dieser Fragen ist es notwendig, auch die These von Mühlenberg zu überprüfen: Gregor von Nyssa habe mit seinem Unendlichkeitsbegriff die gesamte klassische metaphysische Tradition überwunden.[5] Dies soll wiederum anhand der Methode der philosophischen Implikation geschehen. Wie schon zuvor ist dabei ein Blick vor allem auf Platon, Aristoteles, Plotin und Porphyrius und andere Neuplatoniker notwendig.

Entsprechend diesem angedeuteten Fragehorizont soll zunächst die Auseinandersetzung des Gregor von Nyssa mit Eunomius im Vordergrund stehen; danach schließt sich eine Untersuchung der philosophischen Tradition an.

---

[1] Vgl. E. MÜHLENBERG, 1966, bes. 159-162.

[2] Vgl. R.E. HEINE, 1975, bes. 127-158.

[3] Diese Frage muß nicht bedeuten, daß Gregor von Nyssa den Begriff der Unendlichkeit erst in der Konfrontation mit Eunomius' Gottesvorstellung *entwickelt* hätte (in diese Richtung deutet W. ELERT, 1957, 45); es geht hier lediglich darum, die geistesgeschichtliche Position Gregors im Kontrast zu Eunomius herauszuarbeiten (vgl. R. BRIGHTMAN, 1973, 103).

[4] Vgl. R.E. HEINE, 1975, 127-158.

[5] Vgl. E. MÜHLENBERG, 1966, 27.

1. DIE UNENDLICHKEIT GOTTES IN CONTRA EUNOMIUM

a) Der Ansatz des Eunomius[6]

Nach Eunomius gibt es zwei Möglichkeiten, das Wesen (οὐσία) Gottes zu
erfassen, nämlich die Untersuchung der Wesenheiten an sich und der
Schluß von den Wirkungen (ἐνέργειαι) auf die Wesenheiten (οὐσίαι).[7]
Bei der Betrachtung Gottes stellt Eunomius die Identität des Wesens mit
der Ungewordenheit bzw. Ungezeugtheit (ἀγεννησία) heraus[8], was in der
Forschung zur Theologie des Eunomius als wesentliches Kennzeichen betont wird.[9] Dem Begründungsverfahren für die Agennesie Gottes wird dabei — mit Ausnahme der Fragen nach der Privation[10] und der Auffassung
von den Namen[11] — allerdings weniger Beachtung geschenkt. Auch der

---

[6] Das Ziel der folgenden Ausführungen ist der Aufweis des argumentativen Ganges
bei Eunomius; deshalb soll von folgenden Aspekten nicht die Rede sein:
1) Die theologiegeschichtlichen Konnotationen des Begriffes ἀγέν(ν)ητος; dazu z.B. F.
RICKEN, 1969, 322-324; F. RICKEN, 1978, 337-343; R.P. VAGGIONE, 1982, 184f; A. GRILL-
MEIER, 1990, 106.129.199-201.305.308f.364.369-372.407; TH. BÖHM, 1991, 53.113.115.120-
122.137; G. FEIGE, 1991, 114-116; G. FEIGE, 1992, 282-287.294; A.H.B. LOGAN, 1992, 436-
440; K.-H. UTHEMANN, 1993, 145f.
2) Die Frage der Datierung der Schriften des Eunomius und deren Authentizität: dazu
R.P. VAGGIONE, 1987, 5-9.12-16.79-89.131f; H.CHR. BRENNECKE, 1988, 75 Anm. 81 (dort
weitere Lit.).
3) Das historische Umfeld: dazu R.E. HEINE, 1975, 159-165; H.CHR. BRENNECKE, 1988,
7.18.48f.58.63f.66.76.81-83.89 (dort weitere Lit.).109-113; R.P.C. HANSON, 1988, 617f; B.
STUDER, 1992, 466f.484.
4) Die rhetorische Bildung des Eunomius: E. VANDENBUSSCHE, 1944/45, 50-56; TH.A.
KOPEČEK, 1979, Vol. II 504f; B. STUDER, 1992, 482.485f.
5) Die handschriftliche Situation: dazu R.P. VAGGIONE, 1985, 335-360; R.P. VAGGIONE,
1987, 16-26.134-143.
[7] Vgl. Eunomius, Apol 20 (58 Vaggione); dazu E. MÜHLENBERG, 1966, 96; E. MÜH-
LENBERG, 1971, 231; R.J. DE SIMONE, 1987, 455; R.P. VAGGIONE, 1987, 11f.
[8] Vgl. Eunomius, Apol 7, p. 40.
Die Differenzierung von >ungeworden< und >ungezeugt< dürfte gerade bei Eunomius
nicht gegeben sein: vgl. P. STIEGELE, 1913, 85; E. MÜHLENBERG, 1966, 96.
[9] Vgl. P. STIEGELE, 1913, 85f; E. VANDENBUSSCHE, 1944/45, 66f; W. ELERT, 1957,
45; L. ABRAMOWSKI, 1966, 945f; dazu die Stellenkonkordanz von H.CHR. BRENNECKE,
1975, 202-205; ferner E. MÜHLENBERG, 1966, 95-97; R.S. BRIGHTMAN, 1973, 97f.103; A.
MEREDITH, 1975, 11f.14; M. SIMONETTI, 1975, 255; E. CAVALCANTI, 1976, z.B. 26.37f; F.
DINSEN, 1976, 113; TH.A. KOPEČEK, 1979, Vol. II z.B. 312f; J.M. RIST, 1981, 187; A.M.
RITTER, 1982, 526; B. SESBOÜÉ, 1983, 189f; TH. KOBUSCH, 1987, 53; R.J. DE SIMONE, 1987,
456f; R.P.C. HANSON, 1988, 621; F. MANN, 1988, 187-193; A.M. RITTER, 1989, 192f; M.
WILES, 1989, 165-167; A.A. MOSSHAMMER, 1990, 100; R. LORENZ, 1992, C 165; F.X.
RISCH, 1992, 27-32; B. STUDER, 1992, 479; L. SWEENEY, 1992, 480.
Vgl. auch D.L. BALÁS, 1966, 130; J.M. MCDERMOTT, 1973, 174; D.F. DUCLOW, 1974, 103.
[10] Vgl. F. DIEKAMP, 1896, 137f; P. STIEGELE, 1913, 90; E. MÜHLENBERG, 1971, 231f;
R.S. BRIGHTMAN, 1973, 97f; R.E. HEINE, 1975, 132.135f; R. MORTLEY, 1986a, 131-139;
F.X. RISCH, 1992, 28.
[11] Dies wird in einem eigenen Abschnitt untersucht (Teil III, 4.1 a).

Einfluß der neuplatonischen Aristoteleskommentare wird in diesem Zusammenhang nur gestreift.[12] Im folgenden soll deshalb die Begründung der Agennesie Gottes bei Eunomius ausführlich untersucht werden, um so zu klären, aus welchem philosophischen Kontext heraus im Sinne der philosophischen Implikation Eunomius denkt und wie Gregor von Nyssa darauf reagiert.

πρότερον— ὕστερον

Eunomius versucht in mehreren Schritten aufzuzeigen, wie die ἀγέννητος οὐσία Gottes zu verstehen ist. Ein erster Aspekt betrifft das πρότερον und ὕστερον im Zusammenhang mit der Frage nach dem Werden. Den Ausgang bildet das Bekenntnis zum einen Gott (εἷς θεός), das aufgrund der natürlichen Erkenntnis und des Zeugnisses der Väter anzunehmen sei.[13] Zunächst wird ausgeschlossen, daß Gott durch sich selbst oder einen anderen geworden ist; wäre er nämlich geworden, müßte man auch eine Ursache seiner Existenz annehmen. Denn die Ursache oder das Schaffende (τὸ ποιοῦν) muß *vor* dem Verursachten oder Gewordenen existieren. Folglich ist das Gewordene gegenüber der Ursache das Zweite.[14]

Sodann stellt Eunomius die Frage, ob das Erste (Gott) früher oder später als es selbst sein kann und ob etwas anderes als das Erste vor dem Ersten sein könne. Die erste Frage wird nur kategorisch verneint, auf die zweite Frage antwortet Eunomius, daß das, was vor Gott ist, auch das Erste sein und die Würde der Gottheit erhalten müßte.[15] Folglich ist es nach

---

[12] Vgl. P. HADOT, 1971, 193f; J.M. RIST, 1981, 187; B. SESBOÜÉ, 1983, 188; R.J. DE SIMONE, 1987, 458; P.M. GREGORIOS, 1988, 229f; D.T. RUNIA, 1989, 23-26; L.J. ELDERS, 1990, 47-52. Die Auslegung der platonischen Dialoge ist grundsätzlich im Zusammenhang der Rezeption der aristotelischen Philosophie zu sehen: vgl. einleitend F. CHENEVAL / R. IMBACH, 1993, XIV-XXI.

[13] Vgl. Apol 7, p. 40.

[14] Vgl. Apol 7, p. 40. Dieser Aspekt wird von K.-H. UTHEMANN nur erwähnt, nicht jedoch im philosophischen Kontext erörtert, obwohl er auf die klassische Metaphysik des Absoluten hinweist (vgl. K.-H. UTHEMANN, 1993, 151.161).

[15] Vgl. Apol 7, p. 40. Ein ähnliches Argument taucht auch bei Alkinoos auf, jedoch nicht die Frage, wie das Eine weder jünger noch älter sein kann, sondern lediglich das Problem, ob es gegenüber Gott etwas geben könne, das ihm vorgeordnet werden kann (vgl. Alkinoos, Didask 10, p. 23); vgl. auch Gregor von Nyssa, Or cat prol p. 4,7-6,11.
Nach Aristoteles kann es in der οὐσία selbst kein Vorher und Nachher geben (Met 1038a33-35; dazu J. STENZEL, 1933, 138). Ein solcher Grundsatz läßt sich im Sinne des Eunomius jedoch nur auf die οὐσία Gottes anwenden, die von der des Sohnes (des Gewordenen) unterschieden ist. Demgegenüber versucht Gregor zu zeigen, daß ein solches Prinzip für die *gemeinsame* οὐσία von Vater, Sohn und Geist nicht anwendbar ist, dort also keine »Stufung« angenommen werden kann (vgl. ausführlich Teil III, 2.1 b).

Eunomius notwendig anzunehmen, daß Gott vor allem ist (πρὸ πάντων)
und — weil er nicht geworden ist — als τὸ ἀγέννητον oder ἀγέννητος
οὐσία bezeichnet werden muß.[16] Woher rührt nun bei Eunomius diese
knappe, jedenfalls, wie es scheint, für ihn und seine Adressaten ausrei-
chende Begründung seiner wichtigsten These?[17]

Mit der Frage nach dem Vorher- oder Später-Sein Gottes in seiner Einheit ruht Eunomius, philosophisch gesehen, auf einer Diskussion auf, die
von der ersten Hypothesis des platonischen *Parmenides* ausgeht und bis
weit über die Zeit des Eunomius hinausreicht (Proklos, Damascius u.a.).
Im platonischen Dialog *Parmenides* wird die Frage erörtert, ob das Eine
gleichaltrig mit sich selbst, jünger und/oder älter als es selbst und das andere als es selbst sein kann[18], und zwar unter dem Gesichtspunkt der ersten Hypothesis: »wenn *Eines* ist«[19]. Nähme man an, daß das Eine das
gleiche Alter wie es selbst oder wie anderes hätte, müßte es auch an der
Zeit hinsichtlich der Gleichheit oder Ähnlichkeit teilhaben.[20] Bereits die
Überlegungen zur Gleichheit / Ungleichheit und Ähnlichkeit / Unähn-
lichkeit hatten aber nach Platon ergeben, daß diese Prädikate nicht auf
das Eine zutreffen können.[21] Aufgrund des Ausschlusses von Gleichheit
und Ähnlichkeit aus dem Einen kann das Eine auch nicht älter oder jünger sein und ist überhaupt nicht in der Zeit.[22] Wenn nämlich etwas in der
Zeit ist, ist davon auszugehen, daß das Ältere älter ist als das Jüngere; Äl-
teres und Jüngeres *sind* aber verschieden. Wenn sie verschieden *sind*, kann
auch nicht angenommen werden, daß sie erst verschieden werden, gewor-

---

[16] Vgl. Apol 7, p. 40; zum Ganzen auch knapp Apol 10, p. 44/46.
Th.A. KOPEČEK untersucht die Implikationen dieses Ansatzes nicht und bewertet sie lediglich als »absurd« und »nonsensical notion« (Th.A. KOPEČEK, 1979, Vol. II 312).
R.P.C. HANSON dreht geradezu die Begründungsfigur um: Es sei nach Eunomius *ein* Gott,
der ungeworden ist; *folglich* sei er vor allem (vgl. R.P.C. HANSON, 1988, 621). Eunomius
geht es aber hauptsächlich darum, den Begriff >Agennesie< als stringent aufzuweisen und
nicht nur vorauszusetzen; ähnlich wie R.P.C. HANSON auch R.S. BRIGHTMAN, 1973, 103.
Ansonsten hat diese Frage, ob Gott früher oder später als er selbst sein könne, wenig Beachtung gefunden.
[17] Auch die heftigsten Gegner, Basilius und Gregor von Nyssa, greifen die *Herleitung*
der Agennesie in der Form, in der sie Eunomius vorgelegt hat, nicht an, wohl aber die
Konsequenzen, die sich daraus ergeben.
[18] Platon, Parm 140e.
[19] Platon, Parm 137c.
[20] Platon, Parm 140e.
[21] Platon, Parm 139e-140b; der Gedankengang kann hier nicht eigens nachvollzogen
werden.
[22] Platon, Parm 141a; dazu M. MIGLIORI, 1990, 212f; H.G. ZEKL, 1971, 39. Ob man
hier aber von »Persiflage« oder »dialektischem Trick« sprechen kann (H.G. ZEKL, 1971,
40), ist mehr als fragwürdig. Vgl. ferner Plotin, Enn VI 9,3,42; dazu P.A. MEIJER, 1992,
129. 183.

den sind oder zukünftig erst verschieden werden.[23] Daraus wird im Dia-
logverlauf gefolgert, daß das, was älter wird als es selbst, zugleich auch
jünger werden muß als es selbst.[24] Um diesen Satz zu verstehen, ist es entscheidend, daß hier stets ein anderer Bezugspunkt angenommen wird, im
Hinblick (κατά τι) auf den z.b. das Älterwerden ausgesagt wird.[25] Wenn
das Jüngere und das Ältere linear um die gleiche Zeit zunehmen[26], dann
verringert sich der relative Zeitabstand (als Verhältnis der beiden Alter)[27], so daß der Ältere im Verhältnis zum Jüngeren relativ weniger zu al-
tern scheint.[28] Zugleich darf das Eine nicht mehr oder weniger Zeit als es
selbst werden.[29] Auch dieser Aspekt würde implizieren, daß das Eine an
der Zeit teilhaben müßte.[30] Aufgrund der Teilhabe müßte dann aber
angenommen werden, daß dem Einen als solchem etwas hinzukäme, so
daß es nicht mehr Eines wäre. Folglich kann man für das Eine auch nicht
konstatieren, daß es gleichaltrig, älter oder jünger mit sich selbst oder mit
einem anderen ist.

Abgesehen davon, ob sich die gesamte erste Hypothesis (»wenn *Eines*
ist«) bei Platon selbst *prinzipientheoretisch* deuten läßt[31], ist es vor allem
interessant, daß man diese Stelle in den verschiedenen antiken Kommentaren in diesem Sinne auffaßte. Dabei wurde die erste Hypothesis des
platonischen *Parmenides* von Plotin,[32] Amelius[33] sowie Porphyrius und

---

[23]   Platon, Parm 141ab.
[24]   Platon, Parm 141c.
[25]   Platon, Parm 141b.
[26]   Proklos berichtet von Syrian, dieser schlage zwei mögliche Interpretationen von Zeit
vor: Zeit könne als gerade Linie und als Kreis verstanden werden. Rechnet man mit der
zweiten Möglichkeit, so ist jeder Punkt des Kreises zugleich Anfang und Ende; wenn etwas
älter wird und sich von einem Punkt entfernt, geht es zugleich auf den Anfang zu und wird
somit jünger (vgl. F.M. CORNFORD, 1950, 128; dort die entsprechenden Nachweise). F.M.
CORNFORD schreibt aber zu Recht, daß Platon in der zweiten Hypothesis die Zeit linear
denkt, also gerade das Kreisdenken vermeidet. Eine Lösung unter dem Hinblick der Li-
nearität wird aber von F.M. CORNFORD nicht erörtert (vgl. F.M. CORNFORD, 1950, 128).
[27]   Zum Beispiel 50 und 20 (Zeitverhältnis 2,5), 70 und 40 (Zeitverhältnis 1,75), 90 und
60 (Zeitverhältnis 1,5) usw.
[28]   R.E. ALLEN schlägt demgegenüber eine etwas andere Lösung vor: νεώτερον könne
>jünger< und >neuer< bedeuten. So schreibe Platon, daß der Mensch immer jung sei z.B.
dadurch, daß ihm neue Haare wachsen usw. (vgl. Symp 207d); >älter< könne somit
>länger existent< meinen, >jünger< dagegen, daß man immer neu werde. Je nach der Per-
spektive trete ein Aspekt in den Vordergrund (vgl. R.E. ALLEN, 1983, 212).
[29]   Platon, Parm 141c. Platon erörtert dieses Problem für die Zeitstufen Vergangenheit,
Gegenwart und Zukunft.
[30]   Platon, Parm 141d.
[31]   Ganz im Sinne einer Prinzipientheorie z.B. J. HALFWASSEN, 1991, 372-381 (für die
Frage des Älter-Jünger-Werdens); dagegen F.M. CORNFORD, 1950, 131-133.
[32]   Vgl. Plotin, Enn V 1,8,23-27.
Allgemein zur Rezeption des platonischen *Parmenides* vgl. J. Whittaker, 1984, XIII 96-102.

Iamblich[34] eindeutig auf das Eine bezogen, auch wenn hinsichtlich der Deutung des Einen bei den verschiedenen Autoren Unterschiede bestehen.[35] Speziell für die Frage nach dem Älter- und Jünger-Sein bzw. Gleichaltrig-Sein berichtet Proklos von den Ansichten der Neuplatoniker, die das >Älter< und >Jünger< als eine Folgeordnung deuteten.[36] >Älter< sei die einfachere und allgemeinere Bestimmung. Sie sei das Ursprünglichere und darum auch ontologisch vorgeordnet. >Jünger< bedeute dementsprechend >nachgeordnet<, >gleichaltrig< so viel wie >gleichursprünglich<. Diese Sicht läßt sich vor allem auf Iamblich zurückführen, der eine transzendente Zeit als Mittleres zwischen Ewigkeit und der Zeit des Kosmos annimmt.[37] Vorher (älter) und nachher (jünger) gibt für Iamblich also die Ordnung der Gründe an, d.h. einen ontologischen Status.[38] Die Deutung des platonischen *Parmenides* in diesem Sinne legt sich aber bereits von Aristoteles her nahe, der über Platon schreibt, daß dieser die Begriffe >früher< und >später< in dem Sinne verstanden habe, daß >Dinge<, die früher sind, ohne andere existieren können, jene aber nicht ohne die früheren.[39] Das Allgemeinere und in der gedanklichen Ableitung Ursprünglichere kann somit einerseits als das ontologisch Vorgeordnete verstanden werden[40], andererseits zeigt die Aristotelesstelle,

---

[33] Vgl. Proklos, In Parm 1052,21-1053,35.
[34] Vgl. für Porphyrius und Iamblich: Proklos, In Parm 1053,36-1055,25.
[35] Zur neuplatonischen Auslegung des platonischen Parmenides vgl. auch J.M. DILLON, 1987, 387f; G.C. STEAD, 1990, 106f. Speziell zu Iamblich vgl. B. DALSGAARD LARSEN, 1972, 423-428; allgemein auch G. SHAW, 1985, 18f.
[36] Vgl. Proklos, In Parm 1216,37-1217,13.
Für Proklos selbst ist das Eine als Ursprung von allem der Ewigkeit *und* Zeit enthoben, da es selbst Prinzip der Möglichkeit von Ewigkeit und Zeit ist. Da es der Zeit völlig unteilhaftig ist, kann es weder älter noch jünger als es selbst noch gleichaltrig mit sich selbst sein. Alles andere, was an Zeit teilhat, ist sowohl älter als auch jünger als es selbst und gleichaltrig mit sich selbst. Diese Bestimmung begründet Proklos folgendermaßen: Der Kreis der Zeit ist eine im Hervorgang aus dem Anfang immer schon in diesen als ihr Ende zurückkehrende Bewegung. Der Bezugspunkt des Älter- und Jüngerwerdens ist Anfang und Ende der Bewegung zugleich. Sofern das an Zeit Teilhabende sich vom Anfang entfernt, wird es älter, sofern es beim Ende ankommt, wird es jünger. Kommt es dem Ende näher, so nähert es sich auch dem eigenen Anfang. Das ans Ende Kommende kommt somit auch dem Anfang näher und wird älter und jünger zugleich. Dazu W. BEIERWALTES, 1979, bes. 227-229 (mit den entsprechenden Nachweisen bei Proklos).
[37] Vgl. Simplicius, In Phys p. 792,20-795,3; dazu E. SONDEREGGER, 1982, 123-126; J.M. DILLON, 1973, 39f; J.M. DILLON, 1987, 559 Anm. 82; J. DILLON, 1987a, 891; S. SAMBURSKY, 1977, 485-488; Texte zur Zeitauffassung des Iamblich bei S. SAMBURSKY / S. PINES, 1971, 26-47.
[38] Vgl. E. SONDEREGGER, 1982, 124; zum Kontext vgl. auch ST. GERSH, 1978, 303f.
[39] Vgl. Aristoteles, Met 1019a2-4. H.J. KRÄMER vermutet in diesem Zusammenhang, daß dies auf die mündliche Lehre Platons zurückzuführen sei (vgl. H.J. KRÄMER, 1959, 259.291.293.415.432).

daß das Ursprüngliche nicht-reziprok als das gedacht werden kann, das des ihm Nachgeordneten nicht bedarf und somit auch nicht von dort her deutbar ist. Einheit oder das Eine kann folglich als von der Vielheit unabhängig und zugleich als Grund der Vielheit gedacht werden.[41]

Vergleicht man die Vorstellung des Eunomius mit der des Iamblich, so läßt sich für Eunomius zweierlei zeigen, und zwar unter der Voraussetzung, daß Eunomius den platonischen *Parmenides* ähnlich wie Iamblich versteht[42]: zum einen die deutliche Vorordnung (Transzendenz) des Einen, und zwar gerade auch gegen die Intention der ersten Hypothesis, daß vom Einen weder ausgesagt werden könne, daß es älter oder jünger sei als es selbst noch auch älter oder jünger als das andere. Vor allem der letzte Aspekt, d.h. die Frage nach dem Verhältnis des Einen zum Anderen, wurde aber von Iamblich - wie auch schon von Plotin und Porphyrius - im Sinne einer verursachenden und begründenden Priorität gedeutet. Zum anderen läßt sich mit der Auslegung des *Parmenides* auch die Annahme der Unabhängigkeit des Einen (Gottes) von dem ihm Nachgeordneten bei Eunomius zeigen.

Dennoch besteht eine klare Differenz zwischen Eunomius und Iamblich darin, daß nach Iamblich dem absoluten Einen das Sein abgesprochen[43], während nach Eunomius dem einen Gott (εἷς θεός)[44] in der Auslegung von Ex 3,14 in der Tat das Sein zugesprochen werden muß[45]. Darin deckt sich der Ansatz des Eunomius eher mit dem des Porphyrius.[46]

Es zeigt sich also, daß das πρότερον/ὕστερον-Argument des Eunomius für die Ordnung der οὐσία vor einem neuplatonischen Hintergrund verstanden werden kann. Dabei läßt sich allerdings keine genaue Abhängigkeit von einer ganz bestimmten Diskussion nachweisen.[47] Ob Eunomius

---

[40] Vgl. Alexander von Aphrodisias, In Met p. 55,22-23; vgl. auch Aristoteles, Met 1059b34-35; Plotin, Enn V 5,4,13-16.

[41] Vgl. Alexander von Aphrodisias, In Met p. 56,13-17; Aristoteles, Protrept Frg 5, p. 32 = Iamblich, Protrept 6, p. 68,27-29; ferner Iamblich, De comm math sc IV, p. 17,12f. Zur gesamten neuplatonischen Interpretation vgl. auch J. HALFWASSEN, 1991, 374-376.

[42] Es soll hier jedoch nicht behauptet werden, daß Eunomius den platonischen *Parmenides* interpretiert haben müsse. Seine hier vorgestellte These ist wesentlich einfacher als die Platons. Trotzdem zeigt seine Redeweise Implikationen, die einen strukturellen Vergleich zur (neuplatonischen) Rezeption des *Parmenides* als sinnvoll erscheinen lassen.

[43] Vgl. dazu z.B. J.M. DILLON, 1973, 30.

[44] Vgl. Eunomius, Apol 7, p. 40.

[45] Vgl. Eunomius, Apol 8, p. 42. Zu einigen Ansätzen in der Auslegungsgeschichte von Ex 3,14 (Philon, Gregor von Nazianz, Gregor von Nyssa) vgl. W. BEIERWALTES, 1972, 12-16.

[46] Zu Porphyrius vgl. W. BEIERWALTES, 1972, 24f; P. HADOT, 1977, 228-230.

[47] Anders: J.M. RIST, 1981, 187 und R.P.C. HANSON, 1988, 636. A.M. RITTER betont in diesem Zusammenhang, daß die historische Ableitung seit den Arbeiten von L.

die Einzelheiten der philosophischen Erörterungen seit Platons *Parmenides* in extenso oder in einer Form der Vermittlung kannte, muß daher offen bleiben.

ἀγεννησία— Privation

Nachdem Eunomius in einem ersten Schritt zu klären versucht hat, daß bei Gott, dem Einen, jegliche Veränderung ausgeschlossen werden muß und daß zugleich die ontologische Priorität gegenüber allem anderen als dem Einen behauptet werden kann (als ἀγέννητος οὐσία), muß er in einem zweiten Schritt aufweisen, wie die ἀγεννησία zu verstehen ist, d.h. wie diese Form der Negation (α-privativum) gedeutet werden kann.[48] Dabei wehrt sich Eunomius dagegen, diese Negation im Sinne einer Privation zu verstehen. Denn— so Eunomius — Privationen sind nur dann Privationen, wenn eine zugrundeliegende Natur als positive Bestimmung angenommen wird, auf die hin die Abwesenheit dieser Bestimmung ausgesagt wird; in diesem Falle ist die Privation eine sekundäre Aussage.[49] Auf den konkreten Fall angewendet, bedeutet es: Wäre die Agennesie eine Privation, müßte auch angenommen werden, daß Gott zunächst eine γένεσις zukäme, so daß er erst ἀγέννητος geworden wäre.[50] Damit kommt der Agennesie zwar sprachlich ein negativer Charakter zu, der aber nicht pejorativ gedacht sein soll.[51]

Gerade diese positive Wendung des Negationsbegriffes wurde nach F.X. Risch dem Eunomius zum Vorwurf gemacht: »Diese ungerechtfertigte Positivierung eines Negationsbegriffes wirft ihm [Eunomius] der Theologe [Pseudo-Basilius, der Autor von Adversus Eunomium IV-V] mehrfach vor und beharrt darauf, daß die göttliche Agennesie nicht nur keine Position

WICKHAM, J.M. RIST und E. MÜHLENBERG als offen angesehen werden müsse (A.M. RITTER, 1989, 193).

[48] Zu verschiedenen Ansätzen von Negation (ἀφαίρεσις *und* ἀπόφασις) vgl. z.B. R. MORTLEY, 1986, 136f.140; R. MORTLEY, 1986a, 19-21; TH. BÖHM, 1991, 201f (zu den Ansätzen von H.A. WOLFSON und J.M. WHITTAKER).

[49] Vgl. Eunomius, Apol 8, p. 42; vgl. auch Gregor von Nyssa, Eun II 565, p. 391,19-27; Eun II 591, p. 399,4-8; Eun II 599, p. 401,25-27; dazu E. VANDENBUSSCHE, 1944/45, 53; E. MÜHLENBERG, 1971, 232; zum Kontext bei Gregor vgl. auch F. DIEKAMP, 1896, 176f.

[50] Vgl. Eunomius, Apol 8, p. 42.

[51] Das Faktum, daß die Agennesie keine Privation sein soll, wird erwähnt von F. DIEKAMP, 1896, 175; P. STIEGELE, 1913, 90 und M. SIMONETTI, 1975, 255. Die Argumentation des Eunomius wird nachgezeichnet bei R.S. BRIGHTMAN, 1973, 97 und R.E. HEINE, 1975, 135f.

TH.A. KOPEČEK behauptet sogar, dies sei »apparently conceived ... as self-evident« (TH.A. KOPEČEK, 1979, Vol. II, 315).

einer Ousia bedeutet, sondern nicht einmal eine solche negiert.«[52] Dabei versucht Pseudo-Basilius zu klären, ob die ἀγεννησία als Position einer οὐσία verstanden werden kann. Im folgenden soll überprüft werden, wie ein solcher Vorwurf innerhalb der antiken Diskussion einzuordnen ist. Dabei werden jedoch die Implikationen der pseudo-basilianischen Position nicht weiter verfolgt.

Zunächst ist davon auszugehen, daß die Privation eine identifizierbare Entität impliziert, von der eine Privation ausgesagt werden kann. So kann z.B. Blindheit von einem Lebewesen nur sinnvoll prädiziert werden, wenn man erwarten kann, daß es sieht. Nach Eunomius sei aber die Ungewordenheit in einem anderen Sinne als etwa die Blindheit zu verstehen. Ein Blick auf Syrian könnte ein erster Ansatz sein, um den Unterschied von ἀπόφασις und στέρησις zu verdeutlichen, auch wenn chronologisch ein Zusammenhang von Eunomius und Syrian auszuschließen ist und die verschiedenen Differenzierungen hinsichtlich der Negation und Privation bei Eunomius und Pseudo-Basilius nicht zu finden sind.

Im Sinne der hier verwendeten Methode der philosophischen Implikation kann allerdings zumindest die Gedankenwelt besser verstanden werden, auf der die Diskussion bei Eunomius aufruht. Syrian z.B. behandelt die Differenzierung von ἀπόφασις und στέρησις im Hinblick auf das Eine und Viele folgendermaßen:

>»Denn das Viele ist eine Negation (ἀπόφασις) oder eine Privation (στέρησις) des Einen. Diese Gegensätze unterscheiden sich aber darin voneinander, daß die Negation bei einem jeden— mit Ausnahme des einen (Prädizierten)— das Aufgehobene als wahr prädiziert; denn Nicht-Pferd ist wahr bei allem mit Ausnahme des Pferdes, im Falle der Privation verhält es sich aber nicht so; denn Privation ergibt dann keinen Sinn, wenn eine Eigenschaft einfach nicht vorhanden ist (denn nicht der ist blind, der kein Sehvermögen hat, da [sonst] auch ein Stein blind wäre), sondern in dem Falle, wenn eine Eigenschaft dem fehlt, das von Natur aus diese Eigenschaft hat; taub ist also nicht alles, was nicht hört, sondern das Ohr, wenn es nicht hört, was es von Natur aus hören könnte; denn es ist notwendig, *eine* Natur für den Zustand des Habens und den Zustand der Privation zu-

---

[52] F.X. RISCH, 1992, 28 (Ergänzung Th.B.).

grundezulegen. Und dies ist der größte Unterschied zwischen
Privation und Negation.«[53]

Alexander von Aphrodisias und Proklos kennen ebenfalls diese
Unterscheidung. So schreibt Alexander:

> »Die Privation unterscheidet sich nämlich darin von der Ne-
> gation (...), daß die Negation für das Seiende und Nichtsei-
> ende prädiziert wird, die Privation aber für eine zugrundelie-
> gende Natur.«[54]

Aus dem jeweiligen Zusammenhang bei Syrian und Alexander wird
deutlich und auch von Proklos bestätigt[55], daß es Gruppen gab, in denen
die Negationen als Privationen aufgefaßt wurden. Für die Genannten ist
die Privation zwar eine Negation, die aber eine von der Negation als solcher verschiedene ›Logik‹ aufweist. Damit ist aber zunächst nur gezeigt,
daß in der spätantiken Tradition die Negation von der Privation unterschieden wird und daß Pseudo-Basilius mit seinem Vorwurf nicht allein
stehen mußte, wenn er den Gebrauch der ἀγεννησία bei Eunomius als
Privation auffaßte.

Diese Überlegungen geben aber auch einen Hinweis auf die mögliche
Argumentationsstruktur des Eunomius für die Unterscheidung von Negation und Privation. Eine Privation wird von etwas prädiziert, was prinzipiell die von Natur aus vorhandene Möglichkeit zu einer Leistung besitzt,
die im Falle der Privation aktuell nicht vorhanden ist, wie z.B. die Fälle
der Blindheit oder Taubheit belegen. Eunomius kann also die Agennesie
so verstehen, daß er diesen Begriff im Sinne einer Negation gebraucht, die
selbst keine Privation impliziert.[56] Eunomius kann also den Begriff

---

[53] Syrian, In Met p. 61,30-62,2: τὰ γὰρ πολλὰ ἤτοι ἀπόφασις τοῦ ἑνὸς ἢ στέρησις.
διαφέρουσι δὲ ἀλλήλων αἱ ἀντιθέσεις αὗται, ὅτι ἡ μὲν ἀπόφασις ἐπὶ πάντων
ἀληθεύει τῶν παρὰ τὸ ἓν ἐκεῖνο τὸ ἀναιρούμενον· τὸ γὰρ οὐχ ἵππος ἐπὶ πάντων
ἀληθὲς τῶν παρὰ τὸν ἵππον, ἡ δὲ στέρησις οὐχ οὕτως· οὐ γὰρ ἁπλῶς ἀπούσης τῆς
ἕξεως <ἔννοιαν> παρίστησιν ἡ στέρησις (οὐ γὰρ τυφλὸς ὁ μὴ ἔχων ὄψιν, ἐπεὶ καὶ
λίθος ἂν ἦν τυφλός), ἀλλ᾽ ἀπούσης τοῦ πεφυκότος αὐτὴν δέχεσθαι· κωφὸν οὖν οὐχὶ
πᾶν ὃ μὴ ἀκούει, ἀλλὰ τὸ οὖς ἐὰν μὴ ἀκούῃ, ὅτι πέφυκεν ἀκούειν· δεῖ γὰρ ὑπο-
κεῖσθαι μίαν φύσιν τῇ ἕξει καὶ τῇ στερήσει. καὶ διαφορὰ μὲν αὕτη μεγίστη
στερήσεως καὶ ἀποφάσεως. Vgl. R. MORTLEY, 1986a, 87.
[54] Alexander von Aphrodisias, In Arist Met p. 327,22-24: τούτῳ γὰρ στέρησις
ἀποφάσεως ... διαφέρει, ὅτι ἡ μὲν ἀπόφασις κατά τε ὄντων καὶ μὴ ὄντων κατηγο-
ρεῖται, ἡ δὲ στέρησις κατά τινος ὑποκειμένης φύσεως.
[55] Vgl. Proklos, Theol Plat II 5, p. 38. Zum gesamten Kontext vgl. R. MORTLEY, 1986a,
137-139; F.W. NORRIS, 1991, 62f.
[56] Eunomius hat die Privation ausdrücklich zurückgewiesen: Apol 8, p. 42.

ἀγέννητος als strikte Negation im Sinne des Ausschlusses von Endlichem aus dem Unendlichen (d.h. Gott) ausweisen und die Implikationen, die durch eine privative Prädikation entstehen, umgehen, wenn er selbst diesen philosophischen Hintergrund so einbezogen hat.

Eunomius geht sogar noch einen Schritt weiter, indem er — wie oben angedeutet — die Negation so verwendet, daß sie *positiv* auf die οὐσία Gottes verweisen kann. Dies ist aber gerade ein Problem, das sich im Anschluß an Plotin stellt, und durch den Gesprächspartner des Dexipp, nämlich Seleukos, aufgeworfen wird. Denn Plotin betont, daß man von der οὐσία sagen könne: οὐκ ἔστιν.[57] Man könne— so Seleukos— also nur behaupten, was die οὐσία nicht ist, aber das gebe keine Informationen darüber, was die οὐσία sei.[58] Dexipp hebt in seiner Antwort hervor, daß man in diesem Fall keine strikte Definition liefere, sondern eine Beschreibung (ὑπογραφή).[59] Aber auch im Falle von Definitionen verwende man Negationen, so z.B., wenn man das Indifferente zwischen gut und schlecht definieren wolle. In diesem Fall sage man, es sei weder gut noch schlecht.[60] So könne man in positivem Sinne für die οὐσία die Negation verwenden, um die οὐσία im eigentlichsten Sinn (κυριωτάτη οὐσία) anzuzeigen.[61] Es sei folglich möglich, die Affirmation durch die Negation (ἀπόφασις) zu erkennen.[62] Diese Weiterführung durch Dexipp kann also über die obigen Ausführungen hinaus zeigen, daß die Negation in neuplatonischen Gedankengängen nicht nur von der Privation getrennt wurde, sondern daß die Negation auch auf die Affirmation verweisen kann, wie im Falle der οὐσία. In diesem Sinne betont m.E. auch Eunomius, daß man bei Gott von der ἀγέννητος οὐσία sprechen könne.[63]

Von seiner Annahme ausgehend, daß Gott einer und ungeworden bzw. ungezeugt ist und daß diese Agen(n)esie auf eine Affirmation verweist, werden von Eunomius weitere Bestimmungen oder Möglichkeiten, die οὐσία Gottes zu fassen, ausgeschlossen: Die Agennesie kann nicht nur einem Teil (μέρος) Gottes zugeschrieben werden, sie ist nicht in Gott als etwas Anderes und existiert nicht neben ihm als etwas Anderes.[64] So kann

---

[57] Plotin, Enn VI 1,2,15.
[58] Vgl. Dexippus, In Arist Cat p. 44,4f.
[59] Vgl. Dexippus, In Arist Cat p. 44,11f.
[60] Vgl. Dexippus, In Arist Cat p. 44,13f.
[61] Vgl. Dexippus, In Arist Cat p. 44,16.
[62] Vgl. Dexippus, In Arist Cat p. 68,4f.
Zum gesamten Kontext vgl. R. MORTLEY, 1986a, 92.
[63] Vgl. Eunomius, Apol 7, p. 40. Apol 8, p. 42.
[64] Vgl. Eunomius, Apol 8, p. 42.

auch der Sohn nicht als ὁμοούσιος oder ὁμοιούσιος betrachtet werden.[65]
Zum einen ist zu beachten, daß Eunomius die Zeugung des Sohnes als
Trennungsbegriff verwendet und diese nicht vom Schaffensbegriff
unterscheidet; der Sohn, der eine vom Vater verschiedene οὐσία ist, entsteht durch Zeugung, so daß der Sohn mit dem Vater nicht ὁμοούσιος
sein kann.[66] Der Vater, genauer Gott[67], ist nämlich ἀγέννητος, der Sohn
aber nicht.

Zugleich ist aber von philosophischer Seite folgender Aspekt her zu bedenken: Iamblich betont, daß in dem Fall, daß verschiedene Elemente
kombiniert werden, um ein Geeintes zu bilden, dieses Produkt vollkommen ὁμοειδές, ὁμοφυές, ὁμοούσιον ist. Iamblich gebraucht diese
Begriffe so, daß sie sich auf materielle Dinge der empirischen Welt beziehen, nicht aber auf das Transzendente. Während also z.B. ὁμοούσιος impliziert, daß eine materielle Substanz aus Teilen zusammengesetzt ist,
muß nach Iamblich das Transzendente umvermischt sein und kann somit
auch nicht aus Teilen bestehen.[68] Wenn man also von Teilen oder einem
Hervorgang Gottes im Sinne der Emanation sprechen bzw. den Begriff
ὁμοούσιος auf Gott, das Transzendente, anwenden würde, hätte dies zur
Folge, daß Gott auch materiell gedacht würde.[69]

οὐσία— ἐνέργεια

Wenn von Eunomius eine klare Unterscheidung zwischen dem Gott und
dem Einzig-Geborenen (Sohn) hinsichtlich der Agennesie vorgenommen
wird, stellt sich weiter die Frage, wie der *Hervorgang* des Sohnes — außer
durch die Termini ›schaffen‹ bzw. ›zeugen‹— näher gefaßt wird. Diesen
Hervorgang stellt Eunomius als energetischen Prozeß dar[70] und deutet ihn

---

[65]   Vgl. Eunomius, Apol 26, p. 70.
Zur Argumentation des Eunomius vgl. L. ABRAMOWSKI, 1966, 946; R.E. HEINE, 1975,
135f; M. SIMONETTI, 1975, 257; A.M. RITTER, 1982, 527; R.P.C. HANSON, 1988, 624f.
[66]   Vgl. M. SIMONETTI, 1975, 259; F.X. RISCH, 1992, 32; R.M. HÜBNER, 1993, 86 (für
die Abgrenzung gegenüber den Homoiusianern).
Für ähnliche Argumentationen von Eunomius und Arius vgl. R. WILLIAMS, 1983, 63-81.
[67]   Zur Differenzierung der Prädizierungen ›Vater‹ und ›Gott‹ vgl. Teil II, 2. Abschnitt, 4.1a.
[68]   Vgl. Iamblich, De myst III 21, p. 128; ferner Alexander von Aphrodisias, In Arist
Met p. 98,3-99,6.
[69]   Für den Kontext — allerdings im Rahmen einer Arius-Interpretation — vgl. R.
WILLIAMS, 1983, 63f; für weitere Aspekte G.C. STEAD, 1964, bes. 24f.
Zur Ablehnung einer Emanation bei Eunomius vgl. A. MEREDITH, 1975, 13-15 und J.M.
RIST, 1981, 186.
[70]   Vgl. Eunomius, Apol 22, p. 62; vgl. C.W. MACLEOD, 1970, 47.

weiterhin als Wille[71]. Dabei betont Eunomius ausdrücklich, daß die ἐνέργεια keine Teilung (μερισμός) oder Bewegung (κίνησις) der οὐσία Gottes implizieren soll.[72] Darin kulminiert der Vorwurf des Eunomius, daß es durch die griechischen Sophistereien dazu gekommen sei, die ἐνέργεια mit der οὐσία zu einen (ἐνοῦσθαι) und damit den Kosmos mit Gott als gleichursprünglich (ἅμα) erscheinen zu lassen.[73] Da aber die ἐνέργεια als willentlicher Entschluß Gottes einen Anfang habe, könne sie auch nicht als mit dem Wesen Gottes oder seiner Mächtigkeit (δύναμις)[74] identisch gedacht werden.[75] Eine genauere Klärung des Zusammenhangs von ἐνέργεια und οὐσία bzw. die Beantwortung der Frage, wie die Ungewordenheit und Einheit Gottes durch den energetischen Hervorgang nicht zerstört werde, ist durch Eunomius selbst — soweit wir wissen— nicht weiter erörtert worden.[76]

Diese Gedanken des Eunomius lassen sich nicht nur aus der philosophischen Diskussion heraus verdeutlichen, sondern er fußt hier auch auf einer langen theologischen Tradition. Dies kann hier nur kurz angedeutet werden. Der Ansatz des Eunomius verweist nämlich auf Positionen, die die Differenz eines nichtrelationalen Seins und der relationalen Kräfte Gottes betonen, wie z.B. bei Philon von Alexandrien[77]; der Hervorgang wird darüber hinaus bei Origenes durch den Begriff »Wille Gottes« gedeutet.[78] Zu denken wäre in diesem Zusammenhang vor allem an Asterius von

---

[71] Vgl. Eunomius, Apol 23, p. 64; Gregor von Nyssa, Eun III.II 28, p. 61,8-14; Eun III.VII 3, p. 216,3-12.
Dieser Aspekt wird auch hervorgehoben von M. SIMONETTI, 1975, 257; A.M. RITTER, 1982, 526; B. SESBOÜÉ, 1983, 191; H.CHR. BRENNECKE, 1988, 18.
[72] Vgl. Eunomius, Apol 22, p. 62.
Dies lediglich als Ausschluß jeder menschlichen Aktivität zu deuten (so TH.A. KOPEČEK, 1979, Vol. II, 338), wird dem Gedanken des Eunomius sicher nicht gerecht.
[73] Vgl. Eunomius, Apol 22, p. 62.
Zum Problem der Ewigkeit der Welt vgl. W. BEIERWALTES, 1989, 26 (in Auseinandersetzung mit C.J. DE VOGEL); ferner J.H. LOENEN, 1981, 105. Zur Frage des Hervorgangs durch die ἐνέργεια bei Plotin und Porphyrius vgl. H. DÖRRIE, 1976, 31f.37.
[74] Vgl. Eunomius, Apol 15, p. 52; Apol 19, p. 56/58; Apol 24, p. 64.
[75] Vgl. Eunomius, Apol 22, p. 62; Gregor von Nyssa, Eun I 552, p. 186,3-10; Eun I 577, p. 192,20-193,1.
Zu diesen Aspekten vgl. L. ABRAMOWSKI, 1966, 943; E. MÜHLENBERG, 1966, 97f; E. MÜHLENBERG, 1971, 233f; R.P.C. HANSON, 1988, 626f.
[76] Vgl. dazu L. ABRAMOWSKI, 1966, 945; A. MEREDITH, 1975, 14; M.R. BARNES, 1985, 329. Darüber weisen auch die detaillierten Ausführungen von K.-H. UTHEMANN nicht hinaus (K.-H. UTHEMANN, 1993, 155.158). Danach kann die axiologische Betrachtungsweise das ontologische Verhältnis von οὐσία und ἐνέργεια nicht begründen.
[77] Vgl. Philon, Mut 27-29, p. 161,20-162,2.
[78] Vgl. M. VINZENT, 1993, 43-45.

Kappadokien[79], Aëtius[80] oder Markell von Ankyra.[81] Offensichtlich ist für
diese Denker der erwähnte Zusammenhang so deutlich, weil hier auf geläufige philosophische Vorstellungen zurückgegriffen wird, daß es keiner
näheren philosophischen Erklärung des Hervorgangs bzw. des Zusammenhangs von οὐσία und ἐνέργεια mehr bedarf. Daher ist ein Blick auf
die philosophische Diskussion der Spätantike nötig.

Hier könnte die neuplatonische Diskussion über die Auffassung des Aristoteles zur ersten οὐσία und deren ἐνέργεια einen Ansatzpunkt bieten,
um die Position des Eunomius besser zu verstehen.[82] Aristoteles sagt
nämlich, daß die erste οὐσία das beste Leben ist. Da diese im Denken nur
sich selbst zum Gegenstand hat, ist sie auch reine ἐνέργεια. Für
Aristoteles heißt dies auch, daß für die erste Substanz der Begriff der
Möglichkeit absolut ausgeschlossen werden muß.[83]

Diese aristotelische Position wird von Alexander von Aphrodisias
zunächst pointiert herausgestellt: Die erste und ewige Ursache (das Prinzip) ist eine ἐνέργεια, die in jeglicher Hinsicht an der δύναμις unteilhaftig ist.[84] Dann fährt aber Alexander von Aphrodisias fort: Nachdem dies
gezeigt sei, entstehe unter der Voraussetzung, daß die δύναμις logisch der
ἐνέργεια vorgeordnet sei, eine Aporie. Wenn nämlich die erste Ursache
reine Energeia ist, dann wäre die Dynamis vor ihr und müßte die Ursache
der ersten Ursache sein: eine Dynamis, aus der die Energeia geworden
ist.[85] Auch wenn diese Position sich nicht mit der Anschauung des
Alexander deckt, wie die weiteren Ausführungen zeigen[86], so ergibt sich

---

[79] Vgl. R.M. HÜBNER, 1979, 12; M. VINZENT, 1993, 42-50 mit den entsprechenden
Nachweisen für Asterius; ferner M. VINZENT, 1993a, 176f.

[80] Vgl. L.R. WICKHAM, 1968, 553 (für Gottes ἐξουσία); L.R. WICKHAM, 1972, 260.

[81] Vgl. R.M. HÜBNER, 1985, 183f; R.M. HÜBNER, 1989, 149.158; KL. SEIBT, 1992, 86;
KL. SEIBT, 1994, 356-368.460-476.
Markell betont, daß die Monas keine Teilung erfahre, wenn sie sich energetisch zur Trias
erweitere; vielmehr handle es sich um eine Sonderung im oder durch den Willen (vgl. Markell, Frg 67, p. 197,27-33 und Frg 71, p. 198,19-22). Nach Methodius kann die Sonderung
verstanden werden 1) im Wirken und der Hypostase, 2) gedanklich und 3) durch das Wirken, nicht aber in der Hypostase (vgl. De resurrectione III 6,3f, p. 397,7-10). Das Wirken
müßte als Bewegung aufgefaßt werden, wonach dann das Getrennte als Hypostase subsi-
stiert. Diese Möglichkeit wird von Markell eindeutig ausgeschlossen (vgl. Eusebius von
Caesarea, C. Marc. II 4, p. 57,7.12-18.25-29). Ähnlich betont auch Eunomius, daß man für
den Hervorgang keine Bewegung annehmen dürfe.
Zu Markell vgl. auch G. FEIGE, 1991, 44f und 57; M. VINZENT, 1993a, 182f.

[82] Vgl. E. MÜHLENBERG, 1971, 234.

[83] Vgl. Aristoteles, Met 1072a24-26; dazu W. BEIERWALTES, 1972, 6; E. TUGENDHAT,
1988, 101f.

[84] Vgl. Alexander von Aphrodisias, In Arist Met p. 688,27-689,16.

[85] Vgl. Alexander von Aphrodisias, In Arist Met p. 689,19-23.

[86] Vgl. z.B. Alexander von Aphrodisias, In Arist Met p. 691,29.

aus dieser erwähnten Aporie, daß die beiden aristotelischen Begriffe δύναμις und ἐνέργεια hinsichtlich der Frage nach dem Geltungsbereich dieses Begriffspaars einer Klärung zugeführt werden müssen. Einen wesentlichen Schritt in dieser Richtung leistet Plotin.

Für Plotin wird nämlich das Verhältnis von Dynamis und Energeia gegenüber Aristoteles geradezu umgekehrt: Dynamis versteht Plotin — vom Einen selbst ausgesagt — als die absolute Mächtigkeit zu allem, die alles vom Einen Verschiedene aus sich gründend bestimmt[87]; sie kann im Sinne Plotins als die »Überfülle« gedacht werden.[88] Die Energeia ist demgegenüber auf etwas gerichtet und ist aufgrund dieser Intentionalität als Grundzug des Geistes aufzufassen; die innere Wirksamkeit im eigentlichen Sinne wird für das Eine ausgegrenzt.[89] Dennoch kann vom Einen eine Wirksamkeit ausgesagt werden[90], allerdings unter der Vorgabe, daß dadurch das Eine nicht entzweit wird. Indem das Eine Grund seiner selbst ist, sind bei ihm auch Wirken und Erwirktes identisch. Als Wirksamkeit des in sich verharrenden Einen entsteht das Eine des Geistes, weil das Eine die Mächtigkeit zu allem ist.[91] Dieser Aspekt wird bei Plotin zudem mit dem Gedanken des Willens verbunden: Der Wille meint beim Einen primär dessen Selbstbezug, das heißt, es will sich selbst und ›schafft‹ sich darin selbst[92]: das ἕν als ἐνέργημα ἑαυτοῦ. Der Wille des Einen ist dessen Freiheit. Als Grund seiner selbst ist aber das Eine zugleich auch der Grund des Anderen außerhalb seiner selbst durch freie Teilgabe.[93]

---

[87] Vgl. Plotin, Enn V 3,14 und 15; dazu W. BEIERWALTES, 1991, 142.
Diese »Umkehrung« meint freilich nicht, daß für Plotin im Bereich des Werdens (Kosmos) nicht auch das aristotelisch gedachte Verhältnis von δύναμις und ἐνέργεια gültig wäre. Zum aristotelischen Begriff der »Möglichkeit« neuerdings A. GARCÍA MARQUÉS, 1993, 357-365.

[88] Dies kann durchaus mit dem Begriff Emanation umschrieben werden, wenn man das Herausfließen aus dem Einen bei Plotin nicht im wörtlichen Sinne versteht (vgl. K. KREMER, 1990, XXXIV; vgl. z.B. Plotin, Enn V 3,12,40); zwar wehrt sich Eunomius, wie oben gezeigt, gegen emanatistische Vorstellungen, die eine Teilung Gottes implizieren; dies steht jedoch *nicht* der plotinischen Auffassung der Überflusses der *Dynamis* als Mächtigkeit entgegen (vgl. z.B. Plotin, Enn VI 7,32; dazu M. VINZENT, 1993, 50 für Asterius und Eunomius; anders aber J.M. RIST, 1981, 186, der sich entschieden gegen eine Nähe des eunomianischen Ansatzes zu Plotin in *dieser* Hinsicht äußert).

[89] Vgl. W. BEIERWALTES, 1991, 142; vgl. z.B. Plotin, Enn VI 8,8,11.

[90] Vgl. Plotin, Enn VI 8,16,31 und 20,15.

[91] Vgl. Plotin, Enn V 4,2,33-40; dazu W. BEIERWALTES, 1991, 144 und 241. Anders aber A. MEREDITH, der für das Eine bei Plotin jegliche Energeia ausschließt und *darin* eine Differenz zwischen Eunomius und Plotin sieht (vgl. A. MEREDITH, 1975, 15).

[92] Vgl. Plotin, Enn VI 8,18,41-53; dazu W. BEIERWALTES, 1990a, XXXIII; ferner L. SWEENEY, 1992, 200f.

[93] Vgl. W. BEIERWALTES, 1990a, XXXIV.

Vergleicht man diesen Ansatz Plotins mit dem des Eunomius, so bestehen vor allem Anknüpfungspunkte bei dem Verständnis des Begriffes Dynamis. Während für Plotin die Energeia primär als Grundzug des Geistes
zu begreifen ist und in dem Falle, daß vom Einen eine Energeia angenommen wird, diese Energeia als innigstes Ineinander von Wirken und
Erwirktem begriffen wird, ohne die Einheit zu teilen, versucht Eunomius,
die Energeia stärker von der οὐσία Gottes abzutrennen und befindet sich
damit in der Schwierigkeit, den Zusammenhang von οὐσία und ἐνέργεια
zu klären.[94]

Eunomius scheint *hier* zwar *Elemente* neuplatonischer Philosopheme
aufzugreifen[95], die aber mit den traditionellen theologischen Anschauungen verknüpft werden, wie sie von Philon, Asterius, Markell und
Aëtius her bekannt waren. Insgesamt läßt sich für Eunomius feststellen,
daß er für die Begründung der Agennesie Gottes neuplatonische Philosopheme aufgreift und diese konstruktiv in seinem theologischen Kontext zu
verarbeiten sucht.

---

[94] Ein Ansatz zum weiteren Verständnis des Zusammenhangs besteht in der Abfolge
von δύναμις, ἐνέργεια und ἔργον, wodurch nach M.R. BARNES eine kausale Abfolge entsteht (αἰτία: Eun I 151, p. 72,5; dazu M.R. BARNES, 1993, 221). M.R. BARNES verweist dabei auf Galen, Clemens von Alexandrien, Origenes und vor allem Iamblich (vgl. M.R.
BARNES, 1993, 225-236; dort die entsprechenden Nachweise).
[95] Dagegen wehrt sich dezidiert B. STUDER, 1992, 488 mit Anm. 149.

b) Die Erwiderung Gregors

Gregor von Nyssa reagiert auf die Herausforderung des Eunomius nach dem Tode des Basilius in sehr scharfer Form, indem er sich einerseits in gezielten Invektiven gegen die Person Eunomius wendet[1], andererseits aber auch gerade dessen Gottesvorstellung zu kritisieren sucht. Wie in der Forschung überwiegend hervorgehoben wird, erreicht er dies durch seine Konzeption der Unendlichkeit Gottes.[2] Im folgenden soll nun zuerst geklärt werden, welche Rolle das sog. Beweisverfahren Gregors für die Unendlichkeit Gottes spielt. In einem nächsten Schritt soll untersucht werden, welchen Stellenwert die Unendlichkeit dort hat, das heißt, ob die Unendlichkeit Gottes das Beweisziel ist oder ob sich Gregor in *Contra Eunomium* mit Hilfe der Unendlichkeit gegen eine Stufung der Gottheit im Sinne des Eunomius wendet. Schließlich muß dargelegt werden, ob die Redeweise von der Unendlichkeit Gottes im Rahmen einer kataphatischen oder apophatischen Theologie angesiedelt werden muß, womit auch eng die Frage des Zusammenhanges von Unendlichkeit und Unfaßbarkeit verknüpft ist.

Das Beweisverfahren für die Unendlichkeit Gottes

Nach der grundlegenden Studie von Mühlenberg hat Gregor von Nyssa in *Contra Eunomium* zwei Beweisverfahren verwendet, um die Unendlichkeit Gottes herauszustellen: den Beweis aus der Unwandelbarkeit und den aus der Einheit Gottes.[3] Auf beide Gedankengänge Gregors und die jeweilige Interpretation Mühlenbergs sei hier näher eingegangen.

Betrachten wir zunächst den Textzusammenhang der ersten Stelle: Bei der Unwandelbarkeit Gottes betont Gregor, daß für das Wesen Gottes kein Überragen (d.h. keine Stufung) hinsichtlich der Mächtigkeit ($\delta \acute{u} \nu \alpha \mu \iota \varsigma$), Gutheit usw. gedacht werden könne, also auch nicht im Hinblick auf Vater, Sohn und Geist.[4] Denn — so fährt Gregor fort — für das

---

[1] Vgl. J.-A. RÖDER, 1993, z.B. 75-95.

[2] Dabei ist in diesem Zusammenhang nicht daran gedacht, die Unendlichkeit Gottes, deren Sinn und Stellenwert in Gregors Konzeption zu untersuchen ist, allein als eine Reaktion auf Eunomius aufzufassen (dagegen wehren sich mit Recht CH. KANNENGIESSER, 1967, 63 und R. BRIGHTMAN, 1973, 103). Vielmehr soll die Unendlichkeit Gottes in verschiedenen Schriften Gregors je eigens thematisiert werden, um Konvergenzen und Divergenzen feststellen zu können, d.h., es handelt sich hier jeweils um eine synchrone Betrachtungsweise, die nicht primär die Herkunft eines Gedankens (Diachronie) untersucht.

[3] Vgl. E. MÜHLENBERG, 1966, 118-126.

[4] Vgl. Eun I 167, p. 77,1-7.

Gute gelte, daß die Gutheit keine Grenze habe, solange dazu kein Gegenteil vorhanden sei.[5] Wenn man aber wie Eunomius annehme, daß Sohn
und Geist wandelbar sind, sich somit auch zum Schlechteren verändern
können, setze er auch für den Sohn und den Geist eine Stufung der Gutheit voraus; nehme man aber an, daß die göttliche Natur unwandelbar sei,
was auch die Gegner zugestehen[6], müsse die Gutheit als >un-begrenzt<
(ohne Grenze) angesehen werden. Dabei hebt Gregor explizit hervor, daß
für ihn *unbegrenzt* und *unendlich* dasselbe sind. Spreche man aber von
Vermehrung oder Verminderung, dann müsse gefolgert werden, daß das
Mehr oder Weniger sich untereinander unterschieden und somit auch
Grenzen setzten. Gregor schließt den Gedanken mit der Frage: Wie
könnte dann aber einer bei Dingen, bei denen es keine Grenze gibt, das
über das Maß Hinausgehende denken?[7]

Wie interpretiert nun Mühlenberg diese Stelle? Um diesen Gedankengang Gregors zu verdeutlichen, versucht Mühlenberg nach Art eines Syllogismus einen Beweisgang aufgrund der Begriffe >selbstgenügsam< und
>unwandelbar< herauszuarbeiten.[8] Er verweist zusätzlich auf Aristoteles[9],
um zu zeigen, daß Veränderung einen Gegensatz voraussetze; fehle dieser, sei es unmöglich, daß sich etwas wandle.[10] Gregor setze dies unreflek-
tiert voraus, um zu verhindern, daß sich Sohn und Geist zum Schlechteren
ändern könnten. Damit befinde sich Gregor auf derselben Ebene wie Platon und Aristoteles[11], von der Gregor ausgehe.[12] Erst aufgrund dieser Zusatzannahmen ist es nach Mühlenberg möglich, den Beweisgang Gregors
nach Art eines Syllogismus aufzufassen, der eine logische und eine metaphysische Grundlage besitze.[13] Dieser Syllogismus führe nach Mühlenberg
zwingend zur Unendlichkeit Gottes:

---

[5] Vgl. Eun I 168, p. 77,7-13.

[6] Damit bedient sich Gregor der Methode des gemeinsamen Ausgangspunktes
(ὁμολογία), um dem Gegner zu zeigen, wohin das Zugestandene notwendig führt und
welche Probleme sich aus der Position des Gegners dann ergeben; diese für Gregor typi-
sche Vorgehensweise hat H.M. MEISSNER deutlich herausgearbeitet (vgl. H.M. MEISSNER,
1991, z.B. 115-121.127-138).

[7] Vgl. Eun I 169-171, p. 77,13-78,3.

[8] Vgl. E. MÜHLENBERG, 1966, 120 (Er selbst spricht dort von einem Syllogismus.).
Zum Beweisgang vgl. auch E. CORSINI, 1981, 198.

[9] Vgl. Aristoteles, Phys 226b6-8.

[10] Vgl. E. MÜHLENBERG, 1966, 120.

[11] Vgl. Platon, Phaid 78cd; Aristoteles, Met 1073a11; De caelo 270a14.

[12] Vgl. E. MÜHLENBERG, 1966, 121.

[13] Vgl. E. MÜHLENBERG, 1966, 121.

(I) Die logische Prämisse sei, daß positive Eigenschaften wie Güte, Macht
    usw. nur durch das jeweilige Gegenteil begrenzt werden können;
(II) Die metaphysische Prämisse sei, daß die göttliche Natur unveränder-
    lich ist.[14]

Der Beweis lautet dann nach Mühlenberg:

(1) Da Gott unveränderlich ist (II), ist ein Gegenteil zu seinem Sein nicht
    vorhanden.
(2) Da Gott über den Gegensatz erhaben sei, sei er auch vollkommen gut.
(3) Da nach (I) Gott nicht begrenzt werden könne, sei er auch unbegrenzt
    im Guten.
(4) Das Unbegrenzte ist dem Unendlichen gleich.[15]

Nach Ullmann sind allerdings an diese Interpretation zwei Anfragen zu
richten, zum einen eine formale hinsichtlich des syllogistischen Schlusses,
zum anderen eine inhaltliche, die vom Textbefund bei Gregor ausgeht.
Formal sei bei Mühlenberg nicht geklärt, wie die Verknüpfung von (I) und
(II) gerechtfertigt sei, zumal beide Prämissen auf ganz verschiedenen
Ebenen lägen; das heißt, die Frage besteht darin, wie das Verhältnis der
Subjekts- und Prädikatstermini zu bestimmen ist: Nach Mühlenbergs Satz
(3) »Gott ist nicht begrenzbar« wird nach Ullmann aufgrund der Prämisse
(I) lediglich die Begrenzbarkeit von Eigenschaften verhandelt. Da aus der
Unendlichkeit einer Eigenschaft (z.B. Gottes Gutheit) nicht notwendig
auch die Unendlichkeit des Trägers der Eigenschaft folge, sei dieser Be-
weisschritt zumindest unvollständig.[16] Es müßte jedoch — über die Kritik
Ullmanns hinaus — gezeigt werden, wie das Zusprechen einer Eigenschaft
sinnvoll ist, wenn nicht der »Träger« mit ihr kompatibel sein oder minde-
stens diese Eigenschaft zu seinem Sein gerechnet werden könnte. Aus diesen Anfragen heraus ist es notwendig, die Textstelle nochmals zu interpre-

---

[14] Vgl. E. MÜHLENBERG, 1966, 121.
[15] Vgl. E. MÜHLENBERG, 1966, 121f; vgl. auch E. MÜHLENBERG, 1971, 235.
[16] Vgl. W. ULLMANN, 1987, 158f. Für die Frage der Eigenschaften im Zusammenhang
mit abstrakten Gegenständen vgl. W. KÜNNE, 1983, 48f.97-137 (zu unterschiedlichen modernen Ansätzen).
Die Unendlichkeit eines Trägers einer Eigenschaft kann zweifach verstanden werden: Unendlich ist der Träger im Sinne einer ihm unmittelbar zukommenden Prädikation; unendlich ist Gott insofern, als ihm unendliche Gutheit zukommt. Aus dem von E. MÜHLEN-
BERG angeführten Beweis ergibt sich m.E. nur die zweite Möglichkeit, während E. MÜH-
LENBERG die erste als bewiesen ansieht.

tieren. Bevor dies jedoch weiter entfaltet wird, soll zunächst der zweite Beweis Gregors kurz angeführt werden.

Dort geht Gregor davon aus, daß das trinitarische *Wesen* einfach sein müsse und als solches kein Mehr oder Weniger zulasse, also auch keine Über- und Unterordnung.[17] Gregor greift hier eine Formulierung aus der aristotelischen Kategorienschrift auf[18], in der betont wird, daß ein Mehr oder Weniger bei der οὐσία insofern nicht angenommen werden kann, als jede οὐσία nicht mehr oder weniger genannt wird in Bezug auf das, was sie ist.[19] Gregor führt diesen Gedanken weiter, indem er behauptet, daß die ἁπλότης bei Gott keine Mischung von Eigenschaften (μίξις ποιοτήτων) zulasse; die Vernunft nehme eine unteilhaftige und unzusammengesetzte Kraft an. Deshalb könne auch kein Unterschied (διαφορά) wahrgenommen werden.[20] Indem aber Eunomius die Einheit der οὐσία mißachte und eine Vermehrung und Verminderung einführe, denke er eine Differenz; demnach müßte es auch ein κατά τι geben, nach dem sich die οὐσίαι voneinander unterscheiden. Dies führe letztlich zu dem Gedanken der Größe.[21] Gehe man davon aus, daß die göttliche Natur Eigenschaften wie die Gutheit, Weisheit usw. nicht unvollkommen besitzen kann, und nehme man zugleich an, daß es bei diesen eine Vermehrung oder Verminderung gebe, dann setze man das Göttliche als etwas an, das aus Ungleichem zusammengesetzt sei, und führe folglich auch die Differenz von Zugrundeliegendem und dessen ein, das durch Teilhabe an dem Zugrundeliegenden Eigenschaften besitze.[22] Bei der Annahme, daß das Göttliche aber wahrhaft Eines sei, könne es dies nicht erst durch irgendeinen Hinzuerwerb werden; dann müsse man aber auch die Annahme eines Mehr oder Weniger vermeiden.[23]

Diesen Gedankengang faßt Mühlenberg wiederum in ein syllogistisches Schema mit einer logischen und einer metaphysischen Prämisse. Die logische Prämisse entspricht der des ersten Beweises:

(I) »Die Grenze eines Dinges wird durch die anwesende Größe ihres Gegenteils bestimmt.«[24]

---

[17] Vgl. Eun I 232, p. 94,26-95,1.
[18] Vgl. Aristoteles, Cat 3b33f.
[19] Vgl. Aristoteles, Cat 3b35f; vgl. auch Met 1038a33-35; dazu J. STENZEL, 1933, 138.
[20] Vgl. Eun I 232, p. 95,1-4; dazu auch E. MÜHLENBERG, 1966, 123.
[21] Vgl. Eun I 233, p. 95,5-12.
[22] Eun I 234, p. 95,12-20.
[23] Eun I 235, p. 95,20-25.
[24] E. MÜHLENBERG, 1966, 125. Zu Basilius (bes. *De spiritu sancto*) und der dortigen Erwähnung der Unendlichkeit vgl. die Hinweise von H.J. SIEBEN, 1993, 110.

(II) Metaphysische Prämisse: Gottes Wesen ist einfach.

Daraus wird gefolgert:

(1) Gott ist einfach (II) und deshalb auch nicht durch Teilhabe gut.
(2) Gottes Wesen ist nicht aus entgegengesetzten Eigenschaften zusammengesetzt, da er einfach ist; so ist auch das Schlechte als Gegenteil des Guten ausgeschlossen.
(3) Nach (I) gilt, daß Gottes Größe im Guten nicht begrenzt sei.
(4) Also: Gott ist unbegrenzt gut, folglich unendlich.[25]

Analog zu den obigen Anfragen muß man nach Ullmann zu den Ausführungen Mühlenbergs anmerken, daß die beiden Prämissen (I) und (II) auf verschiedenen Ebenen liegen (4); ferner geht Gregor von Nyssa auch in dieser Gedankenfolge von der Vollkommenheit aus und versucht zu zeigen, daß dann keine Stufung hinsichtlich Vater, Sohn und Geist angenommen werden kann.[26] Aufgrund dieser Anfragen an das Modell, das Mühlenberg zugrundelegt, ist ein erneuter Blick auf beide Beweise notwendig.

---

[25] Vgl. E. MÜHLENBERG, 1966, 125; vgl. auch E. MÜHLENBERG, 1971, 235. E. MÜHLENBERG schließen sich - mit geringen Modifikationen - auch H. DÖRRIE, 1976, 37; M. CANÉVET, 1984, 24.32; R. MORTLEY, 1986a, 174; M. FIGURA, 1987, 34; R.P.C. HANSON, 1988, 720.722; A.M. RITTER, 1989, 205f; B. STUDER, 1992, 490; F. DÜNZL, 1993a, 109 Anm. 70; E. PEROLI, 1993, 45f; F. DÜNZL, 1994a, 20.65 an. Vgl. ferner E.F. HARRISON, 1986, 26-42.
Gegenüber E. MÜHLENBERG will J. McDERMOTT diesen Unendlichkeitsbegriff zeitlich auf Hilarius von Poitiers vorverlegen (vgl. J. McDERMOTT, 1973, 172-202). A.M. RITTER betont, daß Gregor mit der Tradition nicht in dem Maße gebrochen habe, wie dies E. MÜHLENBERG hervorhebe (vgl. A.M. RITTER, 1979, 421-423).
[26] Vgl. W. ULLMANN, 1987, 159.
D.L. BALÁS stellt für die Einheit zu Recht diesen Aspekt heraus (vgl. D.L. BALÁS, 1966, 130), betont aber - unter Vernachlässigung des Beweiszieles, daß eine Stufung ausgeschlossen sei -, daß die göttliche Unendlichkeit affirmativ gedacht werde (vgl. D.L. BALÁS, 1966, 131); ähnlich auch A. MEREDITH, 1988a, 345.
CH. APOSTOLOPOULOS wehrt sich vor allem gegen MÜHLENBERGs Interpretation der Texte von *De anima et resurrectione* - was hier nicht untersucht wird -, behauptet jedoch ganz allgemein ohne einen Stellennachweis, daß Gott als das an sich Gute sich in seiner Natur bewege und ins Unbestimmte fortschreite (vgl. CH. APOSTOLOPOULOS, 1986, 336). Zum einen ist aber von einem *Fortschreiten* hier - in Contra Eunomium - nicht die Rede, zum anderen dürfte nach der Identifikation von ὅρος und πέρας das ἄπειρον sicher nicht als Unbestimmtes aufgefaßt werden, sondern als das, was keine Grenzen hat, also als Unbegrenztes (vgl. E. MÜHLENBERG, 1966, 102f).

Das Ziel bei den Beweisen aus der Unwandelbarkeit und Einheit

Bei dem Beweis aus der Unwandelbarkeit geht Gregor von Nyssa vor der
inhaltlichen Durchführung von zwei Annahmen aus. Die Hauptprämisse
besagt, daß bei der Höchststufe des Seins (τὸ ἄνω ... τῆς οὐσίας) kein
Überragen denkbar ist, also auch kein Mehr oder Weniger, was die Kraft,
Gutheit usw. betrifft.[27] Gregor von Nyssa ist sich— wie oben bereits angemerkt — in der Tat des aristotelischen Gedankens bewußt, daß die οὐσία
ein Mehr oder Weniger nicht zuläßt, wohl aber die Qualitäten[28], was auch
Porphyrius hervorhebt[29]. Würde man von einem Mehr oder Weniger sprechen, wie dies Eunomius tut, müßte man sich auf eine Ebene begeben, die
nicht mehr die der οὐσία ist, und müßte Größen einführen, die für Gregor
notwendig eine materielle Zusammensetzung und damit auch eine Teilung der zusammengesetzten Entität implizieren.[30] Davon zu unterscheiden ist nach Gregor die ungeschaffene Natur[31], für die eine solche gradu-
elle Unterschiedenheit nicht zutreffen könne.

Dabei sucht jedoch Gregor mit Eunomius eine gemeinsame Ausgangsbasis (ὁμολογία). Denn auch Eunomius würde behaupten, daß bei der
οὐσία ein Mehr oder Weniger unmöglich ist. Es handelt sich hier aber nur
um ein scheinbares ὁμολογούμενον. Denn Eunomius trennt die οὐσία
Gottes von der des Sohnes und der des Hl. Geistes durch den Begriff

---

[27] Vgl. Eun I 167, p. 77,1-3; dazu F. DIEKAMP, 1896, 204; W. ULLMANN, 1987, 159.

[28] Vgl. Aristoteles, Cat 10b26-28.

[29] Vgl. Porphyrius, Isagoge p. 22,9-10.

[30] Vgl. Eun I 233, p. 95,8; ferner Virg 4, p. 267,23-268,9; Beat 1, p. 79,22-80,3; Infant p.
85,24-86,2; dazu D.L. BALÁS, 1966, 133f.

[31] In Eun I führt Gregor von Nyssa eine doppelte Unterscheidung ein, nämlich sensi-
bel-intelligibel und geschaffen-ungeschaffen. A.A. MOSSHAMMER kann überzeugend nachweisen, daß für Gregor im ontologischen Sinne die Antithese >geschaffen-ungeschaffen<
der von >sensibel-intelligibel< vorzuordnen ist, epistemologisch aber vom Sensi-
blen/Intelligiblen ausgegangen werde, um mit Eunomius eine gemeinsame Ausgangsbasis
der Argumentation zu haben. Unterscheidungen von Mehr und Weniger können auf der
Ebene des geschaffenen Intelligiblen getroffen werden, nicht aber für das ungeschaffene
Intelligible (vgl. A.A. MOSSHAMMER, 1988, 354-359.365-368; undeutlicher D.L. BALÁS,
1966, 134f; E. MÜHLENBERG, 1966, 106-108; D.F. DUCLOW, 1974, 103.106; A. MEREDITH,
1988a, 345; für unterschiedliche Ausprägungen der Gottesvorstellung vgl. W. VÖLKER,
1955, 32-35). Demgegenüber will CH. APOSTOLOPOULOS zeigen, daß Gregor gerade nicht
eine Trennung zwischen Geschöpf und Schöpfer vertreten habe, da sich die Unterscheidung >geschaffen-ungeschaffen< aus der Unterscheidung >wahrnehmbar-gei-
stig< ergebe (vgl. CH. APOSTOLOPOULOS, 1986, 330f). Damit verkennt er jedoch die doppelte Antithese, die Gregor in der Tat nicht gegenseitig voneinander ableitet; dies hat A.A.
MOSSHAMMER in aller Deutlichkeit gezeigt.

ἀγεννησία, während Gregor diese οὐσία trinitarisch versteht[32]: Auch für die Hypostasen des Sohnes und Geistes müsse man annehmen, daß sie keinen Mangel haben und deshalb zu der *einen* οὐσία gehören.[33] Darin sucht Gregor die ὁμολογία mit seinen Lesern, indem er die Eunomianer von dieser ὁμολογία deutlich ausklammert (μὴ ὅτι τοῖς ἐπὶ σοφίᾳ πλεονεκτεῖν ὑπειλλημμένοις[34]). Im Anschluß daran versucht Gregor zu begründen (γάρ)[35], warum der Begriff ἀνενδεής auch für den Sohn und Hl. Geist angesetzt werden kann.[36]

Um diesen Gedanken zu erläutern, geht Gregor von der Gutheit Gottes aus, von der er behauptet, daß sie keine Grenze habe, weil sie von ihrem Gegenteil nicht ›berührt‹ werde.[37] Mit Aristoteles[38] setzt Gregor also voraus, daß nur Entgegengesetztes eine ontologisch relevante Begrenzung bewirken kann.[39] Somit ist auf der Höchststufe eine Veränderung und Begrenzung nur durch das Gegenteil möglich. Wenn aber für die Gutheit bei

---

[32] Vgl. D.L. BALÁS, 1966, 23-33.
[33] Vgl. Eun I 167, p. 77,4-7. Dazu W. ULLMANN, 1987, 159. W. ULLMANN spricht hier davon, daß Sohn und Geist am höchsten Sein *teilhaben*, was aber insofern irreführend ist, als Gregor dann eine Begrenzung in dem Sinne einführen würde, daß eine teilhabende Vollendung auch eine begrenzte Vollendung ist (vgl. D.L. BALÁS, 1966, 132); zum Problem vgl. auch R.J. KEES, 1995, 95 mit Gregor, Or cat 1, p. 9,9-12.
[34] Eun I 167, p. 77,4f.
[35] Vgl. Eun I 168, p. 77,7.
[36] Gregor von Nyssa steht hier vor dem Problem, wie er die Einheit von Vater, Sohn und Geist fassen soll, d.h., wie ihre Gleichwesentlichkeit zu explizieren ist (zur Entwicklung des Begriffes, vor allem im Zusammenhang von Basilius und Apolinarius vgl. R.M. HÜBNER, 1993, 70-91): zum Problem insgesamt vgl. W. ELERT, 1957, 47f; E. MÜHLENBERG, 1966, 111-113; CH. KANNENGIESSER, 1967, 64; E. MÜHLENBERG, 1981, 124-131.135-137; R. MORTLEY, 1986a, 172; W. ULLMANN, 1987, 163-166; L.F. MATEO-SECO, 1988, 393f (zur Gottheit des Sohnes); B. SALMONA, 1990, 165-170 (zum Logos); zur Differenz von Gregor und Plotin vgl. A.H. ARMSTRONG, 1954, 235; zur Begrifflichkeit Gregors vgl. G.C. STEAD, 1976, 117-119. Zu Gregor und den Pneumatomachen vgl. M.A.G. HAYKIN, 1994, bes. 189-201.
Zum Verhältnis Gregors zu Basilius und Apolinarius werde ich eine eigene Studie vorlegen. Zu Adv Eun von Basilius vgl. z.B. M.V. ANASTOS, 1981, 67-136; zu Basilius und Apolinarius R.M. HÜBNER, 1989, 252-256; R.M. HÜBNER, 1993, 70-91.
Gegen Gregor konnte der Vorwurf erhoben werden, daß durch sein Modell die Einheit Gottes im Sinne eines Tritheismus zerstört werde, worauf Gregor in *Contra Eunomium, Ad Ablabium* und *Quod non sint tres dii* mit einer generischen Identität der Trinität oder der einen οὐσία im Sinne der aristotelischen zweiten ›Substanz‹ antwortet; vgl. auch besonders Or cat 3, p. 15,10-17,12. Eine weitere Klärung dieses Ansatzes, auch der damit verbundenen Probleme, kann hier aber nicht geleistet werden; zum Problem vgl. A. MEREDITH, 1975, 15-17; A. MEREDITH, 1988a, 342f; A. MEREDITH, 1990, 133f.
[37] Vgl. Eun I 168, p. 77,7-9.
[38] Vgl. Aristoteles, Phys 226b1-17.
[39] Vgl. W. ULLMANN, 1987, 159. Der zusätzliche Hinweis W. ULLMANNs auf Platon, Phaid 70c trifft aber m.E. nicht zu; es wäre eher an Platon, Theait 176a zu denken, wo Platon betont, daß das Böse immer dem Guten entgegengesetzt sei, dies aber nicht für die Götter zutreffe; vgl. ferner W. VÖLKER, 1955, 32.

der göttlichen Natur keine Grenze gefunden werden könne, könne die
Gutheit auch nicht umschrieben werden und müsse als unbegrenzt gedacht werden.[40] Unbegrenztes und Unendliches sind aber nach Gregor
identisch[41]; also ist für die göttliche Natur hinsichtlich der Gutheit qua
Unbegrenztes / Unendliches eine Vermehrung oder Verminderung
ausgeschlossen.[42] Damit fungiert aber die Unendlichkeit nicht etwa als
Beweisziel eines syllogistischen Schlusses, wie dies Mühlenberg angenommen hat[43], sondern dient in der Beweisfigur formal als Mittelbegriff,
um eine Stufung innerhalb der Gottheit im Sinne des Eunomius abzuwehren.[44]

Über diese im wesentlichen von Ullmann vorgetragene Kritik hinaus
müßte aber folgendes beachtet werden, ohne erneut einen syllogistischen
Schluß im Sinne Mühlenbergs einzuführen: Gregor von Nyssa versucht
zwar, den Gottesgedanken des Eunomius mit Hilfe der Überlegungen zur
Einheit der οὐσία zu überwinden; damit ist sein Ziel verbunden, Vater,
Sohn und Geist nicht »subordinativ« hinsichtlich der οὐσία zu differenzie-
ren. Es ist jedoch bei Ullmann in seiner Kritik an Mühlenberg noch nicht
gezeigt, was es heißen soll, daß die Unendlichkeit ein Prädikat zweiter
Stufe ist, also eine Eigenschaft von Eigenschaften. Denn gerade ein Blick
auf Eun III[45] macht deutlich, daß Gregor für die göttliche Natur, die ohne
»Abständigkeit« gedacht werden muß, die Unendlichkeit aussagt. Wenn
Gregor die Unendlichkeit Gottes in Eun lediglich als »Eigenschaft von
Eigenschaften« eingeführt hätte, müßte sachlich geklärt werden, wie die
Differenz der Eigenschaft(en) Gottes zu seiner οὐσία negiert wird, also
das in der Rede von den Eigenschaften implizierte Substanz-Akzidenz-
Verhältnis aufgehoben wird. Anhand dieser Fragestellung läßt sich m.E.
zeigen, daß Gregor in dem oben skizzierten »Beweis« zwar das *Ziel* ver-
folgt, den eunomianischen Gottesbegriff aus den Angeln zu heben, daß

---

[40] Vgl. Eun I 169, p. 77,17-20.
[41] Vgl. Eun I 169, p. 77,20.
[42] Vgl. Eun I 169-171, p. 77,20-78,3; dazu W. ULLMANN, 1987, 160.
[43] Ähnlich wie E. MÜHLENBERG auch D.L. BALÁS, 1966, 131; E. FERGUSON, 1973, 64;
D.F. DUCLOW, 1974, 103.
[44] Vgl. W. ULLMANN, 1987, 160. Nach W. ULLMANN ist die Unendlichkeit ein Prädikat
zweiter Stufe, eine Eigenschaft von Eigenschaften, um dem Arianismus jede Möglichkeit
zu entziehen, Aussagen über das Wesen Gottes aus den Eigenschaften zu treffen. Dabei ist
jedoch noch nicht gezeigt, wie es gelingt, bei dem Begriff »Eigenschaft« die Differenz zur
οὐσία in Gott zu negieren, also das »Substanz-Akzidenz-Verhältnis« aufzuheben.
Zur Kritik vgl. auch K.-H. UTHEMANN, 1993, 171.
[45] Vgl. Gregor von Nyssa, Eun III,VII 33, p. 226,25-227,1.
Ob man nach diesen systematischen Überlegungen Eun I und III scharf voneinander absetzen kann, wie dies R.J. KEES tut (vgl. R.J. KEES, 1995, 16 Anm. 55), ist fraglich.

dies jedoch voraussetzt, daß die Unendlichkeit in sich *nicht* als Eigenschaft zweiter Ordnung bestimmt werden kann, sondern daß die Rede von den Eigenschaften Gottes zugleich *Wesens*-Aussagen sind, wie Eun III deutlich zeigt.[46] Daraus läßt sich jedoch gerade nicht der von Mühlenberg vorgelegte Syllogismus ableiten.

Eine vergleichbare Argumentation ließe sich auch für den sog. Beweis aus der Einheit Gottes zeigen, allerdings *ex negativo*. Dabei wird für die jeweiligen Beweisschritte die Kontrastposition des Eunomius herausgestellt, um ihre Unhaltbarkeit zu zeigen. Auch hier versucht Gregor — formal —, die Unmöglichkeit aufzuweisen, ein Mehr oder Weniger in die Gottheit einzuführen.[47]

Exkurs: potentielle und aktuell Unendlichkeit

Nach Ullmann denke Gregor die Höchststufe des Seins immer schon trinitarisch (dies betrifft die Nebenprämisse II)[48]; er habe dies aber nie genau expliziert.[49] Ferner sei die Argumentation Gregors nur unter der Annahme haltbar, daß das Unbegrenzte mit dem Unendlichen identisch ist.[50] Zudem ist nach Ullmann der vorliegende Beweisgang nur dann schlüssig, wenn man >unbegrenzt< im Sinne von >unbestimmt< und >unendlich< im Sinne des aristotelischen potentiell Unendlichen versteht.[51] Gregor hätte nach Ullmann einerseits zeigen müssen, daß

---

[46] Vgl. dazu unten.

[47] Zu den beiden >Beweis<-Gängen werde ich in Kürze eigene Untersuchungen vorlegen.

[48] Vgl. Gregor, Eun I 228, p. 93,17-19.

[49] Vgl. W. ULLMANN, 1987, 161; zum Problem vgl. auch E. MÜHLENBERG, 1966, 133f, der hier ausgewogener als W. ULLMANN argumentiert.

[50] Vgl. W. ULLMANN, 1987, 160; natürlich kann man— wie W. ULLMANN— auf CANTOR oder BOLZANO verweisen, um zu zeigen, daß diese Gleichsetzung z.B. in der Mengenlehre CANTORs nicht zutreffe (vgl. B. BOLZANO, 1984, 221-255; G. FREGE, 1987, 116-119 [zur Arithmetik]); das vorliegende Problem soll aber nicht weiter thematisiert und einer kritischen Anfrage unterzogen werden, wie dies etwa R. DEDEKIND in Abgrenzung von BOLZANO getan hat (Nachweise bei H. HAHN, 1984, 256-265); dazu auch J. LE BLANC, 1993, 52f.

[51] Vgl. W. ULLMANN, 1987, 160 mit Verweis auf Aristoteles, Phys 207a; W. ELERT behauptet die potentielle Unendlichkeit im Rahmen der Interpretation der Inkarnation (vgl. W. ELERT, 1957, 48). Zur Sache auch M.N. ESPER, 1979, 68-74.
J. LE BLANC versucht unter dem Rückgriff auf Descartes und Leibniz zu zeigen, daß sich die potentielle und aktuelle Unendlichkeit, die in der Mathematik beheimatet sein soll, von einer Unendlichkeit Gottes im theologischen Bereich unterscheiden ließe (vgl. J. LE BLANC, 1993, 52-55). Zu fragen bliebe allerdings, ob sich diese Differenz klar auf die antike Fragestellung übertragen läßt, was J. LE BLANC jedoch nicht thematisiert.

jene höchste Seinsstufe prinzipiell unüberschreitbar ist, andererseits, daß Sohn und Geist nicht durch Teilhabe mit dem obersten Sein eins sein konnten.[52]

Zu diesen beiden Kritikpunkten ist folgendes zu bemerken: für den ersten Aspekt übersieht Ullmann, daß Gregor im dritten Buch von *Contra Eunomium* gerade zu zeigen versucht[53], daß Gottes Natur, weil sie in sich ohne Abständigkeit ist, nicht erreicht werden kann; dies betrifft also nicht etwa nur die Eigenschaften, wie Ullmann behauptet. Für den zweiten Aspekt, nämlich den der Teilhabe, läßt sich aber auch in den beiden Beweisgängen kaum ein stichhaltiger Beleg beibringen, daß Sohn und Geist aufgrund der *Teilhabe* zur Einheit Gottes gehören.[54] Die Unterscheidung von οὐσία und ὑπόστασις, die Gregor in anderen Schriften trifft[55], arbeitet gerade nicht mit dem von Ullmann vorgebrachten

---

[52]   Vgl. W. ULLMANN, 1987, 161.

[53]   Gregor von Nyssa, Eun III,VII 33, p. 226,25-227,1.

[54]   Auch im Fall von Eun I 234, p. 95,17-20 spricht nichts gegen diesen Einwand, da Gregor hier von der Position des Eunomius ausgeht, um dann zu zeigen, daß die eunomianische Stufenlehre notwendig impliziert, von Teilhabe zu sprechen. Auch die Redeweise ἀδιαστάτως für das Verhältnis von Vater, Sohn und Geist schließt gerade eine Stufung im Sinne der Teilhabe aus (dazu z.B. E. MOUTSOULAS, 1988, 386). Zur Sache auch L. SWEENEY, 1992, 485 und R.J. KEES, 1995, 95; dazu auch Gregor von Nyssa, Or cat 1, p. 9,9-12.

[55]   Vgl. dazu Ref Eun 205-207, p. 399,12-400,21; Or cat 1, p. 6,12-8,16; Graec p. 23,4-21; Graec p. 29,11-30,5; Graec p. 31,1-7; Ep 24, p. 76,5-19; Ps.Basilius, Ep 38, 2 und 5, p. 81f und 87-89; das gilt auch angesichts der Übersetzung von H.J. VOGT, der an einer Stelle zu Graec den Begriff >Teilhabe< einführt (vgl. H.J. VOGT, 1991, 209), was aber den Begriff κοινωνία wiedergeben soll (Graec p. 29,12). Insgesamt würde der Gedanke der Teilhabe auch schlecht zum aristotelischen Duktus der Unterscheidung passen (vgl. dazu H.J. VOGT, 1991, 215).
Zum Problem insgesamt W. BEIERWALTES, 1987, 464-466.
Zur Unterscheidung von οὐσία und ὑπόστασις vgl. R. ARNOU, 1935, 2344f; R.M. HÜBNER, 1971, 206-209; R.M. HÜBNER, 1972, 463-490; R.M. HÜBNER, 1974, 73-75; A. MEREDITH, 1975, 16f; F. DINSEN, 1976, 155-159; CHR. V. SCHÖNBORN, 1984, 30-44; R. MORTLEY, 1986a, 160-170; R.P.C. HANSON, 1988, 724-730; A.M. RITTER, 1989, 201-203.205f; A. GRILLMEIER, 1990, 542-545; G. BAUSENHART, 1992, 46-51; G.C. STEAD, 1992, 424; J. PANAGOPOULOS, 1993, bes. 7-10; B. POTTIER, 1994, 90-118.
Zum Problem des Ansatzes von Gregor vgl. G.C. STEAD, 1976, 112f.117-119; G.C. STEAD, 1990a, 149-162; G.C. STEAD, 1992, 425; G. BAUSENHART, 1992, 89-95.
Auch weitere Fragen können hier nicht ausführlich diskutiert werden, so z.B. die Zuweisung der Ep 38 des Basilius an Gregor von Nyssa, die R.M. HÜBNER vor allem aus inhaltlichen Gründen vornimmt (vgl. R.M. HÜBNER, 1972, 463-490). Neben kleineren Korrekturen von F. DINSEN (vgl. F. DINSEN, 1976, 351 Anm. 12; G.C. STEAD ist in seiner Beurteilung schwankend: gegen Gregor als Autor vgl. G.C. STEAD, 1981, 180; für Gregor vgl. G.C. STEAD, 1990a, 149) hat vor allem J. HAMMERSTAEDT eine scharfe Kritik vorgebracht, indem er z.B. behauptet, daß der Begriff πρόσωπον, der typisch für Gregor sei, nicht in Ep 38 zu finden ist (vgl. J. HAMMERSTAEDT, 1991, 419; ferner J. HAMMERSTAEDT, 1994, 1020f); dies trifft aber mit Sicherheit nicht zu (vgl. Ep 38,4, p. 85,42); auch der Hinweis, der Vergleich mit dem Regenbogen in Ep 38,5, p. 87f deute auf eine materielle οὐσία-Vorstellung (vgl. J. HAMMERSTAEDT, 1991, 418), was gegen Gregor spreche, ist in sich wenig stichhaltig, da die Erläuterung eines Gedankens (Einheit und Verschiedenheit in der Trinität) mit Hilfe eines Vergleichs aus dem Bereich der αἴσθησις nichts besagt für die ver-

Teilhabegedanken. Das müßte auch für Gregor von Nyssa insofern Schwierigkeiten bereiten, als Teilhabe im Sinne einer Unterordnung gedeutet wird und somit auch das Ziel des Beweises, ein Mehr oder Weniger bei der Natur Gottes zu vermeiden, unterlaufen werden könnte. Es bleibt folglich vor allem zu prüfen, ob Gregor unter >unbegrenzt< hauptsächlich >unbestimmt< meint und >unendlich< als >potentielle Unendlichkeit< im Sinne des Aristoteles deutet.[56] Diese Differenzierung in >unbegrenzt< und >unbestimmt< durch Ullmann sowie der Hinweis auf das aristotelisch gedachte potentiell Unendliche sind jedoch äußerst fragwürdig und wenig stichhaltig. Sie sollen im folgenden durch einige knappe Hinweise korrigiert werden:

Im Erkenntnisprozeß bedeutet das Auffinden von Grenzen, daß ein Gegenstand durch sie oder im Erkennen bestimmt wird.[57] Was grenzenlos ist, ist dann in dieser Hinsicht auch unbestimmt und unbestimmbar. Aus zwei Gründen scheint aber über diese Bedeutung (unbestimmt) hinausgegangen werden zu müssen: zum einen betont Gregor explizit, daß τὸ ἀόριστον bedeute: τὸ μὴ ἔχειν ὅρον[58]; zum anderen hebt Gregor hervor, daß τὸ ἀόριστον mit τὸ ἄπειρον identisch ist.[59] Aus beiden Textstellen läßt sich m.E. die Bedeutung >unbestimmt< für ἄπειρος nicht halten[60], da sie darauf abheben, daß das ἄπειρον im Sinne des ἀόριστον bedeute, keine *Grenze* zu haben.

Was die Frage der Unendlichkeit betrifft, hat Ullmann vorgeschlagen, diese im Anschluß an Aristoteles als >potentielle Unendlichkeit< zu verstehen. Aristoteles schreibt, daß das Unendliche nicht so sehr das sei, außerhalb dessen nichts ist, sondern das, außerhalb dessen immer etwas ist.[61] An dieser Stelle be-

---

glichene Sache, soweit es die Frage der Materialität betrifft. Zudem ist der Sache nach darauf zu achten, daß zwischen göttlichem und kontingentem Bereich bei Gregor von Nyssa auch für die Sprachgestalt eine scharfe Trennlinie gezogen ist; auf diese Frage wird aber noch gesondert eingegangen (vgl. Teil III, 4.1 b). Trotz mancher Anfragen von W.-D. HAUSCHILD, die in eine ähnliche Richtung zielen (vgl. W.-D. HAUSCHILD, 1990, 182), äußert er sich hinsichtlich der Verfasserfrage vorsichtiger und läßt diese offen (vgl. W.-D. HAUSCHILD, 1990, 183). Vgl. ferner R.P.C. HANSON, 1988, 723; B. POTTIER, 1994, 85-87. Offen bleiben müssen in dieser Untersuchung auch spezielle Probleme der Inkarnationstheologie, der physischen Erlösungslehre (vgl. R.M. HÜBNER, 1974; kritisch dazu R. SCHWAGER, 1986, 77-100; F. DÜNZL, 1994, 161-181) sowie die Frage des Verhältnisses von oikonomia und theologia (dazu B. STUDER, 1985, 143-145; R.J. KEES, 1995, 91-198).

[56] In diesem Zusammenhang ist bereits hier darauf hinzuweisen, daß die >potentielle Unendlichkeit<, von der ULLMANN spricht, nur dann einen Sinn hätte, wenn Gregor von einem >werdenden< Gott spräche.

[57] Vgl. E. MÜHLENBERG, 1966, 105.

[58] Vgl. Eun III,I 103, p. 38,20f.

[59] Vgl. Eun I 169, p. 77,20.

[60] Vgl. E. MÜHLENBERG, 1966, 102; R.E. HEINE, 1975, 65 Anm. 1; vgl. auch J. WHITTAKER, 1984, XVIII 161; M. ESPER, 1990, 96 (Vergleich mit dem Kreisgedanken); zur Bedeutung der Exegese in diesem Zusammenhang vgl. M. CANÉVET, 1983, 249-265.

[61] Vgl. Aristoteles, Phys 207a1-2.

steht für Aristoteles das Unendliche in der unbegrenzten Möglichkeit des Fortschreitens — etwa im Sinne eines Seins im Werden. Würde man beim Unendlichen — so Simplicius zur Stelle — nach einem Zustand oder einer Gestalt suchen,
würde man nur die Grenze des Unbegrenzten finden, was mit dessen Vernichtung identisch sei.[62] Gregor versucht aber zu zeigen, daß eine Vermehrung bei
Gott ausgeschlossen ist: Gott ist vielmehr das, was er ist.[63] Darüber hinaus ist
m.E. der obige Beweis Gregors auch dann durchführbar, wenn nicht das potentiell Unendliche, sondern das aktuell Unendliche zugrundegelegt wird.[64]

Die Unendlichkeit und Unfaßbarkeit

Auch wenn Gregor von Nyssa in Eun I bei den beiden vorgelegten Beweisen aus der Unwandelbarkeit und Einheit Gottes den Begriff des Un-
endlichen oder Unbegrenzten nicht als Beweisziel einführt, wie dies
Mühlenberg darlegt, so wendet er doch an anderer Stelle den Begriff der
Unendlichkeit auf das Wesen Gottes bzw. seine Natur an. Im dritten Buch
von *Contra Eunomium* betont er nämlich, daß vom Unbegrenzten weder
Anfang noch Ende erfaßt werden könnten, da Anfang und Ende zu den
begrenzenden Begriffen gerechnet werden müßten, die ein διάστημα
(Abständigkeit) anzeigen. Wo aber keine Abständigkeit ist, ist auch keine
Grenze. Unter der Annahme, daß die göttliche Natur ohne Abständigkeit
ist, hat sie als ἀδιάστατος auch keine Grenze; ohne jegliche Grenze sei
sie aber unendlich.[65] Erst wenn für etwas Grenzen gefunden werden, ist es
auch bestimmbar.[66] Was aber ohne Grenze ist, entzieht sich jeder be-

---

Dazu ausführlich Teil III, 3.2.
[62] Vgl. Simplicius, In Arist Phys p. 493,4-12; dazu H. DEKU, 1986, 10-12.
Diese aristotelische Unendlichkeitskonzeption scheint auch CH. APOSTOLOPOULOS aufgegriffen zu haben, daß nämlich bei Gregor Gott seine Natur ständig überschreite, wobei
APOSTOLOPOULOS dafür keine Belege liefert (vgl. CH. APOSTOLOPOULOS, 1986, 339).
[63] Vgl. TH. KOBUSCH, 1993, 308.314.
[64] Für diese Interpretation plädiert auch TH. KOBUSCH, 1993, 314; zudem deckt sich
die Bedeutung der Unendlichkeit bei Gregor mit dem, was grundsätzlich für die aktuelle
Unendlichkeit angeführt wird (dazu einführend B. WEISSMAHR, 1983, 68; K. JÜSSEN, 1986,
480).
In diesem Zusammenhang ist aber nicht an das *quantitativ* aktual Unendliche gedacht, wo-
gegen sich K.-H. UTHEMANN zu Recht wehrt (vgl. K.-H. UTHEMANN, 1993, 173).
[65] Vgl. Eun III,VII 33, p. 226,25-227,1; dazu E. MÜHLENBERG, 1966, 110 und R.S.
BRIGHTMAN, 1973, 103. Ferner P. ZEMP, 1970, 61-72; T.P. VERGHESE, 1976, 249-251; R.J.
KEES, 1995, 16 Anm. 55.
Ein ähnlicher Gedankengang auch Gregor von Nyssa, Eun II 446f, p. 356,30-357,9; Basilius
von Caesarea, Adv Eun I 7, p. I 190/192; dazu D.L. BALÁS, 1976, 140.
[66] Die Stoiker sahen den Begriff als etwas an, das einen Gegenstand von außen um-
greift; dies muß als Hintergrund der Aussagen Gregors mit herangezogen werden; vgl. E.
MÜHLENBERG, 1966, 105.

grifflichen Bestimmung und bleibt als solches für das Denken unzugänglich.[67] Nimmt man beide Aussagen zusammen, ist die Unendlichkeit Gottes in dieser Hinsicht streng apophatisch zu bestimmen[68], so daß von hier aus Unendlichkeit und Unfaßbarkeit eng miteinander verbunden sind.[69]

Im Kommentar zum Ecclesiastes betont Gregor, daß das Gute von allem Seienden grundlegend verschieden ist und deshalb auch von diesem abgehoben werden muß.[70] Da das Geschaffene jeweils durch seine eigenen Grenzen bestimmt ist, kann auch die endliche menschliche Vernunft nicht zu diesem Guten aufsteigen, d.h. dieses Gute erkennen.[71] Die diskursiv erkennende Denkkraft erfaßt bei allem, was sie erkennt, auch die zeitliche Ausdehnung mit[72] und kann somit die ausdehnungslose göttliche Natur nicht erkennen.[73] Folglich ist das Schweigen[74] nicht etwa eine Sonderform, in der eine geheime Erkenntnisweise angesprochen wäre, son-

---

[67] Vgl. Eun III,I 103f, p. 38,21-39,3; dazu E. MÜHLENBERG, 1966, 102f; E. MÜHLENBERG, 1971, 236; CH. APOSTOLOPOULOS, 1986, 339; W. ULLMANN, 1987, 162; vgl. dazu auch die Konzeption der Theoria: Teil III, 1.1.a.
In diesem Zusammenhang ist hier *nicht* behauptet, daß Gregor auf der Undurchschreitbarkeit Gottes insistiert, sondern daß die Abständigkeit zum Ungeschaffenen (Gott) selbst nicht durchschreitbar ist (vgl. K.-H. UTHEMANN, 1993, 173; anders aber A.M. RITTER, 1989, 205 im Anschluß an MÜHLENBERG).
[68] Vgl. R.S. BRIGHTMAN, 1973, 100-105; D.F. DUCLOW, 1974, 104; D. CARABINE, 1992, 86f; J. PANAGOPOULOS, 1993, 7-10; J. PELIKAN, 1993, 232f.
[69] Wenn diese These zutrifft, dann läßt sich nur *bedingt*, d.h. in dem hier vorgelegten Kontext, von der Unendlichkeit als einem Wesensprädikat Gottes, einer positiven und qualitativ göttlichen Unendlichkeit usw. sprechen, so etwa bei W. ELERT, 1957, 46.68; J.E. HENNESSY, 1963, 292; E. MÜHLENBERG, 1966, 144.198.202 (anders aber 102.197.199.201); B.CH. BARMANN, 1966, 313; D.L. BALÁS, 1966, 131; J. HOCHSTAFFL, 1976, 109f; CL. MORESCHINI, 1994, 154 Anm. 133; zu einigen von diesen Ansätzen vgl. R.S. BRIGTHMAN, 1973, 106-111 und L. SWEENEY, 1992, 476-480.
[70] Vgl. Eccl 7, p. 412,14-17.
[71] Vgl. Eccl 7, p. 412,7f für die intellektuelle Vernunft.
[72] Vgl. Eccl 7, p. 412,18-413,5.
[73] Vgl. R. MORTLEY, 1986a, 171 und vor allem TH. KOBUSCH, 1993, 310-312; ferner R.S. BRIGTHMAN, 1973, 104; D.F. DUCLOW, 1974, 105; zu einer ähnlichen Konzeption bei Plotin vgl. TH. KOBUSCH, 1992, 93-114 (mit Belegen). Ferner F. DIEKAMP, 1896, 128-131; A.A. WEISWURM, 1952, 154-171; F.M. YOUNG, 1983, 117; A.A. MOSSHAMMER, 1990, 103-108; L. SWEENEY, 1992, 490-493.
Zentral ist hier der Gedanke Gregors, man könne erkennen, *daß* Gott ist, aber nicht, *was* er ist; dazu z.B. D. CARABINE, 1992, 87; F. DÜNZL, 1993, 297 (mit den entsprechenden Nachweisen). Entwickelt wurde diese Konzeption vor allem von Philon von Alexandrien unter dem Rückgriff auf den Mittelplatonismus (vgl. Mut 11-38, p. 158-163; Alkinoos, Didask 10,4, p. 23f; dazu G. SELLIN, 1992, 19-26; J. DILLON, 1993, 107-109 mit weiteren Belegen); vgl. ferner Aristoteles, Anal. post 71a11-17; Plotin, Enn VI 8,8; Basilius, Adv. Eun I 14, p. I 224; Origenes, Cels IV 29, p. 297-299; Athanasius, Ad Serap I 18, p. 573AB; Ps.Basilius, Adv.Eun V, p. 749BC; 752BC; vgl. dazu F.X. RISCH, 1992, z.B. 195.
[74] Vgl. Eccl 7, p. 409,8-416,7; zum Gedanken auch J. BAYER, 1935, 45f; E.V. IVÁNKA, 1964, 159f.

dern die einzig mögliche Haltung der menschlichen Vernunft gegenüber Gott.[75]

Es zeigt sich hier also, daß Gregor von Nyssa zwar in Eun I bei seinen Überlegungen zur Unwandelbarkeit und Einheit Gottes nicht die Unendlichkeit beweisen will, in Eun III aber von dieser Unendlichkeit spricht, die aufgrund der endlichen menschlichen Vernunft, welche stets durch Begriffe und durch ihre Verflochtenheit in die Zeit Grenzen setzt, als solche nicht erreicht und somit auch nur apophatisch angezeigt werden kann.

Es kann also festgehalten werden, daß Gregor in Eun I in seinen beiden Beweisen nicht die Unendlichkeit zum Hauptthema macht, sondern daß sein Ziel darin besteht, eine Stufung innerhalb der Gottheit im Sinne des Eunomius abzuwehren. Gregor kann an anderen Stellen (Eun III) von der Unendlichkeit Gottes sprechen, die man durchaus als Vollkommenheit interpretieren kann, wenn man den apophatischen Charakter der Aussagen bei Gregor beachtet. Diese Unendlichkeit ist aber nur als aktuelle Unendlichkeit verstehbar.

---

[75] Vgl. TH. KOBUSCH, 1993, 316.
Vgl. ausführlich Teil III, 4.1 b.

2. DIE UNENDLICHKEIT GOTTES IN »DE VITA MOYSIS« UND IN »IN CANTICUM CANTICORUM«

a) Der Ansatz Gregors

In VM nimmt Gregor von Nyssa zwar nur an wenigen Stellen direkt auf die Unendlichkeit Gottes Bezug. Er behandelt das Thema jedoch in zentralen Abschnitten, nämlich im Proömium[1] und bei der Darstellung des unendlichen Aufstiegs.[2] Dabei geht es ihm um die Frage, ob Gott von Angesicht zu Angesicht gesehen werden kann. Im Proömium hatte Gregor durch eine Analyse des Quantitativen zu zeigen versucht, daß dessen Erfassung durch die den Dingen inhärierenden Grenzen bestimmt sei, Gott aber nur durch die Negation von Grenzen verstanden werden könne, in diesem Sinne also un-endlich sei.[3] Genauer wird die Unendlichkeit Gottes an der zweiten erwähnten Stelle erörtert. Im folgenden steht vor allem die Frage nach einer potentiellen oder aktuellen Unendlichkeitsauffassung Gregors im Vordergrund, wie dies etwa von Ullmann angenommen wurde.[4]

Gregor versucht an der zweitgenannten Stelle, die Worte der Schrift, daß Moses den Rücken Gottes gesehen habe, nach einer Zusammenfassung (Rekapitulation)[5] mit seiner Konzeption der Unendlichkeit Gottes zu verbinden, indem er die dargelegte biblische Textstelle in folgendem Sinne versteht: Das Göttliche müsse seiner eigenen Natur nach unbegrenzt (ἀόριστον) sein, weil es von keiner Grenze umgeben sei.[6] Um diese Behauptung zu erläutern, geht Gregor von der Annahme aus, daß das Göttliche begrenzt sei; wenn es eine Grenze habe, dann erfordere dies, daß es etwas gibt, was jenseits dieser Grenze liege; denn »Grenze«

---

[1] Vgl. VM I 7, p. 4,5-10.

[2] Vgl. VM II 236-238, p. 115,14-116,17.

[3] Vgl. dazu z.B. E. FERGUSON, 1973, 66; R.E. HEINE, 1975, 65-69; C.W. MACLEOD, 1982, 188f.
Zur gesamten Einordnung: Teil II, 2.1.a und 2.2.a.

[4] Vgl. dazu Teil III, 2.1 b.

[5] Vgl. Gregor, VM II 227-230, p. 113,2-114,4.

[6] Vgl. VM II 236, p. 115,14-16; dazu E. MÜHLENBERG, 1966, 168; R.E. HEINE, 1975, 72; CH. APOSTOLOPOULOS, 1986, 347.
E. MÜHLENBERG nimmt auf den hier ausgeführten Beweisgang nicht näher Bezug, indem er— unter Verweis auf VM I 7— betont, dies bereits genügend dargelegt zu haben (vgl. E. MÜHLENBERG, 1966, 160). Da er aber nicht weiter auf diese Stellen aus VM verweist (vgl. E. MÜHLENBERG, 1966, 211), kann nur angenommen werden, daß er dabei an den Beweis der Unendlichkeit in *Contra Eunomium* denkt und auch die vorliegende Stelle in diesem Sinne verstehen möchte; vgl. dazu Teil III, 2.1 b.

impliziere, daß etwas an ein Ende gelange.[7] Um diesen Gedanken zu verdeutlichen, kann man auf Aristoteles verweisen. Dieser schreibt, daß das,
was nichts außerhalb von sich selbst habe, vollständig (τέλειος) und ganz
(ὅλος) sei. Nichts sei vollständig, was kein Ende habe; und das Ende sei
eine Grenze (τέλειον δ᾿ οὐδὲν μὴ ἔχον τέλος· τὸ δὲ τέλος πέρας).[8]
Trotz des unterschiedlichen σκοπός der Ausführungen von Aristoteles
und Gregor betonen beide, daß das Ende eine Grenze impliziere. Durch
die Grenze wird z.B. etwas Quantitatives zu dem, was es ist, indem es
durch die Grenze von Anderem unterschieden wird und so von dem verschieden ist, was außerhalb seiner selbst liegen muß. Um diesen Gedanken zu verdeutlichen, wählt Gregor von Nyssa einen Vergleich: Luft und
Wasser sind voneinander abgegrenzt; ein Vogel ist ganz von der Luft umschlossen, ein Fisch ganz vom Wasser.[9] Somit zeigt sich für den von der
Luft ganz umschlossenen Vogel und den vom Wasser umschlossenen Fisch
jeweils die äußerste Grenze. Nähme man nun an, daß auch das Göttliche
in einer Grenze gedacht werde, müßte— entsprechend diesem Bild— auch
das Göttliche von etwas umschlossen sein, was ihm selbst fremd ist; und
das Umfassende — so Gregor aufgrund des Beispiels — sei größer als das
Umfaßte.[10] Davon versucht Gregor von Nyssa die Gottesvorstellung
freizuhalten. Denn Gottes Natur ist nach Gregor das Schöne (καλόν)[11];
was außerhalb des Schönen ist, ist die Natur des κακόν.[12] Nimmt man nun
an, daß auch das Göttliche begrenzt wäre, und stimmt zu, daß das Umfassende größer ist als das Umfaßte, so müßte gefolgert werden, daß das, was
außerhalb des Schönen ist, dieses Schöne umgrenzt; wird nun das κακόν
als außerhalb des καλόν gedacht, müßte nach Gregor das κακόν das
Schöne, d.h. Gott, umgeben.[13] Weil dies aber undenkbar sei[14], ist — laut
Gregor — Gott ohne Grenzen. Für den Menschen heißt dies wiederum:
Wenn er zu Gott hinstrebe, könne er an kein Ende kommen.[15] In seiner

---

[7] Vgl. Gregor, VM II 236, p. 115,16f.
[8] Vgl. Aristoteles, Phys 207a8f und 14f; vgl. dazu R.E. HEINE, 1975, 66. Diese Stelle
paßt wesentlich besser zum Gedanken Gregors als der allgemeine Hinweis von W. ULL-
MANN auf das zwölfte Buch der Metaphysik (vgl. W. ULLMANN, 1987, 155).
[9] Vgl. VM II 236, p. 115,17-23.
[10] Vgl. VM II 236, p. 115,24-116,2.
[11] Vgl. VM II 237, p. 116,3.
[12] Vgl. VM II 237, p. 116,4-6.
[13] Vgl. VM II 237-238, p. 116,6-13.
[14] Vgl. VM II 238, p. 116,13. Damit versucht Gregor, die Übereinstimmung mit dem
Leser zu erreichen; aufgrund der ὁμολογία erfolgt die Zurückweisung der Annahme von
VM II 236, p. 115,16: εἰ γὰρ ἕν τινι πέρατι νοηθείη τὸ θεῖον ...
[15] Vgl. VM II 238, p. 116,15-17; zum gesamten Beweisgang vgl. auch L. SWEENEY,
1992, 500; ferner E. FERGUSON, 1973, 67; J. HOCHSTAFFL, 1976, 115f; CH.

ἐπιθυμία und seinem Aufstieg könne der Mensch nicht gesättigt werden, so daß sein Streben in dieser Hinsicht unendlich genannt werden könne, weil es keine Grenze finde.[16] Aufgrund dessen bezeichnet Gregor von Nyssa Gott und Mensch als unendlich.[17] Zu prüfen bleibt hier allerdings, in welchem Sinne von Gott und in welchem Sinne vom Menschen die Unendlichkeit ausgesagt wird.

Um die Unendlichkeit — soweit sie Gott betrifft — zu klären, kann zunächst der Vergleich, den Gregor verwendet, ausgewertet werden. Um aber den von Gregor gewählten Vergleich nicht aus seinem Kontext zu isolieren, sind folgende zwei Überlegungen im Auge zu behalten: *1)* Gregor hat das gewählte Bild genau auf seinen σκοπός abgestimmt, den er VM II 238 offenlegt: οὐκοῦν δυναστεύεσθαι τὸ καλὸν ὑπὸ τοῦ ἐναντίου κατασκευάζει ὁ πέρατί τινι περιείργων τὸ θεῖον. ἀλλὰ μὴν τοῦτο ἄτοπον.[18] Der σκοπός besteht darin, die Unmöglichkeit aufzuweisen, daß das als »umfassend« Deklarierte (κακόν) größer sei als das Umfaßte (καλόν).[19] *2)* Den konkreten Beweisgang (κατασκευή) scheint Gregor im Blick auf einen konkreten Gegner durchzuführen. Die Aussagen Gregors könnten sich, wie Heine zu Recht hervorhebt[20], aus einer Opposition gegen Origenes ergeben, der in *De principiis* zweimal auf die Frage der Unendlichkeit Gottes zu sprechen kommt. Als erstes behandelt Origenes die Schöpfung intelligibler Seiender und hebt hier hervor, daß die Macht Gottes begrenzt sein müsse. Denn nähme man an, sie wäre unbegrenzt, würde Gott sich selbst nicht verstehen können, da das Unbegrenzte seiner Natur nach unfaßbar sei.[21] Gregor von Nyssa stimmt vollkommen mit der letzten Aussage überein: Das Unbegrenzte ist seiner Natur nach unfaßbar. Er leugnet allerdings den ersten Teil von Origenes' Ausführungen, daß die Macht Gottes begrenzt sein müsse, was Origenes auch an anderer Stelle betont.[22] Obwohl eine Interpretation von Vergleichen, die ja gerade einen bestimmten Gesichtspunkt des Beweisganges besonders sinnenfällig machen sollen, immer nur mit äußerster Vorsicht

---

APOSTOLOPOULOS, 1986, 347.350. L.F. MATEO-SECO geht auf den Beweisgang und dessen Problematik weniger ein (L.F. MATEO-SECO, 1993, 206 Anm. 263).

[16] Vgl. VM II 238-239, p. 116,15-23.
[17] Vgl. L. SWEENEY, 1992, 501.
[18] Vgl. VM II 238, p. 116,11-13.
[19] Vgl. VM II 237, p. 116,3-9.
[20] Vgl. R.E. HEINE, 1975, 73-75.
[21] Vgl. Origenes, Princ II 9,1, p. 400.
[22] Vgl. Origenes, Princ IV 4,8, p. 808. Rufinus versucht in seiner Übersetzung, gerade diese Passagen zu unterdrücken; sie sind aber in Justinians *Epistula ad Mennam* griechisch überliefert.

durchgeführt werden kann, soll im folgenden der von Gregor vorgelegte Vergleich auf seine philosophischen Implikationen für Gregors Auffassung von der Unendlichkeit Gottes untersucht werden.

Behält man die beiden erwähnten Aspekte im Auge, kann der von Gregor vorgelegte Vergleich *in sich* zweifach interpretiert werden, indem man fragt, welche philosophischen Implikationen sich ergeben, wenn für die Problematik Umfassendes - Umfaßtes ein solches Bild herangezogen wird. Die erste Möglichkeit der Interpretation ist folgende: Der Vogel (Fisch) ist ganz von der Luft (vom Wasser) umgeben.[23] Die Luft als das Umgebende ist größer als der Vogel, der umfaßt wird, so daß der Vogel als das Begrenzte innerhalb des Umfassenden (Luft) aufgefaßt wird. Folglich könnte Gregor das Umfassende (Luft) als das Nicht-Begrenzte (Unendliche) denken. Übertragen auf Gott als Schönes, hieße dies: Nähme man Gott als begrenzt an, müßte das ihn Umgebende (κακόν) als unbegrenzt gedacht werden, was für Gregor, wie er dies bereits im Proömium dargelegt hat, vollkommen ἄτοπον wäre.[24] Wenn es aber unpassend wäre, Gott als begrenzt zu denken, könnte er folglich— analog zu dem verwendeten Bild— selbst als der Umfassende gedacht werden, hätte dann aber eine innere Grenze; im Bild: die innere Grenze der Luft wäre der Vogel. Also könnte diese Art Unendlichkeit bzw. Unbegrenztheit nur in dem Sinne aufgefaßt werden, daß Gott sich ins Unendliche erstreckt und dort an kein Ende kommt. In diesem Sinne müßte das Unendliche als potentielle Unendlichkeit auch bei Gott aufgefaßt werden.

Gregor von Nyssa könnte den Vergleich mit dem Vogel und der Luft aber auch anders gemeint haben: Nimmt man etwas Begrenztes an wie den Vogel, so hat der Vogel an sich selbst eine Grenze und grenzt sich so von der ihn umgebenden Luft ab. Wo eine Grenze vorhanden ist, muß notwendig auch etwas sein, wovon es sich abgrenzt, das nicht es selbst ist. Würde man bei Gott irgendeine Grenze annehmen, müßte man auch etwas denken, was ihn notwendig umgibt. Da dies auf die Natur Gottes nicht zutreffe, könne überhaupt keine Umfassung (Gottes) angenommen werden.[25] Damit muß man für Gott ausschließen, daß er überhaupt begrenzt

---

[23] Der Einfachheit halber führe ich die weiteren Überlegungen nur am Beispiel des Vogels durch.
[24] Vgl. VM II 238, p. 116,13.
[25] Vgl. VM II 238, p. 116,13f.

ist.[26] Insofern zeigt Gregor durch das Bild, daß dieses selbst nicht zutrifft und sich somit aufhebt.[27]

Diese letztgenannte Interpretation ließe sich durch zwei Stellen unterstützen: Aristoteles betont in *De caelo*, daß es Unsterbliches und Göttliches gebe. Hinsichtlich der Bewegung gelte: Die Bewegung des Göttlichen habe keine Grenze, sei aber die Grenze alles anderen, was sich bewegt; denn die Grenze gehöre zum Umfassenden.[28] Wenn Gregor also gerade ausschließt, daß es von der unbegrenzten Natur irgendeine Umfassung gibt[29], negiert er jegliche Grenze und muß folglich auch die erste, oben erwähnte Deutung zurückweisen. Ferner betont Platon in der ersten Hypothesis des *Parmenides*, daß unter der Annahme, daß *Eines* ist, das Eine unendlich sein müsse, d.h. ohne Anfang, Mitte und Ende, die als Teile eines Ganzen vorgestellt werden müßten und somit das Eine als solches zerstörten. Dann könne man aber auch nicht annehmen, daß das Eine von einem anderen umgeben sei, da es dieses andere berühren, also mit ihm eine Grenze haben müßte. Ferner kann es auch nicht in sich sein, weil dann das Eine für sich selbst das Umgebende wäre. Auch dann müßte angenommen werden, daß das Eine ein Umgebendes hätte.[30] Dieser Gedanke wird bei Plotin fortgeführt, indem er betont, daß das Eine nicht begrenzt sein könne, weder im Hinblick auf sich selbst noch im Hinblick auf Anderes, weil es sonst Zweiheit wäre[31]; die absolute Einfachheit macht die Unendlichkeit des Einen aus.[32] Demgegenüber muß alles Seiende, das vom Einen unterschieden ist, *in* einem Anderen als dem Umgreifenden sein, andernfalls wäre es nirgends und folglich nichts. Der Urgrund hat aber nichts vor sich, kein Anderes, in dem er sein könnte, so daß das Eine auch nicht umgriffen werden kann.[33] Alles aus dem Einen Entspringende ist im Einen unentfaltet, insofern alles aus dem Einen als Grund hervorgeht. Als Grund von allem ist das Eine in allem — ist überall —, ohne mit dem jeweils Seienden identifiziert werden zu können. Als Eines ist es aber

---

[26] Vgl. L. SWEENEY, 1992, 500f.

[27] Der Begriff »Aufhebung« kann hier in der Tat zweifach verstanden werden: Aufhebung impliziert 1) notwendig das Moment der Negation, 2) den Gedanken, daß etwas auf eine höhere Stufe gehoben wird.

[28] Vgl. Aristoteles, De caelo 284a3-7.

[29] Vgl. VM II 238, p. 116,13f.

[30] Vgl. Platon, Parm 138ab; dazu R.E. HEINE, 1975, 72.

[31] Vgl. Plotin, Enn V 5,11,1-4.

[32] Vgl. Plotin, Enn VI 9,6,12-57; zur Problematik der Unendlichkeit im Denken Plotins vgl. Teil III, 3.3.

[33] Vgl. Plotin, Enn V 5,9,1-11.

von allem unterschieden und nichts von allem: Das Eine ist somit <u>überall</u>
für sich selbst[34], umgreifender Urgrund, ohne dadurch begrenzt zu sein.[35]

Von diesen Ansätzen her scheint es nahezuliegen, daß das Bild von Vo-
gel/Luft bzw. Fisch/Wasser sich selbst im oben angedeuteten Sinne aufhebt und für Gott jegliche Grenze ausgeschlossen ist. Dann würde Gregor
auch Gottes Unendlichkeit nicht im Sinne einer potentiellen Unendlichkeit auffassen, wie dies für den unendlichen Aufstieg des Menschen zu
Gott charakteristisch ist.[36]

Eine weitere Klärung des Sachverhalts läßt sich durch den
Hoheliedkommentar Gregors beibringen. An verschiedenen Stellen bezieht sich Gregor auf die Unendlichkeit bzw. Unbegrenztheit Gottes.[37] In
der *Oratio 5* betont Gregor, daß alles Gute, das als göttliche Natur gedacht
werde, ins Unendliche fortschreite.[38] Dieser Satz könnte, in sich betrachtet, in der Tat auf eine potentielle Unendlichkeit hindeuten. Beachtet man
aber den gesamten Kontext der Stelle, so betont Gregor, daß man alles
Seiende überschreiten müsse, auch den Geist (νοῦς); dies erinnert deutlich an manche Stellen aus Platon[39], Aristoteles[40] oder Plotin[41]. Weil die
göttliche Natur von allem Seienden unterschieden sei, sei es auch nicht
möglich, ihr irgendeinen Namen, eine Sache oder einen Gedanken beizu-
legen, die diese Natur umschreiben könnte — wie etwa Zeit, Ort usw.[42]
Wenn man die göttliche Natur als das Gute (ἀγαθόν) betrachte, dann bestehe auch nicht die Möglichkeit, daß der Gegensatz zum Guten, die κα-

---

[34] Vgl. Plotin, Enn V 5,9,18-23.

[35] Eine ähnliche Deutung nimmt J. HALFWASSEN vor (vgl. J. HALFWASSEN, 1991, 309-
320); das Problem seiner Interpretation ist jedoch, daß er nicht strikt zwischen den Ansätzen von Platon, Plotin, Speusipp und Proklos unterscheidet, sondern sie unvermittelt ne-
beneinanderstellt und gegenseitig interpretiert.
Vgl. zu einer ähnlichen Konzeption Iamblichs in Auseinandersetzung mit Porphyrius die
aspektreichen Ausführungen von B. NASEMANN, 1991, 54-67.

[36] Vgl. L. SWEENEY, 1992, 501.
Diese Frage wird gesondert untersucht: Teil IV.

[37] Vgl. F. DÜNZL, 1993, 291 (zur Terminologie). An der Studie von F. DÜNZL fällt in
diesem Zusammenhang auf, daß er zwar das Thema >Unendlichkeit< an manchen Stellen
seiner Interpretation anschneidet, gerade aber die Implikationen des Ansatzes von Gregor
kaum diskutiert (vgl. z.B. F. DÜNZL, 1993, 318-326), sich an einer Stelle sogar gegen eine
einseitige philosophische Deutung wehrt (vgl. F. DÜNZL, 1993, 323). Dem kann aber m.E.
nicht zugestimmt werden, da die Unendlichkeitskonzeption Gregors nicht losgelöst vom
philosophischen Kontext verstehbar ist.

[38] Vgl. Cant 5, p. 157,20f.

[39] Vgl. Platon, Resp 509b.

[40] Vgl. Aristoteles, EE 1248a28-29; Frg. 1 ΠΕΡΙ ΕΥΧΗΣ, p. 57.

[41] Vgl. Plotin, Enn I 7,1,19-20.

[42] Vgl. Gregor, Cant 5, p. 157,14-19.

κία, in ihr vorhanden sei.[43] Insofern gebe es überhaupt keine Grenze[44], weder zu irgendeiner Bestimmung wie Zeit oder dem, das in sich entfaltet ist und somit auseinandertritt (διάστημα)[45], noch im Hinblick auf das logisch Entgegengesetzte. Durch diese Enthobenheit als Unbegrenztes sei die göttliche Natur aber auch jeglicher gedanklichen Erfassung entzogen.[46]

Dies wird auch nicht durch eine Stelle aus der *Oratio 6* revidiert, wo es heißt, daß der *gesamte* Bereich des νοητόν keine Grenze habe (ἐκφεύγει τὸν ὅρον).[47] Denn es ist zu beachten, daß Gregor hier eine zusätzliche Unterscheidung trifft: Das νοητόν (der gesamte Bereich des Intelligiblen, auch des Göttlichen) sei in die ἄκτιστος und die ποιητικὴ φύσις geteilt. Während letztere stets geschaffen werde (πάντοτε κτίζεται), sei die erstere immer das, was sie ist (ἀεὶ οὖσα ὅπερ ἐστί).[48]

Damit könnte Gregor auch an dieser Stelle einen doppelten Unendlichkeitsbegriff einführen: Er unterscheidet nämlich innerhalb des gesamten Bereichs des Intelligiblen das Ungeschaffene (Gott) von dem Geschaffenen, worunter die intelligible Natur des Menschen verstanden werden könnte: Die geistige Natur des Menschen schreitet stets über sich hinaus und ist somit potentiell unendlich. Davon zu unterscheiden wäre dann das, was immer dasselbe ist, nämlich das aktuell Unendliche. Daraus ergibt sich, daß Gott als ἄκτιστον νοητόν aktuell unendlich ist, während der Mensch zwar zum Bereich der νοητά gehört, aber als κτιστὴ φύσις in seinem Streben nach Gott nur potentiell unendlich sein kann.[49]

---

[43] Vgl. Gregor, Cant 5, p. 157,21-158,1.

[44] Vgl. Gregor, Cant 6, p. 179,21-180,1.

[45] Vgl. Gregor, Cant 5, p. 157, 18; dazu R.S. BRIGHTMAN, 1973, 102f; T.P. VERGHESE, 1976, 249f: Von Gott ist jede Extension fernzuhalten, auch hinsichtlich der trinitarischen Strukturierung (vgl. Eun I 342, p. 128,20-22); διάστημα bedeutet per definitionem: begrenzt zu sein; ausführlich dazu Teil III, 4.1 b und 4.2.

[46] Vgl. Eccl 7, p. 412,15-19.
Vgl. zu diesem Gedanken J. BAYER, 1935, 39.45; D. CARABINE, 1992, 86; TH. KOBUSCH, 1993, 314.

[47] Vgl. Gregor, Cant 6, p. 173,17f.

[48] Vgl. Gregor, Cant 6, p. 174,1-8; dazu A.A. MOSSHAMMER, 1988, 369f. A.A. MOSSHAMMER betont hier aber nur, daß der gesamte Bereich des Intelligiblen unendlich sei, trifft jedoch keine weiteren Unterscheidungen.

[49] Darin zeigt sich die εἰκών-Struktur des Menschen (vgl. An et res p. 41C), die noch gesondert untersucht werden wird (Teil III, 4.2).

b) Die Konzeption Gregors - eine Polemik gegen Eunomius?

Was die Unendlichkeitsvorstellung in *De vita Moysis* und *Contra Euno-mium* betrifft, hat vor allem Heine zu zeigen versucht, daß sich der Ansatz Gregors in VM mit dem in Eun deckt. Heine behauptet dies vor allem in Hinsicht auf das Wissen von Gottes οὐσία: Gegen Eunomius betone Gregor in VM und Eun, daß die οὐσία Gottes nicht erfaßt werden könne.[1] Da das Thema der Unwißbarkeit Gottes im Rahmen der Unendlichkeit in beiden Werken zentral sei und auch textlich enge Verbindungen vorhanden seien[2], folgert Heine, daß VM nicht etwa ein Spätwerk Gregors sei, sondern daß man VM direkt in die eunomianische Kontroverse vordatieren müsse.[3] In beiden Schriften fallen nach Heine folgende Übereinstimmungen auf, aus denen sich die Schlußfolgerung ergebe, daß VM wesentlich aus der Abgrenzung gegen Eunomius verstehbar sei:

>»In summary, we have seen first, that Eunomius believed knowledge of God's essence to be ἐφικτή. Gregory, on this basis, charged Eunomius with thinking κατάληψις could give accurate knowledge of God. He then vigorously denies that such can be the case, asserting that neither sense perception nor reason can arrive at such knowledge. God, Gregory asserts in opposition to Eunomius' position, transcends all knowledge. The mind can progress far enough, however, to see that it cannot see what it is seeking. All human statements about God's nature must, therefore, be indefinite. We have been able to show by comparison that all of these distinctive elements of Gregory's debate with Eunomius about the essence of God are present in the <u>De vita Moysis</u>. They are, moreover, not only present, but they constitute the central elements of the doctrine of God in the treatise.«[4]

---

[1] Vgl. R.E. HEINE, 1975, 143-158.
[2] R.E. HEINE stellt folgende Textgruppen zusammen:
1) Eun III,VIII 1-2, p. 238,7-19 und VM II 165, p. 88,2-5;
2) Eun II 89, p. 253,14-17; Eun II 138, p. 265,26; Eun II 475, p. 364,32-365,1 und VM II 234, p. 115,3-6; VM I 7, p. 4,6-7;
3) Eun II 138-139, p. 265,26-266,6 und VM II 163, p. 87,1-9.
[3] Vgl. R.E. HEINE, 1975, 127-191.
[4] R.E. HEINE, 1975, 157f.

Diese wegen ihrer Bedeutung ausführlicher zitierte Passage von Heine bedarf jedoch einer genaueren Untersuchung, zumal man sich der These von Heine in der Forschung angeschlossen[5] oder wenigstens implizit die These vertreten hat, daß sich der Unendlichkeitsbegriff von *Eun* und *VM* nahezu decken, ohne daraus allerdings notwendig Schlußfolgerungen hinsichtlich der Chronologie zu ziehen[6].

Gegen den Ansatz von Heine lassen sich aber Einwände erheben. Die ersten sind mehr formaler Art: Aus der Tatsache, daß in zwei Schriften die gleichen Themen verwendet werden, folgt nicht notwendig, daß beide Schriften auch der gleichen Schaffensperiode angehören[7], zumal die von Heine prononciert herausgestellte Unfaßbarkeit Gottes in beiden Schriften konsequent aus der Unendlichkeit entwickelt werden kann. Außerdem ist die inhaltliche Bandbreite von VM größer, als sich dies zunächst aus einer antieunomianischen Kontroverse ableiten ließe.[8] Es fallen auch *breite* inhaltliche Übereinstimmungen zwischen *De vita Moysis* und *In Canticum Canticorum* auf, und zwar nicht nur, was die Unendlichkeit betrifft.[9]

Zudem sind die folgenden beiden Einwände zu bedenken:

1) In *Contra Eunomium*[10] richtet sich Gregor gegen eine Stufung der Gottheit, wie sie Eunomius vertritt. Demgegenüber spielt die Problematik einer Unterordnung des Sohnes unter den Vater, also eine Stufung innerhalb der Gottheit, in VM keine Rolle; die Konzeption des Unendlichkeitsbegriffs in VM ist in *dieser* Hinsicht klar von der in Eun unterschieden. Nähme man nun an, daß VM einen antieunomianischen Charakter

---

[5] Vgl. H. CROUZEL, 1978, 149-152 (Kritik an HEINE vor allem hinsichtlich der Origenes-Deutung); G.-M. DE DURAND, 1978, 450-452; D.A. SYKES, 1978, 98. F. DÜNZL verweist zwar darauf, daß R.E. HEINE VM zurückdatiert, diskutiert jedoch dabei die impliziten Probleme dieses Ansatzes nicht (vgl. F. DÜNZL, 1990, 381 Anm. 13).

[6] Vgl. E. MÜHLENBERG, 1966, 160; W. ULLMANN, 1987, 155; A. MEREDITH, 1990, 143.

[7] Darauf hat z.B. A. SPIRA aufmerksam gemacht (A. SPIRA, 1966, 106-114). Es ist für Gregor geradezu charakteristisch, daß er einmal erarbeitete philosophisch-theologische Überlegungen fest in sein Gedankengebäude einbaut; dadurch wird eine Bestimmung der relativen Chronologie erschwert. Zugleich ist jedoch zu beachten, daß bei Gregor trotz der Beibehaltung von Fragestellungen besonders in der Christologie und Trinitätslehre große Wandlungen erkennbar sind (vgl. dazu R.M. HÜBNER, 1974, 27; R.J. KEES, 1995, 1).

[8] Vgl. CH. KANNENGIESSER, 1967, 63; R.C. GREGG, 1977, 103f; M. SIMONETTI, 1984, XVIII-XX.

[9] Dies führt eher zu einer zeitlichen Nähe von VM und Cant; die relative Chronologie beider Werke untereinander kann hier aber nicht behandelt werden (vgl. J.B. CAHILL, 1981, 447-460; F. DÜNZL, 1990, 371-381).

[10] Die sprachphilosophischen Voraussetzungen der Positionen von Eunomius und Gregor untersuche ich eigens: Teil III, 4.1.

hat, ist dieser Unterschied in der Tat sehr auffällig und bedürfte einer Klärung. Diese sucht Heine darin, daß sich Gregor hier (bei der Unendlichkeitsproblematik in VM) gegen Origenes wendet, auch wenn die Debatte mit Eunomius im Hintergrund stehen könnte.[11] Hätte sich aber Gregor wirksam auch gegen Eunomius wehren wollen, wäre es zu erwarten gewesen, daß er wie in *Contra Eunomium* auch die Frage der Stufung im Zusammenhang mit dem Unendlichkeitsbegriff behandelt. Eine Erklärung mit einer wechselnden Gegnerschaft — Eunomius *und* Origenes — bedarf jedoch selbst noch einmal einer Begründung.

2) Es lassen sich für alle Themen, die Heine für eine Nähe von VM zu Eun anführt, ebenso enge Parallelen zwischen VM und Cant aufzeigen:

- der Begriff ἀνέφικτος[12];
- weder sinnliche Wahrnehmung noch die Tätigkeit des νοῦς können Gott erreichen; Gott übersteigt jegliche Erfassung[13];
- Sehen Gottes als Nicht-Sehen; Thema: Licht und Nacht (Dunkelheit)[14];
- Unendlichkeit Gottes[15].

Wenn diese engen Anknüpfungspunkte von VM und Cant vorhanden sind und man zusätzlich die Parallelen von VM und Eun hinzunimmt, bleiben lediglich vier Möglichkeiten der Erklärung für das Verhältnis der drei Schriften:

1) VM *und* Cant gehören in die eunomianische Kontroverse;
2) VM gehört in diese Kontroverse und Cant greift später unpolemisch die Themen von Eun/VM auf;
3) Cant gehört in diese Kontroverse und VM greift später unpolemisch die Themen von Eun/Cant auf;
4) weder VM noch Cant gehören in diese Kontroverse und beide führen die bereits in der eunomianischen Kontroverse erarbeiteten Themen unpolemisch weiter.

Die Möglichkeiten (1) und (3) scheitern m.E. an dem exegetischen Charakter von Cant und der Themenfülle, die sich nicht auf eine Auseinan-

---

[11] Vgl. R.E. HEINE, 1975, 75 unter Hinweis auf E. MÜHLENBERG, 1966, 102f.110.

[12] Vgl. Cant 11, p. 339,18; Cant 12, p. 359,2; Cant 12, p. 362,19; Cant 12, p. 367,13; Cant 12, p. 369,18; dazu F. DÜNZL, 1993, 291.

[13] Vgl. Cant 3, p. 87,2-5; Cant 6, p. 181,19-182,1; Cant 11, p. 323,3-9; Cant 11, p. 325,21-326,5; dazu D. CARABINE, 1992, 97; F. DÜNZL, 1993, 295.297.300.303-305.
Das Thema wird in Cant auch mit der Tugend verbunden: vgl. F. DÜNZL, 1993, 306.308.

[14] Vgl. Cant 3, p. 90,12-16; Cant 6, p. 181,4-8; Cant 10, p. 309,5-9; Cant 12, p. 356,12-16; dazu W. BEIERWALTES, 1988, 39 Anm. 80; D. CARABINE, 1992, 90; F. DÜNZL, 1993, 319.

[15] Vgl. Cant 5, p. 157,16-158,12; Cant 6, p. 174,1-8; Cant 6, p. 179,21-180,1; zu weiteren Stellen vgl. F. DÜNZL, 1993, 291.

dersetzung mit Eunomius reduzieren läßt.[16] Bei Möglichkeit (2) müßte genauso wie in dem Fall, daß man nur Eun und VM betrachtet und deren Übereinstimmungen klären will, die Weitergabe oder Wiederaufnahme von Themen plausibel gemacht werden, die bei einem Vergleich von Eun und VM dazu geführt haben, VM chronologisch vorzudatieren. Wenn die Chronologie aber für Cant — aufgrund derselben Sachlage wie bei VM — nicht geändert zu werden braucht, obwohl dieselben Themen auftauchen, ist der methodische Schritt nicht einsichtig zu machen, warum VM chronologisch in die Nähe zu Eun gerückt werden soll, nicht aber Cant. Insgesamt gesehen, sind daher die Möglichkeiten (1), (2) und (3) nicht zwingend, so daß (4) durchaus wahrscheinlich ist, wenn man die inhaltlichen Unterschiede von Eun und VM beachtet, soweit sie die Unendlichkeitskonzeption betreffen. Somit gibt es gute Gründe, VM *nicht* aus einer direkten Gegnerschaft zu Eunomius zu begreifen.[17]

---

[16] F. DÜNZL geht immerhin so weit zu sagen, daß in Cant noch die Frontstellungen gegen Eunomius spürbar seien (vgl. F. DÜNZL, 1993, 295 Anm. 25; 313.327).

[17] So auch L.F. MATEO-SECO, 1993, 21f.

3. Ergebnis

Der Unendlichkeitsbegriff, den Gregor von Nyssa verwendet, weist in verschiedenen Schriften unterschiedliche Schattierungen auf. In der bisherigen Forschung wurden diese Unterschiede allerdings weniger beachtet. Es wurde sogar versucht, aufgrund von Ähnlichkeiten die Schrift *De vita Moysis* (VM) zeitlich an *Contra Eunomium* (Eun) heranzurücken und so VM aus einem polemischen Kontext heraus zu verstehen. Die verschiedenen Entwürfe müssen jedoch — methodisch gesehen — gesondert behandelt werden, um von da aus entscheiden zu können, ob VM wirklich in die Nähe zu Eun gerückt werden darf.

In *Contra Eunomium* hat Gregor von Nyssa, wie in der Forschung herausgearbeitet wurde, für die Unendlichkeit Gottes zwei Beweise durchgeführt, einen aus der Unwandelbarkeit und einen aus der Einheit Gottes. Die erneute, hier vorgelegte Untersuchung beider Beweise hat jedoch ergeben, daß ihr Ziel vor allem darin besteht, gegen Eunomius ein Mehr oder Weniger, somit eine Stufung, bei Gott auszuschließen. Die Unendlichkeit wird von Gregor von Nyssa eingeführt, um Eunomius den Boden für seine Argumentation zu entziehen, nach der das Wesen Gottes vollkommen durch seine ἀγεννησία ausdrückbar sei. Wenn nur »der« Gott ungezeugt sein kann, der Sohn aber gezeugt ist, dann besteht nach Eunomius zwischen beiden eine Wesensdifferenz. Die Annahme der Ungezeugtheit gewinnt Eunomius durch eine Argumentation, die hinsichtlich des Früher- und Später-Seins an neuplatonische Philosopheme erinnert; dies gilt in gleicher Weise für die Aussage, daß die Agennesie keine Privation sein solle. Ansätze für ein genaueres Verständnis der Trennung von οὐσία und ἐνέργεια bei Eunomius lassen sich vor allem in der theologischen Tradition, aber in mancher Hinsicht auch aus der philosophischen Diskussion bei Plotin oder Iamblich finden.

Auf diesen Ansatz reagiert Gregor von Nyssa mit den beiden Beweisgängen in *Contra Eunomium*; daneben verwendet Gregor aber auch einen Unendlichkeitsbegriff (in *Contra Eunomium III*), bei dem die Unendlichkeit auch auf das Wesen Gottes anwendbar ist. Zudem zeigte sich, daß mit der Unendlichkeit Gottes bei Gregor auch die Unfaßbarkeit Gottes eng verbunden ist; die Unendlichkeit ist streng apophatisch aufzufassen.

Gegenüber *Contra Eunomium* spielt die Frage eines Mehr oder Weniger bei Gott in *De vita Moysis* keine Rolle mehr. Entscheidend ist in diesem Zusammenhang der unterschiedliche σκοπός[1] der beiden Werke: In

---

[1] Für die Einordnung dieses Gedankens vgl. A. SPIRA, 1966, 106-114.

Contra Eunomium versucht Gregor von Nyssa eine Stufung der Gottheit in Sinne des Eunomius abzuwehren; in *De vita Moysis* betont er die Unendlichkeit Gottes u.a., um ein unendliches Fortschreiten in der Tugend aufweisen zu können. In diesem Zusammenhang legte sich als Deutung der Unendlichkeit in *De vita Moysis* vor allem der Sinn einer aktuellen Unendlichkeit nahe. Gregor von Nyssa führt dazu einen Vergleich mit dem Fisch und dem Vogel an, die ganz vom Wasser oder der Luft umgeben sind: Das Bild hebt sich selbst auf[2], so daß von Gott jegliche Begrenzung ausgeschlossen ist. Ein Vergleich mit *In Canticum Canticorum* hat sodann ergeben, daß die These, VM gehöre in die Nähe zu Eun, zumindest anfechtbar ist. Die Differenzen von VM und Eun hinsichtlich des Unendlichkeitsbegriffes legen vielmehr nahe, daß VM nicht notwendig aus einer direkten Konfrontation mit der eunomianischen Theologie entstanden und von daher erklärbar ist. Die Nähe zu Cant läßt eher vermuten, daß VM nach wie vor als Spätwerk Gregors eingestuft werden kann, ohne daß hier die relative Chronologie von VM und Cant entschieden ist.

---

[2] Zu diesem Gedanken vgl. Teil III, 2.2 a.

3. KAPITEL

DIE PHILOSOPHISCHEN IMPLIKATIONEN DER UNENDLICHKEITSKONZEPTION GREGORS

Die Analyse des Unendlichkeitsbegriffes bei Gregor von Nyssa hat an mancher Stelle Anklänge an die philosophische Tradition gezeigt. Mühlenberg hat versucht, pointiert aufzuweisen, daß zwischen Gregor und der Philosophie ein klarer Unterschied besteht, so vor allem im Hinblick auf Platon, Aristoteles und den Neuplatonismus in der Form Plotins.[1] Von daher scheint ein erneuter Blick auf diese Tradition sinnvoll, um den Ansatz Gregors kritisch zu würdigen.

1. PLATON

Aristoteles betont, daß die Pythagoreer und Platon im Gegensatz zu den alten Physiologen das ἄπειρον nicht als ein Attribut an etwas aufgefaßt hätten, als ein συμβεβηκός τινι ἑτέρῳ, sondern für sich selbst (καθ᾽ αὑτό) als eine οὐσία.[2] Der Unterschied zwischen den Pythagoreern und Platon besteht aber nach Aristoteles darin, daß Platon das ἄπειρον nicht nur im Körperlichen annehme, sondern auch bei den Ideen.[3] Er kenne zwei ἄπειρα, das Große und das Kleine.[4] Alles sei grenzenlos/unbegrenzt durch Hinzufügung (πρόσθεσις), Teilung (διαίρεσις) oder durch beides.[5] Diesen Gedanken erläutert Themistius näher, der zu dieser Stelle ausführt: Durch Hinzufügung sei z.B. die Zahl unbegrenzt, indem man zu einer bestimmten Zahl stets etwas hinzunehmen könne, ohne an ein Ende zu gelangen; der Teilung nach sei z.B. das Kontinuum unbegrenzt, da man dieses immer weiter aufspalten könne; als Beispiel für den dritten Bereich (Hinzufügung *und* Teilung) kann man nach Themistius an etwas denken, das zerschnitten wird: Dem einen wird ständig etwas hinzugefügt, dem anderen ständig etwas entzogen, so daß dieses Dritte unbegrenzt ist sowohl hinsichtlich der Hinzufügung als auch hinsichtlich der Teilung.[6] In diesem aristotelischen Kontext ist es in der Tat sinnvoll, von dem Großen und

---

[1] Vgl. E. MÜHLENBERG, 1966, 29-58.82-88.174-178; so auch J. HOCHSTAFFL, 1976, 109f.

[2] Vgl. Aristoteles, Phys 203a1-6.

[3] Vgl. Aristoteles, Phys 203a6-8.

[4] Vgl. Aristoteles, Phys 203a15f.

[5] Vgl. Aristoteles, Phys 204a6f.

[6] Vgl. Themistius, In Arist Phys 204a3, p. 83,5-91,9; zum Gesamten vgl. J. STENZEL, 1933, 61-63.

Kleinen als dem Unbegrenzten zu sprechen, sofern man an Hinzufügung und Teilung denkt.

Es bleibt aber des weiteren zu untersuchen, inwiefern sich eine solche Konzeption aus den platonischen Dialogen ergibt, wenn man von der schwer zu rekonstruierenden, sog. ›Ungeschriebenen Lehre‹ mit den beiden Prinzipien ἕν und ἀόριστος δυάς an dieser Stelle einmal absieht.[7] Dabei wäre nämlich zu prüfen, ob sich hinsichtlich der Begriffe Grenze und Grenzenlosigkeit für das Eine und die Unbestimmte Zweiheit auch eine stringente Verbindung zu den Spätdialogen *Parmenides* und *Philebos* ziehen läßt und wie die in den Dialogen getroffenen Bestimmungen in der Brechung hauptsächlich aristotelischer Konvenienz durchscheinen und sich so rekonstruieren lassen.[8] Es sollen deshalb im folgenden vor allem der *Parmenides* und *Philebos* untersucht werden, um von hier aus zu bestimmen, inwiefern Berührungspunkte oder Divergenzen zwischen Platon und Gregor von Nyssa bestehen.[9]

»*Parmenides*«

In der ersten Hypothesis des platonischen *Parmenides*[10] geht Platon von der Annahme aus: ›wenn Eines ist‹ und untersucht dabei die Frage, was sich für dieses Eine dann ergibt, wenn *Eines* ist[11] und wenn Eines *ist*[12]. Wenn *Eines* ist, dann folgt, daß das Eine auch nicht Vieles ist. Wenn es nicht Vieles ist, dann ist das Eine notwendig ohne Teile. Wird nun Ganz-

---

[7] Vgl. Aristoteles, Met 987a29-988a17. Die Unbestimmte Zweiheit ist vor allem das, woraufhin das Eine wirkt und es bestimmt; vgl. dazu J. STENZEL, 1933, 170f (Bezug vor allem auf Alexander von Aphrodisias); J. DILLON, 1977, 3f; ausführlich dazu M. HOFFMANN, 1993, 45-56.

[8] Zum Problem W. BEIERWALTES, 1989, 24-26 in Auseinandersetzung mit dem Ansatz von C.J. DE VOGEL; M. HOFFMANN, 1993, 45-56 mit weiterführender Literatur (M. HOFFMANN stellt dabei z.B. auch die Divergenzen der Ungeschriebenen Lehre und des *Philebos* hinsichtlich des ἄπειρον heraus: M. HOFFMANN, 1993, 47f); außerdem R. FERBER, 1991.

[9] R.E. HEINE (vgl. R.E. HEINE, 1975) geht auf diesen Vergleich nicht gesondert ein; C.W. MACLEOD betont, daß die zentralen Stellen, auf die sich die antiken Philosophen und Theologen bezogen, Parm 137 d und Leg 716 c sind (vgl. C.W. MACLEOD, 1982, 188). Vor allem die letzte Stelle wird im Gedanken des ›ungemessenen Maßes‹ aufgegriffen: vgl. Philon von Alexandrien, Sacr 59, p. 226,1-7; Origenes, Princ III 5,2, p. 624; Plotin, Enn V 5,4,13-14; Proklos, In Parm 1118,9-19.

[10] Die Fragen, wie die Hypotheseneinteilung vorzunehmen ist und wie die Durchführung der Hypothesen dem Programm des *Parmenides* entspricht, kann hier nicht erörtert werden (vgl. z.B. G. REALE, 1993, 310-313; auf dessen Ansatz kann hier jedoch nicht eingegangen werden).

[11] Vgl. Platon, Parm 137c.

[12] Vgl. Platon, Parm 142b.

heit bestimmt als >es fehlt kein Teil<, dann folgt daraus, daß das Eine
nicht ganz sein kann[13]; wäre es nämlich ganz, müßte man annehmen, daß
ihm kein *Teil* fehle; wenn dem Einen aber kein Teil fehlt, impliziert dies,
daß das Eine aus Teilen bestehen müßte, somit eine Vielheit und folglich
keine Einheit mehr wäre.

Wenn das Eine aber ohne Teile und, so verstanden, nicht ganz ist, kann
es auch keinen Anfang, kein Ende und keine Mitte haben, da dies Teile
oder Momente wären. Anfang und Ende sind Grenzen; kommen dem
Einen aber Anfang und Ende als Grenzen nicht zu, dann ist das Eine unbegrenzt (ἄπειρον).[14]

Diese >Bestimmung< des Einen bedarf jedoch einer weiteren Klärung.
Zu Recht hebt Hägler hervor, daß das ἐστιν in dem Satz >wenn *Eines* ist<
nicht im Sinne einer Existenzbehauptung verstanden werden kann.[15] Der
Satz >wenn *Eines* ist< läßt sich auch kaum im Sinne einer Definition deuten[16], wonach Platon in Parm 137c vom absoluten Einen spreche, während
in Parm 142b ein bestimmtes Eines intendiert sei. Nach dem Metho-
denabschnitt des Dialogs sowie Parm 142b; 155e; 166c ergibt sich, daß
vom *selben* Gegenstand die Rede ist; zudem folgt aus den Bestimmungen
>... nicht vieles< und >... kein Ganzes/keine Teile< nicht notwendig, daß
Platon bzw. die Gesprächspartner des platonischen *Parmenides* sich hier
mit dem absolut Einen beschäftigen.[17] Daß das Eine nicht Vieles ist, muß
bedeuten, daß es *in keiner Weise* Vieles ist.[18] Das Einssein des Einen wird
dann so ausgelegt, daß jede andere Bestimmtheit als damit unverträglich
erscheint[19]: Dies trifft auf Teile und Ganzes ebenso zu wie auf die Momente Anfang, Mitte und Ende resp. Grenze. Damit muß auch *nicht notwendig* daran gedacht sein, daß mit dem Ausschluß von Teil/Ganzes und
Grenze (Anfang/Ende) von dem Einen im Sinne eines Gegenstandes oder

---

[13] Vgl. Platon, Parm 137cd.
[14] Vgl. Platon, Parm 137d; dies braucht jedoch nicht als »highly artificial« (G. RYLE,
1965, 122) abgetan zu werden.
Knapp dazu auch E. MÜHLENBERG, 1966, 30f; M.H. MILLER, 1986, 81; J. HALFWASSEN,
1991, 309f. Die weiteren Ausführungen von J. HALFWASSEN beschäftigen sich nicht mehr
mit Platon selbst, sondern mit den Deutungen von Speusipp, Plotin und Proklos (vgl. J.
HALFWASSEN, 1991, 310-312). Damit gehen die klaren Konturen der unterschiedlichen Ansätze verloren.
[15] Vgl. R.-P. HÄGLER, 1983, 111-120 (auch zur Frage der Kopula).
[16] So z.B. F.M. CORNFORD, 1958, 114.
[17] Vgl. R.-P. HÄGLER, 1983, 124-127; so auch M. MIGLIORI, 1990, 201.
[18] Vgl. R.-P. HÄGLER, 1983, 127; dies geht wesentlich über den Ansatz von S.-J. KIM
hinaus, der hier lediglich davon spricht, das Eine und das Viele seien Korrelatbegriffe (vgl.
S.-J. KIM, 1989, 67).
[19] Vgl. R.-P. HÄGLER, 1983, 129.

im Horizont der Dinglichkeit gesprochen wird[20], sondern der Ausschluß
dieser Bestimmungen und die negative Ausgrenzung als ἄπειρον kann als
eine logische Konsequenz des Satzes >wenn *Eines* ist< (unter der Hinsicht
des Einsseins) gedacht werden.[21]

Betrachtet man aber den zweiten >Gang< der Hypothesis[22], so wird —
prima facie— ein Zugang zur Hypothesis >wenn Eines ist< nicht etwa dadurch gesucht, daß ein konkret seiendes Eines vom absoluten Einen unterschieden wird, sondern daß sich der Blickwinkel, platonisch das κατά
τι, auf die Hypothesis ändert[23]: wenn Eines *ist*. Platon behandelt die
Hypothesis unter dem Aspekt der Teilhabe, insofern Eines und >ist< sozusagen auseinandertreten. Geht man von der Annahme aus, daß Platon
auch an *dieser* Stelle die Ideenproblematik behandelt, dann müßte mit
dem Begriff >Teilhabe< ein Verhältnis beschrieben sein, das für die Ideen
untereinander gilt, während in den früheren Dialogen mit dem Teilhabegedanken das Verhältnis von Einzelding zur Idee dargestellt wurde.
Hägler weist aber zu Recht darauf hin, daß diese Konzeption der Teilhabe
der Ideen untereinander von den Spätdialogen abgedeckt ist, etwa dem
Sophistes[24]. Der gesamte Gang >wenn Eines *ist*< kann wohl im Sinne

---

[20] So H.G. ZEKL, 1971, 19f.

[21] Vgl. M. MIGLIORI, 1990, 201 Anm. 7.
MÜHLENBERG erklärt diesen Sachverhalt vor allem so, daß Platon hier das Unbegrenzte
als Unbestimmtes, vor allem als räumliches Unbestimmtes auffaßt; MÜHLENBERG deutet
dies hauptsächlich aus der Gesprächssituation, nämlich daß der historische Parmenides
angesprochen sei (vgl. E. MÜHLENBERG, 1966, 31), der sich das Sein als Kugel (eigentlich
Spielball) vorgestellt habe (Frg B 8,43); als Kugel ist das Sein jedoch begrenzt (Frg B 8,31).
Zum Problem einer damit verbundenen räumlichen Vorstellung und dem pythagoreischen
Kontext vgl. E. HEITSCH, 1974, 175f; U. HÖLSCHER, 1986, 100-102; dazu auch Philolaus bei
Stobaeus (Frg B 5) und Aëtius (Frg A 16; ferner Herakleides Pontikus Frg. 104-108, p.
35f): vgl. dazu F. WEHRLI, 1969, 95-97.
Interessant ist bei Parmenides vor allem, daß dieser für das Sein die Ganzheit beansprucht
(Frg B 8,33), was aber im platonischen *Parmenides* für das Eine gerade ausgeschlossen
wird.

[22] Platon hebt deutlich hervor, daß die Gesprächspartner wieder an den Anfang der
Hypothesis zurückgehen: Βούλει οὖν ἐπὶ τὴν ὑπόθεσιν πάλιν ἐξ ἀρχῆς ἐπανέλθωμεν
(Parm 142b).
Vgl. zu diesem Gang auch einführend: E. MÜHLENBERG, 1966, 32f; M.H. MILLER, 1986,
83; S.-J. KIM, 1989, 70f; M. MIGLIORI, 1990, 223-240.

[23] Vgl. R.-P. HÄGLER, 1983, 138f.

[24] Vgl. bes. Soph 256a-e; dazu R.-P. HÄGLER, 1983, 140-142. Dann sind aber auch die
kritischen Einwände von H.G. ZEKL hinfällig, es handle sich hier um eine Setzung von Sein
und der Ausgangspunkt sei nicht Eines (vgl. H.G. ZEKL, 1971, 49-51).
Zugleich führt Platon hier eine semantische Prämisse ein: Wenn Sein und Eins dasselbe
wären, müßte es heißen: Eins Eins (Parm 142c); die Voraussetzung einer solchen Redeweise ist, daß der Subjekts- und der Prädikatsausdruck jeweils dieselbe semantische Funktion ausüben, nämlich Gegenstände zu bezeichnen (referentielle Funktion), was aber
weder dem *Sophistes* (Soph 261d-262e) noch dem *Kratylos* (Krat 431b) entspricht; eine an-

Platons als ἓν ὄν[25] wiedergegeben werden: Jeder der Teile des seienden
Einen *ist* ein Teil und ist *ein* Teil, so daß von hier aus eine Teilungsoperation stattfinden kann und so eine unbegrenzte Menge (ἄπειρον πλῆθος)[26]
entsteht.[27]

Vergleicht man die erste Hypothesis des platonischen *Parmenides*, die
der Frage nachgeht »wenn Eines ist, was folgt dann für das Eine?«, mit
der Konzeption der Unendlichkeit Gottes, wie sie Gregor von Nyssa entwickelt hat, dann fallen in der Tat markante Unterschiede auf, und zwar
nicht nur hinsichtlich der Bestimmung des Unbegrenzten als eines
Unbestimmten.[28] Betrachtet man die erste Hypothesis unter der Hinsicht
des Einsseins, so ist nicht intendiert, daß darunter das absolute Eine zu
verstehen ist; das Eine als das Nicht-Viele ist *in keiner Weise* Vieles. Es besteht hier ein klarer Unterschied zu Gregor, der in *Contra Eunomium* zu
zeigen versuchte, daß die Einheit Gottes auch dann gewahrt bleibt, wenn
von Vater, Sohn und Geist, also einer Vielheit, die Rede ist. Legt man die
Annahme ›wenn Eines *ist*‹ für die erste Hypothesis zugrunde, so müßte
Gregor — unter der Voraussetzung, er greife auf *diesen* Ansatz zurück —
bei der Annahme, Gott sei das wahrhafte Sein, notwendig zu der
Schlußfolgerung kommen, daß Gott unendlich teilbar ist und die
Teilungsoperation zu einer unbegrenzten Menge führt. Es zeigt sich somit,
daß Gregors Ansatz klar von der platonischen Konzeption im *Parmenides*
unterschieden ist.

---

nehmbare Lösung stellt der Vorschlag von HÄGLER dar, die Basis im *Parmenides* sei wohl,
daß unter der Annahme einer solchen Semantik argumentiert werden könnte (vgl. R.-P.
HÄGLER, 1983, 145f).

[25] Vgl. Parm 142d.

[26] Vgl. Parm 143a.

[27] R.-P. HÄGLER weist hier — über H.G. ZEKL hinaus (vgl. H.G. Zekl, 1971, 51) — zu
Recht darauf hin, daß sich aus der Teilungsoperation zunächst lediglich folgern läßt, daß
die *Menge*, die bei dem Teilungsprozeß gebildet wird, unbegrenzt ist; Platon folgert aber
daraus, daß das Seiende unbegrenzt ist (Parm 143a). Dieser Schluß ist aber nur dann möglich, wenn alternativ eine der beiden Annahmen zugrundegelegt wird:
(1) Für alle x, alle y: wenn x an y teilhat, dann ist x Teil von y.
(2) Für alle x, alle y: wenn x an y teilhat, dann ist ein Teil von y in x enthalten (vgl. R.-P.
HÄGLER, 1983, 153).
Auf die weiteren Ausführungen zur Zahl kann in diesem Zusammenhang verzichtet werden, da sie für einen Vergleich von Platon und Gregor kaum ausgewertet werden können.
E. MÜHLENBERG verweist zusätzlich auf den *Sophistes*, vor allem auf die μέγιστα γένη,
wonach Seiendes als es selbst zugleich verschieden von allem anderen, nach E. MÜHLEN-
BERG dann auch unbegrenzt hinsichtlich der Zahl ist (vgl. E. MÜHLENBERG, 1966, 35-37).
Dieser Gedanke soll aber nicht weiterverfolgt werden, insofern die Unbegrenztheit hier
nicht die zentrale Rolle spielt; zur Interpretation der μέγιστα γένη vgl. vor allem W. BEI-
ERWALTES, 1980, 19-23.

[28] Dies ist der Schwerpunkt, den E. MÜHLENBERG hervorhebt (vgl. E. MÜHLENBERG,
1966, 33; so auch CH. KANNENGIESSER, 1967, 56).

»Philebos«

Im *Philebos* begegnet der Begriff ἄπειρον vor allem im Zusammenhang mit πέρας sowie im Rahmen der Behandlung der vier γένη.[29] Die Gegenüberstellung und die Verhältnisbestimmung von πέρας und ἄπειρον hat ihren Ursprung — wenn auch nicht ausschließlich[30] — in der pythagoreischen Philosophie, wonach πέρας die Ursache von positiven, das ἄπειρον von negativen Qualitäten ist[31]; πέρας verleihe jedem Seienden eine abgegrenzte und abgrenzende[32] Gestalt, so daß es bestimmbar, definierbar und denkbar wird[33]. Von Platon wurden diese Ansätze aufgegriffen und im Dienste der eigenen Philosophie weiter entfaltet.[34]

Sieht man einmal von den Beispielen (Buchstaben, Töne, Rhythmen)[35] und deren Problemen ab, so zeigt sich, daß Platon bei der Behandlung der vier γένη zunächst das ἄπειρον gesondert anführt und sogar von der φύσις τοῦ ἀπείρου spricht.[36] Die verschiedenen ἄπειρα, die Platon erwähnt, wie z.B. wärmer/kälter, mehr/weniger usw.[37], schließen nach ihm eine *bestimmte* Quantität (ποσόν) aus[38] und sind in steter Bewegung.[39] Dies muß allerdings nicht bedeuten, daß das ἄπειρον ausschließlich eine quantitative Unbestimmtheit ist. Zu Recht hebt Hoffmann hervor, daß das ἄπειρον in der Tat etwas bewirken kann.[40] Außerdem ist zu beachten, daß die ἄπειρα als Gegensatzpaare relational-komparativisch aufeinander

---

[29]   Vgl. Phileb 16c-18d; 23c-26d.
[30]   Vgl. H. SCHMITZ, 1988, 53-59; E.E. BENITEZ, 1989, 51-53; A.W. MOORE, 1991, 26f.
[31]   Vgl. Aristoteles, Met 986a22-987a28.
[32]   Zur aktiven Bedeutung vgl. Philolaus, Frg B 1 und Frg B 6.
[33]   Vgl. Philolaus, Frg B 2.
Zur Frage insgesamt: vgl. W. BEIERWALTES, 1979, 51 Anm. 2.
[34]   Vgl. C.J. DE VOGEL, 1959, 27; W. BEIERWALTES, 1979, 51 Anm. 2; G. LÖHR, 1990, 135.
Zur Frage der Gegensätze vgl. auch J. WHITTAKER, 1984, XI 77-83. Zu den verschiedenen Ansätzen von H. JACKSON, L. ROBIN und A.E. TAYLOR vgl. L. SWEENEY, 1992, 85-89.107-109.124.126.130. Das Problem der eigenen Interpretation von L. SWEENEY (vgl. L. SWEENEY, 1992, 29-68) besteht vor allem darin, daß er die Frage der αἰτία und Teilhabe untersucht, dabei allerdings der Konzeption des ἀπείρον kaum Raum schenkt.
[35]   Vgl. Phileb 17a-e; dazu M. HOFFMANN, 1993, 78-85.
[36]   Vgl. Phileb 24e.
[37]   Die vollständige Liste mit den entsprechenden Nachweisen findet sich bei E.E. BENITEZ, 1989, 71.
[38]   Vgl. H.-G. GADAMER, 1983, 105.
[39]   Vgl. Phileb 24cd.
[40]   Vgl. z.B. Phileb 24 c; dazu M. HOFFMANN, 1993, 25f.

bezogen sind.[41] Indem z.B. das Mehr und Weniger ständig zu- und ab-
nehmen, gelangen sie von sich aus an keine Grenze, so daß— in Verbindung mit dem *Timaios*[42]— mit guten Gründen angenommen werden kann,
daß die Gegensatzpaare im *Philebos* ein Kontinuum beschreiben, aus dem
heraus die sinnlichen Dinge geformt werden, indem das πέρας sie begrenzt und bestimmt[43], ohne daß das ἄπειρον vom sinnlich Phänomenalen
getrennt wäre.[44] Insofern käme den ἄπειρα die Unbestimmtheit zu, die
erst durch die begrenzende Funktion des πέρας zu einem abgegrenzten
Quantitativen (ποσόν) wird.[45] »Seiendes *ist* eigentlich, sofern es in seinem
Sein, als durch Bestimmendes bestimmtes Unbestimmtes, verstanden
ist.«[46]

Auch wenn im Rahmen dieser Abhandlung viele Schattierungen des Ansatzes im *Philebos* beiseite gelassen werden müssen, wird deutlich, daß
diese Konzeption auf die Bestimmung der Unendlichkeit Gottes bei
Gregor von Nyssa keinerlei Einfluß ausgeübt haben kann.[47] Denn Platon
behandelt das ἄπειρον im Zusammenhang mit den anderen γένη, was in
dieser Form bei Gregor nicht zu finden ist. Insgesamt läßt sich also feststellen, daß sich Gregor klar von Platon unterscheidet und somit in dieser
Hinsicht einen eigenen Ansatz vertritt.

---

[41]   Vgl. C.J. DE VOGEL, 1959, 21; E.E. BENITEZ, 1989, 69; G. LÖHR, 1990, 228; ähnlich
auch G. REALE, 1993, 418.
Dieser Aspekt wird besonders von H.-G. GADAMER und M. HOFFMANN hervorgehoben
(vgl. H.-G. GADAMER, 1983, 105; M. HOFFMANN, 1993, 23).
[42]   Vgl. Tim 53ab: Hier werden die vorkosmischen Elemente behandelt. Weitere Hinweise auf den *Timaios* bei M. HOFFMANN, 1993, 21f (dabei hebt M. HOFFMANN zu Recht
hervor, daß hier nicht an eine Identifikation der χώρα im *Timaios* und des ἄπειρον im
Philebos zu denken ist; anders G. REALE, 1993, 419).
[43]   Vgl. E.E. BENITEZ, 1989, 72-76; G. LÖHR, 1990, 229.242.
[44]   So zu Recht M. HOFFMANN, 1993, 20 (mit weiterer Lit.); anders G. REALE, der das
ἄπειρον im Sinne der Einheit als Prinzip (absolutes Eines) versteht (vgl. G. REALE, 1993,
418.421).
[45]   Die Probleme, die sich vor allem bei der Bestimmung von πέρας ergeben, können
hier nicht angeführt werden: dazu ausführlich M. HOFFMANN, 1993, 32-42.
[46]   H.-G. GADAMER, 1983, 107.
[47]   So auch E. MÜHLENBERG, 1966, 38f. Ob man allerdings— unter Berufung auf Phileb
65a — davon sprechen kann, daß das Unendliche ein Merkmal der Immanenz ist, von wo
aus man sich zur *Transzendenz* erheben soll (vgl. E. MÜHLENBERG, 1966, 42), ist im Rahmen der dort geführten Lustdiskussion doch fraglich.

2. ARISTOTELES

Anders als bei dem Vergleich von Platon und Gregor von Nyssa wird in der Forschung das Verhältnis Gregors zu Aristoteles kontrovers diskutiert: Während vor allem Mühlenberg zu zeigen versucht, daß Gregor von Nyssa mit seinem Unendlichkeitsbegriff die aristotelische Logik hauptsächlich hinsichtlich des *regressus in infinitum* zu überwinden trachtete[1], ist nach Heine eher an eine Auseinandersetzung zwischen Gregor und Origenes zu denken.[2] Davon deutlich unterschieden ist die Position von Ullmann, der glaubt, daß Gregor den aristotelischen Begriff des potentiell Unendlichen verwende und seine Theologie auf der aristotelischen Logik basiere.[3] Aufgrund der verschiedenen Positionen in der Forschung ist hier ein genauerer Blick auf Aristoteles notwendig, um den Ansatz Gregors deutlicher einordnen zu können.

An einer zentralen Stelle in der *Physik* trifft Aristoteles eine für das Verständnis des ἄπειρον wesentliche Unterscheidung. Von der syntaktischen Struktur des Textes her (μέν ... δέ)[4] ist hier eher an eine Zweiteilung als an eine Vier- oder Dreiteilung zu denken[5]:

»Zuerst muß also unterschieden werden, auf wieviele Weise der Begriff ›unendlich/unbegrenzt‹ ausgesagt wird.

1) Die erste Art ist offensichtlich die, bei der ein Durchschreiten deshalb unmöglich ist, weil man es von Natur aus nicht ›durchschreiten‹ kann, so wie z.B. die Stimme unsichtbar ist;

2) Anders liegt hingegen der Fall bei dem, was zwar eine Durchgangsmöglichkeit hat, aber kein Ende; [hierbei sind zwei Fälle zu unterscheiden]:

(a) entweder, was nur mit Mühe (durchschritten werden kann)

(b) oder das, was — obwohl es von Natur aus eine solche haben sollte, keine Durchgangsmöglichkeit bzw. keine Grenze hat.

---

[1] Vgl. E. MÜHLENBERG, 1966, 165-169; dazu auch CH. KANNENGIESSER, 1967, 57f; J. HOCHSTAFFL, 1976, 109.

[2] Vgl. R.E. HEINE, 1975, 84.

[3] Vgl. W. ULLMANN, 1987, 156. Diese These wird unten gesondert hinterfragt werden.

[4] Vgl. Aristoteles, Phys 204a3-4.

[5] Zu den verschiedenen Ansätzen der Einteilung vgl. L. SWEENEY, 1992, 145f.

Ferner[6] ist alles unbegrenzt

    (a) entweder im Hinblick auf eine Hinzufügung

    (b) oder im Hinblick auf eine Teilung

    (c) oder im Hinblick auf beides.«

πρῶτον οὖν διοριστέον ποσαχῶς λέγεται τὸ ἄπειρον.

    1) ἕνα μὲν δὴ τρόπον τὸ ἀδύνατον διελθεῖν τῷ μὴ πε-
φυκέναι διιέναι, ὥσπερ ἡ φωνὴ ἀόρατος·

    2) ἄλλως δὲ τὸ διέξοδον ἔχον ἀτελεύτητον,

        (a) ἢ ὃ μόγις,

        (b) ἢ ὃ πεφυκὸς ἔχειν μὴ ἔχει διέξοδον ἢ πέρας.

ἔτι ἄπειρον ἅπαν

    (a) ἢ κατὰ πρόσθεσιν

    (b) ἢ κατὰ διαίρεσιν

    (c) ἢ ἀμφοτέρως.[7]

Wenn diese Unterteilung zutrifft, unterscheidet Aristoteles hier
zunächst zwei Arten von Unendlichem, nämlich das, was seiner Natur
nach undurchschreitbar ist (1), und das, was zwar seiner Natur nach
durchschritten werden könnte, bei dem man aber an kein Ende gelangt
(2).[8] Im zweiten Fall könnte man entweder davon sprechen, daß z.B. eine
Reise unendlich genannt wird (a), oder davon, daß ein Prozeß aktuell nie
an ein Ende gelangt (b); dies ist z.B. der Fall, wenn man zu einer natürlichen Zahl die Zahl >1< hinzufügt, diesen Vorgang beliebig wiederholt
und so eine unendliche natürliche Zahlenreihe erhält, die aber *als solche*
aktuell nie in ihrer Unbegrenztheit erreicht wird (weil aktuell *in* der Zeit
nicht aufzählbar). Unendlich wäre aber entsprechend Fall (b) auch die
Teilungsmöglichkeit eines Kontinuums, etwa einer Strecke, die halbiert
wird, um dann die Hälften zu halbieren usw.[9] Die Fälle (2a) und (2b), die
hier zunächst noch genauer betrachtet werden sollen, implizieren im Sinne
des Aristoteles beide eine Quantität, indem aktuell ein Schritt nach dem
anderen— wie etwa beim Zählen— vorgenommen wird. Insofern ist jeder
dieser Schritte endlich; unendlich bzw. unbegrenzt ist das Ganze in der

---

    [6] Es handelt sich hier nicht um eine zusätzliche Ebene, sondern eher um einen
>Nach<-Gedanken.
    [7] Aristoteles, Phys 204a2-7; vgl. auch Met 1066a35-b1.
    [8] Vgl. dazu auch K.v. FRITZ, 1969, 69; A.W. MOORE, 1991, 35.
    [9] Vgl. J. STENZEL, 1933, 62; K.v. FRITZ, 1969, 72.

Hinsicht, daß bei der sukzessiven Aufeinanderfolge kein Ende erreicht wird.[10]

Insgesamt ist zweierlei zu bemerken: Zum einen (A) können Teilung und Hinzufügung der Sache nach korrespondierende Momente sein, die sich auf dasselbe beziehen; zum anderen (B) führt Aristoteles für den Bereich der Quantität hinsichtlich der Unendlichkeit die Unterscheidung von potentiell und aktuell ein[11].

(A) *Teilung und Hinzufügung*:

$$A \qquad\qquad\qquad B \qquad\qquad C \quad\; D \quad\; Z$$

Der Weg der Teilung kann so vorgenommen werden, daß die Linie AZ zunächst in AB und BZ geteilt wird, BZ in BC und CZ usw. In diesem Sinne würde Aristoteles von der unendlichen Teilbarkeit z.B. einer Strecke sprechen. Statt den Weg der Teilung einzuschlagen, wäre es aber auch möglich, die Strecke zunächst bei B, C, D usw. zu teilen, um dann AB die Strecke BC, CD usw. hinzuzufügen. Insofern könnte man hier davon sprechen, daß Teilung und Hinzufügung miteinander korrespondieren.[12] Dabei ist allerdings zu beachten, daß Aristoteles mit zwei Voraussetzungen arbeiten muß: zum einen ist die obige Überlegung nur schlüssig, wenn ein Kontinuum vorausgesetzt wird; Zum anderen müssen die (Raum-)Punkte selbst unteilbar und ausdehnungslos sein.[13]

---

[10] Vgl. L. SWEENEY, 1992, 146f.
Ähnlich auch Nikomachos von Gerasa, Arith I 2,5, p. 5; dazu M.L. D'OOGE, 1926, 183 Anm. 3 mit Hinweisen auf Proklos und Heron von Alexandrien; vgl. ferner Johannes Philoponos, In Arith Nic II 5, p. 7.

[11] Eine weitere Differenzierung in >aktuell< und >aktual< (z.B. W. BRÖCKER, 1987, 266) scheint mir hier nicht angebracht zu sein, so daß ich mich hier auf die Redeweise >aktuell< beschränke.

[12] Vgl. Aristoteles, Phys 206b3-12; dazu K.v. FRITZ, 1969, 69; D.J. FURLEY, 1969, 85-91; L. SWEENEY, 1992, 148.
Weitere Probleme sollen hier allerdings nicht behandelt werden, vor allem die Frage nach der (Un-)Endlichkeit der Welt, des Unendlichen als materieller Substanz, eines unendlichen Körpers, der unendlichen Anzahl der Elemente usw.; damit hängt Aristoteles' Zurückweisung der Ansätze von Anaximander, der Atomisten, der Paradoxien Zenons, des Anaxagoras u.a. zusammen: zu diesen Fragen vgl. K.v. FRITZ, 1969, 70f; D.J. FURLEY, 1969, 91-96; F.V. STEENBERGHEN, 1985, 337-342; W. BRÖCKER, 1987, 269-271; A.W. MOORE, 1991, 36-38.
Vgl. auch Eudemos von Rhodos, Frg 62-66.68-70, p. 34-36; dazu F. WEHRLI, 1969a, 100-102.

[13] Vgl. R. FERBER, 1981, 6f.

Teilung und Hinzufügung werden bei Aristoteles durch eine weitere Differenzierung ergänzt:

(B) *Unterscheidung von potentiell und aktuell.*

Alles Seiende ist nach Aristoteles entweder der Möglichkeit nach oder der Verwirklichung nach (λέγεται δὴ τὸ εἶναι τὸ μὲν δυνάμει, τὸ δὲ ἐντελεχείᾳ)[14]. Wenn nun von dem Unendlichen in Bezug auf die Teilung oder Hinzufügung[15] gesprochen wird, so ist zu fragen, wie das Unendliche *ist*. Der Vorgang der Teilung etwa einer Linie bzw. Strecke oder der Hinzufügung bei den natürlichen Zahlen hat für Aristoteles ergeben, daß beide Prozesse als in der Zeit durchgeführte Vorgänge durch die Sukzessivität nicht an ein Ende gelangen können und somit in diesem Sinne unendlich sind; diese Unendlichkeit ist demnach aktuell nie voll realisiert, so daß die Unendlichkeit quantitativer Größen lediglich potentiell sein kann.[16] In welchem Sinne kann aber von einem potentiellen Sein die Rede sein? Potentiell kann in dem Sinne verstanden werden, daß etwas, was noch nicht realisiert ist, vollkommen realisiert werden kann, und zwar ein für alle Mal, wie z.B. Bronze, das zu einer Statue gegossen wird. Nach Aristoteles verhält es sich aber mit dem Unendlichen— aus den oben genannten Gründen — nicht so.[17] Potentiell kann aber auch in dem Sinne verstanden werden, daß etwas progressiv/sukzessiv aktualisiert wird, aber nie vollkommen zu einem Zeitpunkt; wenn es z.B. Nacht ist, könnte jemand sagen, daß es potentiell so etwas gibt wie Tag. Wenn es Tag geworden ist, kann man sagen, es ist aktuell Tag; dabei ist jedoch zu beachten, daß zu dem Zeitpunkt, an dem dies gesagt wird, nicht der *ganze* Tag realisiert ist, sondern erst sukzessive in dem Nacheinander von Jetzt-Zeiten.[18] Das potentiell Unendliche muß immer noch etwas außerhalb seiner selbst haben.[19] Insofern kann dieses Unendliche auch nicht ganz, vollstän-

---

[14] Aristoteles, Phys 206a14-15.
[15] Vgl. Aristoteles, Phys 206a15-16.
[16] Vgl. Aristoteles, Phys 206a16-18.
Dazu K.V. FRITZ, 1969, 71f (mit der entsprechenden Kritik von B. RUSSELL; kritisch zur Interpretation RUSSELLs: M. BLACK, 1954, 95-126); H. DEKU, 1986, 10 (mit der Abgrenzung gegenüber den Zenonischen Paradoxien); A.W. MOORE, 1991, 39-41; L. SWEENEY, 1992, 150.
Zu den Zenonischen Paradoxien selbst vgl. R. FERBER, 1981, 6-33. Zu Aristoteles' Darstellung und Kritik sowie den Überlegungen von B. RUSSELL, H. BERGSON, B. BOLZANO usw. vgl. R. FERBER, 1981, 34-49 (weitere Lit.). Zur Auseinandersetzung des Eudemos von Rhodos mit Zenon und Melissos vgl. Eudemos, Frg 38, p. 27; dazu F. WEHRLI, 1969a, 93.
[17] Vgl. Aristoteles, Phys 206a18-21.
[18] Vgl. Aristoteles, Phys 206a21-27.
[19] Vgl. Aristoteles, Phys 207a1-2; dazu K.V. FRITZ, 1969, 73; H. DEKU, 1986, 10; L. SWEENEY, 1992, 150f.

dig oder vollkommen sein.[20] Geht man jedoch vom Aktuellen aus, ergibt sich, daß das Aktuelle stets endlich ist, obwohl potentiell z.B. bei Quantitativem eine unendliche Teilungsmöglichkeit besteht.[21] Die Behauptung einer potentiellen Unendlichkeit[22] kann bei Aristoteles in der Tat mit dem Problem des *regressus in infinitum* verbunden werden, um zu zeigen, daß Aristoteles in den *Analytiken* die Unmöglichkeit des Regresses und die Bestimmbarkeit des Wesens einander zuordnet: Ein Durchgehen des Unendlichen ist nicht möglich, und ein Wesen kann nicht bestimmt werden, wenn das Unendliche hinzutritt.[23]

Von dieser Art potentieller Unendlichkeit ist nach R. Mondolfo bei Aristoteles eine zweite zu unterscheiden, nämlich die Unendlichkeit im Sinne von Vollendung.[24] Für die Annahme einer solchen Unendlichkeit sprechen folgende Gründe: 1) Aristoteles schließt die Möglichkeit einer solchen Unendlichkeit nicht aus; in der *Physik* will er aber vor allem die Unendlichkeit des Kontinuums und speziell des sinnlichen Kontinuums behandeln.[25] 2) In der eingangs zitierten Passage aus der *Physik* kontrastiert Aristoteles verschiedene Bedeutungen von ›unendlich‹ miteinander[26]; die erste Art des Unendlichen besteht — etwa im Unterschied zum potentiell Unendlichen — darin, daß *von Natur aus* ein Durchschreiten unmöglich sei. 3) Schließlich betont Aristoteles an verschiedenen Stellen, daß intelligible und immaterielle Realitäten ihre eigene Art der Unendlichkeit involvieren *können*.[27] Auf eine nicht-quantifizierte Unendlichkeit bezieht sich Mondolfo, um zu behaupten, daß Aristoteles für den unbe-

---

Der Vergleich hinkt aber insofern, als Aristoteles zu zeigen versucht, daß bei quantitativen Größen eine unendliche Teilungsmöglichkeit besteht, während beim Tag im Durchschreiten der Zeit natürlich der Tag vorübergeht und somit durchschritten werden kann. Der Vergleichspunkt liegt jedoch darin, daß zu einem bestimmten Zeitpunkt innerhalb des Tages nicht der ganze Tag präsent ist, d.h. nie aktuell ganz realisiert ist.

[20]   Aristoteles, Phys 206b33-207a14.

[21]   Vgl. Aristoteles, Phys 263b3-264a6. Diesen Aspekt, daß es hier um die unendliche Teilungs*möglichkeit* geht, hebt besonders W. BRÖCKER hervor (vgl. W. BRÖCKER, 1987, 267f).

[22]   Die Frage der Unendlichkeit der Zeit und der Bewegung kann in diesem Zusammenhang nicht erörtert werden: vgl. dazu E. MÜHLENBERG, 1966, 51; K.V. FRITZ, 1969, 68; D.J. FURLEY, 1969, 85; L. SWEENEY, 1992, 154-157.

[23]   Vgl. Anal.post 72b10f; Anal.post 83b1-8. Zu einer ausführlichen Begründung dieses Zusammenhangs vgl. E. MÜHLENBERG, 1966, 43-50.

[24]   Vgl. R. MONDOLFO, 1956, 455-460; zu R. MONDOLFO vgl. auch F.V. STEENBERGHEN, 1985, 346.

[25]   Vgl. Aristoteles, Phys 200b15-25.

[26]   Vgl. Aristoteles, Phys 204a3-7.

[27]   Vgl. Aristoteles, Phys 204a9-14; Phys 204a35-b3; Met 1066b1-8. Zu diesen Aspekten vgl. L. SWEENEY, 1992, 157f.

wegten Beweger eine solche Unendlichkeit in Anspruch genommen habe.
Der Argumentationsgang des Aristoteles lautet aber: Aus dem Werden
und Vergehen der Dinge folgt, daß es eine ewige Bewegung geben müsse,
die aufgrund der Ewigkeit auch beständig ist.[28] Die Ewigkeit des unbewegten Bewegers besteht darin, daß er unbegrenzte Zeit hindurch eine Bewegung ausübt, zu der eine unendliche Kraft nötig sei.[29] Ein endliches Ding
kann aber keine unbegrenzte Kraft haben[30]; wenn die Unbegrenztheit
dann eine notwendige Bestimmung des unbewegten Bewegers sein soll,
kann sie keine *Größe* des unbewegten Bewegers sein[31], da für die Größe
gezeigt wurde, daß sie nicht unendlich sein kann[32]. Damit könnte die Unendlichkeit des unbewegten Bewegers bei Aristoteles direkt mit der Bewegung und der Zeit in Verbindung stehen, nämlich in dem Sinne, daß die
Kraft des unbewegten Bewegers so groß ist, eine unendliche Bewegung
durch eine unendliche Zeit hindurch zu initiieren, die als solche aber wiederum als *potentiell* unendlich betrachtet wird.[33] Damit ist es nicht notwendig, bei Aristoteles eine Unendlichkeit für den unbewegten Beweger
im Sinne der Vollendung seines Seins oder Wesens anzunehmen.[34]

Zieht man von hier aus einen Vergleich zu Gregor von Nyssa, so läßt
sich der Begriff der potentiellen Unendlichkeit wohl vor allem für den *unendlichen Aufstieg* des Menschen zu Gott *auswerten*, da der Aufstieg nie
vollendet werden kann und so auch keine Sättigung eintritt. Dabei kann
aber durchaus, wie Heine annimmt, auch an eine Auseinandersetzung mit
Origenes gedacht sein.[35] Was jedoch Aristoteles selbst und Gregor von
Nyssa betrifft, stellt Beierwaltes zu Recht heraus, daß es nicht evident zu
machen ist, Gregor habe bewußt die aristotelische Logik und hier vor al-

---

[28] Vgl. Aristoteles, Phys 259a6-18.
Das Problem des Übergangs von einem ersten sich selbst Bewegenden zum unbewegt
Bewegenden kann an dieser Stelle nicht behandelt werden, zumal F. SOLMSEN diese
Stellen in der Physik auch einer scharfen philologischen Kritik unterzieht (zum gesamten
Problem vgl. E. MÜHLENBERG, 1966, 55 mit den entsprechenden Nachweisen); eine
Lösung aber in der Behauptung zu suchen, daß Aristoteles das Problem nicht bewältigt
habe (vgl. E. MÜHLENBERG, 1966, 55 Anm. 5), trägt zum Textverständnis wenig bei.
[29] Vgl. Aristoteles, Phys 266a23-267b26.
[30] Vgl. Aristoteles, Phys 266a10-23.
[31] Vgl. Aristoteles, Phys 267b18-26.
[32] Vgl. Aristoteles, Phys 267b19-22.
Zur Sache vgl. E. MÜHLENBERG, 1966, 55f.
[33] Vgl. L. SWEENEY, 1992, 161.
[34] Vgl. L. SWEENEY, 1992, 161f; vgl. ferner A.W. MOORE, 1991, 44.
M.N. ESPER umgeht dieses Problem, indem er >unendlich< und >unendliche Macht< explizit gleichsetzt und daraus auf die Vollkommenheit des sich selbst denkenden Gottes
schließt (vgl. M.N. ESPER, 1979, 68-70).
[35] Auf diesen Zusammenhang wird später einzugehen sein (Teil II, 3. Abschnitt).

lem den unendlichen Regress zu überwinden gesucht, wenn er betont, daß aus der Unendlichkeit Gottes notwendig der unendliche Aufstieg folge. Dies träfe nämlich nur dann zu, wenn man zum einen unter dem unendlichen Regress unaristotelisch *nur* ein Hingehen auf das Unendliche verstehen würde; zum anderen müßte angenommen werden, daß die vorausgesetzte Überwindung der aristotelischen Logik *nicht* die Forderung implizierte, man müsse auf ein Letztes kommen, welches zugleich der Ursprung ist; gerade dieser Aspekt wird jedoch von Gregor hervorgehoben.[36]

Was aber die Unendlichkeit Gottes betrifft, läßt sich der bei Aristoteles aus einer Analyse sinnlicher Quantitäten gewonnene Begriff des potentiell Unendlichen nicht verwenden, um den Ansatz Gregors für die Unendlichkeit Gottes zu verdeutlichen und philosophisch auszuarbeiten.

---

[36] Vgl. W. BEIERWALTES, 1987, 465.

3. Plotin

Ähnlich wie bei dem Vergleich von Gregor und Aristoteles wird auch das
Verhältnis von Gregor und Plotin in der bisherigen Forschung kontrovers
diskutiert. Auf der einen Seite wird ein direkter Zusammenhang zwischen
beiden, wie z.b. bei Mühlenberg, ausgeschlossen[1]; auf der anderen Seite
behauptet z.b. Meredith, daß Gregor seine Konzeption der Unendlichkeit
anhand der Texte Plotins entwickelt habe.[2] Von dieser Situation ausgehend, soll hier der Ansatz Plotins erörtert werden, soweit es die Frage der
Unendlichkeit des Einen oder Guten betrifft. Andere Nuancen des Begriffes >Unendlichkeit< bei Plotin, etwa die Unendlichkeit der Materie, der
Seele oder des Geistes, können hier nicht berücksichtigt werden.[3]

Das Eine selbst, von dem her alles ist[4], muß nach Plotin in sich undiffe-
renziert nur es selbst sein. Die reine Einheit ohne jegliche Differenz ist
damit auch vom νοῦς unterschieden, der im Denken seiner selbst eine innere Strukturierung voraussetzt. Somit ist das Eine *vor* allem, das im Sinne
Plotins von diesem her als dem Ur-Grund bestimmt wird und so Form und
Gestalt bzw. das Sein durch die Begrenzung erhält[5]; die οὐσία muß in diesem Sinne immer ein τόδε τι und somit begrenzt sein.[6] Das Eine selbst
aber ist in jeder Rücksicht bestimmungs-los, kein τόδε τι[7], überseiend[8],
anders als alles andere[9], nichts von allem.[10] Sogar die Aussage ἕν muß negiert werden.[11] Weil alles vom Einen Verschiedene in sich und untereinander durch Differenz gekennzeichnet ist, ist das Eine als in sich In-Diffe-

---

[1] Vgl. E. Mühlenberg, 1966, 132; dazu Ch. Kannengiesser, 1967, 58.
[2] Vgl. A. Meredith, 1988a, 347.
Ein ähnlicher Zusammenhang wird von D.F. Duclow erwähnt (vgl. D.F. Duclow, 1974,
103); vgl. auch C.W. Macleod, der zwischen Gregor und Plotin enge Parallelen feststellt,
die Differenz beider allerdings darin sieht, daß Gregor von der Gutheit spricht, Plotin aber
von der Einheit (vgl. C.W. Macleod, 1982, 189). Dieser problematische Ansatz wird unten nochmals gesondert aufgegriffen.
[3] Vgl. z.B. C.J. de Vogel, 1959, 33f.36-39; W. Beierwaltes, 1981, 45-
47.197.236f.271f; L. Sweeney, 1992, 167-256.
Diese Aspekte können insofern beiseite gelassen werden, als für den Vergleich von Gregor
und Plotin vor allem die Unendlichkeit *Gottes* oder des *Einen* untersucht werden soll.
[4] Vgl. Enn V 1,7,22.
[5] Vgl. Enn V 1,7,22-26; dazu L. Sweeney, 1992, 184f.
[6] Vgl. Enn V 5,6,1-15; dazu L. Sweeney, 1992, 185.
[7] Vgl. Enn V 3,12,50-52; V 5,6,5; VI 8,9,9; dazu W. Beierwaltes, 1972, 112; L.
Sweeney, 1992, 185; ferner J. Halfwassen, 1991, 90.93f.
[8] Vgl. Enn V 5,13,33 und 35; vgl. W. Beierwaltes, 1972, 112 (dort weitere Stellen).
[9] Vgl. Enn V 4,1,6; V 3,11,18; VI 7,42,13; dazu W. Beierwaltes, 1972, 112.
[10] Vgl. Enn V 5,6,9; W. Beierwaltes, 1972, 112 (weitere Belege).
[11] Vgl. Enn V 5,6,16-37; dazu L. Sweeney, 1992, 186.
Für eine weitere Differenzierung vgl. auch Enn I 8,9,14f; II 4,10,4-11; VI 7,34,1f; VI 9,3,1f;
VI 9,7,8-10; VI 9,8,33-35; dazu P.A. Meijer, 1992, 218; L. Sweeney, 1992, 186f.

rentes von allem Differenten absolut verschieden.[12] Insofern hat das Eine auch keine Begrenzung und ist deshalb in sich ἄ-πειρον, form-los[13] und gestalt-los.[14]

Diesem ersten Befund für das Eine scheint zunächst eine Stelle zu widersprechen, an der Plotin behauptet, der Ursprung von allem (ἀρχὴ ἀπάντων) sei ὡρισμένον τι[15]. Plotin führt hier weiter aus, daß das Eine, der Ursprung, *allein* nicht aufgrund einer Notwendigkeit *ist* oder selbst als eine Notwendigkeit begriffen werden könnte. Denn die Notwendigkeit trete erst *nach* dem Einen auf. Vielmehr sei das Eine begrenzt oder definiert durch seine Einzigkeit (μοναχῶς).[16]

Der Gedanke, das ἕν sei ὡρισμένον τι, widerspricht jedoch der sonst bei Plotin üblichen Redeweise, daß das Eine ohne Gestalt, ohne Form, unbegrenzt und vor dem Etwas ist (ἄμορφον, ἀνείδεον, ἄπειρον, πρὸ τοῦ »τί«): Es ist vor jedem in sich bestimmten, abgegrenzten und abgrenzenden Etwas.[17] Zudem steht eine solche Äußerung der ›Begrenztheit‹ in Widerspruch zu den kurz darauf folgenden Ausführungen Plotins.[18] Ferner wird im Kontext der Gedanke durch das einzigartige μοναχῶς und die Nicht-Notwendigkeit erläutert, worin sich das Allein-Sein des Einen ausdrückt: Es wird von keinem Anderen bestimmt. Aufgrund dieser Überlegungen schlägt Beierwaltes mit guten Gründen die Konjektur <κεχ>ωρισμένον vor, um das Abgegrenzt-Sein des Einen zum Ausdruck zu bringen.[19] Diese Stelle läßt sich also so

---

[12] Vgl. W. BEIERWALTES, 1991, 134 (dort die Belege).

[13] Formlosigkeit des Einen bedeutet gerade nicht Unvollkommenheit: vgl. Enn VI 7,32. Zur Konzeption der Vollkommenheit vgl. L.P. GERSON, 1994, 17.

[14] Vgl. W. BEIERWALTES, 1972, 111.
Es läßt sich für das Eine selbst bei Plotin durchaus ein Zusammenhang zum ersten Gang der ersten Hypothesis des platonischen *Parmenides* herstellen: vgl. J. WHITTAKER, 1984, XVIII 155; W. BEIERWALTES, 1985, 195; F. REGEN, 1988, passim; W. BEIERWALTES, 1990a, XXVIII; anders E. MÜHLENBERG, 1966, 126.
Zur Sache, im Hinblick auf Proklos vgl. W. BEIERWALTES, 1979, 52 (Selbigkeit und Andersheit).

[15] Enn VI 8,9,10.

[16] Vgl. Enn VI 8,9,10f. Zum Problem von Freiheit und Notwendigkeit im Hinblick auf das Eine vgl. D.J. O'MEARA, 1995, 55f.

[17] Vgl. W. BEIERWALTES, 1985, 135; W. BEIERWALTES, 1987, 455f; W. BEIERWALTES, 1990a, 91; L.P. GERSON, 1994, 18.
Wenn sich P.A. MEIJER dagegen wehrt, den Begriff ἀνείδεον für das Eine zu gebrauchen, weil J.M. RIST daraus ein »infinite Being« ableite (vgl. J.M. RIST, 1967, 25.30), ist ihm zwar insofern zuzustimmen, daß vom Einen jegliches *Sein* ferngehalten werden muß (vgl. P.A. MEIJER, 1992, 201). Dies betrifft jedoch nicht den Begriff ἀνείδεον selbst.

[18] Vgl. Plotin, Enn VI 8,9,39.42; vgl. zudem V 5,6,6.

[19] Vgl. W. BEIERWALTES, 1990a, 91f; brieflich bestätigt durch H.-R. SCHWYZER.
Eine alternative Interpretation wäre die, daß Plotin den Begriff ὡρισμένον im Kontext pointiert einführt, um die Hinsicht (κατά τι) herauszustellen, wie vom Einen gesprochen

verstehen, daß alles vom Einen Verschiedene aus dem Einen hervorgeht und so bestimmt wird, aber nicht das ἕν. In der Abgrenzung zeigt sich die absolute Differenz zu allem — und darin auch die absolute Unbestimmtheit und Unbegrenztheit.[20]

Wenn man diese Aspekte zusammennimmt, stellt sich die Frage, ob Plotin in diesem Zusammenhang die ἀπειρία des Einen lehrt. Mit dem Hinweis darauf, daß Plotin hervorhebe, man könne vom Einen nicht sprechen und unsere Sprache zeige nur den Weg an, in welcher Richtung wir zu denken hätten, betont Sweeney, daß Plotin hier lediglich versuche, das Eine als von der Vielheit abgegrenzt auszusagen[21]; das Eine werde nicht seiner Natur nach ἄπειρον genannt.[22] Auf diesen Zusammenhang ist aber nochmals gesondert einzugehen. Zunächst soll untersucht werden, in welchem Sinne von einer δύναμις des Einen gesprochen werden kann, um zu klären, ob diese δύναμις unendlich ist.

Die δύναμις des Einen ist im Sinne Plotins nicht nur die Möglichkeit, etwas hervorzubringen, sondern die Mächtigkeit, alles zu bewirken.[23] Neben vereinzelten Stellen, wo Plotin behauptet, das Eine habe auch die δύναμις, sich selbst hervorzubringen[24], ohne allerdings die Einheit und In-Differenz zu zerstören, ist die δύναμις des Einen vor allem die absolute Mächtigkeit im Blick auf das aus ihm Entspringende[25]; sie ist die alles er-

---

werden kann, wenn man darunter das Größersein gegenüber dem vom Einen Hervorgegangenen versteht (so offensichtlich R. HARDER / R. BEUTLER / W. THEILER, 1967, 376 [sie sehen darin eine Anspielung auf die Lehre vom ἕν und von der ἀόριστος δυάς]; A.H. ARMSTRONG, 1988, 255 [ARMSTRONG diskutiert die Stelle jedoch nicht]; L.P. GERSON, 1994, 234 Anm. 22; G. LEROUX, 1990, 303f unter Hinweis auf die Interpretation von Marsilio Ficino). Mit dieser alternativen Sichtweise sind jedoch die von W. BEIERWALTES pointiert herausgestellten Probleme nicht gelöst.

[20] Vgl. Enn VI 8,9,37-49.
A.W. MOORE spricht hier unter Berufung auf Enn VI 6,8 von inneren Grenzen des Einen (vgl. A.W. MOORE, 1991, 46); anders L. SWEENEY, 1992, 187f.
[21] Vgl. L. SWEENEY, 1992, 187f; ähnlich auch E. MÜHLENBERG, 1966, 127.
[22] Zur Frage der Benennbarkeit des Einen vgl. W. BEIERWALTES, 1985, 42; L.P. GERSON, 1994, 15f.
[23] Vgl. Plotin, Enn II 5,1,24-29; dazu W. BEIERWALTES, 1985, 49; J. HALFWASSEN, 1991, 92.119-122.
E. MÜHLENBERG spricht hier lediglich von der Möglichkeit (vgl. E. MÜHLENBERG, 1966, 130).
Zu einer ähnlichen Konzeption der Mächtigkeit bei Proklos vgl. W. BEIERWALTES, 1979, 54.
[24] Vgl. Enn VI 8,9,1-4; VI 8,16,12-18; VI 8,18,25-41; VI 8,21,19-21; dazu L. SWEENEY, 1992, 196.
Auch als Sehen oder Blicken interpretiert: Enn VI 8,16,19f.
[25] Vgl. Enn III 8,10,1f; VI 8,17,17-21; VI 8,18,25f; dazu W. BEIERWALTES, 1991, 133.143; L. SWEENEY, 1992, 196.

möglichende Grund.[26] Dabei kann das Eine aus sich nur das entspringen lassen, was es auch *hat* — dies aber nicht in dem Sinne, als würde das, was das Eine hat, auch eine Differenz in das Eine eintragen, sondern im Sinne einer *Vor-Habe*, indem alles, was sich aus dem Einen entfaltet, als Un-entfaltetes bzw. Noch-nicht-Entfaltetes und so auch als Noch-nicht-Unterschiedenes oder Nicht-Vieles >ist<.[27] Darin spricht sich der Grundsatz Plotins aus, daß das, was einiger ist, auch die größere Mächtigkeit hat.[28] Aufgrund der unendlichen Wirkungen muß auch die Wirkkraft bzw. Mächtigkeit unendlich sein, ein Vermögen, alles zu vollbringen.[29] In diesem Sinne kann man nach Sweeney bei der Unendlichkeit des Einen bzw. hinsichtlich der Mächtigkeit und Fülle nur von einer »extrinsic denomination«[30] sprechen.

Das Problem spitzt sich jedoch insofern zu, als es bei Plotin zwei einander entgegengesetzte Äußerungen zu geben scheint. An der ersten Stelle[31] versucht Plotin zu erklären, warum die intelligible Materie unendlich genannt werden könne. Der Grund besteht für Plotin darin, daß sie hervorgebracht ist von der Unendlichkeit des Einen, was aber bedeuten muß: Sie ist hervorgebracht von der unendlichen δύναμις. Indem das Eine schafft (ποιοῦντος), ist es unendlich, nicht aber in der Unendlichkeit von Jenem (dem Einen: οὐκ οὔσης ἐν ἐκείνῳ ἀπειρίας). Sweeney interpretiert diese Stelle so, daß die Unendlichkeit exklusiv nur im Hinblick auf die Mächtigkeit des Einen, alles hervorzubringen, bezogen ist.[32] Dementsprechend übersetzt er die Stelle auch mit einem wichtigen Zusatz: Die Unendlichkeit betreffe *nur* die Aktivität des Einen - »which is not in the One Himself but *only* in His activity«[33]. Das Problem besteht jedoch darin, daß Sweeney nicht klären kann, wie diese beiden Aspekte beim Einen getrennt werden können, ohne in das Eine eine Differenz einzutragen.

---

[26] Vgl. W. BEIERWALTES, 1979, 58 (für Proklos).
[27] Vgl. Enn V 3,15,31; V 3,16,13; VI 8,18,18; dazu W. BEIERWALTES, 1987, 455; W. BEIERWALTES, 1990a, XXVII; W. BEIERWALTES, 1991, 158-160; so auch E. MÜHLENBERG, 1966, 128. H. OOSTHOUT diskutiert dieses Problem kaum (vgl. H. OOSTHOUT, 1991, 172.175f).
[28] Vgl. Enn III 8,10,20-31; dazu L. SWEENEY, 1992, 197 (mit weiteren Belegen).
[29] Vgl. Enn VI 7,32; VI 8,20,31-39; VI 9,6,1-13. Dazu E. MÜHLENBERG, 1966, 130.132; W. BEIERWALTES, 1972, 143; W. ULLMANN, 1987, 154; A. MEREDITH, 1988a, 347; W. BEIERWALTES, 1991, 143; J. HALFWASSEN, 1991, 126; P.A. MEIJER, 1992, 199f; L. SWEENEY, 1992, 200-203.223-239.
[30] L. SWEENEY, 1992, 201.
[31] Vgl. Enn II 4,15,17-20; dazu P.A. MEIJER, 1992, 199.
[32] Vgl. L. SWEENEY, 1992, 202.
[33] L. SWEENEY, 1992, 202 Anm. 85 (Hervorhebung Th. B.).

Plotin betont an anderer Stelle[34], daß das Eine nichts als es selbst sein könne; es ist weder gegen sich selbst noch gegen irgendetwas anderes abgegrenzt; in diesem Sinne ist es ἄπειρον. Von verschiedener Seite wurde dies so gewertet, daß Plotin hier von der Unendlichkeit des Einen in sich als einem Wesenszug spricht. Indem das Eine als absolute Differenz zu allem anderen und zugleich als absolute In-Differenz ›gedacht‹ ist, ist es in *diesem* Sinne nur es selbst und hat insofern auch keine Grenze: es ist ἄπειρον.[35] Gegen eine solche Interpretation wehrt sich jedoch Sweeney, indem er den Gedankengang wie folgt wiedergibt: Das Eine ist unendlich, sofern es nichts anderes als das Eine ist; dies könne aber nur auf die unendliche δύναμις bezogen werden. Die Aussage Plotins meine, daß das Eine nichts hat, was es beinhalten könnte[36], und sei somit auch ohne Größe und Zahl. Dann ist es aber auch nicht begrenzt gegen anderes und sich selbst — letzteres deswegen, weil es sonst zwei wäre, indem es relational auf sich selbst bezogen würde.[37] Sweeney arbeitet bei seiner Rekonstruktion jedoch mit zwei Zusatzannahmen: 1) Unendlichkeit des Einen lasse sich bei Plotin nicht anders denken denn als unendliche δύναμις. Hier müßte aber zusätzlich geklärt werden, wie diese absolute δύναμις mit dem ἀνείδεον, ἄμορφον und πρὸ τοῦ »τί« zu vermitteln wäre. 2) Unendlichkeit impliziere, daß das Eine auch nicht von etwas Anderem umgriffen sein kann. Während der zweite Aspekt durchaus im Kontext von Enn V 5,11 verstanden werden kann, ist die erste Annahme ein Postulat, das zwar durch viele Stellen bei Plotin belegt ist; die Übertragung auf die vorliegende Textpassage ist damit aber noch nicht gerechtfertigt, auch nicht dadurch, daß Sweeney auf Proklos verweist, nach dessen Ansicht das Eine jenseits von Begrenztheit und Unbegrenztheit ist.[38]

Für Plotin ist die δύναμις die δύναμις des Einen und kann von diesem nicht als getrennt gedacht werden. So betont Plotin: ἄπειρον ... οὐ τῷ

---

[34] Vgl. Enn V 5,11,1-5.

[35] Vgl. W.N. CLARKE, 1959, 75-98; W. BEIERWALTES, 1972, 143; C.W. MACLEOD, 1982, 189; R. MORTLEY, 1986a, 53; A. MEREDITH, 1988a, 347; G. SIEGMANN, 1990, 157f; W. BEIERWALTES, 1990a, XXVII; W. BEIERWALTES, 1991, 129; A.W. MOORE, 1991, 46. Der Sache nach auch J. WHITTAKER, 1984, XVIII 164.

[36] Zum Beispiel Enn VI 4,2,1-5.

[37] Vgl. L. SWEENEY, 1992, 209 Anm. 100; ähnlich auch E. MÜHLENBERG, 1966, 132.

[38] Vgl. L. SWEENEY, 1992, 236f; so auch J. HALFWASSEN, 1991, 118. Zur Interpretation des Ansatzes von Proklos in sich vgl. W. BEIERWALTES, 1979, 50-60. Zu Recht hebt W. BEIERWALTES an anderer Stelle hervor, daß die Aussagen bei Proklos, die das Eine von dem Gegensatz πέρας / ἀπειρία freihalten, bei weitem das Übergewicht haben gegenüber der Gruppe, die sie als Momente des Einen begreifen ließen (vgl. W. BEIERWALTES, 1980, 38f); vgl. ferner J. WHITTAKER, 1984, XVIII 160f; A.C. LLOYD, 1990, 109-111.

ἀδιεξιτήτῳ ἢ τοῦ μεγέθους ἢ τοῦ ἀριθμοῦ[39], ἀλλὰ τῷ ἀπεριλήπτῳ τῆς δυνάμεως[40]. Unendlich und unbegrenzt ist das Eine nicht dadurch, daß es nicht durchschritten werden kann und so hinsichtlich der Größe oder Zahl unendlich wäre, sondern das Eine ist unendlich im Hinblick auf seine Mächtigkeit[41], alles von ihm Verschiedene hervorzubringen. Das Eine >hat< alles in sich als nicht von ihm Geschiedenes (ὡς μὴ δια-κεκριμένα[42]). Weil es alles durch seine Mächtigkeit hervorbringen kann, diese wiederum hinsichtlich des Hervorbringens unendlich ist, ist das Eine selbst als ἄπειρον zu betrachten, da die δύναμις selbst nicht als ein Zwei-tes >neben< dem Einen gedacht werden kann.[43]

Unter Zugrundelegung einer solchen Interpretation könnte Gregor von Nyssa z.B. an Enn V 5,11 oder andere, hier diskutierte Stellen anknüpfen und von da aus seine Konzeption der Unendlichkeit entwickeln.[44] Dies trifft vor allem auf den Begriff der Unendlichkeit zu, wie ihn Gregor in *De vita Moysis* dargestellt hat. Differenzen bestehen zwischen Gregor und Plotin aber nach wie vor, und zwar vor allem im Hinblick auf eine tri-nitarische Strukturierung, aber nicht, wie dies MacLeod nahelegt, darin, daß Gregor von der Gutheit spricht, Plotin aber von der Einheit.[45] Denn bei Plotin kann für das Eine auch das Gute stehen, wenn dadurch auch

---

[39] Darin besteht eine Abgrenzung zu Aristoteles.

[40] Plotin, Enn VI 9,6,10-12.

[41] Die δύναμις als Mächtigkeit ist deutlich von der aristotelischen Bestimmung als Möglichkeit unterschieden.

[42] Plotin, Enn V 3,15,31.

[43] Vgl. P.A. MEIJER, 1992, 199f.

[44] Vgl. A. MEREDITH, 1988a, 347. An anderer Stelle spricht A. MEREDITH aber davon, daß es sich bei Plotin und Gregor lediglich um eine »external ... likeness« handle (A. MEREDITH, 1990, 145), da Gregor betone, Gott sei das wahrhaft Seiende, was Plotin aber für den νοῦς vorbehalte. Diese Differenz, die in der Tat zutrifft, sollte jedoch hinsichtlich der Unendlichkeit/Unbegrenztheit nicht überbetont werden, da für Gregor wie für Plotin durchaus Anknüpfungspunkte gegeben sind, soweit es den Zusammenhang von Einheit und Unendlichkeit betrifft; hier kann durchaus im Sinne einer philosophischen Implikation der Gedanke Plotins fruchtbar gemacht werden. Jede Transformation philosophischer Begriff-lichkeit in das Eigene des theologischen Denkens hat im Hinblick auf die Theoriebildung eine originäre Konzeptionsfunktion (vgl. zu Gregor und Plotin A. SPIRA, 1984, 125; W. BEIERWALTES, 1987, 465; W. BEIERWALTES, 1993a, 410).
G.C. STEAD wehrt sich gegen J. PELIKAN, die Kappadokier als Neuplatoniker zu bezeich-nen (vgl. G.C. STEAD, 1994, 726), was aber nach der hier vorgelegten Interpretation in die-ser Form nicht haltbar ist. Zu beachten ist ferner, daß Gregor all die Differenzierungen, die Plotin für das ἕν oder den νοῦς vornimmt, in sein Gedankengebäude nicht einfügt, sondern z.B. Vorstellungen, die den νοῦς betreffen, auch auf Gott überträgt, worin sich die χρῆσις Gregors zeigt (vgl. dazu z.B. Teil IV, 3).

[45] Vgl. C.W. MACLEOD, 1982, 189.

eine andere Nuance — etwa die der Neidlosigkeit[46]— mitschwingt: das Ur-
sache- oder Prinzip-Sein, eben seine δύναμις.[47] Daraus ergibt sich, daß
Gregors Ansichten zur Unendlichkeit Gottes in der Tat vorrangig von Plotins Texten beeinflußt sein könnten. Dann ist aber der These Mühlenbergs
zu widersprechen, Gregor habe mit seiner Konzeption die metaphysische
Tradition überwunden.

---

[46] Vgl. W. BEIERWALTES, 1985, 49; W. BEIERWALTES, 1988, 41. Zur Gutheit vgl. auch
L.P. GERSON, 1994, 18f.

[47] Auch zu Porphyrius bestehen wesentliche Differenzen, die vor allem darin liegen,
daß für Gregor die ἐνέργειαι keine selbständigen Wesenheiten konstituieren (vgl. E.
MÜHLENBERG, 1971, 241); zum Ansatz von Porphyrius vgl. P. HADOT, 1977, 218.222; C.W.
MACLEOD, 1982, 188.

4. KAPITEL

DIE BEDEUTUNG DER KONZEPTION DER UNENDLICHKEIT FÜR GREGORS PHILOSOPHIE UND THEOLOGIE

Die Untersuchung zur Unendlichkeit Gottes bei Gregor von Nyssa wie auch zum Begriff der θεωρία hat ergeben, daß eine Einung mit Gott für den Menschen unmöglich ist, da für Gregor mit der Unendlichkeit Gottes auch dessen Unerkennbarkeit aufgrund des streng apophatischen Charakters der Unendlichkeit gegeben ist. Dies hat für Gregor zur Konsequenz, daß geklärt werden muß, wie das Verhältnis des Menschen zu Gott zu fassen ist, und zwar sowohl in gnoseologischer wie ontologischer Hinsicht. Die Frage nach der Unendlichkeit Gottes, die in Eun und VM, wie die vorliegende Untersuchung gezeigt hat[1], von Gregor unterschiedlich entworfen wurde, hat bereits deutlich gemacht, daß Gott nur apophatisch erfaßt werden kann. Angesichts der Unfaßbarkeit Gottes, der auf Seiten des Menschen die Haltungen des Glaubens oder Schweigens entsprechen, ist es notwendig zu klären, welche Form von Sprache dem Gottesbegriff angemessen ist. Gregor von Nyssa wie auch Basilius von Caesarea setzen sich in dieser Frage scharf von Eunomius von Cyzicus ab; deshalb soll hier zunächst der Ansatz des Eunomius vorgestellt werden.

1. SPRACHTHEORIE UND THEOLOGIE

a) Der Ansatz des Eunomius

Eunomius behandelt die Frage der Ungewordenheit Gottes nicht nur, wie bereits dargestellt[2], aufgrund einer Analyse der Einheit Gottes, sondern zugleich im Zusammenhang einer Erkenntnis Gottes durch die göttlichen Namen.[3] Dabei ist die Unterscheidung zweier Verstehenszugänge zur Trinität bei Eunomius grundlegend: Zum einen kann man nach Eunomius die οὐσίαι von Vater, Sohn und Geist je für sich und in sich betrachten[4];

---

[1] Teil III, 2.1 b und 2.2 a.

[2] Teil III, 2.1.a.

[3] Vgl. B. STUDER, 1992, 479.
Die Studie von E. CAVALCANTI beschäigt sich kaum mit den sprachtheoretischen Grundlagen der Theologie des Eunomius (vgl. E. CAVALCANTI, 1976, 23-27).

[4] Vgl. Apol 20,6f, p. 58: ... τὰς οὐσίας αὐτὰς ἐπισκοπούμενοι, καθαρῷ τῷ περὶ αὐτῶν λόγῳ ...
Zu der Differenz von ausschließlichen und nichtausschließlichen wesenhaften Eigenschaften vgl. M. VINZENT, 1993, 41-48 (M. VINZENT erarbeitet diese Differenz vor allem für

dabei ergibt sich nach Eunomius, daß das Wesen des Vaters als des Ungewordenen dem Wesen des Sohnes als des zuerst Gewordenen vorzuordnen
ist; damit drücken die οὐσίαι eine ›gestufte‹ Folge aus.[5] Zum anderen
kann man die ἐνέργειαι von Vater, Sohn und Geist prüfen und von der
Differenz der Werke auf die Unterschiedenheit der οὐσίαι schließen.[6]
Dies kann als axiologisches Einordnen[7] bezeichnet werden. Weder der erste noch der zweite Verstehenszugang führen nach Eunomius dazu, von
einer Ähnlichkeit der οὐσίαι von Vater, Sohn und Geist sprechen zu können.[8] Diesen beiden Vorgehensweisen entsprechend, gibt es nach
Eunomius auch zwei Klassen von Aussagen: Die einen benennen das Sein,
die anderen das Wirken der göttlichen »Personen« - »Ungewordenheit«
und »Vater« sind Beispiele dafür.[9] Aufgrund dieser Unterscheidung sollen
beide Bereiche für Eunomius gesondert dargestellt werden.

Benennungen für die οὐσία

Nach Eunomius besteht zwischen den göttlichen Namen und der durch sie
benannten οὐσίαι eine eindeutige Beziehung, d.h. eine Benennung bezeichnet auf der Ebene der οὐσία diese so, daß eine ausschließliche, nur
für die *jeweilige* οὐσία geltende Benennung vorliegt. Dementsprechend
beziehen sich bei ihm verschiedene Namen (ὀνόματα) auch auf verschiedene οὐσίαι.[10]

Asterius; der Zusammenhang zu Eunomius wäre weiter auszuarbeiten und könnte für diesen fruchtbar gemacht werden).
  [5] Vgl. Gregor von Nyssa, Eun I 446, p. 156,6-8.
  [6] Vgl. Apol 20,7-9, p. 58.
  [7] Vgl. Gregor von Nyssa, Eun I 461, p. 160,11-13. Das axiologische Einordnen bedeutet eine Anordnung von Vater, Sohn und Geist nach ihrer jeweiligen Würde. Damit ist
nicht notwendig eine ontologische Korrelation impliziert.
  [8] Vgl. Apol 20,9f, p. 58.
Zu den beiden Methoden vgl. E. MÜHLENBERG, 1971, 231; K.-H. UTHEMANN, 1993,
147.157f.
  [9] Vgl. K.-H. UTHEMANN, 1993a, 338; H.J. SIEBEN, 1993, 19; E. GRÜNBECK, 1994, 227.
Nicht scharf bzw. eindeutig voneinander getrennt sind diese Ebenen bei A.M. RITTER behandelt (vgl. A.M. RITTER, 1989, 192f); ähnlich M.R. BARNES, 1993, 219: Er spricht davon,
daß der *Sohn* auf *Gott* bezogen und diesem, der die Ursache des Sohnes sei, der Natur
nach ähnlich sei. Die Beziehung bzw. *relative* Überordnung besteht jedoch für Eunomius
primär darin, daß der *Vater* auf den Sohn bezogen werden muß.
  [10] Vgl. Apol 12,3-4, p. 48: ταῖς τῶν ὀνομάτων διαφοραῖς καὶ τὴν τῆς οὐσίας παρ-
αλλαγὴν ἐμφαίνοντας. Zur Textgestalt vgl. K.-H. UTHEMANN, 1993, 149 Anm. 42 (gegen
R.P. VAGGIONE, 1987, 48f).
Vgl. ferner Apol 12,7-9, p. 48; Apol 17,8f, p. 54; Apol 18,13f, p. 56; Apol 18,19f, p. 56; Apol
19,16-18, p. 58; Apol 21,2f, p. 60; Gregor von Nyssa, Eun I 661, p. 216,18-22; dazu TH.A.
KOPEČEK, 1979, Vol. II, 332; R. MORTLEY, 1986a, 130; TH. KOBUSCH, 1988, 252; K.-H.

Auf die Benennungen für Gott übertragen, bedeutet dies: Sofern Gott jedem Werden entzogen ist[11], bezeichnen die Benennungen (σημασία[12]) in diesem Fall das unwandelbare Sein Gottes, d.h. seine οὐσία[13]. Dazu dient der detaillierte Nachweis der Ungewordenheit Gottes[14], da diese Bezeichnung für ihn allein adäquat ist[15]. Somit wird auch eine klare Unterscheidung zwischen γεννητός und ἀγέννητος gesetzt.[16] *Eine* Benennung bezeichnet hinsichtlich der οὐσία dann auch *eine* Sache (πρᾶγμα)[17], und »rettet«— so Eunomius— in diesem Sinne auch das Gemeinte[18]. Insofern die Benennung vollkommen der Sache entspricht, ist das Verhältnis von οὐσία und Name eindeutig: aus der οὐσία läßt sich die Benennung folgern und umgekehrt.[19]

UTHEMANN, 1993, 149-151. Zu einer ähnlichen Konzeption bei Aëtius vgl. R. MORTLEY, 1986a, 134.

Ob man in diesem Zusammenhang aber davon sprechen kann, daß die Realität als eine Synthese zweier Momente begriffen werden kann, nämlich einer seienden Substanz und eines idealen Gehalts (so K.-H. UTHEMANN, 1993, 151), ist fragwürdig (an anderer Stelle betont K.-H. UTHEMANN, daß es für Eunomius im Gegensatz zu Iamblich keinen >idealen< Bezugspunkt gebe; vgl. K.-H. UTHEMANN, 1993a, 341).

[11] Vgl. Apol 7,2f, p. 40.

[12] Stoische Begriffe scheinen bei Eunomius platonisch geprägt zu sein, worauf Gregor in aller Schärfe antwortet (vgl. Teil III, 4.1 b).

[13] Vgl. Apol 8,3, p. 42.

[14] Vgl. Teil III, 2.1.a.

[15] Vgl. Apol 19,16-18, p. 58; Apol 24,20-24, p. 66.

Vgl. dazu F. DIEKAMP, 1896, 148.151.166; J. DANIÉLOU, 1956, 412; R.E. HEINE, 1975, 135f; TH. KOBUSCH, 1987, 53; R.P.C. HANSON, 1988, 622; A.A. MOSSHAMMER, 1990, 100; F.W. NORRIS, 1991, 61; K.-H. UTHEMANN, 1993, 149.

Ob man diesen Ansatz des Eunomius rationalistisch nennen sollte (vgl. R.P.C. HANSON, 1985, 309.316; C. OSBORNE, 1993, 157), bleibt zumindest fraglich, wenn man innerhalb des ersten Verstehenszugangs für die οὐσία nicht nur von einer Begriffsanalyse ausgeht, sondern diesen von einer Satzanalyse aus betrachtet (dazu unten); vgl. in diesem Zusammenhang auch J. DE GHELLINCK, 1930, 5-42 mit der Kritik von K.-H. UTHEMANN, 1993, 144 Anm. 7.

[16] Vgl. TH.A. KOPEČEK, 1979, Vol. II, 333; K.-H. UTHEMANN, 1993, 159.

Vgl. auch Teil III, 2.1.a dieser Arbeit; dort weitere Literatur.

[17] Vgl. Apol 12,4-6, p. 48; Apol 16,9-14, p. 52/54.

Dazu L. ABRAMOWSKI, 1966, 946; E. MÜHLENBERG, 1971, 231f; M. SIMONETTI, 1975, 256; TH.A. KOPEČEK, 1979, Vol. II, 314.329; B. SESBOÜÉ, 1983, 190; R. MORTLEY, 1986a, 136.148.157.179; TH. KOBUSCH, 1988, 251.253; F.X. RISCH, 27.30; K.-H. UTHEMANN, 1993, 150.

[18] Vgl. Apol 17,7f, p. 54.

[19] Vgl. F. DIEKAMP, 1896, 163; B. SESBOÜÉ, 1983, 189; K.-H. UTHEMANN, 1993, 150; E. GRÜNBECK, 1994, 226.

Dies richtet sich gegen die Position der Homoiousianer oder Homoousianer; denn unter der Annahme von deren Ansichten müßten sich zwei Wirklichkeiten vergleichen lassen, die eine Gemeinsamkeit in oder eine Teilhabe an einer οὐσία haben; folglich müßten auch beide Wirklichkeiten (Vater und Sohn) mit einer gemeinsamen Benennung ausgesagt werden können (Vgl. Apol 9,9-15, p. 44; dazu K.-H. UTHEMANN, 1993, 150).

Insofern die Benennungen eindeutig das Wesen ausdrücken, kann Gott hinsichtlich seiner οὐσία nicht nur mit dem Namen ›Ungewordenheit‹ bezeichnet werden, sondern auch als der Seiende.[20] Weil die Benennung ›Vater‹ relational auf ›Sohn‹ bezogen ist und in diesem Sinne den energetischen Aspekt Gottes meint, ist die Bezeichnung ›Vater‹ streng von der Benennung ›Ungewordenheit‹ zu trennen.[21] Die Bezeichnung ›Vater‹ fällt also nicht unter die ὀνόματα, die die οὐσία Gottes benennen.

Die Wesensaussagen[22] gewinnt Eunomius aus einer ›Satz‹-Analyse.[23] Der Satz »Gott ist ungeworden« sei so zu verstehen, daß die Aussage oder das Prädikat (ungeworden) notwendig mit dem Subjekt (Gott) verbunden ist und das »ist« auf die οὐσία zielt[24]; damit sei der Name notwendig auf die οὐσία bezogen.[25] Zu Recht kann man diese Theorie als eine »representational theory of language«[26] bezeichnen.

Benennungen für die ἐνέργεια

Von der οὐσία läßt sich nach Eunomius die ἐνέργεια deutlich unterscheiden[27], so daß sich in einem zweiten Verstehenszugang neben der Diffe-

---

[20] Vgl. Apol 17,2, p. 54.
»Ungewordenheit« und »der Seiende« sind nach Eunomius die *einzigen* beiden ὀνόματα, die auf Gott anwendbar sind und die dessen wahres Wesen aussagen. So weit ich sehe, ist für Eunomius noch nicht eingehend untersucht, warum er nur diese und genau diese für Gott zuläßt. Gerade dies wirft ihm z.B. auch Basilius vor.

[21] Vgl. Gregor von Nyssa, Eun I 552, p. 186,3-10; Eun I 562, p. 188,27-189,3; zum gesamten Kontext vgl. K.-H. UTHEMANN, 1993, 151f; K.-H. UTHEMANN, 1993a, 340.
TH.A. KOPEČEK spricht in diesem Zusammenhang davon, daß die Benennungen Vater und Sohn, wenn sie konventionell auf das Wesen bezogen werden, nach Eunomius nicht wörtlich genommen werden dürften (vgl. TH.A. KOPEČEK, 1979, Vol. II, 331f; ähnlich auch C. OSBORNE, 1993, 154). Diese Einschätzung verkennt jedoch die deutliche Unterscheidung der beiden methodischen Schritte bei Eunomius, wonach auch zwei verschiedene Ebenen für die Sprache eingeführt werden; die Benennungen Vater und Sohn gehören nach Eunomius nicht zu den Benennungen, die die οὐσία bezeichnen; folglich tritt auch die Frage nicht auf, ob ›Vater‹ und ›Sohn‹ wörtlich zu verstehen sind, da sie nicht in die hier dargestellte Kategorie der Benennungen gehören.

[22] Vgl. Gregor von Nyssa, Eun I 655, p. 214,21f; Eun I 658, p. 215,13f.16f; Eunomius, Apol 7,10f, p. 40.

[23] Vgl. K.-H. UTHEMANN, 1993, 160f.
Anders versucht E. MÜHLENBERG die Aussagen des Eunomius aus einer *Begriffs*analyse herzuleiten (vgl. E. MÜHLENBERG, 1971, 231f).

[24] Vgl. Gregor von Nyssa, Eun I 661, p. 216,18-20.

[25] Vgl. Gregor von Nyssa, Eun I 661, p. 216,20-22; vgl. D.L. BALÁS, 1976, 141; TH.A. KOPEČEK, 1979, Vol. II, 460; A.A. MOSSHAMMER, 1990, 100.

[26] A.A. MOSSHAMMER, 1990, 100.

[27] Vgl. Apol 20,18f, p. 60.

renz der οὐσίαι auch eine Differenz der ἐνέργειαι feststellen läßt. Die
Unterscheidung der ἐνέργεια von der οὐσία ergibt sich notwendig
daraus, daß die οὐσία ohne Anfang und Ende ist, während die ἐνέργεια
einen Anfang und ein Ende haben muß. Hätte sie keinen Anfang, müßte
auch das Gewirkte zusammen mit der ἐνέργεια ohne Anfang existieren
und wäre in diesem Sinne gleich-ursprünglich mit dem Wirkenden; Wir-
kendes und Gewirktes würden als Zweiheit aber die Einheit des ur-
sprunglosen Ursprungs zerstören. Ähnliches gilt für die Annahme, die
ἐνέργεια habe kein Ende.[28] Hinsichtlich der ἐνέργειαι lassen sich zwischen Vater und Sohn Ähnlichkeiten oder Unähnlichkeiten feststellen[29],
so daß hier auch die Möglichkeit eines Vergleichs von Vater und Sohn besteht. Somit können Namen auch homonym verwendet werden, die dann,
auf die jeweilige οὐσία bezogen, analog zu verstehen sind.[30] Aus dem *unterschiedlichen* Wirken läßt sich für den Vater lediglich eine relative
Transzendenz gegenüber dem Sohn eruieren. Denn »Vater« und »Sohn«
bezeichnen für Eunomius allein das Wirken, nicht aber die οὐσία. Folglich wird »Vater« immer relativ in Bezug auf den »Sohn« prädiziert[31],
ohne in sich die Ungewordenheit, d.h. die οὐσία Gottes, zu implizieren.
Dementsprechend kann der Sohn auch nur Bild des *Vaters* sein[32], nicht des
Ungewordenen. Der Bildbegriff ist hier also auf die Vater-Sohn-Relation
bezogen, die selbst nicht der Sprachebene der οὐσία angehört, sondern
der der ἐνέργεια; somit fungiert der Bildbegriff in diesem Zusammenhang als Aussage, die die ἐνέργεια impliziert. Folglich erarbeitet
Eunomius im Hinblick auf die ἐνέργειαι eine rein axiologische Ordnung,
die nicht mit der Ordnung der οὐσίαι korreliert ist.[33] Damit läßt sich dann
aber auch kein aristotelisches Rückschlußverfahren auf die energetische
Ordnung anwenden, wie dies Mühlenberg nahelegt.[34] Außerdem zeigt sich

---

[28] Vgl. Apol 23,6-8, p. 62; dazu E. MÜHLENBERG, 1971, 233; unscharf R.P.C. HANSON,
1988, 626.
Für weitere Unterscheidungen und Verdeutlichungen vgl. K.-H. UTHEMANN, 1993, 147 mit
Anm. 30.
[29] Vgl. z.B. Apol 24,1-4, p. 64; dazu TH.A. KOPEČEK, 1979, Vol. II, 333; K.-H. UTHE-
MANN, 1993, 148; K.-H. UTHEMANN, 1993a, 339.
[30] Vgl. E. GRÜNBECK, 1994, 227.
[31] Vgl. Apol 24,20-24, p. 66; dazu E. MÜHLENBERG, 1971, 233; K.-H. UTHEMANN,
1993, 148.
[32] Vgl. Apol 24,4f, p. 64.
[33] Vgl. Gregor von Nyssa, Eun I 152f, p. 72,15-73,3; K.-H. UTHEMANN, 1993, 158 gegen
TH.A. KOPEČEK, 1979, Vol. II, 453.
[34] Vgl. E. MÜHLENBERG, 1966, 96.

hier, daß mit dem zweiten Verstehenszugang auch nicht der ontologische Zusammenhang von ἐνέργεια und οὐσία expliziert wird.[35]

Leistungsfähigkeit der ἐπίνοια

Da bei Eunomius die beiden Sprachebenen der οὐσία und der ἐνέργεια zur Erfassung Gottes deutlich unterschieden werden, stellt sich für ihn das Problem, wie der Mensch genau diese Ebenen erreichen kann. Worin besteht die Sprachleistung des Menschen? Ist für die Setzung z.b. des Begriffes ἀγεννησία im Sinne des Eunomius ein zusätzliches Moment über die menschlich kategoriale Sprache hinaus nötig, um die adäquate Durchdringung der »göttlichen Begriffe« abzusichern?

Für die Leistung der menschlichen Sprache taucht in der antiken Literatur immer wieder der Begriff ἐπίνοια auf, den Eunomius auch speziell in diesem Zusammenhang einführt. Eunomius subsumiert unter den Begriff >ἐπίνοια< einerseits vor allem korrekt artikulierte Lautgefüge ohne Bedeutung wie das Standardbeispiel βλίτυρι, das in diesem Zusammenhang auch in der Stoa und, verbunden mit dem Begriff ἐπίνοια, in breiten Teilen des späten Hellenismus zu finden ist.[36] Andererseits sind es Benennungen, die einen Gehalt haben, der dem menschlichen Denken nicht verschlossen ist, etwa Gestalten des Mythos und der Phantasie (z.B. Hydra, Bock-Reh [τραγέλαφος]).[37] Ob der ἐπίνοια auch positiv die Funktion zugeschrieben werden kann, die Realität zu treffen, ist in den bei Gregor von Nyssa erhaltenen Passagen der *Apologia Apologiae* des Eunomius nicht ersichtlich.[38] Für Eunomius scheint die ἐπίνοια etwas Sekundäres zu sein, das den Blick auf das Wesen der Dinge verstellt.[39]

Wenn nun für Eunomius die Benennungen einer Sache entsprechen müssen, scheint er der menschlichen ἐπίνοια in der für ihn wesentlichen

---

[35] Vgl. K.-H. UTHEMANN, 1993, 158; anders E. VANDENBUSSCHE, 1944/45, 67-71; L. ABRAMOWSKI, 1966, 945.

[36] Vgl. z.B. Chrysipp bei Galen, de differentia pulsuum III 4, p. 662; Diogenes Laërtius (SVF II 87); Clemens von Alexandrien, Strom VIII 2,3,1, p. 81,11-13; Sextus Empiricus, Adv math III 40-42, p. 262-264; reiche Belege lassen sich auch in den Aristoteleskommentaren finden, z.B. Porphyrius, In Arist Cat p. 102,7-9.

[37] Vgl. Gregor von Nyssa, Eun II 179, p. 276,22-29; dazu K.-H. UTHEMANN, 1993, 163.

[38] Vgl. Gregor von Nyssa, Eun II 171, p. 274,25f; zur Sache A. MEREDITH, 1975, 19f; TH.A. KOPEČEK, 1979, Vol. II, 459.463; K.-H. UTHEMANN, 1993, 165.

[39] Vgl. R. MORTLEY, 1986a, 151.153; K.-H. UTHEMANN, 1993, 165-167; K.-H. UTHEMANN, 1993a, 339.
E. GRÜNBECK behandelt die Begriffe κατ᾽ ἐπίνοιαν zu Recht als eine dritte Gruppe neben der Sprachebene der οὐσία und der der ἐνέργεια (vgl. E. GRÜNBECK, 1994, 228). Sie untersucht jedoch die damit verbundenen Probleme nicht weiter.

Form z.B. hinsichtlich der Benennung »Gott« keine sprachschöpferische Leistung zuzugestehen.[40] Im Hinblick auf die οὐσία Gottes hatte Eunomius zu zeigen versucht, daß die Bestimmung der ἀγεννησία *notwendig* mit der οὐσία aufgrund der Einheit[41] verbunden ist. Folglich kann auch nicht angenommen werden, diese Bestimmung sei lediglich aus einer Konvention heraus auf Gott angewendet worden.[42] Aber auch für die Sprachebene der ἐνέργεια kann im Sinne des Eunomius die ἐπίνοια keine Anwendung finden; denke man nämlich das Verhältnis von οὐσία und ἐνέργεια wie in der nicht-christlichen Tradition der Hellenen in einem ontologischen Sinne, dann müßte angenommen werden, daß die Differenz zwischen Vater und Sohn aufgehoben werde: Denn setze man voraus, daß der Name »Vater« die ἐνέργεια benenne und der Sohn aufgrund dieser ἐνέργεια des Vaters aus ihm hervorgehe, dann müßte, sofern die ἐνέργεια in diesem Konstrukt mit der οὐσία notwendig korreliert sei, auch das Hervorgebrachte sich notwendig auf gerade diese οὐσία beziehen; dann wäre aber der Unterschied der οὐσίαι von Vater und Sohn aufgehoben und zugleich die Einheit Gottes durch Vater und Sohn sabellianisch unterlaufen.[43]

Bei einer solchen Bestimmung bzw. Eingrenzung der Leistung der ἐπίνοια bleibt jedoch das Problem in den nur fragmentarisch erhaltenen Teilen der zweiten Apologie des Eunomius ungelöst, wie bei einer derartigen Auffassung die Dinge überhaupt erfaßt und benannt werden können. Ferner führt Eunomius zwar die zwei unterschiedlichen Ebenen von Be-

---

[40] Diese Feststellung ist insofern unsicher, als Eunomius in der *Apologia* das Verhältnis der Benennungen und der gedanklichen Leistung des menschlichen Verstandes nur marginal behandelt und die sog. *Apologia Apologiae* nur in Teilen bei Gregor von Nyssa überliefert ist.
Zu Recht hebt K.-H. UTHEMANN in diesem Zusammenhang hervor, daß die Konzeption des Eunomius nicht als Nominalismus bezeichnet zu werden braucht (so E. CAVALCANTI, 1976, 117 unter Berufung auf Apol 16,9-12, p. 52; ähnlich auch TH. KOBUSCH, 1987, 53, der von nominalistischen Elementen spricht: das Gedachte ist kein Seiendes eigener Art), insofern die Normalsprache bei Eunomius an eine Ursprache rückgebunden bleibt (dazu unten; vgl. auch K.-H. UTHEMANN, 1993, 152). Ferner ist zu betonen, daß die Begriffe, die aus der ἐπίνοια stammen, bei Eunomius nicht als *flatus vocis* aufgefaßt werden müssen: vgl. Apol 8,3-5, p. 42 mit der Interpretation bei K.-H. UTHEMANN, 1993, 153; anders TH. KOBUSCH, 1987, 55; TH. KOBUSCH, 1988, 251; A.A. MOSSHAMMER, 1990, 100.
[41] Zum notwendigen Zusammenhang von Einheit und Ungewordenheit Gottes vgl. Teil III, 2.1 a.
[42] Vgl. Teil III, 2.1 a dieser Arbeit; ferner K.-H. UTHEMANN, 1993, 154.
[43] Vgl. Apol 22,4-11, p. 62; Apol 23,4-15, p. 62/64; Apol 24,18-28, p. 66.
Zur Sache vgl. F. DIEKAMP, 1896, 145; J. DANIÉLOU, 1956, 413; L. ABRAMOWSKI, 1966, 946; E. MÜHLENBERG, 1971, 232; R.S. BRIGHTMAN, 1973, 97; TH.A. KOPEČEK, 1979, Vol. II, 314; B. SESBOÜÉ, 1983, 190; TH. KOBUSCH, 1987, 52; R.P.C. HANSON, 1988, 622; K.-H. UTHEMANN, 1993, 154.

nennungen der οὐσία und ἐνέργεια ein; hinsichtlich der ἐπίνοια ist jedoch die genaue Unterscheidung von Sprache in Bezug auf göttliche und
»endliche« Namen nicht strikt durchgeführt. Wenn nämlich die menschliche ἐπίνοια immer endlich und sogar für die Sprachebene, die die
ἐνέργεια betrifft, unzureichend ist, müßte mit Hilfe der Sprache auch der
Unterschied von οὐσία und ἐνέργεια klar durchgeführt sein. Aber gerade
die Differenz, die die Ebene der οὐσία von dem axiologischen Einordnen
im Hinblick auf die ἐνέργεια kennzeichnet, kann durch die menschliche
Sprachleistung nicht erreicht werden. Wie gelangen dann aber die göttlichen Namen auf den Menschen?

Sprache als vorgegebene Realität

Da für Eunomius die Sprache nicht aus der menschlichen ἐπίνοια stammen kann und somit auch keine menschliche Erfindung ist[44], versucht er,
die Benennungen aus der göttlichen Vorsehung abzuleiten[45]. Nach dem
Schöpfungsbericht (Gen 1) habe Gott bereits gesprochen, noch bevor der
Mensch erschaffen war.[46] Damit hat Gott den Dingen (πράγματα) die
Namen gegeben[47]: Benennungen sind in diesem Sinne eine göttliche Setzung (θέσις), die den Dingen von Natur aus (φύσει) zukommen. Als göttliche Setzung sind sie zugleich ein Moment des göttlichen Willens, mit
dem Gott auch den Menschen wollte.[48] Folglich geht nach Eunomius die
Sprache dem Menschen voraus[49] und dieser hat sie lediglich gelernt[50]. Indem Eunomius die Benennungen in der göttlichen Vorsehung verankert,
entzieht er sie der menschlichen Willkür und Sprachschöpfung und kann
somit auch behaupten, daß die Benennungen die Dinge genau treffen bzw.
mit ihnen übereinstimmen. Insofern ist die Benennung ἀγεννησία, die die
οὐσία Gottes betrifft und somit auch nicht mit der Kategorie des Werdens

---

[44] Vgl. Gregor von Nyssa, Eun II 170, p. 274,17f.
[45] Vgl. Gregor von Nyssa, Eun II 546, p. 386,5-7; ferner Eun II 196, p. 282,1-14; Eun II
289, p. 311,23-28; dazu F. DIEKAMP, 1896, 145; M. WILES, 1989, 163f; K.-H. UTHEMANN,
1993, 164 (dort weitere Belege); K.-H. UTHEMANN, 1993a, 339.
Ob man eine solche Theorie aber bereits mystisch nennen soll (so E. GRÜNBECK, 1994,
225), ist fraglich.
[46] Vgl. Gregor von Nyssa, Eun II 166, p. 273,16-19; dazu R.E. HEINE, 1975, 139f; R.
MORTLEY, 1986a, 154; F.W. NORRIS, 1991, 62.
[47] Vgl. Gregor von Nyssa, Eun II 196, p. 282,6f.
[48] Vgl. Gregor von Nyssa, Eun II 205, p. 284,30-285,3.
Dazu L. ABRAMOWSKI, 1966, 944; E. MÜHLENBERG, 1971, 232; R.E. HEINE, 1975, 137;
TH.A. KOPEČEK, 1979, Vol. II, 461; R.P.C. HANSON, 1988, 630; F.W. NORRIS, 1991, 63.
[49] Vgl. Gregor von Nyssa, Eun II 262, p. 303,2-6.
[50] Vgl. Gregor von Nyssa, Eun II 399, p. 342,29-343,7.

in Verbindung gebracht werden kann, für Eunomius eine notwendige Aussage, um die Anfanglosigkeit und Einheit Gottes zu garantieren.[51] Damit aber der Mensch die Benennungen verstehen konnte, pflanzte nach Eunomius Gott in dessen Seele ein Vermögen ein, die Benennungen zu vernehmen[52], d.h. mit der Erschaffung des Menschen wurde in ihm eine Disposition hervorgebracht, damit sich die Menschen überhaupt verständigen konnten.[53]

Herkunft der Sprachtheorie

Fragt man im Sinne der philosophischen Implikation nach der Herkunft der Sprachtheorie des Eunomius, bildet die Behauptung Gregors, Eunomius habe seine Gedanken aus Platons *Kratylos* abgeleitet, den Ausgangspunkt der eunomianischen Gedanken.[54] In diesem Dialog geht Platon der Frage nach, ob und inwiefern die Dinge durch die Namen adäquat wiedergegeben werden. Innerhalb dieses Kontextes läßt Platon zunächst zwei unterschiedliche Positionen zu Wort kommen, vertreten durch Kratylos und Hermogenes: Ist die Richtigkeit der Beziehung von Ding und Name bzw. sprachlichem Zeichen von Natur aus (φύσει) gegeben *oder* kommt sie durch Konvention (θέσει) zustande?[55]
    Zunächst wird im *Kratylos* als Frage und Möglichkeit herausgestellt, daß ein Name uns das Wesen des Nominatum lehrt, wenn er es definiert oder wenigstens beschreibt; dann ist das Benannte selbst für den Namen ausschlaggebend, was gegen eine rein konventionalistische These spricht.[56] Im Verlauf des Dialogs findet eine Verschiebung der Positionen statt: Die

---

[51] Zur gesamten Interpretation vgl. K.-H. UTHEMANN, 1993, 164.
[52] Vgl. Gregor von Nyssa, Eun II 548, p. 386,18-20.
An der hier zitierten Stelle wird das *Vermögen* der Seele, die Namen oder Benennungen zu vernehmen, selbst nicht benannt. Aus der dann von Gregor angeführten Passage aus der *Apologia apologiae* wird jedoch m.E. deutlich, daß Eunomius darunter die ἐπίνοια versteht (vgl. Gregor von Nyssa, Eun II 522, p. 388,2-7).
[53] Vgl. F. DIEKAMP, 1896, 147; J. DANIÉLOU, 1956, 416; TH.A. KOPEČEK, 1979, Vol. II, 465.
Vgl. auch die Kulturentstehungslehre im Protagorasmythos (Platon, Prot 320c-322d; vgl. ferner Diodor I 8,3-4, p. 37f; dazu W. AX, 1986, bes. 97-99).
[54] Vgl. Gregor von Nyssa, Eun II 404, p. 344,13f; dazu F. DIEKAMP, 1896, 149; ferner M.S. TROIANO, 1980, 337-346; H.J. SIEBEN, 1993, 81 Anm. 5. 84 Anm. 5 und 6; es könnte sich auch um einen Topos handeln (ausführlich zu dieser Frage A. LEBOULLUEC, 1985).
[55] Zu Kratylos vgl. z.B. Platon, Krat 390de; zu Hermogenes vgl. z.B. 385a-387d.
Vgl. J.C.B. GOSLING, 1973, 200; K. GAISER, 1974, 30f; A. MEREDITH, 1975, 18; M. SCHOFIELD, 1982, 61-63; TH.A. SZLEZÁK, 1985, 208-220; R. MORTLEY, 1986, 97f; R. REHN, 1986, 74-83; J. SALLIS, 1986, 188-207; A. SOULEZ, 1986, 17-31; G. SCHÖNRICH, 1992, 30-32.
[56] Vgl. J.C.B. GOSLING, 1973, 201.

Untersuchung des Sokrates läuft darauf hinaus, daß beide Positionen (die naturalistische und konventionalistische) zugleich angenommen werden müssen.[57] Eine natürliche Richtigkeit kann es nach Platon nur dann geben, wenn die Dinge von Natur feststehen und das Sein der Dinge in die Namen eingeht. Aber unter der Voraussetzung, daß sich die Dinge in einer ständigen Veränderung befinden und in diesem Sinne mit der Sprache nicht sicher bezeichnet werden können, ist nur eine konventionelle Richtigkeit möglich und nötig.[58] Die konventionelle Richtigkeit entsteht durch eine Übereinstimmung in der jeweiligen Sprachgemeinschaft. Mit einer zunehmenden Konkretisierung von der Idee zur Sinnenwelt wird die Ähnlichkeit zwischen Namen und Dingen geringer und so die Benennung ein konventionelles Hinzeigen.[59]

Vergleicht man den Ansatz des Eunomius mit dem Platons, so sind durch die φύσις-These des Kratylos gewisse Anknüpfungspunkte für ein Verständnis der eunomianischen Sprachtheorie gegeben. Die eingangs zitierte Meinung Gregors ist somit nicht vollkommen aus der Luft gegriffen. Es fallen aber einige deutliche Unterschiede auf: *1)* Platon scheint sich im *Kratylos* gegen eine rein naturalistische These zu wenden, um zu zeigen, daß diese durch konventionelle Elemente ergänzt werden muß. Dieser Aspekt ist bei Eunomius in dieser Form nicht zu finden. *2)* Die Differenz von Benennungen, die nur die οὐσία bezeichnen, und solchen, die nur die ἐνέργεια benennen, kann bei Platon nicht nachgewiesen werden. *3)* Die Behandlung konventioneller Elemente ist bei Platon nicht ausdrücklich mit dem Problem der ἐπίνοια verbunden, wie dies bei Eunomius der Fall ist. *4)* Bei Platon bleibt die Frage offen, ob Gott bzw. die Götter die Namenssetzer sind[60], obwohl er immerhin mit dieser Möglichkeit im Rahmen der φύσις-These rechnet[61]. Aufgrund dieser Differenzen zwischen Platon und Eunomius läßt sich der Dialog *Kratylos* für ein weiteres Verständnis des eunomianischen Ansatzes nur bedingt verwenden.[62]

Um diesen offensichtlichen Problemen einer direkten Anküpfung an Platons *Kratylos* zu entgehen, verweist Daniélou für die göttliche Offenba-

---

[57] Vgl. Platon, Krat 428e-435c.
Zu den Verschiebungen vgl. B. WILLIAMS, 1982, 83-93.
[58] Vgl. K. GAISER, 1974, 29f.
[59] Vgl. zum Problem J.C.B. GOSLING, 1973, 204-209; K. GAISER, 1974, 29-37; J. ANNAS, 1982, 106-109; M. SCHOFIELD, 1982, 65-68; J. SALLIS, 1986, 274-293; B. WILLIAMS, 1994, 28-36.
[60] Vgl. K. GAISER, 1974, 87; J. ANNAS, 1982, 106; TH.A. SZLEZÁK, 1985, 217.
[61] Vgl. z.B. Platon, Krat 425d-426a; dazu auch J. SALLIS, 1986, 270f.
[62] Anders F. DIEKAMP, 1896, 149f; F.W. NORRIS, 1991, 62.136.

rung der Namen zunächst auf Clemens von Alexandrien und Origenes[63], sucht dann aber die Sprachtheorie des Eunomius vor allem aus neuplatonischen Quellen abzuleiten, hauptsächlich von Iamblich und dessen Schule. Um zu einem Vergleich von Eunomius und Iamblich zu gelangen, führt Daniélou nicht allein die erhaltenen Schriften des Iamblich an, sondern versucht, über den Kratyloskommentar des Proklos[64] eine gemeinsame Quelle für Eunomius und Proklos auszumachen, die in einem verlorengegangenen Kratyloskommentar aus der Schule Iamblichs bestehen soll.[65]

Betrachtet man nun den Kratyloskommentar des Proklos, bilden für diesen Worte und nicht primär der Satz das zentrale Element der Sprache, so daß die Richtigkeit der Worte auch das Kriterium der Richtigkeit des Erkennens ist.[66] Dabei übt die Benennung eine zweifache Funktion aus: Sie ist ein belehrendes, d.h. sinnvermittelndes, und zugleich ein das Sein der Dinge zeigendes und unterscheidendes Werkzeug.[67] In diesem Sinne erschließt die Benennung— der *Vermittlung* vorgängig— den jeder Sache immanenten Sinn.[68] Insofern der Sinn einer Sache dieser immanent ist, können die Benennungen in ihrer Erschließungsfunktion so verstanden werden, daß sie von Natur aus bestehen, den Sachen verwandt und deren Natur zugehörig sind.[69] Diese Sicht ergibt sich für Proklos daraus, daß er den Demiurgen als Gesetzgeber der Sprache ansieht; insofern sind die Benennungen göttlicher Natur. Der Demiurg setzt mit der Konstitution des Kosmos auch die Benennungen als Spuren und Bilder seines Wesens und Wirkens, so daß über die Götternamen ein Zugang zu Gott möglich ist.[70] Da im göttlichen Bereich begreifendes Denken und Benennen identisch sind[71], kann der Akt der Konstitution des Kosmos durch den Demiurgen auch als Sich-Aussprechen des göttlichen Denkens verstanden

---

[63] Vgl. Clemens von Alexandrien, Strom I 143,6, p. 89,5-7; Origenes, Cels I 24f, p. 74,4-77,10; dazu J. DANIÉLOU, 1956, 422-424.

[64] Zum Problem des nur in Exzerpten tradierten Kommentars des Proklos vgl. M. ERLER, 1987, 192; F. ROMANO, 1987, 114f.

[65] Vgl. J. DANIÉLOU, 1956, 424-429.
Die hier vorgeschlagene Vorgehensweise der »philosophischen Implikation« macht eine hypothetische Annahme von möglichen Werken unnötig. Es genügt nämlich, aufgrund von erhaltenen Werken die damalige Diskussion aufzuzeigen.

[66] Vgl. W. BEIERWALTES, 1975, 165; F. ROMANO, 1987, 124.

[67] Vgl. Proklos, In Crat 48, p. 16,12f; In Crat 51, p. 20,18-20.

[68] Vgl. W. BEIERWALTES, 1975, 165; M. ERLER, 1987, 193.

[69] Vgl. Proklos, In Crat 48, p. 16,19; ferner In Crat 46, p. 15,1-26; dazu W. BEIERWALTES, 1975, 166.

[70] Vgl. Prokos, In Crat 71, p. 30,8-19; In Crat 71, p. 31,29-32,3; In Crat 71, p. 31,18-23; dazu W. BEIERWALTES, 1975, 166; M. ERLER, 1987, 193; F. ROMANO, 1987, 119f.129.

[71] Vgl. Proklos, In Crat 71, p. 33,7-16; dazu W. BEIERWALTES, 1975, 166.

werden[72]: Durch das Benennen sind die Dinge im Hinblick auf die Ideen als Gedanken Gottes durch die Vorsehung Gottes gesetzt.[73] Daher besteht im göttlichen Bereich die Physis-Nomos-Antithese nicht: Die Benennungen sind auch νόμῳ, aber nicht aufgrund einer beliebigen menschlichen Vereinbarung, sondern als Setzung aufgrund des ewigen und gemäß zeitfreien Ideen bestehenden Gesetzes.[74] Folglich wird das Wesen der Sache im Wort abgebildet.

Durch das Benennen wird in der Erschließung des Wesens einer Sache zugleich die Unterscheidung der Dinge gesetzt[75], so daß der Mensch in seiner dianoëtischen Fähigkeit seine Erkenntnisweise den Dingen in *ihrer* Ordnung anpassen muß[76]: Der differenzierten Wirklichkeit muß eine differenzierte Form der Erkenntnis entsprechen.[77] Im Hinblick auf die Ordnung der Wörter müssen auch die verschiedenen Ebenen der Wirklichkeit verschieden erkannt werden — so werden z.B. die Götter auf intellektuelle Weise durch göttliche Benennungen erkannt.[78] Dabei teilt Proklos die göttlichen Worte gemäß einer triadischen Struktur aller Dinge[79] in drei Gruppen: 1) die unbenennbare Existenz des Göttlichen erfordert unbenennbare Zeichen[80]; das universale Prinzip kann somit nicht in Sprache gefaßt werden; 2) die alles erzeugende Kraft des Göttlichen impliziert Symbole, die nur durch die Theurgie erkennbar sind[81]; 3) der vollkommene Intellekt führt zu den göttlichen Namen, so daß die Menschen in diesem Fall die Götter anrufen und sie in Hymnen preisen können[82].

---

[72] Vgl. Proklos, In Tim II, p. 255,20-24; dazu W. BEIERWALTES, 1979, 148-150; W. BEIERWALTES, 1975, 166; M. ERLER, 1987, 193.

[73] Vgl. W. BEIERWALTES, 1979, 150; M. ERLER, 1987, 193; C. STEEL, 1987, 118.121.

[74] Vgl. Proklos, In Crat 51, p. 18,14f; W. BEIERWALTES, 1975, 167; M. ERLER, 1987, 193f; F. ROMANO, 1987, 121.
Zur Frage der Behandlung der Gegenargumente Demokrits (bei Proklos) gegen die Physis-These vgl. J.C. RIJLAARSDAM, 1978, 211-217.

[75] Vgl. W. BEIERWALTES, 1975, 168.

[76] Vgl. Proklos, In Remp I, p. 105,7-9.

[77] Vgl. W. BEIERWALTES, 1975, 153.

[78] Vgl. Proklos, In Parm 853,1-8; dazu M. ERLER, 1987, 194; F. ROMANO, 1987, 128.

[79] Vgl. Proklos, In Crat 71, p. 30,3.

[80] Vgl. Proklos, In Crat 71, p. 31,6.

[81] Vgl. Proklos, In Crat 71, p. 31,18-28.

[82] Vgl. Proklos, In Crat 71, p. 31,28-32,5.
In diesem Zusammenhang kann auch auf die Konzeption der Götternamen als »Standbilder« der Götter verwiesen werden (vgl. Proklos, In Crat 133, p. 78,1).
Zu den verschiedenen Ebenen vgl. W. BEIERWALTES, 1975, 165; M. ERLER, 1987, 196; F. ROMANO, 1987, 131.133; A. SHEPPARD, 1987, 137.149 (mit weiterführender Lit.); R. BARTHOLOMAI, 1990, 102f.105f (weitere Lit.).

Vergleicht man Eunomius und Proklos miteinander, so lassen sich in der Tat wesentliche Übereinstimmungen zeigen.[83] Zum einen ließe sich für Eunomius verständlich machen, warum durch die Benennungen eine Erkenntnis des Wesens einer Sache möglich ist: Sofern im göttlichen Bereich begreifendes Denken und Benennen identisch und die Worte mit der Konstitution des Kosmos gesetzt sind, ist über die Benennungen ein Zugang zum Wesen einer Sache möglich, ohne daß der ἐπίνοια eine zusätzliche sprachschöpferische Kraft zuerkannt werden müßte. Zugleich ist deutlich, daß es für Eunomius wie auch für Proklos eine Ordnung der Benennungen entsprechend der in sich differenzierten Wirklichkeit gibt, also auch verschiedene Sprachebenen.

Neben diesen grundsätzlichen Übereinstimmungen müssen aber auch die wesentlichen Differenzen beachtet werden: *1)* Im Kratyloskommentar ist die Rolle der ἐπίνοια nicht thematisiert; statt dessen findet sich vor allem die διάνοια. Die Differenz sollte aber nicht überbewertet werden, da Proklos an anderen Stellen durchaus eine ähnliche Einschätzung der ἐπίνοια kennt wie Eunomius.[84] *2)* Bei Proklos ist die klare Unterscheidung von Benennungen für die οὐσία und der Benennungen für die ἐνέργεια nicht in der Form anzutreffen wie bei Eunomius, da Proklos vor allem herausstellen möchte, daß durch den demiurgischen Ursprung die *Benennungen* gesetzt werden.[85] Dies könnte in der Tat auch für die Gottesvorstellung bei Eunomius ausgewertet werden. Zudem könnten die ersten beiden Ebenen der Triade der Namen bei Proklos auf eine Differenz der Namen hindeuten, die Eunomius expliziert. *3)* Während aber Eunomius für den göttlichen Bereich die Unterscheidung zweier Ebenen einführt, nämlich der Benennungen für die οὐσία und der Benennungen für die ἐνέργεια, ordnet Proklos sie in einer triadischen Form an. *4)* Eunomius versucht zu zeigen, daß der Begriff ἀγεννησία allein für Gottes Wesen angenommen werden kann, was für Proklos in dieser Form nicht zutrifft[86]. *5)* Schließlich betont Proklos, daß es unnennbare Zeichen, das Schweigen oder die Sprachlosigkeit dem universalen Prinzip gegenüber gebe, während Eunomius eine solche Konzeption durch seine Erörterung der ἀγεννησία gerade zu verhindern sucht. Es läßt sich also feststellen, daß zwar manche Anknüpfungen zwischen Eunomius und Proklos vorhan-

---

[83] Allgemeinere Hinweise bei A. MEREDITH, 1975, 19; R. MORTLEY, 1986a, 155.
[84] Vgl. z.B. Proklos, In Parm 731,26-29; 753,13-25.
Demgegenüber behauptet R. MORTLEY, daß der Begriff ἐπίνοια bei Proklos kein technischer Ausdruck sei (vgl. R. MORTLEY, 1986a, 146).
[85] Vgl. Proklos, In Crat 19, p. 8,21-23; In Crat 81, p. 38,8f; In Crat 182, p. 108,22.
[86] Vgl. z.B. Proklos, Theol Plat I 28, p. 121,14-16.

den sind. Wegen der deutlichen Unterschiede scheint aber der postulierte
verlorene Kratyloskommentar aus der Schule Iamblichs als einer gemeinsamen Quelle fragwürdig zu sein. Da sich bei der argumentativen Herleitung der ἀγεννησία bei Eunomius manche Anklänge an Iamblich und
Dexipp gezeigt haben, soll der Sprachtheorie des Iamblich nachgegangen
werden.

Auf diesen Zusammenhang zu Iamblich hat vor allem Daniélou
aufmerksam gemacht, indem er auf die beiden Werke *De mysteriis* und *De
vita Pythagorica* verweist. Dabei stellt er zu Recht fest, daß zwischen *De
vita Pythagorica* des Iamblich und Eunomius wesentliche Unterschiede bestehen, nach seiner Auffassung jedoch nicht zu *De mysteriis*.[87] Dieses Problem wird von Daniélou so gelöst, daß zwar die Schrift *De vita Pythagorica*
von Iamblich stamme, nicht aber *De mysteriis*; dieses Werk weist er der
Schule des Iamblich zu.[88] Sieht man aber davon ab, ob eine solche Zuweisung von *De mysteriis* gerechtfertigt ist[89], kann man zunächst von dem
Text *De myst. VII 4* ausgehen: Dort betont Iamblich, daß die Namen nicht
aus der menschlichen ἐπίνοια stammen können, sondern daß die Menschen die Worte erst lernen müssen, nämlich in dem Sinne, daß den Menschen vorgängig die Erkenntnis eingeboren wird; so ist den Menschen ein
Zugang zur οὐσία der Götter möglich.[90] Durch die Götternamen als Symbole[91] wird die Seele zu den Göttern emporgeführt — die Götternamen
sind nicht aufgrund einer Konvention gesetzt, sondern von der Natur des
Seienden abhängig: Die heiligen Völker (z.B. Ägypter, Assyrer) haben
nach Iamblich die ursprünglichen Namen erfahren und sie in ihrer Sprache weitergegeben.[92] Das Zuerstdenkende kann aber allein durch

---

[87] Vgl. J. DANIÉLOU, 1956, 424.
[88] Vgl. J. DANIÉLOU, 1956, 424.
Dieser Interpretation von *De mysteriis* durch J. DANIÉLOU schlossen sich auch folgende
Autoren an: L. ABRAMOWSKI, 1966, 943f; R.E. HEINE, 1975, 141f; A. MEREDITH, 1975, 19;
R.J. DE SIMONE, 1987, 458. Da die Methode der philosophischen Implikation unabhängig
von der Quellenfrage ist, muß die Autorschaft hier nicht geklärt werden.
ST. GERSH geht im Rahmen seiner Interpretation der göttlichen Namensgebung nicht auf
Iamblich ein (vgl. ST. GERSH, 1978, 159).
[89] Die Autorenschaft von Iamblich wurde neuerdings auch von A. SODANO in Frage
gestellt (vgl. A. SODANO, 1984, 9-38); kritisch dazu B. NASEMANN, 1991, 13-18; zum Problem auch M. SICHERL, 1957 passim; E. DES PLACES, 1977, 295 (weitere Lit.); zur Einordnung von *De mysteriis* in das Gesamtwerk Iamblichs vgl. B. DALSGAARD LARSEN, 1975, 6f.
[90] Vgl. Iamblich, De myst VII 4, p. 192.
[91] Zu den Symbolen vgl. P. CROME, 1970, 23.44.49.63; E. DES PLACES, 1977, 301f; D.J.
O'MEARA, 1989, 99-101.
[92] Vgl. Iamblich, De myst I 15, p. 64-67 und De myst VII 5, p. 193-195; dazu P.
CROME, 1970, 21.26f; M. HIRSCHLE, 1979, 46f.

Stillschweigen geehrt werden[93]; dem ersten Gott folgen aber andere Götter, die je nach ihren Wirkungen (ἐνέργειαι) andere Namen erhalten.[94]

In den Texten aus *De mysteriis* sind in der Tat Anklänge zwischen
Iamblich und Eunomius vorhanden, vor allem hinsichtlich der Rolle der
ἐπίνοια, der Unterscheidung von οὐσία und ἐνέργεια und der Vermitt-
lung der Namensoffenbarung in der Seele.[95] Es ist zu betonen, daß für
Eunomius die Frage eines >idealen< Bezugspunktes (νοητά), der bei
Iamblich erkennbar ist, keine Rolle spielt.[96] Ferner insistiert Eunomius
darauf, daß nur *ein* Name für Gott adäquat ist, was in *diesem* Sinne für
Iamblich nicht zutrifft.[97] Besonders für das Verständnis der ἐπίνοια bei
Eunomius hat Mortley zu Recht hervorgehoben, daß Parallelen zur Stoa
vorhanden sind.[98] Folgender Aspekt, der auch für Eunomius wichtig ist,
wird vor allem bei Dexipp herausgestellt: Die ἐπίνοια, die in deutlichem
Kontrast zur ὑπόστασις stehe[99], drücke aus, daß etwas abstrakt gedacht
wird; die Schwäche der ἐπίνοια bestehe darin, daß sie eine *nachfolgende*
Aktion zu einer bereits vorhandenen Realität darstelle, also eine konzeptionelle Funktion *nach* einem Ereignis hat — im Gegensatz zum ὄνομα.[100]

Die Position des Eunomius weist also manche *Implikationen* auf, die
dessen Sprachtheorie aus einem neuplatonischen Kontext heraus ver-ste-

---

In diesem Zusammenhang verweist M. HIRSCHLE darauf, daß sich Iamblich von Porphyrius abgrenze (vgl. M. HIRSCHLE, 1979, 42-44.46); zur Einschätzung der Sprache bei
Porphyrius vgl. P. HADOT, 1977, 231.233.

[93]   Vgl. Iamblich, De myst VIII 3, p. 196.
[94]   Vgl. Iamblich, De myst VIII 3, p. 196f; dazu P. CROME, 1970, 31f; P.M. GREGORIOS,
1988, 230.
[95]   Vgl. zu diesen Aspekten B. SESBOÜÉ, 1983, 192f; P.M. GREGORIOS, 1988, 229.231.
Hier ist aber zu beachten, daß Iamblich den göttlichen Charakter der Sprache anhand der
*Hiero*glyphen behandelt, während er in *De vita Pythagorica* (Vgl. Iamblich, Vit.Pyth 56, p.
30f) eine andere Konzeption vertritt (vgl. B. DALSGAARD LARSEN, 1972, 354).
R.P.C. HANSON kritisiert zwar den Ansatz von J. DANIÉLOU, geht aber nicht so sehr auf
die Namenstheorie ein (vgl. R.P.C. HANSON, 1988, 631). R. MORTLEY hebt demgegenüber
hervor, daß zwar durchaus Parallelen zwischen Iamblich und Eunomius bestehen, daß J.
DANIÉLOU aber einen breiteren Kontext hätte untersuchen müssen, so auch Syrian, Dexipp
und Damascius (vgl. R. MORTLEY, 1986a, 155f). Ansonsten ist aber auffällig, daß R.
MORTLEY innerhalb des Neuplatonismus die sog. Athenische Schule stark von anderen
Richtungen abhebt (vgl. z.B. R. MORTLEY, 1986a, 146f), was in dieser Form aber problematisch ist (vgl. I. HADOT, 1978, passim).
[96]   Vgl. K.-H. UTHEMANN, 1993a, 341.
[97]   Vgl. J.M. RIST, 1981, 187.
[98]   Vgl. Sextus Empiricus, Adv. math VIII 56-62, p. 264-268; dazu J.M. RIST, 1981, 187f.
[99]   Vgl. auch Plotin, Enn II 9,1,40-63.
[100] Vgl. Dexippus, In Arist Cat p. 10,10-12; In Arist Cat p. 17,9-13; In Arist Cat p. 50,12-
14; dazu R. MORTLEY, 1986a, 151-153.

hen lassen; damit ist aber die Originalität des Ansatzes von Eunomius nicht geschmälert.[101]

[101] Die Gedanken des Eunomius ließen sich auch von weiteren Texten her verstehen, die aber für die hier vorgelegte Untersuchung der philosophischen Fragestellung nicht weiter herangezogen werden können:
Clemens von Alexandrien, Strom I 143,6, p. 89,5-7.
Origenes, Cels I 24f, p. 74,4-77,10.
Sextus Empiricus, Adv. math VIII 56-62, p. 264-268. Für den Zusammenhang des platonischen *Kratylos* und der stoischen Sprachtheorie vgl. G.C. STEAD, 1988, 303-305.307-311.
Philon, Leg.all 2,14-15, p. 93,15-94,1; dazu die Andeutungen bei R.P.C. HANSON, 1988, 631 und F.W. NORRIS, 1991, 62.149.192.
Alkinoos, Didask 6, p. 14f; dazu TH.A. KOPEČEK, 1979, Vol. II, 321f.329; F.W. NORRIS, 1991, 62.149; J. DILLON, 1993, 85f; anders J.M. RIST, 1981, 186. Interessant sind hier vor allem die deutlichen Parallelen von Alkinoos und Proklos (In Crat) hinsichtlich der Benennungen als Werkzeuge zum Lehren und zur Differenzierung der Dinge ihrem Wesen nach (vgl. oben die Interpretation zu Proklos).
Epikur, Ep ad Herod 75f, p. 67; dazu F.W. NORRIS, 1991, 62.149.
Theophilus, Ad Autol. II 13.
Archytas, de sapientia frg. 2.

b) Die Erwiderung Gregors

Gregor von Nyssa reagiert auf die Herausforderung des Eunomius nicht nur dadurch, daß er zu zeigen versucht, welche Probleme sich aus der Stufung der Gottheit und einer klaren Differenzierung der οὐσίαι von Vater, Sohn und Geist ergeben. Da Eunomius die Bestimmung der οὐσίαι als ein notwendiges Korrelat zu den Benennungen darstellt, ist Gregor von Nyssa gezwungen, in dieser Hinsicht auf Eunomius zu antworten.[1] Wenn auch seine Reaktion auf Eunomius nicht allein als maßgeblich für die Entwicklung seiner Sprachtheorie betrachtet werden darf, hat diese Phase der Auseinandersetzung doch einen wesentlichen Beitrag und manche Klärung für seine eigene Position gebracht.

Gregor versucht, alle wesentlichen Aussagen der Sprachtheorie des Eunomius zu widerlegen: Gott habe weder die Namen der Dinge im Sinne der Benennung mitgeteilt (wie Eunomius es lehrt) noch die Namen naturgemäß festgesetzt oder in den Seelen der Menschen eine Disposition geschaffen, die von Gott gesetzten Namen zu erfassen.[2] Um die Ansichten des Eunomius zu widerlegen, führt Gregor zunächst einige Aspekte an, die seiner Meinung nach bei Eunomius nicht genügend behandelt oder die bei ihm als Probleme nicht hinreichend gelöst sind. Wenn wirklich die ἀγεννησία als alleinige und notwendige Bestimmung des Wesens Gottes angesehen werden müßte, dann wäre es auch zwingend, daß alle Menschen in der Wesenserkenntnis Gottes übereinstimmten, d.h. zum Beispiel, daß schon im AT Gott das Prädikat ἀγεννησία durchgängig erhalten haben müßte.[3] Ferner müßte in Rechnung gestellt werden, daß es viele Sprachen gibt[4], somit auch viele Schattierungen hinsichtlich der Wesensaussagen, die bei der Unterschiedenheit der Sprachen nicht in Einklang gebracht werden könnten. Es gibt nach Gregor auch die Möglichkeit einer Änderung von Worten[5]; eine solche Ansicht würde für die Position des Eunomius zur Folge haben, daß die Änderung der Worte

---

[1] Vgl. F. DIEKAMP, 1896, 182; A.A. WEISWURM, 1952, 111; R.E. HEINE, 1975, 150; F. DÜNZL, 1993, 313.

[2] Vgl. Gregor von Nyssa, Eun II 198-204, p. 282,29-284,27; dazu F. DIEKAMP, 1896, 152.

[3] Vgl. Gregor von Nyssa, Eun II 412-413, p. 346,15-22; dazu F. DIEKAMP, 1896, 153.

[4] Vgl. Gregor von Nyssa, Eun II 251-254, p. 299,19-300,26; Eun II 406-407, p. 344,25-345,11; dazu F. DIEKAMP, 1896, 153; A.A. WEISWURM, 1952, 113 (dort weitere Belege zu diesem Aspekt); TH. KOBUSCH, 1988, 256.

[5] Vgl. Gregor von Nyssa, Eun III.V 51-52, p. 178,21-179,15; dazu F. DIEKAMP, 1896, 153; TH. KOBUSCH, 1988, 256. Gemeint ist hier der Ersatz von Worten oder Namen durch andere, so z.B. von Saulus durch Paulus.

von Gott selbst initiiert sein müßte. Aus demselben Grund wäre
Eunomius auch gezwungen, Gott als Urheber häßlicher Namen
anzusehen.[6] Und schließlich müßte mit dem Mißbrauch von Sprache
gerechnet werden.[7]

Gregor von Nyssa lehnt deshalb in einem ersten Anlauf die direkte
Offenbarung der Namen für die Dinge durch Gott ab. Dieser könne vielmehr nur als Urheber der menschlichen Denkkraft und des Sprachvermö-
gens angesehen werden, nicht aber der Wörter mit ihrer spezifischen
Lautabfolge.[8] Sprache setze vielmehr voraus, daß der Mensch seine Vernunft und sein Sprachvermögen *frei* und *selbständig* einsetzen könne[9], was
Gregor mit dem traditionellen Begriff ἐπίνοια belegt. Die Willensfreiheit
ist für Gregor eines der zentralen Momente[10], um gegen Eunomius wirksam argumentieren zu können. Die Rolle der ἐπίνοια ist in diesem Zusammenhang für Gregor durch folgende Momente bestimmt: Sie ist inven-
tiv und leistet ein methodisch gesichertes Wissen des Unbekannten; dabei
geht sie von einem intuitiv erfaßten ersten Gedanken (ἡ πρώτη νόησις)
aus und fügt das daraus Folgende mit diesem ersten Gedanken zusammen.[11] Darin liegt auch begründet, daß die Worte, die durch das Denken hervorgebracht werden, der menschlichen Erfindung entspringen und
in diesem Sinne das Wesen der Dinge nicht darzustellen vermögen. Zwi-

---

6 Vgl. Gregor von Nyssa, Eun II 238, p. 295,27-296,8; dazu F. DIEKAMP, 1896, 155.
7 Vgl. Gregor von Nyssa, Eun II 187-191, p. 278,26-280,21; dazu TH. KOBUSCH, 1988,
255.
8 Vgl. Gregor von Nyssa, Eun II 283, p. 309,26-29; Eun II 401-402, p. 343,10-344,3; Abl
2, p. 43,3-44,6; dazu F. DIEKAMP, 1896, 154.
9 Vgl. Gregor von Nyssa, Eun II 186, p. 278,20-26; Eun II 395-396, p. 341,22-342,12;
Eun II 401, p. 343,20-25; Op hom 10, p. 152B; dazu F. DIEKAMP, 1896, 154; K. GRONAU,
1914, 148; A.A. WEISWURM, 1952, 110.112; R. MORTLEY, 1986a, 180.188; TH. KOBUSCH,
1988, 255; A.A. MOSSHAMMER, 1990, 100; E. GRÜNBECK, 1994, 229f.
10 Zum Freiheitsgedanken bei Gregor neuerdings R.J. KEES, 1995, 217-220.
11 Vgl. Gregor von Nyssa, Eun II 182, p. 277,20-26; ähnlich auch Basilius von Caesarea,
Adv Eun I 6, p. I 184/186. Grundlegend für eine solche Bestimmung ist Aristoteles, Topik I
12.105a13f; zur aktiven Rolle der ἐπίνοια bei Plotin vgl. Enn V 8,7,41-44; Plotin verwendet
den Begriff ἐπίνοια auch im Zusammenhang eines reflexiven Wissens des Geistes von sich
selbst (vgl. Enn II 9,1,40-57); zur aktiven Rolle vgl. ferner Galen, De plac. Hipp. et Plat.
6,8,7, p. 408,24-28.
Vgl. zu diesen Aspekten A.A. WEISWURM, 1952, 113.129-132; E. MÜHLENBERG, 1966, 195;
A. MEREDITH, 1975, 21; TH. KOBUSCH, 1988, 255; A.A. MOSSHAMMER, 1990, 102.
Problematisch scheint in diesem Zusammenhang aber zu sein, wenn A. MEREDITH davon
spricht, daß die ἐπίνοια ein verläßliches, wenn auch restringiertes Wissen von Gott
(»being of God«) liefere (vgl. A. MEREDITH, 1975, 20; anders dagegen R.E. HEINE, 1975,
157), da unklar bleibt, worauf sich ein solches Wissen beziehen kann (Existenzaussagen,
Wesensaussagen). Diese Frage wird unten nochmals gesondert aufgegriffen.

schen Sache und Wort gibt es dann keine *notwendige* Verbindung.[12] Es bleibt jedoch zu klären, wie der Bezug von Ding und Wort zu bestimmen ist, wenn die Sprache auf die Dinge verweisen soll.[13]

Um diesen Bezug von Sprache und Ding zu verdeutlichen, greift Gregor von Nyssa auf eine Unterscheidung von lautlichem Sprechen, dem durch die Laute Bedeuteten und den gemeinten Gegenständen zurück, die in dieser Form vor allem durch die Stoa vermittelt wurde.[14] Die Laute bzw. das lautliche Sprechen oder die sinnlich wahrnehmbare, d.h. hörbare Benennung haben nach Gregor ihre Entsprechung in den Gedanken im Herzen[15], worunter Gregor die διάνοια bzw. ἐπίνοια versteht.[16] Die äußere Benennung als Ausdruck des Gedankens ist für Gregor notwendig, da der Mensch ein Körperwesen ist[17] und dadurch das Geistige oder Diskursive nur über ein körperliches Medium vermittelt werden kann. Die äußere Rede ist in diesem Sinne ein diskursiver Logos, der für die Äußerung sinnlich wahrnehmbarer Elemente bedarf.[18] In dieser Hinsicht ist Sprache bzw. die äußere Rede den zeitlich körperlichen Bedingtheiten unterworfen und somit endlich.[19]

Daß Sprache der sinnlichen Elemente bedarf, ist vor allem in der stoischen Sprachtheorie[20] in einem ähnlichen Kontext wie dem Gregors entwickelt. Demzufolge ist jede Benennung und jeder Redeteil als Name an

---

[12] Vgl. Gregor von Nyssa, Eun II 165-183, p. 272,30-277,26; Eun II 243-261, p. 297,21-302,24; dazu A.A. WEISWURM, 1952, 117; A.A. MOSSHAMMER, 1990, 101. Vgl. auch die Konzeption von Adam als Benenner der Dinge: Gregor von Nyssa, Eun II 412, p. 346,15-20; Eun II 547, p. 386,7-17; dazu TH. KOBUSCH, 1988, 255.

[13] Vgl. M. CANÉVET, 1983, 31-35.

[14] Allgemein verweisen auf den stoischen Hintergrund J. BAYER, 1935, 40.42 (es fehlt hier jedoch die klare dreifache Differenzierung; für ihn sind die Begriffe bei Gregor aus dem Bereich des Körperlichen genommen); A.A. WEISWURM, 1952, 115; R. MORTLEY, 1986a, 150; klar herausgearbeitet ist dies bei TH. KOBUSCH, 1988, 256. E. MÜHLENBERG verweist demgegenüber allgemein auf die platonisch-aristotelische Tradition (vgl. E. MÜHLENBERG, 1971, 242). E.V. IVÁNKA betont die stoische Terminologie, die er allerdings in Zusammenhang mit einem aristotelischen Ansatz sieht, der bei der Sinneswahrnehmung ansetzt; darin will E.V. IVÁNKA einen klaren Unterschied zum Neuplatonismus sehen (vgl. E.V. IVÁNKA, 1964, 155), was in dieser Form aber sicher nicht zutrifft (vgl. E.K. EMILSSON, 1988 passim; H. BENZ, 1990, 178-282; W. BEIERWALTES, 1991, 184f). Zur stoischen Terminologie vgl. aspektreich W. AX, 1986, 138-211.

[15] Vgl. Gregor von Nyssa, Eun I 539, p. 182,19f.

[16] Vgl. Gregor von Nyssa, Eun I 540, p. 182,25-183,3 zur διάνοια.

[17] Vgl. Gregor von Nyssa, Eun II 207-209, p. 285,17-286,6.

[18] Vgl. Gregor von Nyssa, Eun II 200, p. 283,13-20; Op hom 9, p. 149B-152A.

[19] Vgl. Gregor von Nyssa, Eun II 207, p. 285,19-21.

[20] Vgl. Galen, In Hippocr de humoribus lib I = SVF II 144 und Aëtius, Plac IV 21 = SVF II 836; vgl. W. AX, 1986, z.B. 166-190. Zum Problem der stoischen Sprachtheorie, besonders der Unvollständigkeit der Lekta vgl. A. SCHUBERT, 1994, 57-67; ferner M. FREDE, 1994, 109-128.

die sinnliche Lautgestalt gebunden und insofern endlich; folglich ist auch die Benennung ἀγεννησία für die οὐσία Gottes, die von Eunomius in den Vordergrund gestellt wird, dem menschlichen Bereich zuzuordnen und als endliche Größe zu bestimmen. Wenn Eunomius also annimmt, daß durch die Benennung >Ungewordenheit< allein die οὐσία Gottes bezeichnet und zugleich von der οὐσία damit auf die entsprechende Benennung Gottes geschlossen werden kann[21], müßte — wenn man die von Gregor verwendete stoische Theorie zugrundelegt — der Name ἀγεννησία endlich sein. Dies träfe aufgrund der Verwiesenheit von Name und οὐσία somit auch auf das Wesen Gottes zu. Dem setzt Gregor von Nyssa entgegen, daß den Menschen von Gott die Möglichkeit gegeben worden ist, sprachlich das Erschaffene (das Seiende) zu erfassen, daß aber die göttliche Natur dadurch nicht betroffen werde, da das Ungeschaffene, das Sein, und die Aussage nicht identisch sind.[22] Aussagen schaffen für Gregor eine Realität nicht; darin unterscheidet sich Gregor von einer göttlichen Namensoffenbarung, wie sie Eunomius vertritt. Vielmehr enthüllt die Aussage den Gedanken[23] und stellt in diesem Sinne eine Manifestation des Gedachten dar.[24] Sie kann aber die ungeschaffene göttliche Natur nicht benennen.

Vom Bereich der lautlichen Benennung ist nach Gregor das σημαινόμενον zu unterscheiden[25], das nach stoischer Auffassung einen eigenen Seinsbereich neben den Lauten und den Dingen bezeichnet.[26] Das σημαινόμενον ist geistiger und unkörperlicher Natur[27] und wird von Gregor auch mit dem aristotelischen Terminus νόημα wiedergegeben[28]

---

[21] Vgl. Teil III, 4.1 a dieser Arbeit.

[22] Vgl. Gregor von Nyssa, Eun II 44-47, p. 239,1-25; Eun II 159-176, p. 271,11-276,6.

[23] Vgl. Gregor von Nyssa, Eun II 184-188, p. 278,9-279,14.

[24] Knapp dazu A.A. WEISWURM, 1952, 115; zum gesamten Kontext vgl. TH. KOBUSCH, 1988, 256f.

[25] Vgl. Gregor von Nyssa, Eun II 28, p. 234,19f.

[26] Vgl. Sextus Empiricus, Pyrr 1,138, p. 82; Pyrr 2,15, p. 160; Pyrr 2,213, p. 288; Math 7,31, p. 16; Math 8,11, p. 244; Math 8,69, p. 270; Diogenes Laërtius, Vit 7,62,10, p. 324,1f. Zum Problem vgl. auch G.C. STEAD, 1988, 307f; A. SCHUBERT, 1994, 103-109. In dem dreigliedrigen Modell stehen sich das zweiseitige Sprachzeichen (Laut und Bedeutung) und das außersprachliche Zeichenobjekt gegenüber (vgl. dazu W. AX, 1986, 155 u.ä.). Dementsprechend sind die Ausführungen von R. MORTLEY kritisch zu prüfen, der behauptet, für Gregor habe der Name keine reale Existenz, sondern sei lediglich ein Zeichen von etwas (vgl. R. MORTLEY, 1986a, 190). Da auch Gregor das Standardbeispiel βλίτυρι kennt (vgl. Teil III, 4.1 a dieser Arbeit), dem aber kein sinnvolles Objekt entspricht, haben die Laute durchaus eine reale Existenz, allerdings ohne Bedeutung und ohne außersprachliches Zeichenobjekt.

[27] Vgl. Gregor von Nyssa, Eun III,I 94, p. 36,1-10; vgl. auch Sextus Empiricus, Math 8,12, p. 246.

[28] Vgl. Gregor von Nyssa, Eun III,IX 4, p. 265,19; vgl. auch Aristoteles, De anima 432a11; De interpret 16a14; De memoria 451a1.

oder als inneres Resultat des Denkens, als ἔμφασις, verstanden. Ἔμφασις
kann zwar das Sein eines sinnlich Dargestellten meinen[29], in der rhetorischen und grammatischen Tradition ist es allerdings gängig, es im Sinne
von »Bedeutung« aufzufassen.[30] Jede äußere Bezeichnung (lautliche Benennung) hat dann eine eigene Bedeutung[31], wie das Beispiel Gregors
belegt, das er von Basilius[32] übernimmt: Die Bezeichnungen Korn, Frucht,
Same, Nahrung usw. (σημαινόμενα) haben im Falle des Weizens jeweils
eine eigene Bedeutung.[33] Der Mensch kann etwas nur als bestimmt Bezeichnetes erfassen, das in bestimmter Hinsicht differenziert wird:
Folglich hat jedes Bezeichnete eine *bestimmte* Bedeutung.[34] Aufgrund
dieser stoischen >Bedeutungs<-Theorie - nicht nur wegen der *lautlichen*
Benennung - ist im Sinne Gregors der Sprachtheorie des Eunomius der
Boden entzogen, da Bedeutungen in diesem Kontext nur als *bestimmte*,
wenn auch geistige und unkörperliche Bedeutungen verstanden werden
können. Als Bestimmtes können sie im Kontext dieser Bedeutungs-
Theorie nicht die οὐσία bezeichnen.[35] Wie das Beispiel vom Weizen für
die Rolle der ἐπίνοια ferner deutlich macht, besteht eine der wesentlichen Funktionen der ἐπίνοια darin, dihairetisch die Bedeutungen
differenziert darzustellen.[36]

Die bisherigen Bestimmungen des Wesens von Sprache haben für
Gregor von Nyssa vor allem zwei Aspekte gezeigt: Einerseits setzt Benen-

---

[29] Vgl. Gregor von Nyssa, Beat 5, p. 130,11; vgl. auch Diogenes Laërtios, Vit 7,152,8, p.
363,1 zu Poseidonius.
[30] Vgl. Herodianus, Il Pros 3,2, p. 114,17 und 125,33; Longinus, Exz 19,1, p. 327,15 und
Exz 23,2, p. 328,2; Aelius Aristides, Ars rhet 1,5,3,2,6, p. 495,8; Ars rhet 1,6,2,1,1, p. 496,11;
Ars rhet 1,6,2,3,2, p. 496,31; Hermogenes, περὶ εὑρέσεως 4,13,19, p. 206,1; περὶ εὑρέσεως
4,13,112-116, p. 210,13-18; Polybius Rhetor, Fragm de figuris p. 106,23; Tryphon, Trop p.
192,1 und 199,15; Apsines, Probl p. 407,18-20.
[31] Vgl. Gregor von Nyssa, Eun II 30, p. 235,15; Abl p. 43,17-20.
[32] Vgl. Basilius von Caesarea, Adv Eun I 6, p. I 186.
[33] Vgl. Gregor von Nyssa, Eun II 352, p. 329,3-7.
[34] Vgl. Gregor von Nyssa, Eun I 560, p. 188,13-19; Eun I 599, p. 199,1-3.
[35] Zum Gesamten vgl. TH. KOBUSCH, 1988, 257f.
[36] Vgl. Gregor von Nyssa, Eun II 352-354, p. 328,27-329,26; dazu A.A. WEISWURM,
1952, 129-132.
In diesem Zusammenhang hat R. MORTLEY einige interessante Texte von Dexipp, Syrian
und Ammonius herangezogen und den Nachweis geführt, daß zumindest dort die Rolle der
ἐπίνοια darin besteht, über etwas abstrakt zu denken; es wird nicht nur an ein mentales
Bild eines Objektes gedacht, sondern auch an die Rückführung in die Abstraktion, zusätzlich verbunden mit einem differenzierenden Moment (vgl. R. MORTLEY, 1986a, 152f).
Wenn man diese Texte heranzieht, wirkt die Konzeption von Basilius und Gregor in der
Tat nicht mehr so originär (anders A. MEREDITH, 1975, 21).
Vgl. Dexipp, In Arist Cat p. 10,11; In Arist Cat p. 26,6; In Arist Cat p. 50,14f; Syrian, In
Arist Met p. 45,1f; In Arist Met p. 161,25-27; Ammonius, In Porph Isag p. 11,26f; In Porph
Isag p. 33,12f usw.

nung bzw. Sprache die Freiheit auf Seiten des Menschen voraus[37], andererseits wird— im Anschluß an die stoische Sprachtheorie— die semantische Repräsentation (Laut und Bedeutung) vom im Zeichen repräsentier-
ten Objekt unterschieden.[38] Die Objekte selbst können wiederum in
körperliche und geistige differenziert werden.[39] Während man die körperlichen Objekte nach Gregors Auffassung direkt physisch erfassen und auf
sie durch Zeichen deiktisch verweisen kann, ist dies bei den geistigen
Objekten nicht möglich.[40] Aber auch im Fall der körperlichen Objekte
repräsentieren die Namen letztlich nicht die Dinge selbst in ihrer οὐσία,
da eine Differenz zwischen Ding und Name dadurch gesetzt wird, daß das
Ding von den Sinnen aufgenommen, gedacht und sprachlich mitgeteilt
wird. Sprache repräsentiert somit auf *ihre* Weise die geschaffene Realität.[41] Sprache setzt als wesentliches Moment Differenz voraus, wenn sie
die Realität beschreibt.[42] Denn das Wort ist vom Ding, das es erfassen
soll, unterschieden, sofern der Mensch aufgrund freier Willensentschei-
dungen in seinen geistigen Prozessen diesen Unterschied setzt. Zugleich
trifft auf den Menschen selbst eine zweifache Differenz zu, nämlich die in
Geist und Körper[43] und die der Menschen untereinander, da sich die
Menschen als Körperwesen[44] voneinander unterscheiden. Wenn also
Sprache aufgrund dieser dreifachen Differenz die Wirklichkeit beschreiben soll, kann sie dies nur in der Form von Differenz. Folglich ist es möglich, die Verwendung der Sprache als Anzeige der Differenz von Dingen,
als Abfolge von Ereignissen im Gedächtnis usw. zu verstehen. Zudem
weist Sprache in sich selbst Differenz durch die Unterschiedenheit der
Wörter und in der Satzstruktur auf.[45] Diese Differenz innerhalb des sinnli-

---

[37]   Neben der oben genannten Literatur vgl. A.A. MOSSHAMMER, 1990, 104.
[38]   Vgl. Gregor von Nyssa, Eun II 271, p. 306,1-3; dazu A.A. MOSSHAMMER, 1990, 102
(allerdings ohne Hinweis auf die stoische Terminologie).
[39]   Vgl. A.A. MOSSHAMMER, 1990, 101.
[40]   Vgl. Gregor von Nyssa, Eun II 572-575, p. 393,17-394,12.
[41]   Vgl. Gregor von Nyssa, Eun II 391, p. 340,24-28; Eun II 572-576, p. 393,14-394,17.
Die Hl. Schrift vermeide es deshalb nach Gregor von Nyssa, von der οὐσία zu sprechen
(vgl. Eun II 119, p. 260,26f); dazu R.S. BRIGHTMAN, 1973, 99f; A.A. MOSSHAMMER, 1990,
102f.
[42]   Vgl. Gregor von Nyssa, Eun I 360, p. 133,21f; Eun III.VII 49, p. 232,13f. An beiden
Stellen betont Gregor, daß Sprache, weil sie in sich different ist, nicht auf den Ursprung
bzw. Gott anwendbar ist; darauf wird unten zurückzukommen sein.
[43]   Vgl. Gregor von Nyssa, Or cat 6, p. 30,9-31,6; Op hom 8, p. 145B-D; Antirrh p.
185,15-21; dazu K. GRONAU, 1914, 150; H.M. MEISSNER, 1991, z.B. 190-197; E. PEROLI,
1993, 30-35.
[44]   Vgl. Gregor von Nyssa, Eun II 200-202, p. 283,11-284,7; Eun II 391f, p. 340,19-341,9.
[45]   Vgl. Gregor von Nyssa, Eun II 274f, p. 306,25-307,16.

chen Bereiches wird von Gregor von Nyssa διάστημα oder διάστασις genannt.[46]

Um diesen Begriff zu verdeutlichen, muß man folgende, zumindest seit
der Schrift *Contra Eunomium* klar herausgearbeitete, zweifache Unterscheidung heranziehen: Gregor von Nyssa differenziert auf der einen Seite
zwischen »sensibel« und »intelligibel«, auf der anderen Seite zwischen
»geschaffen« und »ungeschaffen«. Dabei kann im Sinne Gregors das Geschaffene sensibel oder intelligibel sein— das Intelligible vermag geschaffen oder ungeschaffen zu sein. In diesem Kontext bestehen also die Bezugsmöglichkeiten >geschaffen-sensibel<, >geschaffen-intelligibel< und
>ungeschaffen-intelligibel<. Die schärfste Unterscheidung sieht Gregor in
der Differenz von >geschaffen< und >ungeschaffen<.[47]

Die Sprache, die für Gregor von Nyssa im Anschluß an die stoische
Sprachtheorie wesentlich durch körperliche Momente hinsichtlich der
Lautgestalt gekennzeichnet ist, kann aufgrund des ihr eigentümlichen
διάστημα die Gedanken nur *inadäquat* darstellen oder ausdrücken, da die
Gedanken im Gegensatz zur Sprache mit ihren Lauten keine Extension
aufweisen, wohl aber in sich differenziert sind.[48] Da jedoch alles Geschaffene, also auch das geschaffen Intelligible durch Differenz charakterisiert
ist, hat die Sprache ihre Bedeutung u.a. darin, Differenz in all ihren Bereichen beschreiben zu können; sie teilt in diesem Sinne die geschaffene
Ordnung als ganze in ihrer Differenziertheit mit.[49]

Diese Konzeption der Abständigkeit (διάστημα und διάστασις als Zustand und Akt) ist in der von Gregor explizierten Form wesentlich durch
neuplatonische Philosopheme mitbestimmt. Die Zerstreuung in das Mannigfache aufgrund des Unvermögens, auf sich selbst bezogen zu bleiben,
ist im neuplatonischen Denken ein Grundzug der sinnenfälligen Welt, von
Raum und Zeit. Διάστημα und διάστασις als Ausgedehntsein von Raum

---

[46] Zum gesamten Abschnitt vgl. A.A. MOSSHAMMER, 1990, 101-106; zu διάστημα und
διάστασις vgl. ferner J. BAYER, 1935, 42; H.U.v. BALTHASAR, 1942, 1-10.77; J. DA
NIÉLOU, 1948, 396.398; R.S. BRIGHTMAN, 1973, 102; T.P. VERGHESE, 1976, 243-258 (die
Abgrenzung von Gregor gegenüber Plotin dürfte bei T.P. VERGHESE, 1976, 248 zu scharf
ausfallen; vgl. unten).

[47] Vgl. Gregor von Nyssa, Eun I 273f, p. 106,12-23; Eun I 369, p. 136,1-7; Eun I 373-
375, p. 137,1-19; Eun II 69f, p. 246,14-27; Eccl 7, p. 412,14; Cant 6, p. 174,1-5; Cant 15, p.
458,17-459,1; dazu E. MÜHLENBERG, 1966, 143f; R.E. HEINE, 1975, 154; M. ALEXANDRE,
1976, 184-186; A.A. MOSSHAMMER, 1988, bes. 354-359; A.A. MOSSHAMMER, 1990, 106f; D.
CARABINE, 1992, 84; F. DÜNZL, 1993, 111f.217f; TH. KOBUSCH, 1993, 310; E. PEROLI,
1993, 35-38.

[48] Zu manchen Implikationen von Seiten Plotins zur Frage der Differenz vgl. W. BEI
ERWALTES, 1991, 109.199.

[49] Vgl. A.A. MOSSHAMMER, 1990, 107.

und Zeit begründen z.B. für Plotin die Abständigkeit oder Differenziertheit der sinnenfälligen Welt im ganzen.[50] Diese Bestimmung bleibt
für den Neuplatonismus etwa des Porphyrius[51] oder Proklos[52] maßgebend
und wird von Porphyrius[53] und Dexipp[54] explizit mit dem Problem von
Sprache (λόγος) verbunden. So schreibt Dexipp: οὕτω καὶ ὁ λόγος τῷ
διαστήματι μετρούμενος κατὰ συμβεβηκὸς ἂν εἴη ποσός.[55]

Aus diesen im Neuplatonismus breit entfalteten Überlegungen heraus
versucht Gregor von Nyssa den Ansatz des Eunomius zu widerlegen. Der
Vorwurf Gregors lautet dann nicht nur, daß Sprache aufgrund der notwendigen Verbindung zur materiellen Lautgestalt unmöglich Intelligibles
adäquat aussagen kann, sondern zugleich, daß Sprache immer Abständigkeit bzw. Differenziertheit impliziert. Eunomius war davon ausgegangen, daß die ἀγεννησία das Wesen Gottes eindeutig erfaßt. Zugleich
hatte Eunomius für die Bestimmung der Ungewordenheit als Benennung
für die οὐσία die Einheit Gottes angenommen.[56] Im Sinne Gregors ist
dem Eunomius aber nicht nur aufgrund der materiellen Lautgestalt der
Boden für eine solche Behauptung entzogen, sondern auch dadurch, daß
Sprache notwendig Differenz impliziert. Folglich ist die *sprachliche* Form
der ἀγεννησία, soll sie die Einheit Gottes ohne Differenz erfassen, inadäquat, zumal Eunomius gerade die eindeutige Aussagbarkeit der οὐσία
Gottes in dessen Einheit gewahrt wissen will.

Weil Sprache die Struktur der geschaffenen Ordnung teilt, ist sie unge-
eignet, die göttliche Natur auszudrücken, weil diese ἀδιάστατον ist.[57]
Sprache vermag aufgrund der unabdingbaren Notwendigkeit, immer etwas
Bestimmtes[58], also ein τι zu bezeichnen, kein Wissen der οὐσία Gottes zu

---

[50] Vgl. z.B. Plotin, Enn II 9,17,7f; III 2,2,5.24f; dazu W. BEIERWALTES, 1981, 266 (dort
weitere Belege).
[51] Vgl. Porphyrius, Sent 44, p. 59,20f für die Zeit; ferner In Arist Cat p. 103,30; In Arist
Cat p. 120,9f.
[52] Vgl. Proklos, In Tim II p. 289,8 für die Zeit.
Zu Porphyrius und Proklos vgl. W. BEIERWALTES, 1981, 267.
[53] Vgl. Porphyrius, In Harm Ptol p. 61,25f; 91,4-8; 92,9-11; 94,1-4; 94,27f.
[54] Vgl. Dexipp, In Arist Cat p. 71,11f.
[55] Dexipp, In Arist Cat p. 71,11f.
[56] Vgl. Teil III, 2.1 a und 4.1 a.
[57] Vgl. Gregor von Nyssa, Eun I 176, p. 79,5f; Eun I 366, p. 135,7-9; Eun I 636, p.
209,13f; Eun I 668, p. 218,15f; Eun I 690, p. 224,12-16; Eun II 578, p. 395,3-14; Eun III.V 33,
p. 172,3-6; Eun III.VI 16, p. 191,18-20; Eun III.VI 68, p. 210,11-17; dazu J. BAYER, 1935, 42;
R.E. HEINE, 1975, 157; A.A. MOSSHAMMER, 1990, 107; F. DÜNZL, 1993, 298.
Zur Frage der Unsagbarkeit und Unnennbarkeit im mittel- und neuplatonischen Kontext
vgl. J. WHITTAKER, 1984, XII 303-306.
[58] Vgl. oben.

vermitteln, so daß Gott immer jenseits aller Bestimmungen bleibt.[59] Das
Wissen, das die Menschen von Gott erreichen können, bezieht sich in dieser Hinsicht nur auf die Manifestationen Gottes.[60] Alle Namen, auch die-
jenigen, die die Heilige Schrift liefert[61], korrelieren in ihrer Vielzahl allein
mit unseren geistigen Konzeptionen, nicht aber mit der Einheit Gottes.[62]
Die Konsequenz für Gregor ist, daß Sprache, Namen und Worte, die die
Menschen bilden, jeweils eine neue Stufe eines endlosen Prozesses darstellen[63], der sich auf Gott richtet, ohne ihn zu erreichen. Dieser Prozess
ist ein ständiges Sich-Ausstrecken oder Suchen nach Gott in oder mit
Sprache[64], eine Vielgeschäftigkeit ($\pi o\lambda \upsilon \pi \rho \alpha \gamma \mu o\sigma \acute{\upsilon} \nu \eta$)[65], die über Vermutung und Wahrscheinlichkeit nicht hinauskommt.[66] Mit dem Thema
>Vielgeschäftigkeit< und den Grenzen, die für die Sprache konstitutiv
sind, berührt sich das Denken Gregors der Sache nach mit Plotin[67], auch
wenn Gregor Gott gemäß seiner Auslegung von Ex 3,14 als wahrhaft
Seiendes betrachtet.[68] Denn Plotin — wie auch Porphyrius und Dexipp —

[59] Vgl. Gregor von Nyssa, Eccl 7, p. 412,15-19; Eccl 7, p. 416,1-8; Eun II 117, p. 260,6-
13; Eun III.VI 68, p. 210,15-17; dazu J. BAYER, 1935, 44; E. MÜHLENBERG, 1966, 183; TH.
KOBUSCH, 1988, 260; A.A. MOSSHAMMER, 1990, 107; A. MEREDITH, 1993, 153f.

[60] Vgl. Gregor von Nyssa, Eun II 71, p. 248,1-3; Eun II 583, p. 396,16-27; Eun III.I 103,
p. 38,20f; Beat 6, p. 141,15-27; Eccl 7, p. 415,19f; Cant 11, p. 335,13-15; Abl p. 53,4-15; dazu
F. DIEKAMP, 1896, 181; E.V. IVÁNKA, 1964, 156; E. MÜHLENBERG, 1966, 187; R.S.
BRIGHTMAN, 1973, 97; D.F. DUCLOW, 1974, 103-105; R.E. HEINE, 1975, 143; R. MORTLEY,
1986, 107 (zu Philon); R. MORTLEY, 1986a, 182; A.A. MOSSHAMMER, 1990, 108; H.M.
MEISSNER, 1991, 165.

[61] Vgl. Gregor von Nyssa, Eun II 238, p. 296,1-5; Eun II 393, p. 341,12-16; Eun II 419,
p. 348,28f; dazu A.A. MOSSHAMMER, 1990, 108; F. DÜNZL, 1993, 294.

[62] Vgl. Gregor von Nyssa, Eun II 148-166, p. 268,18-273,15; VM I 46f, p. 22,14-18; Eccl
7, p. 406,13-17; dazu F. DIEKAMP, 1896, 186; E. MÜHLENBERG, 1971, 238.240; TH. KO-
BUSCH, 1988, 259; A.A. MOSSHAMMER, 1990, 109f.113-115.

[63] Vgl. Gregor von Nyssa, Cant 8, p. 245,11-246,12; dazu R.S. BRIGHTMAN, 1973, 100;
TH. KOBUSCH, 1988, 259; A.A. MOSSHAMMER, 1990, 110; D. CARABINE, 1992, 79.
Dies gilt trotz des Hinweises von TH. KOBUSCH auf die relative und absolute Vaterbe-
zeichnung im Anschluß an die Theorien von Dionysius Thrax (vgl. TH. KOBUSCH, 1988, 258
mit den entsprechenden Nachweisen).

[64] Vgl. TH. KOBUSCH, 1988, 261.

[65] Vgl. Gregor von Nyssa, Cant 11, p. 334,18; Beat 3, p. 105,1f; VM II 163, p. 87,1-6;
dazu TH. KOBUSCH, 1988, 260.

[66]. Vgl. F. DÜNZL, 1993, 299.

[67] Vgl. Plotin, Enn I 3,4,17-23; dazu TH. KOBUSCH, 1988, 260.

[68] Vgl. Gregor von Nyssa, Eun III.VI 3, p. 186,13-15; Eun III.VI 4, p. 186,25; Eun
III.IX 41, p. 279,23; dazu W. BEIERWALTES, 1972, 15 (dort weitere Belege).
Zur Formel $\dot{\epsilon}\pi \acute{\epsilon}\kappa \epsilon \iota \nu \alpha$ νοῦ καὶ οὐσίας im mittel- und neuplatonischen Kontext für das
Prinzip von allem vgl. J. WHITTAKER, 1984, XIII 91-104.
In der Gregor-Forschung wurde das Verhältnis zu Plotin im Problemfeld der Sprachtheo-
rie ambivalent bewertet: eine Nähe zu Plotin wird von F. DIEKAMP abgelehnt (vgl. F. DIE-
KAMP, 1896, 183), während J. BAYER und D. CARABINE sich dezidiert dafür aussprechen

betonen einerseits, daß διάστασις und διάστημα als Grundzug des Endlichen anzusehen sind.[69] Andererseits hebt Plotin hervor, daß Sagen bzw. Sprache immer Etwas-Sagen ist.[70] Für Jenes, das Eine, sei kein Name adäquat.[71] Zwar habe das Erkennen notwendig den Charakter der Einheit, indem im Erkenntnisakt eine Einheit hergestellt werde. Diese sei aber eine *bezügliche* Einheit und ein Erkennen von Bestimmtem, indem das Denken anderes und immer wieder anderes durchdenke.[72] Das Absolute oder Eine selbst sei jedoch nicht eine durch Unterschiedenheit in sich oder auf anderes hin bestimmte Einheit, sondern über aller Differenz *vor* dem Etwas[73] nur es selbst[74]. Aussagen, die wir, die Menschen, über das Eine treffen, seien *unser* Aufstieg zu ihm. Alle Benennungen brächten nicht das Eine selbst zur Sprache, sondern das Eine werde von dem her bezeichnet, was es nicht selbst sei, was aber durch es sei[75]: Die Namen des Einen seien nur um unseretwillen.[76]

Weil Sprache gegenüber Gott bzw. dem Einen immer inadäquat ist, sind für Gregor von Nyssa das Schweigen[77] und der Glaube[78] die primären Möglichkeiten, das Verhältnis des Menschen zu Gott auszudrücken. Schweigen ist in diesem Sinne aber eine Berührung des Göttlichen[79], indem alle Differenz von Sprache hinter sich gelassen wird. Das Göttliche zeigt sich durch seine Manifestationen wie in einem Spiegel und bietet so

---

(vgl. J. BAYER, 1935, 41; D. CARABINE, 1992, 81). Ansonsten widmet man sich dieser Frage bei der Untersuchung der Sprachformen kaum.

[69] Vgl. oben; W. BEIERWALTES, 1981, 65.204.219f.226f.265-267.270 (mit den entsprechenden Nachweisen zur Zeit als differenzierendem Moment der Wirklichkeit).
Zu Porphyrius und dessen Ansichten von Nicht-Wissen und Andersheit vgl. auch J. WHITTAKER, 1984, XI 81.

[70] Vgl. Plotin, Enn V 3,12,50.

[71] Vgl. Plotin, Enn V 3,12,37 - V 3,13,6.

[72] Vgl. Plotin, Enn V 3,10,40-43; VI 7,40,6.

[73] Vgl. Plotin, Enn V 3,12,52.

[74] Vgl. Plotin, Enn VI 8,21,32.

[75] Vgl. Plotin, Enn V 3,14,1-8.

[76] Vgl. Plotin, Enn VI 9,5,31f.39.
Zur Plotin-Interpretation vgl. P. CROME, 1970, 84.86f; W. BEIERWALTES, 1991, 131.138.142-149; J. HALFWASSEN, 1991, 173-177.

[77] Vgl. Gregor von Nyssa, Eccl 7, p. 416,7f; dazu J. BAYER, 1935, 45f; R.S. BRIGHTMAN, 1973, 102; D. CARABINE, 1992, 94; A. MEREDITH, 1993, 154.
Zur Sache vgl. auch Gregor, Or Cat 3, p. 15,10-14; Or Cat 17, p. 74,2-7; dazu H.M. MEISSNER, 1991, 150.

[78] Vgl. R.E. HEINE, 1975, 144; F. DÜNZL, 1993, 295.297 (dort die entsprechenden Nachweise).

[79] Vgl. Gregor von Nyssa, Eccl 7, p. 414,7-10; VM II 163, p. 87,6-9; dazu R.S. BRIGHTMAN, 1973, 102.

ein Schattenbild wie in einem Rätsel.[80] Aufgrund der Spiegelung Gottes im Bereich des Differenten ist es dem Menschen möglich, die Differenzstruktur von Sprache durch Negation zu überwinden[81], und zwar in dem Sinne, daß Sprache über sich selbst hinausweist durch Symbole[82], Metaphern[83] oder die >Steigerung< von Vollkommenheiten in einem eminenten Sinne[84].

Damit berührt sich die Konzeption Gregors auch in dieser Hinsicht mit dem Denken Plotins, da dieser betont, daß für das Eine der philosophische Diskurs, der Mythos und die Dichtung scheitere[85] und lediglich ein »Umkreisen« des Göttlichen oder Einen möglich sei.[86] Angemessen sei in diesem Fall das Schweigen.[87] Die Differenzsprache könne aber in ihrem Verweischarakter genutzt werden, indem Sprache >gesteigert< oder >intensiviert< werde.[88] Die Negation ist in diesem Zusammenhang die notwendige Voraussetzung einer adäquaten Sprachgestalt[89], weil im Einen alles Entfaltete unentfaltet nur es selbst ist. Zwar werde in Zeit Zeit-Freies gesagt, aber mit der Intention der Negation von Zeitlichkeit.[90]

Die Sprachtheorie Gregors hat an manchen Stellen bereits grundlegende Strukturen gezeigt, die im Verlauf der Arbeit weiter verfolgt wer-

---

[80] Vgl. Gregor von Nyssa, Cant 3, p. 90,12-91,4; dazu F. DIEKAMP, 1896, 187; F. DÜNZL, 1993, 294.307.

[81] Vgl. C. OSBORNE, 1993, 161f; C. OSBORNE betont hier zu Recht, daß auch in diesem Fall das Wesen Gottes nicht definiert werde. Vgl. ferner M. CANÉVET, 1983, 337-340 (zur doppelten Negation).

[82] Vgl. D.F. DUCLOW, 1974, 107; M. CANÉVET, 1983, 349-361 (dort die entsprechenden Belege).

[83] Vgl. E. MÜHLENBERG, 1966, 189f (Weg über den Bildbegriff); F. DÜNZL, 1993, 296. M. ESPER verweist zusätzlich auf den Zusammenhang von Allegoria und Metapher (vgl. M. ESPER, 1990, 83-85). Diesem Aspekt soll im Zusammenhang von Theoria und Allegoria nachgegangen werden (Teil III, 5). Auf ähnliche Konnotationen für Proklos weist J.A. COULTER hin (vgl. J.A. COULTER, 1976, 68-71); zum Ansatz von COULTER vgl. die kritischen Bemerkungen von W. BEIERWALTES, 1985, 296-301. Im letzten Teil der Arbeit soll vor allem der Licht-Metapher besondere Aufmerksamkeit geschenkt werden; dabei werden auch die notwendigen Überlegungen zu einer Metaphern-Theorie Eingang finden, so vor allem der Ansatz H. BLUMENBERGs (vgl. H. BLUMENBERG, 1983, 285-315; H. BLUMENBERG, 1983a, 438-454). Zu weiteren Ausformungen vgl. W. KÜNNE, 1983a, 181-200; D. DAVIDSON, 1990, 343-371; M. SEEL, 1990, 237-272.

[84] Vgl. Gregor von Nyssa, Cant 5, p. 158,12-19; dazu F. DIEKAMP, 1896, 188f.

[85] Vgl. Plotin, Enn III 5,9,24-19; dazu A.H. ARMSTRONG, 1983, 33f.

[86] Vgl. Plotin, Enn VI 9,3,52f; dazu J. HALFWASSEN, 1991, 178.180.

[87] Vgl. W. BEIERWALTES, 1990a, XXVIII (dort die entsprechenden Belege); zur Sache ferner W. BEIERWALTES, 1979, 364-366.

[88] Vgl. W. BEIERWALTES, 1991, 158. Zu weiteren Differenzierungen vgl. M. SCHROEDER, 1985, 75-84; W. BEIERWALTES, 1990a, XXIX; K. KREMER, 1990, XXVIIIf.XXXV-XXXVII.

[89] Vgl. W. BEIERWALTES, 1991, 161.

[90] Vgl. Plotin, Enn V 5,6,25; VI 8,13,47-50; dazu W. BEIERWALTES, 1991, 200.

den sollen: Zum einen handelt es sich um die Parallelität von Sprache und φαινόμενα, die für das Verständnis der Teilhabe und Anähnlichung an Gott sowie die Interpretation der Schrift entscheidend sind. Zum anderen wurden einige Ansätze zu einer Metaphern-Theorie deutlich, die bei Gregor von Nyssa vor allem in den drei Theophanien im Rahmen des Aufstiegsmotivs ausgewertet werden können.

2. DIE »ÜBERBRÜCKUNG« DER UNENDLICHKEIT: TEILHABE UND ANÄHNLICHUNG

Die bisherigen Untersuchungen haben vor allem ergeben, daß für Gregor von Nyssa eine Erkenntnis oder eine Theoria des Wesens Gottes wegen dessen Unendlichkeit scheitern muß. Dies hat Konsequenzen für die Sprache: Wegen ihrer Differenz-Struktur vermag sie das in sich Nicht-Differente (Gott) trotz dessen trinitarischer Strukturierung nicht adäquat auszusagen. Dies richtet sich gegen Eunomius.[1] Mit Hilfe der Differenz setzenden Sprache ist es für den Menschen nur möglich, Differenz selbst zu beschreiben: Dadurch wird einerseits die Unterschiedenheit von Geschaffenem und Ungeschaffenem deutlich, zugleich ist Abständigkeit (διάστημα) das konstitutive Merkmal der in sich differenzierten geschaffenen Wirklichkeit. In diesem Sinne zeigt sich eine *doppelte* Differenzstruktur: Alles geschaffene Seiende unterscheidet sich voneinander, weil jedes einzelne selbig mit sich selbst ist; insofern ist jedes Seiende in sich durch Selbigkeit und Andersheit bestimmt. Zudem unterscheidet sich aber jedes einzelne Seiende *und* die Gesamtheit alles geschaffenen Seienden von dem Ungeschaffenen.

Hier stellt sich für Gregor von Nyssa konsequent die Frage, wie das Verhältnis des Menschen zu Gott beschrieben werden kann.[2] Wesentlich ist dabei für Gregor zunächst folgender Gedanke: Im Kontext der ersten grundlegenden Unterscheidung von ›geschaffen‹ und ›ungeschaffen‹, die u.a. durch die Begriffe διάστημα und διάστασις beschrieben wird, differenziert Gregor zwischen sensibel und intelligibel. Der Mensch als geschaffenes Sein weist durch seine innere Differenziertheit (sensibel *und* intelligibel) trotz seiner klaren Abgegrenztheit gegenüber dem Ungeschaffenen eine wesentliche Gemeinsamkeit mit diesem auf, die für ihn durch den Begriff des Intelligiblen angezeigt ist. Beide Arten von Intelligibilität können dabei aufeinander bezogen werden.[3] Gregor von Nyssa versucht dies über eine Verbindung dreier Aspekte zu leisten: Teilhabe — Bild — Anähnlichung. Die beiden in der Forschung maßgebenden Arbeiten von H. Merki[4] zur ὁμοίωσις θεῷ und von D.L. Balás[5] zur μετουσία θεοῦ

---

[1] Vgl. Teil III, 4.1 b (mit den entsprechenden Nachweisen).
[2] Vgl. D.L. BALÁS, 1966, 121-157; E. MÜHLENBERG, 1971, 239.
[3] Vgl. Teil III, 4.1 b.
[4] Vgl. H. MERKI, 1952; ferner CHR. SCHÖNBORN, 1987, 25.28.31-34.40.
[5] Vgl. D.L. BALÁS, 1966; ferner P. GERLITZ, 1963, 239-242; D.L. BALÁS, 1966a, 152-157; K. SKOUTERIS, 1969, 131-137 (unter dem problematischen Blickwinkel der Einung behandelt); F. NORMANN, 1978, 219-236.

stellen die Teilhabe und die Anähnlichung nahezu unverbunden nebeneinander. Die folgenden Überlegungen wollen zeigen, wie diese verschiedenen Ebenen ineinander greifen. Weitere Aspekte, die Gregor von Nyssa in anderen Schriften als VM dargelegt hat, können hier nur gestreift werden.[6]

In VM führt Gregor von Nyssa den Begriff Teilhabe vor allem im Rahmen der Frage nach der *Teilhabe am Sein* ein.[7] Obwohl man in der Auslegungstradition von Ex 3,14 erwarten könnte, daß Gregor diesem Thema seine besondere Aufmerksamkeit schenkt, stellt es im Gesamtwerk keinen Schwerpunkt der Diskussion dar, wie Balás herausstellt.[8] Dominant ist vielmehr die Teilhabe an der göttlichen Gutheit[9] und am göttlichen Leben[10]. Der Grund dafür dürfte in dem jeweiligen σκοπός zu suchen sein.

Bevor näher auf die Teilhabe am Sein in VM eingegangen wird, soll die *Struktur* der Gedanken Gregors zum Begriff Teilhabe zumindest angedeutet sein: Im Gegensatz zu Platon beschreibt der Begriff Teilhabe bei Gregor nicht so sehr das Verhältnis von sensibler und intelligibler Wirklichkeit (Idee)[11], sondern vorrangig den Bezug des Geschaffen-Intelligiblen zum Ungeschaffenen, um hier immanente Identität und Differenz beider Bereiche auszudrücken. Gott als der Ungeschaffene — in Abgrenzung zum Arianismus (Eunomius) durchaus orthodox trinitarisch verstanden— ist seinem Wesen nach gut[12], er ist wahrhaftes Leben[13] und das Sein schlechthin[14]. Das Geschaffen-Intelligible besitzt diese Eigenschaften nur in defizienter Weise, ist also nur mehr oder weniger gut und kann sich aufgrund des freien Willens zum Guten wie zum Schlechten entscheiden.[15]

---

[6] Zu den hier angeschnittenen Themen nimmt M. CANÉVET nur knapp Stellung (vgl. M. CANÉVET, 1984, 27).

[7] Vgl. Gregor, VM II 22-25, p. 39,21-40,25.

[8] Vgl. D.L. BALÁS, 1966, 100.

[9] Vgl. D.L. BALÁS, 1966, 54-75. R.J. KEES weist darauf hin, daß der Teilhabegedanke nicht so sehr in der Anthropologie Gregors *entfaltet* worden sei, sondern in Abgrenzung zur trinitätstheologischen Position des Eunomius (vgl. R.J. KEES, 1995, 238). Es trifft zwar zu, daß sich Gregor gegen den Teilhabegedanken wehrt, den er bei Eunomius impliziert sieht (vgl. Teil III, 2.1 b). Man kann aber m.E. schwerlich davon sprechen, daß Gregor den Teilhabegedanken dort *entfaltet* hätte.

[10] Vgl. D.L. BALÁS, 1966, 76-99; ferner D.L. BALÁS, 1976, 139.

[11] Vgl. D.L. BALÁS, 1966, 60. Zu den immanenten Problemen des platonischen Teilhabegedankens und der Teilhabe von Ideen untereinander (in den Spätdialogen) vgl. z.B. A. GRAESER, 1983, 47-49. Zur Frage der Rezeption der ὁμοίωσις bei Alkinoos vgl. J.M. RIST, 1981a, 213-215; J. WHITTAKER, 1987, 112f.

[12] Vgl. Gregor von Nyssa, Eun I 276, p. 107,7f; dazu D.L. BALÁS, 1966, 60.

[13] Vgl. Gregor von Nyssa, VM II 235, p. 115,11f.

[14] Vgl. Gregor von Nyssa, VM II 23, p. 40,8.

[15] Vgl. Gregor von Nyssa, Eun I 275, p. 106,25f.

Diese Teilhabe an den Eigenschaften Gottes ist für das Geschaffene nur wegen seines Grundes möglich, der an der eigenen Gutheit teilhaben läßt.[16] Dies wird von Seiten des Geschaffenen als ὁρμή, d.h. als Hinwendung Gottes zum Menschen verstanden.[17] Wenn Gregor von Nyssa aber den Ursprung (ἀρχή) als Quelle (πηγή) und >Anführung des Chores< (χορηγία) auslegt[18], um von hier aus das Verhältnis des Geschaffen-*Intelligiblen* zum Ursprung zu fassen, greift er im Sinne der philosophischen Implikation Grundgedanken Plotins auf. Für diesen ist das Eine Quelle des Lebens[19], Ursache der Gutheit[20], Ursprung alles von ihm Verschiedenen[21]. Das vom Einen Differente als das Schwächere (ἧττον)[22] neige sich diesem zu[23] und bewege sich im Tanz (χορεία) um das Eine[24]. Für Plotin ist es entscheidend, daß der Mensch dem Geist gemäß lebt; so hat er an der Königsherrschaft des Geistes in uns teil. Dem Geist gemäß zu leben, bedeutet für Plotin, auf den vorlaufenden Grund zu sehen, der das begriffsermöglichende und erleuchtende Maß von Denken und Handeln ist. In dieser Weise kann sich der Mensch mit dem denkenden Ursprung identifizieren. Der Gedanke der Teilhabe ist für Plotin der ontologisch ermöglichende Ansatz für die Transformation: Die Seele sieht, denkt usw. sich selbst nur als eine zu *Geist* gewordene.[25] So erscheint eine größere Intensität an Durchsichtigkeit, eine innigere Gefügtheit in Einheit oder Eines auf eine nicht mehr übersteigbare Einung mit dem Einen. In der Bewußtmachung des Grundes transformiert sich der Mensch selbst in den ihm höchstmöglichen Stand.[26] Balás macht deutlich, daß Gregor den von Plotin übernommenen Gedanken eine neue Bedeutung gegeben habe: Es

---

[16] Vgl. Gregor von Nyssa, Eun I 274, p. 106,18f.
Ob diese Konzeption der Teilhabe am Guten adäquat vor allem in erkenntnistheoretischer Hinsicht als Erfassung des *begrifflichen* Anteils am Guten aufgrund des freien Willensentschlusses beschrieben werden kann (so E. MÜHLENBERG, 1971, 239), bleibt nach der obigen Interpretation fraglich.
[17] Vgl. Gregor von Nyssa, Eun I 274, p. 106,23.
Darin läßt sich wohl eine Verbindung zum Thema »Gnade« herstellen; zu diesem Begriff vgl. A.M. RITTER, 1976, 195-239.
[18] Vgl. Gregor von Nyssa, Eun I 274, p. 106,16f; zur Interpretation insgesamt vgl. D.L. BALÁS, 1966, 56.
[19] Vgl. Plotin, Enn VI 9,9,1.
[20] Vgl. Plotin, Enn VI 9,9,2.
[21] Vgl. Plotin, Enn VI 9,9,2 und 5.
[22] Vgl. Plotin, Enn VI 9,9,12f.
[23] Vgl. Plotin, Enn VI 9,9,11f.
[24] Vgl. Plotin, Enn VI 9,9,10f; dazu D.L. BALÁS, 1966, 62.
[25] Vgl. Plotin, Enn VI 7,35,5; VI 8,5,35; dazu W. BEIERWALTES, 1990a, bes. XXIV-XXVI.
[26] Vgl. W. BEIERWALTES, 1985, 101; W. BEIERWALTES, 1991, 106f.

sei zwar zuzugestehen, daß Gregor von der Idee des Schönen[27] und Guten[28] sprechen könne, wie etwa Platon. Diese seien jedoch bei Gregor nicht apersonal zu sehen.[29] Gegen Balás ist jedoch zu betonen, daß nicht in der Frage nach der Personalität und Apersonalität ein deutlicher christlicher Duktus gesehen werden kann[30], sondern vielmehr in der trinitarischen Strukturierung, die für das Eine Plotins auszuschließen ist.[31]

Einen ähnlichen Sachverhalt, was die Nähe zum Neuplatonismus angeht, läßt sich auch für die Frage der Teilhabe am Sein zeigen. Dies ist ein Thema, das Gregor von Nyssa vor allem in der *Vita Moysis* erörtert. Im Kontext der Auslegung der Erscheinung Gottes im brennenden Dornbusch beginnt Gregor in einem christologischen Rahmen[32] zunächst damit, daß der, der zum wahrhaften Licht gelangen will, wie Moses die Schuhe[33] bzw. die Fellbekleidung wie Adam und Eva[34] ablegen muß, um jene Höhe zu *ersteigen*, auf der das Licht der Wahrheit geschaut werden kann.[35] Nach einer Bestimmung der Begriffe Wahrheit (ἀλήθεια) und Täuschung bzw. Lüge (ψεῦδος)[36] wendet sich Gregor dem Thema der Teilhabe am Sein zu. Da eine Untersuchung der verschiedenen, hier verwendeten Aspekte (z.B. Wahrheit, Licht-Metapher) noch ausführlich erfolgt[37], sei hier nur die Struktur der Teilhabe genauer dargelegt.

Gregor von Nyssa greift zunächst die Unterscheidung von sensibel und intelligibel auf, die für das Geschaffene gilt.[38] Für den gesamten Bereich des Geschaffenen, für das, was durch die αἴσθησις, und das, was durch die διάνοια erfaßt werde[39], trifft nach Gregor zu, daß es nicht für sich aus sich allein bestehe.[40] Vielmehr bedürfe (προσδεές oder ἐνδεές)[41] alles, was in der διάνοια betrachtet werde, etwas, das von dem jeweils Betrachteten

---

[27] Vgl. Gregor von Nyssa, Virg 11, p. 292,6-15.
[28] Vgl. Gregor von Nyssa, Op hom 12, p. 164A.
[29] Vgl. D.L. BALÁS, 1966, 67.105.
[30] Vgl. W. BEIERWALTES, 1988, 40f; ferner W. BERNARD, 1990, 111-125.
[31] Vgl. D.L. BALÁS, 1966, 67.
[32] Geburt des Lichtes (Christus) aus der Jungfrau: vgl. VM II 21, p. 39,17-19.
[33] Vgl. hier die Metapher von den Füßen der Seele: VM II 22, p. 39,24; evtl. besteht hier eine Verbindung zur Taufe: vgl. M. HARL, 1984, 92 mit Anm. 77.
[34] Vgl. VM II 22, p. 39,25-40,1; beide Motive (Schuhe des Moses und Bekleidung von Adam/Eva) sind hier ineinandergeschoben; vgl. dazu K. HOLL, 1969, 203-208.
[35] Vgl. VM II 22, p. 39,23-25.
[36] Vgl. VM II 23, p. 40,4-12.
[37] Vgl. Teil IV, 1.
[38] Vgl. VM II 24, p. 40,14-16.
[39] Vgl. VM II 24, p. 40,14f.
[40] Vgl. VM II 24, p. 40,14-17.
[41] Beide Begriffe werden hier von Gregor promiscue gebraucht: vgl. VM II 25, p. 40,18 und 23.

verschieden sei: Um zu *sein*, müsse es letztlich notwendig am Seienden/Sein teilhaben (μετουσία τοῦ ὄντος)[42].

Damit führt Gregor von Nyssa die bereits oben erwähnte grundlegende Unterscheidung von >geschaffen< und >ungeschaffen< ein, um von hier aus das Verhältnis beider mit dem Begriff Teilhabe zu bestimmen. Die oberste Wesenheit im Sinne von >Sein< sei die Ursache von allem[43]: In sich sei diese Ursache das immer mit sich selbst Gleichbleibende[44], das kein Mehr oder Weniger in sich zulasse (ἀναυξές, ἀμείωτον[45]). Weil das zuhöchst Gleichbleibende alles verursache, könne auch nicht angenommen werden, daß es etwas Besseres (Stärkeres oder Mächtigeres) als es gebe.[46] Sonst müßte dieses auch die Ursache des *alles* Verursachenden sein, was sich aber selbst widerspreche. Zugleich sei die Ursache auch unbeweglich zum Schlechten hin (χεῖρον)[47], das von der Gutheit oder dem Sein selbst ausgeschlossen werden müsse. Als dieses alles verursachende Sein, d.h. als wirklich Seiendes[48], sei es selbst allem von ihm Verschiedenen gegenüber unbedürftig.[49] Alles von diesem abhängig Seiende habe an dem wirklich Seienden teil, ohne daß dieses durch die Teilhabe vermindert würde.[50] Maßstab der Teilhabe sei für alles Geschaffene, das in sich und voneinander abgegrenzt sei, das Streben (ὄρεξις[51]) bzw. der Aufstieg zu der Ursache der Teilhabe.[52]

Damit zeigt sich, daß Gregor den Begriff Teilhabe nicht primär deshalb einführt, um die Relation des Sensiblen und Intelligiblen zueinander zu fassen, sondern zur Bestimmung des Verhältnisses des Geschaffenen zu *seiner* und der Ursache von allem. Teilhabe wird ferner als Streben der Seele ausgelegt, indem der Mensch sich vom Sinnlichen abwendet (Metapher der Fellbekleidung oder der Schuhe) und sich so in sich selbst wendet[53], um von hier aus den vorlaufenden Grund von allem zu erstre-

---

[42] Vgl. VM II 25, p. 40,19f.

[43] Vgl. VM II 24, p. 40,16f.

[44] Vgl. VM II 25, p. 40,20.

[45] Vgl. VM II 25, p. 40,20.

[46] Vgl. VM II 25, p. 40,21.23.

[47] Vgl. VM II 25, p. 40,22.

[48] Vgl. VM II 25, p. 41,1.

[49] Vgl. VM II 25, p. 40,23.

[50] Vgl. VM II 25, p. 40,25.

[51] VM II 25, p. 40,24: Gott als μόνον ὀρεκτόν.

[52] Vgl. auch Gregor von Nyssa, Cant 6, p. 173,7-174,16; dazu R.E. HEINE, 1975, 94; zur Sache ferner E. FERGUSON, 1973, 63.67; D.F. DUCLOW, 1974, 106.

[53] Zur Frage der Wendung in sich selbst als Selbsterkenntnis der Seele vgl. Teil III, 1.1 a und b.

ben, der selbst wiederum — im Gegensatz zu allem Geschaffenen— nicht
dem Wandel unterworfen ist.

Von der Struktur her zeigen sich hier bereits deutliche Anknüpfungspunkte zu neuplatonischen Philosophemen. Vor allem sind in diesem Zusammenhang Texte Plotins aufschlußreich: Alles Nicht-Eine sei gerade
des Einen als des erhaltenden Grundes am bedürftigsten[54], der in und für
sich schlechthin unbedürftig sei[55] und für den keine κακία anzunehmen
sei[56]. Dieser erhaltende Grund ist für jedes Einzelseiende konstitutiv, indem der Grund, der das Eine ist, alles zu einer abgegrenzten Gestalt mache: Dieses Abbild des Grundes ist eine Form von Einheit in der Vielheit
und hat so am Einen teil. Zeichen der Bedürftigkeit des Einzelseienden
sei das Streben nach dem Einen und die Teilhabe am Einen[57], indem der
Mensch oder die menschliche Seele als etwas Nicht-Eines bzw. Vielheitli-
ches das Viele selbst als das Sein Verdeckende wegnimmt (ἀφαίρεσις).
Dies ist eine Tätigkeit, die als Abstraktion verstanden werden kann. Die
Abstraktionsbewegung wird von Plotin auch mit der Kleider-Metapher
ausgedrückt.[58] Das Eine sei dem Wandel (μεταβολή), dem Mehr oder
Weniger entzogen, die ein Kennzeichen des Werdenden seien.[59]

Die Ansätze Gregors lassen sich also von ihren philosophischen
Implikationen am besten von Plotin her verstehen.[60] Trotz der hier aufge-

---

[54] Vgl. z.B. Plotin, Enn VI 9,6,27; zu dieser Konzeption W. BEIERWALTES, 1991, z.B.
154f.
[55] Vgl. Plotin, Enn VI 9,6,17-39; vgl. auch Porphyrius, Abst II 37,1, p. 103.
[56] Vgl. Plotin, Enn VI 7,23,10.
[57] Vgl. Plotin, Enn V 3,15,10-16; VI 9,6,36.42; vgl. W. BEIERWALTES, 1991, 234.
[58] Vgl. Plotin, Enn I 6,7,7; vgl. dazu W. BEIERWALTES, 1985, 136; W. BEIERWALTES,
1991, 251 (dort weitere Literatur).
[59] Vgl. Plotin, Enn III 2,15,28; III 6,12,18f; IV 3,8,32f; IV 4,15,11f für die Bedürftigkeit
und Wandelbarkeit unserer Seele; VI 3,21,31-34 für die Zusammenstellung der Begriffe
μεταβολή, γένεσις, ἀλλοίωσις und αὔξη; VI 3,25,2f für μεταβολή, γένεσις, ἀλλοίωσις,
φθορά, φθίσις und αὔξη.
Vgl. Porphyrius, In Arist Cat p. 98,20-22 für den Zusammenhang von Wandel, wahr und
lügnerisch hinsichtlich des λόγος; ähnlich auch Dexipp, In Arist Cat p. 60,2f; In Arist Cat
p. 60,19-23.
[60] Demgegenüber plädiert A.L. TOWNSLEY vor allem für Parmenides (vgl. A.L.
TOWNSLEY, 1974, 641-646), indem er hauptsächlich auf die Frage nach dem Zusammenhang von Wahrheit und Teilhabe eingeht. Der Ansatz von A.L. TOWNSLEY ist aber in mancher Hinsicht problematisch: 1) die enge Verbindung von Licht, Geist und Wahrheit läßt
sich eher von Plotin her verstehen als von Parmenides (vgl. dazu TH. BÖHM, 1993, 9-13; auf
diese Frage werde ich hier noch gesondert eingehen: Teil IV, 1); 2) bei Parmenides läßt
sich in den Fragmenten eine solche Konzeption der Teilhabe wie die Gregors nicht nachweisen; 3) ferner kann man für Parmenides überhaupt nicht zeigen, wie die Verbindung
von Teilhabe, Streben, Bild und Anähnlichung an Gott herzustellen ist (dazu unten). Aufgrund dieser kritischen Anmerkungen ist bereits hier ein Zusammenhang zu Parmenides
zurückzuweisen.

zeigten Übereinstimmungen ist zu betonen, daß zwischen Gregor von Nyssa und Plotin Divergenzen bestehen. Diese sind aber, wie bereits erwähnt, *nicht* darin zu suchen, daß Gregor Gott personal denke, Plotin das Eine aber apersonal, wie dies Balás nahelegt.[61] Darüber hinaus hebt Balás hervor, daß für Plotin das wahrhafte Sein des νοῦς begrenzt sei, während Gregor die Unendlichkeit Gottes herausarbeite.[62] Einem solchen Verständnis ist aber nur bedingt zuzustimmen: Die Begrenzung des νοῦς ist für plotinisches Denken nur *eine* Facette; Plotin kann vielmehr auch von einer *Unendlichkeit* von Geist und Ewigkeit sprechen.[63] Ferner scheint der Vergleichspunkt, den Balás wählt, einseitig zu sein: Hinsichtlich der Unbegrenztheit oder Unendlichkeit *Gottes* müßten nämlich die Texte herangezogen werden, die die Unendlichkeit des *Einen* oder dessen unendliche Mächtigkeit behandeln.[64] Der Unterschied ist m.E. vielmehr darin deutlich zu sehen, daß vom plotinischen Einen die Prädikation Sein ausgeschlossen wird[65] (im Gegensatz etwa zu Porphyrius) sowie jegliche Differenzierung, während Gregor Gott trinitarisch zu denken versucht. Die obige Interpretation, die Plotin heranzieht, stellt für das Verständnis des Teilhabegedankens eine *wesentliche* Implikation dar, die nicht damit abgetan werden kann, daß die Philosophie lediglich die Termini als bloßes Gerüst der Kommunikation liefere, während der Inhalt völlig anders geworden sei.[66] Vielmehr wird deutlich, daß die Philosophie, die man bei Plotin fassen kann, für die *Struktur* des Teilhabegedankens in Verbindung mit dem Streben zu Gott bzw. dem Einen bei Gregor eine originäre Bedeutung zukommt.

Grundlegend ist in dieser Hinsicht die Verbindung und der wesenhafte Bezug von Teilhabe, Anähnlichung (ὁμοίωσις) und Bild (εἰκών), die dann auch in ihrem Miteinander interpretiert werden müssen.[67] Dabei un-

---

[61] Vgl. D.L. BALÁS, 1966, 105; kritisch zu solchen Ansätzen W. BEIERWALTES, 1988, 40f. Zum Problem vgl. auch E. FRÜCHTEL, 1970, 23 mit Anm. 53.
[62] Vgl. D.L. BALÁS, 1966, 105.
[63] Vgl. Plotin, Enn III 7,11,54; dazu W. BEIERWALTES, 1981, 271; vgl. zum Problem auch L. SWEENEY, 1992, 189-195 (für Geist und Seele).
[64] Vgl. dazu Teil III, 3.3.
[65] Vgl. z.B. Plotin, Enn V 9,5,34; so zu Recht D.L. BALÁS, 1966, 105.
[66] So M.-B.V. STRITZKY, 1973, 25.
[67] E. PEROLI streift diesen Zusammenhang bei seiner Behandlung des ὁμοίωσις-Motivs nur am Rande (vgl. E. PEROLI, 1993, 287; ähnlich auch F. DÜNZL, 1993, 308). H. DÖRRIE betont, daß sich im Anschluß an Gen 1,26 für die Ebenbildlichkeit des Menschen das platonische Urbild-Abbild-Schema nicht *fernhalten* ließ (vgl. H. DÖRRIE, 1976, 33). Damit zeigt sich hier, daß H. DÖRRIE davon ausgeht, daß platonisierende Tendenzen vom christlichen Denken ausgeschlossen werden müßten (dazu ausführlich Teil I, 3), womit sich H. DÖRRIE im Rahmen der Hellenisierungsthese bewegt.

terscheidet Gregor von Nyssa drei >Stufen< im Anschluß an Philon von
Alexandrien[68] innerhalb dieser Motivgruppe: die ursprüngliche Bestimmung des Menschen — Abfall von ihm — Rückkehr in ihn.[69]

Die Seele ist im »Zustand« der ersten Schöpfung, d.h. ihrer Bestim-
mung, als begnadete Natur ($\varphi\acute{u}\sigma\iota\varsigma$[70]) zu verstehen, die mit »Purpur be-
kleidet« ist.[71] Im Gegensatz zu der bereits erwähnten Fellbekleidung
drückt die Kleider-Metapher (Purpur) hier aus, daß die Seele göttliche
Eigenschaften im Sinne von Vollkommenheiten besitzt und sich so in ur-
sprünglicher Ähnlichkeit mit Gott befindet. Diese am Sein Gottes teilhabende Ähnlichkeit impliziert aber zugleich, daß der Mensch in seiner
$\varphi\acute{u}\sigma\iota\varsigma$ die Gott ähnlichen Eigenschaften nicht aufgrund seiner eigenen
Mächtigkeit oder seines eigenen Vermögens besitzt, sondern sie durch die
Schöpfung erhält; diese Bestimmung kann mit dem Begriff der Gnade umschrieben werden[72], wenn man darunter nicht etwa eine spezifische Deutung im Sinne des Pelagius oder Augustinus versteht, sondern grundsätzlich eine »personale«, dem menschlichen Handeln vorgängige Zuwendung
Gottes gegenüber dem Menschen[73], die zugleich die Wirkung eben dieses
göttlichen Aktes umfaßt.[74] In diesem Sinne ist gerade eine *Selbst*vervollkommnung des Menschen in einem christlichen Kontext ausgeschlossen.
Das christliche Modell kann in der Tat mit den Begriffen $\varepsilon\iota\kappa\acute{\omega}\nu$, $\dot{o}\mu o\acute{\iota}$-
$\omega\sigma\iota\varsigma$ und $\mu\acute{\varepsilon}\theta\varepsilon\xi\iota\varsigma$ bzw. $\mu\varepsilon\tau o\upsilon\sigma\acute{\iota}\alpha$ adäquat umschrieben werden.[75]

---

[68] Zu Philon vgl. H. MERKI, 1952, 75-83 (mit den entsprechenden Nachweisen) und
D.T. RUNIA, 1993, 254f.

[69] Diese drei Aspekte hat H. MERKI klar herausgestellt, nämlich für die Konzeptionen,
die mit den Begriffen $\varepsilon\iota\kappa\acute{\omega}\nu$ *und* $\dot{o}\mu o\acute{\iota}\omega\sigma\iota\varsigma$ verbunden sind (vgl. H. MERKI, 1952, 136.164;
ferner S. DE BOER, 1968, 148-155); anders betont aber M. FIGURA, daß beide Begriffe, ob-
wohl inhaltlich identisch, sich darin unterscheiden, daß $\varepsilon\iota\kappa\acute{\omega}\nu$ eher von der Begrifflichkeit
der Schöpfung zu verstehen sei, die $\dot{o}\mu o\acute{\iota}\omega\sigma\iota\varsigma$ dagegen als Wiederherstellung des ursprünglichen Zustands (vgl. M. FIGURA, 1987, 29). Zum Zusammenhang von Protologie
und Eschatologie vgl. M. ALEXANDRE, 1981a, 122-159.

[70] Besonders J. DANIÉLOU verweist in diesem Zusammenhang auf Hierokles für die
ursprüngliche Natur des Menschen, allerdings ohne den Aspekt der Gnade (vgl. J. DA-
NIÉLOU, 1967, 395; ferner H. MERKI, 1952, 26-28; zum Gedanken der Anähnlichung bei
Hierokles vgl. M. BALTES, 1993, 237 Anm. 136).

[71] Vgl. Gregor von Nyssa, Op hom 4, p. 136D-137C; Cant 9, p. 271,9-12; dazu H.
MERKI, 1952, 94-96; F. DÜNZL, 1993, 308.

[72] Vgl. D.L. BALÁS, 1966, 147.

[73] Für Gregor ist dieser Gedanke zentral, weil er in seiner Anthropologie den Menschen u.a. als »Gefäß« versteht, das durch Gott gefüllt wird (vgl. E.F. HARRISON, 1989, 23-
27 mit reichen Belegen aus Gregor und der antiken Tradition).

[74] Vgl. prägnant K. RAHNER / H. VORGRIMLER, 1983, 156; ferner G. GRESHAKE,
1981, 34-38; systematisch entfaltet von der Selbstmitteilung Gottes her bei K. RAHNER,
1985, 132-139.

[75] Vgl. O.H. PESCH / A. PETERS, 1981, 12-15.

Allerdings ist für Gregor zu beachten, daß das, was Gott im eigentlichen Sinne zugeschrieben wird wie Tugend (Heiligkeit[76]), Unsterblichkeit[77], ἀπάθεια[78], Reinheit[79], Glückseligkeit[80], für den Menschen nur in analogem Sinne zutrifft.[81] So bedeutet z.B. die ἀπάθεια das Freisein von den Regungen des sinnlichen Begehrensvermögens, die zusammen mit körperlichen Übeln (κακίαι) auftreten; πάθος ist ein Erleiden des Willens aufgrund sinnlicher Regungen, die durch die κακία bedingt sind.[82] Ohne Abfall wäre der Mensch[83] in der Ähnlichkeit mit Gott geblieben[84]. Aufgrund der Ähnlichkeit muß für Gregor der Mensch in der ersten Schöpfung wie Gott die Willensfreiheit besitzen, so daß er sich z.B. gegen die Tugend entscheiden konnte.[85]

Mit dem Abfall von der ursprünglichen Bestimmung[86] wurde dem Menschen in einer »zweiten Schöpfung« die Leiblichkeit hinzuerschaffen.[87] Der Mensch steht zwischen ἀρετή und κακία und kann die πάθη gewährenlassen.[88] Um die ursprüngliche Bestimmung (ἀρχή) wieder zu er-

---

[76] Vgl. H. MERKI, 1952, 97 zu dieser Deutung des Terminus ἀρετή.
Vgl. Gregor von Nyssa, Op hom 5, p. 137C.
Zum Hintergrund dieser Vorstellung Gregors für den philosophischen Bereich: H. MERKI, 1952, 5.9.13f.19.23.26-28; für Philon von Alexandrien: H. MERKI, 1952, 35-37; für christliche Texte: H. MERKI, 1952, 47-56 (jeweils mit den entsprechenden Nachweisen).
[77] Vgl. Gregor von Nyssa, Beat 3, p. 104,21.
[78] Vgl. Gregor von Nyssa, Or cat 16, p. 67,2.
[79] Vgl. Gregor von Nyssa, Beat 6, p. 144,11.
[80] Vgl. Gregor von Nyssa, Inscr I 1, p. 25,19-23.
[81] Zu diesen Aspekten vgl. H. MERKI, 1952, 96-101; E.V. IVÁNKA, 1964, 176; D.C. ABEL, 1981, 442f; R.J. KEES, 1995, 236f.
[82] Vgl. Gregor von Nyssa, Eccl 6, p. 384,20-385,14; dazu H. MERKI, 1952, 99.
[83] Vgl. Gregor von Nyssa, Cant 2, p. 60,4-22; Op hom 20, p. 201A; Inscr I 8, p. 57,22-58,8; dazu E. PEROLI, 1993, 278.
[84] Vgl. Gregor von Nyssa, Mort p. 53,13-54,10.
[85] Vgl. Gregor von Nyssa, Beat 3, p. 105,14-109,19; dazu H. MERKI, 1952, 101.103; T. ŠPIDLÍK, 1973, 520-523.
[86] R.J. KEES betont hier zu Recht, daß Gregor eigentlich nicht zwei »Zustände« unterscheidet, sondern er hebt darauf ab, daß der geschichtliche Mensch seiner ursprünglichen Bestimmung nicht entspricht, was Gregor als Fall des Menschen interpretiert (vgl. R.J. KEES, 1995, 226).
[87] Vgl. Gregor von Nyssa, Op hom 16, p. 185A; 17, p. 189C; 22, p. 205A; dazu H. MERKI, 1952, 102.
R.J. KEES weist hier zu Recht darauf hin, daß mit der Leiblichkeit auch Geschlechtlichkeit und Tod als Folgen des menschlichen Falls auftreten (vgl. R.J. KEES, 1995, 220-236). Auf verschiedene Entwicklungen und Differenzierungen dieser Vorstellungen bei Gregor (vgl. R.J. KEES, 1995, 128-147) kann hier jedoch nicht eingegangen werden.
[88] Vgl. Gregor, An et res p. 61CD; dazu H. MERKI, 1952, 106f; zu dem Zwischenzustand des Menschen vgl. D.L. BALÁS, 1966, 56; J. DANIÉLOU, 1967, 399.
Zentral ist dabei vor allem Gregor von Nyssa, VM II 70, p. 53,7-16 mit dem Begriff τὸ ἀμφίβιον (53,12); Plotin, Enn IV 8,4,32; vgl. auch IV 4,3,11f zum Begriff μεθόριον; IV 4,16,18f; IV 6,3,5-7; IV 8,7,1-8. Wirksam wurde der Gedanke auch bei Nemesius von

reichen (τέλος), muß der Mensch durch ein Leben entsprechend den göttlichen Eigenschaften nach dem Ursprung streben, d.h., es besteht für den Menschen die Möglichkeit der Rückkehr durch ein notwendig, aber in Freiheit gewähltes tugendhaftes Leben.[89]

Die Rückkehr wird von Gregor als ὁμοίωσις verstanden auf der Grundlage von μετουσία und εἰκών, d.h. im Hinblick auf die ursprüngliche Bestimmung des Menschen. Die Anähnlichung an Gott kann aufgrund seines Gottesbegriffes[90] nur als unendliches Streben bzw. als Aufstieg ausgelegt werden[91]. Dabei hat die Untersuchung des Begriffes θεωρία gezeigt, daß eine Betrachtung Gottes als Weg nach innen verstanden werden kann, der allerdings an der οὐσία Gottes selbst eine deutliche Grenze erfährt.[92] Wenn beim Menschen aber durch die »zweite Schöpfung« einerseits die Leiblichkeit hinzuerschaffen wurde und andererseits der Mensch durch die sinnlichen Regungen (πάθη) hinsichtlich der κακία beeinflußt ist, muß er in einem tugendhaften Leben (βίος κατ᾽ ἀρετήν[93]) durch die Herrschaft des Geistes[94] versuchen, all das Fremde der »zweiten Schöpfung« abzulegen oder davon abzulassen[95]. Abwendung von der κακία, Mühe um das Höhere und so die Anähnlichung an Gott als Ziel[96] ist für Gregor durch die Reinigung bzw. das Ablegen von allem Fremden zu erreichen[97], die er als Reinheit des Lebenswandels (ἀρετή) versteht.[98] In

---

Emesa (Nat hom 1, p. 2,24; 5,9; 6,7) und Thomas von Aquin— von da aus bestimmend für die mittelalterliche Theologie und Philosophie (vgl. K. KREMER, 1975, 73-84.129-143; K. KREMER, 1990, XVIII).

[89] Vgl. Gregor von Nyssa, Virg 12, p. 302,5-27; Cant 15, p. 457,21-459,16.

[90] Vgl. Teil III, 2.1 b und 2.2 a.

[91] Vgl. z.B. Gregor von Nyssa, Eun I 290f, p. 112,7-20; Cant 5, p. 158,12-19. Zum Thema Teilhabe, Anähnlichung und Aufstieg vgl. M.-B.V. STRITZKY, 1973, 47.71.89.97; D.F. DUCLOW, 1974, 107f; R.E. HEINE, 1975, 59; CH. APOSTOLOPOULOS, 1986, 348f (als Voluntarismus gedeutet); M. FIGURA, 1987, 31.

[92] Vgl. Teil III, 1.1 a.

[93] Vgl. R.E. HEINE, 1975, 69. R.E. HEINE verbindet diesen Gedanken des tugendhaften Lebens mit der Unendlichkeit Gottes in Eun I 168f, p. 77,7-20. Dabei scheint dieser Hinweis aber aufgrund zweier Überlegungen problematisch zu sein. Einerseits zielt der zitierte Text nicht *eindeutig* auf die Unendlichkeit Gottes (vgl. Teil II, 2. Abschnitt, 2.1 a); andererseits ist in dieser Passage keine Verbindung zu dem Motiv der Teilhabe des Menschen gezogen, sondern es wird eine trinitarische Frage erörtert.

[94] Vgl. H. MERKI, 1952, 99.

[95] Zum Terminus > ablassen< für die ἀφαίρεσις vgl. W. BEIERWALTES, 1985, 129-131; W. BEIERWALTES, 1991, 250-253.

[96] Vgl. Gregor von Nyssa, Or dom 4, p. 47,17-48,1; Inscr I 1, p. 26,23-28. Vgl. H. MERKI, 1952, 109f; H. DÖRRIE, 1983, 888; M. FIGURA, 1987, 30; E. PEROLI, 1993, 275.277.279f.

[97] Vgl. Gregor von Nyssa, Virg 12, p. 299,14-300,12.

[98] Vgl. H. MERKI, 1952, 115-118; E. PEROLI, 1993, 274.

der Freiheit von den Affekten[99], die eine Verknechtung des Menschen bewirken (δουλεία), ahmt der Mensch die ἀπάθεια Gottes nach.[100] Ein tugendhaftes Leben stellt ein Mittel zur Flucht für die Rückkehr ins Vaterland dar.[101] Dieser Weg der Reinigung als Weg der Selbsterkenntnis wird von Gregor durch Metaphern beschrieben, die vor allem von Plotin her vertraut sind (Bildhauer- und Kleider-Metapher[102]): Erst im Wegschlagen des Überflüssigen kann vom Bildhauer die Statue freigelegt werden. Ebenso muß der Mensch sich vom Schmutz und Schlamm reinigen, die die Seele umgeben.[103] Die Anähnlichung im Sinne der Rückkehr zur ursprünglichen Bestimmung des Menschen ist — im Gegensatz zum Neuplatonismus — aber nicht als Selbstvervollkommnung des Menschen zu verstehen, sondern, wie oben ausgeführt, als gnadenhafter Akt in einem soteriologisch-eschatologischen Sinne, der die Freiheit des Menschen nicht destruiert.[104] Zudem ist es für Gregor entscheidend, daß die Anähnlichung an Gott als Nachfolge gedeutet wird.[105] Somit ist die platonische Konzeption von Anähnlichung und Teilhabe in einen christlichen

---

Demgegenüber betont H. DÖRRIE, daß Gregor den Begriff >Reinigung< in Abgrenzung zu Porphyrius — völlig ausgeklammert habe und in diesem Sinne ent-platonisiere (vgl. H. DÖRRIE, 1976, 33; H. DÖRRIE formuliert das sogar so, daß Gregor die Reinigung >abgestreift< habe). Nach den hier angeführten Gedanken Gregors ist eine solche Position nicht haltbar.

[99] Vgl. Gregor von Nyssa, VM II 3, p. 34,6-14: »wir sind unsere eigenen Väter«, was der Freiheit der Entscheidung entspricht; zu den πάθη vgl. Plotin, Enn I 6,7,1-11.

[100] Vgl. Gregor von Nyssa, An et res p. 92A und 93B; dazu H. MERKI, 1952, 121.

[101] Vgl. Gregor von Nyssa, Or dom 2, p. 27,24-28,8; ähnlich auch Plotin, Enn I 2,1; ferner Porphyrius, Abst I 31,1, p. 66 als Rückkehr zum ursprünglichen Zustand.

[102] Vgl. Gregor von Nyssa, Inscr II 9, p. 116,14-25; dazu H. MERKI, 1952, 113f; P. GERLITZ, 1963, 242; P.T. CAMELOT, 1967, 150; E. PEROLI, 1993, 281-283; R.J. KEES, 1995, 231-235.
Plotin, Enn I 6,7,7f; I 6,9,8-15; dazu W. BEIERWALTES, 1991, 250f (mit der entsprechenden Wirkungsgeschichte; zur ἀφαίρεσις vgl. ferner H.J. KRÄMER, 1964, 107.343-346.350.

[103] Vgl. Gregor von Nyssa, Virg 12, p. 299,14-300,12; Plotin, Enn I 6,5; dazu H. MERKI, 1952, 115-118. Zur Frage der Reinigung bei Plotin vgl. W. BEIERWALTES, 1991, z.B. 250; J.-A. RÖDER, 1993, 178.

[104] Vgl. Gregor von Nyssa, Eun III,VI 74, p. 212,5-14; Or cat 5, p. 24,9-25,2; dazu E.V. IVÁNKA, 1964, 164f.178-180; M.-B.V. STRITZKY, 1973, 23.47.75.89; W. BEIERWALTES, 1979, 385-388; M. FIGURA, 1987, 30; M. ESPER, 1990, 93-97 (als *analogia fidei* gedeutet); E. PEROLI, 1993, 284.
Anders schätzt dies CH. APOSTOLOPOULOS ein, nämlich als Selbstbefreiung (vgl. CH. APOSTOLOPOULOS, 1986, 251-270.363); ebenso hebt R.E. HEINE vor allem den Freiheitsgedanken hervor (vgl. R.E. HEINE, 1975, 29.32.39f.51.54.56f; ähnlich auch E. MÜHLENBERG, 1971, 239).

[105] Ähnlich auch H. MERKI, 1952, 111.113f.129 (dort die entsprechenden Nachweise; dies wird von Gregor auch als Nachfolge Christi verstanden); er zieht daraus aber den Schluß, daß hier lediglich äußerlich bleibende Anklänge vorhanden sind; vgl. auch H. DÖRRIE, 1983, 880.882.

Kontext eingebettet, der allerdings die neuplatonischen Konnotationen und Implikationen von seiner Struktur her gerade nicht verdeckt.

Für Plotin ist der Gedanke der Teilhabe der ontologisch ermöglichende Ansatz für die Transformation, indem die Seele sich selbst als eine zu Geist gewordene sieht, denkt usw.[106] So erlangt die Seele, das Selbst des Menschen, eine größere Intensität an Durchsichtigkeit oder Gelichtetheit sowie eine innigere Gefügtheit in Einheit, die letztlich im Einen gründet. Dadurch kann sie eben diesen, ihren eigenen Grund bewußt machen und sich selbst in den ihr möglichen Stand transformieren.[107] Durch das Gute oder Eine selbst, das als Ursprung eine Ähnlichkeitsstruktur bewirkt, ist eine Anähnlichung der Seele zu ihm hin ermöglicht.[108] Der Rückgang der Seele in sich selbst und der dadurch bedingte, in sich selbst gehende Aufstieg des Denkens zum Reinen und Einfachen als Läuterung ist selbst noch nicht die Tugend. Diese ist vielmehr die Vollendung des Aufstiegs— ein Geläutert-Sein als Hinwegnahme alles Fremden, damit das Ähnliche mit dem Ähnlichen zusammen bestehen kann.[109] Wenn für den Platonismus Erkenntnis und Tugend im wesentlichen Selbstvervollkommnung des Menschen ist, für das Christentum aber die Gnade vorausgesetzt ist, ergibt sich, daß die Begründung der ὁμοίωσις bei Gregor nicht *einseitig*, d.h. ausschließlich von dem platonischen Gedanken der Anähnlichung hergeleitet werden kann. Obwohl diese Selbstvervollkommnung im Platonismus durch den göttlichen Ursprung grundgelegt ist, unterscheidet sich diese Konzeption deutlich von einem christlichen Ansatz, da im christlichen Kontext das Streben zu Gott durch einen Gnadenakt[110] konstituiert ist. Die Differenz kann jedoch nicht darin gesucht werden, daß für Gregor eine *Aufhebung des personalen Seins* des Menschen im Ursprung, die als Einung verstanden wird, nicht möglich ist; denn für Plotin läßt sich zeigen, daß er gerade eine solche Aufhebung *nicht* voraussetzt.[111] Vielmehr besteht der Unterschied darin, daß für Gregor eine Einung mit dem Göttlichen nicht möglich ist, während Plotin diese besonders hervorhebt — das haben die Überlegungen zur Konzeption der θεωρία bei Gregor von Nyssa gezeigt: Dies wird bei Gregor durch die Dialektik von ständiger An-

---

[106] Vgl. Plotin, Enn VI 7,35,5; VI 8,5,35.

[107] Vgl. W. BEIERWALTES, 1991, 107.

[108] Vgl. Plotin, Enn I 6,9; dazu W. BEIERWALTES, 1991, 164.

[109] Vgl. W. BEIERWALTES, 1979, 294 Anm. 2 (mit den entsprechenden Nachweisen bei Plotin, Enn I 2). Zum Gedanken der ὁμοίωσις vgl. auch W. TRIMPI, 1983, 167-170.

[110] Zu diesem Begriff vgl. oben.

[111] Vgl. W. BEIERWALTES, 1985, 142-147.

näherung an das unendliche Sein Gottes und das Nie-Erreichen deutlich.[112]

Zu Recht betont deshalb Beierwaltes, daß für die philosophische Aufar-
beitung des Themas ὁμοίωσις θεῷ im christlichen Kontext bei dem dia-
lektischen Aufstieg anzusetzen ist, um von hier aus die Konvergenzen und
Divergenzen aufzuzeigen.[113] Dies soll im folgenden anhand der Theophanien in der *Vita Moysis* geschehen. Für die Auslegung der
Theophanien ist es aber aufgrund der Sprachauffassung Gregors
notwendig, die Methode der Schriftauslegung selbst zu überprüfen, da
angesichts der Unendlichkeit Gottes Bilder bzw. Metaphern selbst
unumgänglich sind. Dabei sollen für die folgende Untersuchung der
Auslegungsmethode (θεωρία) folgende Aspekte genauer untersucht
werden: 1) Parallelität von Sprache und Wirklichkeit resp. Teilhabe und
Anähnlichung; 2) Notwendigkeit der Allegorie; 3) Notwendigkeit des
Rückgriffs auf die ἱστορία in der θεωρία.

---

[112] Vgl. J.H. WASZINK, 1955, 164; insgesamt W. BEIERWALTES, 1979, 385-387.
[113] Vgl. W. BEIERWALTES, 1979, 388.

5. KAPITEL

DER ORT DER ALLEGORIA IN GREGORS PHILOSOPHISCHEM DENKEN

Die bisherigen Überlegungen zur Unendlichkeit Gottes, zur Sprachstruktur sowie zur Teilhabe und Anähnlichung haben verschiedene Aspekte erkennen lassen, die insgesamt auch für das Verständnis von *De vita Moysis* grundlegend sind. In der VM spielt allerdings noch ein weiteres Element mit hinein: die Auslegung der Hl. Schrift. Um die Bedeutung der Interpretation der Hl. Schrift durch Gregor von Nyssa richtig einschätzen zu können, ist zunächst eine integrative Sicht der verschiedenen Aspekte zu entwickeln, die die verschiedenen Themenstellungen miteinander verbindet.

Aufgrund der Unendlichkeit Gottes, wie sie von Gregor in den Schriften *Contra Eunomium* und *De vita Moysis* differenziert dargestellt wird, ergibt sich hinsichtlich der Erkenntnismöglichkeiten und der Sprache sowie der ontologischen Struktur der Wirklichkeit (Teilhabe und Anähnlichung an Gott), daß Erkenntnis und Sprache stets inadäquat für eine Erfassung der οὐσία Gottes bleiben. Die Teilhabe bzw. Anähnlichung des Menschen an Gott können nach Gregor nur als unendliches Streben ausgelegt werden. Teilhabe und Sprache werden von Gregor aufeinander bezogen, indem Sprache die differente Wirklichkeit beschreibt; in diesem Sinne werden diese Bereiche in dem Begriff θεωρία zusammengefaßt. Denn die Theoria beschreibt in der ihr eigenen Form der Betrachtung das unendliche Streben des Menschen zu Gott und ist in diesem Sinne, wie die Interpretation des Begriffs θεωρία gezeigt hat[1], ontologisch und gnoseologisch zu verstehen. Die Theoria kann also gerade in das Bezugsfeld von »Bild«, »Anähnlichung« und »Teilhabe« eingeordnet werden. Damit stellt sich für Gregor die Frage, wie die Hl. Schrift, die ebenfalls in der der Welt eigenen, Differenz setzenden Sprache verfaßt ist, auf Gott hindeuten und das unendliche Streben des Menschen in der Praxis unterstützen kann. Es gilt also im folgenden insbesondere den Ort der Historia wie auch der Allegoria in Gregors Denken näher zu bestimmen.

Der hier vorgelegte Lösungsansatz soll zunächst kurz vorgestellt werden: Für die Sprache hat sich ergeben, daß sie in ihrer Begrenztheit lediglich Differentes beschreiben kann; dieses ist in sich durch Abständigkeit (διάστασις und διάστημα) gekennzeichnet. Damit ist es unmöglich, die ἀδιάστατος φύσις Gottes mit Hilfe der Sprache zu erfassen. Allein Me-

---

[1] Vgl. Teil III, 1.1 a.

taphern, Symbole, Analogien vermögen trotz ihrer »Differenziertheit« auf den vorlaufenden Grund der Wirklichkeit zu verweisen.[2] Für den zweiten Aspekt, den der Teilhabe und Anähnlichung, hat sich gezeigt, daß diese von Gregor wechselseitig interpretiert und als unendliches Streben zu Gott verstanden werden. Für den Menschen bedeutet dies, daß er zu seiner ursprünglichen Bestimmung, zu der »ersten Schöpfung«, zurückkehren soll. Diese Rückkehr wird von Gregor in einem abstrakten Prozeß gedacht, d.h. als ›Ablegen alles Fremden‹, was der »ersten Schöpfung *vor* dem Fall« des Menschen entspricht.[3] Für Gregor ist die θεωρία im Sinne von ἀλληγορία hier eingebunden: Mit Hilfe der Auslegung der ἱστορία wird die Rückkehr des Menschen zu seiner ursprünglichen Bestimmung unterstützt.

In der Forschung zum Thema ›Schriftauslegung‹ und speziell der ἀλληγορία hat man sich bis jetzt einigen wichtigen Fragen gewidmet, die genügend erörtert sind; die Ergebnisse dieser Darlegungen brauchen an dieser Stelle nicht wiederholt zu werden: Diese betreffen *1.* die allegorische Auslegungspraxis Gregors[4], *2.* die Herkunft der Allegorie[5], *3.* das Verhältnis zu Clemens von Alexandrien, Origenes, Basilius sowie zu Philon von Alexandrien[6]. *4.* Letzterer ist für die haggadische Exegese des

---

[2] Vgl. Teil III, 4.1 b.

[3] Vgl. Teil III, 4.2.

[4] Vgl. z.B. H.N. BATE, 1923, 60-63 (zur Terminologie); J. DANIÉLOU, 1967a, 185-196 (zur Typologie); S. DE BOER, 1968, 168f.171; E. MOUTSOULAS, 1969, 465-485; J. DANIÉLOU, 1970, 9-13; I.G. GARGANO, 1970, 131-158; M. ALEXANDRE, 1971, 87-110; CH. KANNENGIESSER, 1976, 85-102; M. MEES, 1976, 318f.321.323.329-334; M.N. ESPER, 1979, 6-36; B. DE MARGERIE, 1980, 247-269; ST.G. HALL, 1981, 139-151; M. SIMONETTI, 1982a, 401-418; M. CANÉVET, 1983 passim; H. DÖRRIE, 1983, 879f; M. SIMONETTI, 1984, XX-XXVI; M. SIMONETTI, 1985, 145-149; E. FERGUSON, 1990, 63; F. DÜNZL, 1993, 35-55 (als grundsätzliche, an der Rhetorik orientierte Position); E. FERGUSON, 1993, 29-34.

[5] Vgl. F. BUFFIÈRE, 1973 passim; H. DÖRRIE, 1974, 121-138; H. DÖRRIE, 1976b, 112-123; J. PÉPIN, 1976, passim und J. PÉPIN, 1987, passim (zu den verschiedenen Ausprägungen); J. WHITMAN, 1987, 1-13.263-268; CHR. DOHMEN, 1992, 17-20; CHR. JACOB, 1992, 131-134.139.144-163; TH. BÖHM, 1996 (dort weitere Lit.). Grundsätzlich zur Rhetorik neuerdings CHR. SCHÄUBLIN, 1992, 148-173.

[6] Zu Philon, Clemens und Origenes mit ihren eigenen Ansätzen vgl. z.B. J. PÉPIN, 1976, 234-242.265-275.453-462; J. PÉPIN, 1987, 7-40.
Zu Clemens und Gregor vgl. z.B. I.G. GARGANO, 1970, 138; M. CANÉVET, 1983, 99.106f usw.
Zu Origenes und Gregor vgl. z.B. I.G. GARGANO, 1970, 138; M. ALEXANDRE, 1971, 87.99; C.W. MACLEOD, 1971, 362-379; M.N. ESPER, 1979, 37-58; M. CANÉVET, 1983, z.B. 143.145.304; R.E. HEINE, 1984, bes. 360-364; M. SIMONETTI, 1984, XX-XXII; F. DÜNZL, 1993a, 94-109.
Zu Basilius und Gregor vgl. z.B. M. ALEXANDRE, 1971, 89-94; M. CANÉVET, 1983, z.B. 74f; M. SIMONETTI, 1984, XX-XXII.
Zu Philon und Gregor vgl. z.B. I.G. GARGANO, 1970, 133.137; M. ALEXANDRE, 1971, z.B. 95.99; M. CANÉVET, 1983, z.B. 96.99; M. SIMONETTI, 1984, XXVI-XXIX.

ἱστορία-Teiles von VM bei Gregor maßgebend.[7] *5.* Schließlich hat man
das Ineinandergreifen der exegetischen Fragestellung und der Ausbildung
der Lehre herausgestellt.[8] Die Ergebnisse, die hierzu vorgelegt wurden,
sollen speziell für die *Vita Moysis* um weitere Fragestellungen ergänzt werden. Die folgenden Ausführungen orientieren sich dabei an einem Prinzip,
das sich für Gregor deutlich zeigen läßt, nämlich die doppelte Bezugnahme auf Bibel und Philosophie[9]: Wenn Gregor ein Thema erörtert, behandelt er eine Fragestellung nicht allein in einem philosophischen *oder*
biblischen Kontext, als liefere z.B. die Philosophie eine Konzeption, auf
die biblische Schemata und Referenzen lediglich äußerlich appliziert würden, wie dies auch für den umgekehrten Fall nicht zutrifft. Vielmehr ist
bei Gregor die Bibel für Theorie und Praxis in einem tugendhaften Leben
die entscheidende Grundlage, für die die Philosophie eine originäre konzeptionelle Funktion ausübt.[10]
Aufgrund dieser Überlegung sollen die bisherigen Ergebnisse für ein
Verständnis des Verhältnisses von θεωρία und ἀλληγορία bei Gregor ausgewertet werden. Dabei werden die folgenden Punkte für Gregor nachzuweisen sein: *1.* Wenn die begrenzte und in sich differenzierte Sprache die
differenzierte Struktur von Wirklichkeit wiederzugeben vermag, also auch
die Anähnlichung an Gott, ist in Gregors Denken die allgemeine Sprachstruktur auch für die Bibel vorauszusetzen. *2.* Ferner muß geklärt werden,
warum für Gregor die Allegorie aufgrund des Gottesbegriffes *und* der Begrenztheit der Sprache *notwendig* ist, um die Anähnlichung wenigstens
sprachlich plausibel fassen zu können. *3.* Schließlich ist zu zeigen, aus welchem Grunde bei der ἀλληγορία der jeweilige Rückgriff auf die ἱστορία
unabdingbar ist, und zwar aufgrund der bereits gezeigten Momente des
Begriffes θεωρία im Sinne der Selbsterkenntnis.

Insgesamt auch J. DANIÉLOU, 1963, 292-306; I. ESCRIBANO-ALBERCA, 1968, 293; J. DA-
NIÉLOU, 1970, 9.13 und vor allem G.-I. GARGANO, 1981, 45-94.
 [7] Zu Philons >Vita Mosis< vgl. B. BOTTE, 1963, 173-181; zur Wirkung auf Gregors
VM vgl. J. DANIÉLOU, 1963, 289-299; M. MEES, 1976, 323; R. JUNOD, 1978, 86; M.A. BAR-
DOLLE, 1984, 256; M. SIMONETTI, 1984, XXVI-XXIX.
Zu haggadischen Mosetraditionen vgl. auch J. GNILKA, 1986, 33-46.60-62.
 [8] Vgl. G.S. BEBIS, 1967, 375-393; D.F. WINSLOW, 1971, z.B. 396; CH. KANNEN-
GIESSER, 1976, 97-102; E. JUNOD, 1978, 87-97; B. DE MARGERIE, 1980, 253-264; M.
CANÉVET, 1983, 249-265; M. SIMONETTI, 1984, XXX-XXXVI; J. PANAGOPOULOS, 1992,
43.47-50; E. FERGUSON, 1993, 29f.
 [9] Vgl. M. HARL, 1990, 117-131; H.M. MEISSNER, 1991, 7f.145-154. So zu Recht auch
U. WICKERT, 1992, 26f mit einer Kritik an M. CANÉVET.
 [10] Vgl. Teil I, 3.

Sprachstruktur und Bibelauslegung

Für die Sprache haben die bisherigen Überlegungen gezeigt, daß sie zum einen in ihrer Gestalt selbst begrenzt sowie begrenzend ist und in diesem Sinne der geschaffenen Wirklichkeit angehört. Aufgrund ihrer Begrenzung ist es unmöglich, durch sie das Ungeschaffene bzw. das Unendliche (Gott) adäquat auszusagen oder zu beschreiben: Sprache findet – wie jegliche Art von θεωρία[11] – beim Ungeschaffenen ihre Grenze. Zum anderen vermag aber die Sprache in ihrer Differenzstruktur Wirklichkeit mit deren διάστημα zu beschreiben.[12] Gerade auch für den Bereich, der durch die Teilhabe und Anähnlichung erfaßt wird, nämlich die »Selbst«-Erkenntnis des Menschen, ist die Struktur der Differenz vorauszusetzen. Denn die »Selbst«-Erkenntnis als Prozeß der »Reinigung« oder der Abstraktion (ἀφαίρεσις) ist ein Weg des *Einiger*-Werdens, der also die vielheitliche Struktur, die dem Menschen eigen ist[13], hinter sich lassen soll. Folglich kann man mit Hilfe der Sprache, die Differenz wiederzugeben vermag, auch die durch die Teilhabe bzw. Anähnlichung angezeigte Differenz *darstellen*.[14] Wenn Teilhabe und Anähnlichung an Gott nach Gregor in verschiedenen ›Stufen‹ geschehen – durch das Sensible zum Intelligiblen und wiederum durch das Intelligible auf den nie zu erreichenden, vorlaufenden Grund von allem (Gott), der selbst durch Intelligibilität gekennzeichnet ist[15] –, ist für die Teilhabe resp. Anähnlichung als Rückkehr zur ursprünglichen Bestimmung des Menschen, der der »ersten Schöpfung«, das Prinzip *similia similibus* von grundlegender Bedeutung[16]: Anähnlichung des Menschen an Gott wird dadurch erreicht, daß der Mensch - bei Gregor durch die Gnade im Sinne einer dem menschlichen Handeln vorgängigen Zuwendung Gottes[17] – sich durch die Abwendung von der Leiblichkeit auf das Geistige richtet. Als Abbild Gottes (εἰκών), der ursprünglichen Bestimmung des Menschen, ist dieser dem Göttlichen *vergleichbar*. Die Vergleichbarkeit geht dem Menschen auch »nach« dem »Fall« nicht verloren, sie ist jedoch in der endlichen Existenz des Men-

---

[11] Vgl. Teil III, 1.1 a.
[12] Vgl. Teil III, 4.1 b.
[13] Zum Beispiel Leib-Seele; πολυπραγμοσύνη; Differenz der Menschen untereinander usw.
[14] Vgl. Teil III, 4.2.
Vgl. ferner W. BEIERWALTES, 1979, 37-39 (zu Proklos).
[15] Vgl. Teil III, 4.2.
[16] Vgl. M. ESPER, 1990, 83.
[17] Vgl. Teil III, 4.2.

schen »verdeckt«. In der Anähnlichung an Gott wird die ursprüngliche Bestimmung, die εἰκών-Struktur, d.h. die Vergleichbarkeit mit dem Göttlichen und dessen Eigenschaften sichtbarer und klarer.[18] Das Erfassen des Göttlichen wird analog dazu durch Bilder und Metaphern aufgrund des Ähnlichkeitsprinzips oder durch die Wegnahme (ἀφαίρεσις) alles »Sinnlichen« (Abstraktion) erreicht. Trotz des unendlichen Strebens, das als Tugend verstanden wird, ist eine Einswerdung mit Gott für Gregor aber ausgeschlossen[19], ebenso wie ein Erkennen und Darstellen des Wesens des Göttlichen durch die Sprache unmöglich ist. Folglich bleibt die Differenz zu Gott als der ἀδιάστατος φύσις stets bestehen. Im Bereich der sprachlichen Beschreibung wie im praktischen Leben ist daher das Prinzip der Analogie — bei Gregor durch den εἰκών-Gedanken ausgedrückt — eine notwendige Konsequenz des unendlichen Gottes.[20]

Diese gerade knapp skizzierte Parallelität zwischen Sprache und »tugendhaftem Leben« gilt es genauer zu betrachten. Weil Sprache in sich begrenzt ist und die differente Wirklichkeit von Teilhabe und Anähnlichung beschreibt, ergibt sich für die Sprache notwendig, daß sie im Bild bzw. in Metaphern, die als punktuelle Analogien verstehbar sind, Unsagbares zu sagen versucht[21]. Weil Sprache Anähnlichung erfaßt, diese aber von Gregor als Aufstieg gedeutet ist, ist Sprache für Gregor zugleich auch anagogisch. Was bedeutet nun diese Konzeption der Sprache für die in Sprache verfaßte Bibel? Betrachtet man die Bedeutung der Allegorie bei Gregor, so ist folgendes festzustellen: Mittels der Allegorie kann der Bibeltext (ἱστορία) über sich selbst auch auf den vorlaufenden Grund von allem hinausweisen, wenn auch nicht ausschließlich. Damit zeigt sich für den Bibeltext in der Form der Allegorie dieselbe Struktur wie für die Sprache, die durch Bild und Metapher über sich hinausdeuten kann. In diesem Sinne kann die Allegorie im Anschluß an Quintilian[22] als lineare und damit im Textzusammenhang unaufhebbare Metapher[23] bezeichnet

---

[18] Vgl. Teil III, 4.2.
[19] Vgl. Teil III, 1.1 a und 1.2 b.
[20] Vgl. M. ESPER, 1990, 83f.
[21] Vgl. M. ESPER, 1990, 85.
Zumeist unklar bleiben die allgemeinen Ausführungen von C.-F. GEYER zur Allegorie, wenn er z.B. von der Übertragung in das unsichtbare Feld der Theoria spricht oder davon, daß in einem platonisierenden Denken der Bildbegriff an die Ideen heranrücke und die Ästhetik in der Metaphysik aufgehoben werde (vgl. C.-F. GEYER, 1992, 140f).
[22] Vgl. Quintilian, Inst VIII 6,14.
[23] Wie die »punktuelle« Metapher nicht notwendig vollkommen in den *Begriff* aufgelöst werden kann, ohne daß das Metaphorische, d.h. das, was über den Begriff hinausweist, selbst verloren ginge, ist auch die *Allegoria* nicht begrifflich auflösbar. Da man die Allegoria, die sich über einen Textzusammenhang hin erstreckt, hinsichtlich ihrer begrifflichen

werden.[24] Aufgrund dieser Überlegungen kann das Spezifikum der Bibel-
auslegung Gregors in der inneren Verwiesenheit von Sprache (Metapher),
Teilhabe und Anähnlichung (Analogie) auf die Unendlichkeit Gottes hin
gesehen werden.

Notwendigkeit der Allegorie

Für Gregor kann die ἱστορία als Text[25] - wie jede sprachliche Äußerung -
über sich selbst hinausweisen und muß dies als göttlich inspirierte Sprache
auch tun. Deshalb ist im Blick auf den Bibeltext die Möglichkeit und die
Notwendigkeit gegeben, auch auf den vorlaufenden Grund von allem
hinzuweisen. Dies um so mehr, als der Schrift als Wort Gottes für Gregor
eine höhere Wahrscheinlichkeit zukommt als anderen Texten, weil sie auf
Gott hindeutet, obwohl die Schrift *als Text* deren Regeln folgt. Da Sprache
in den Prozeß der ἀφαίρεσις und von da aus in das un-endliche Aufwärts-
Streben des Menschen (ἀναγωγή) in die Anähnlichung an Gott eingebunden ist, ist durch die Strukturgleichheit von ἱστορία und Sprache mit dem
Instrument der ἀλληγορία[26] eine Möglichkeit gefunden zu klären, warum
Gregor in auffälliger Weise biblische Texte einer ἀφαίρεσις unterziehen
kann[27] und sie im Anschluß daran anagogisch interpretiert. Wie dies zu
verstehen ist, soll im folgenden geklärt werden.

Die Abfolge (ἀκολουθία) in der Betrachtung des σκοπός der biblischen
Schriften zeigt nach Gregor, daß die gesamte Schrift als Aufstieg zu interpretieren ist. Die Abfolge des Textes fordert eine geistige ἀκολουθία, die

---

Unaufhebbarkeit als Metapher verstehen kann, allerdings sozusagen in ihrer »linearen«,
d.h. textlichen Erstreckung, ist das Metaphorische ein wesentliches Moment der Allegoria
selbst.
[24] Vgl. M. ESPER, 1990, 85.
[25] Als Text >folgt< die Historia den Regeln der Sprache selbst.
[26] Dies wird von Gregor auch in VM hervorgehoben: οὐκοῦν ὡς ἄν τις ἐκ τῆς ἱστο-
ρίας τὰς ἀφορμὰς λαβὼν ἐπὶ τὸ γυμνότερον διακαλύπτοι τὸ αἴνιγμα (VM II 5, p.
34,19-21). Das Enthüllen eines biblischen Textes (Historia) auf das γυμνότερον αἴνιγμα
hin entspricht einer ἀφαίρεσις des Textes.
[27] Dadurch erklärt sich auch, warum Gregor in diesem Zusammenhang den Übergang
zur allegorischen Erklärung häufiger durch Begriffe wie »Entkleiden«, »Freilegen« etc. benennt: VM II 5, p. 34,19-21 (siehe die letzte Anm.). Entsprechendes gilt auch in den umgekehrten Fall, daß vordergründig der Text in Bildern *verhüllt* ist (μετὰ ἐπικρύψεως), was
folglich auch wieder enthüllt werden muß (Cant prol p. 4,18-5,1); ähnlich auch die Wegnahme einer Hülle (καλύμματος περιαίρεσιν), die einer ἐπιστροφή zum Herrn entspricht (Cant prol p. 6,11f); das *Entfernen* der fleischlichen Bedeutung, die wie Staub dar-
überliegt (διάνοιαν κόνεως δίκην τῆς σαρκωδεστέρας ἐμφάσεως τῶν λεγομένων ἐκ-
τιναχθείσης; Cant prol p. 6,19-7,1). Gerade an diesen Stellen sucht Gregor seine Methode
im Hoheliedkommentar zu rechtfertigen. Eine solche Vorgehensweise, wie sie hier exemplarisch für VM und Cant gezeigt wurde, ließe sich auch in anderen Schriften nachweisen.

vom Leser in einem tugendhaften Leben als Anähnlichung nachvollzogen
werden kann und muß.[28] In diesem Sinne zeigt der Text der Hl. Schrift das
Leben des Lesers, wie es sein soll[29]: ein tugendhaftes Leben als Anähnlichung in >Stufen< an das Intelligible. Da die Distanz zu Gott nicht überwunden werden kann[30], soll der Leser bzw. Interpret durch die anagogische Abfolge des Textes zu einem Leben entsprechend der Tugend angeregt werden.[31] Dieses wiederum ist als Anähnlichung an Gott ein unendliches Streben, so daß die Textinterpretation selbst hinsichtlich der Erklärung und des Effektes auf den Leser an kein Ende gelangt.[32] Beide
Aspekte werden von Gregor im Bild von der Jakobsleiter zusammengefaßt[33]: Auf der Leiter kann nur ein Schritt nach dem anderen genommen
werden (ἀναγωγή); der Aufstieg zu Gott auf dieser Leiter ist aber, um im
Bild zu sprechen, deswegen unendlich, weil Gott jenseits der Leiter bleibt
(Unendlichkeitsgedanke). Damit sind mit diesem Verständnis von Allegorie zwei wesentliche Grundlagen von Gregors Denken, die Sprachtheorie
und die Konzeption der Anähnlichung bzw. Teilhabe, zusammengeführt.
Interpretieren der Schrift qua göttlich inspirierter Sprache ist somit selbst
anagogisch[34], strukturell parallel zur Wirklichkeit[35], weil im Interpretieren
die ἀφαίρεσις und ἀναγωγή nachvollzogen und unterstützt werden. Ferner weist der Text über sich selbst hinaus auf den vorlaufenden Grund,
den Sprache nicht erreichen kann.[36] Da Bilder und Metaphern die Vorläufigkeit des Sprechens anzeigen, ist — nach den obigen Überlegungen zum

---

[28] Vgl. Gregor von Nyssa, Inscr I 1, p. 26,14-19 und p. 27,2-7; Eccl 1, p. 280,2-8; Cant
Prol p. 7,5; dazu J. DANIÉLOU, 1970, 18-50; M.N. ESPER, 1979, 8; B. DE MARGERIE, 1980,
241-247; G.-I. GARGANO, 1981, 129f; CHR. KLOCK, 1987, 206-211; A.A. MOSSHAMMER,
1990, 117f.
[29] Vgl. A.A. MOSSHAMMER, 1990, 118.
Diese Feststellung trifft nicht nur für VM, sondern allgemein für Gregors Auslegungstech-
nik zu.
[30] Vgl. Gregor von Nyssa, Cant 9, p. 279,4-8; Cant 11, p. 321,2-25.
[31] Vgl. Gregor von Nyssa, Cant Prol p. 5,1-9; Inscr I 4, p. 34,17-19; dazu M.N. ESPER,
1979, 8.61f; M. CANÉVET, 1983, 285-287; A.A. MOSSHAMMER, 1990, 119.
Diese stufenartige Abfolge in der Textinterpretation wird auch von R.E. HEINE klar
herausgestellt (vgl. R.E. HEINE, 1975, 101-103).
[32] Vgl. Gregor von Nyssa, Cant 6, p. 174,1-20; Cant 6, p. 179,13-180,7; dazu A.A.
MOSSHAMMER, 1990, 119.
[33] Vgl. Gregor von Nyssa, VM II 227, p. 113,3-9; VM II 234, p. 115,4-8.
[34] Vgl. Gregor von Nyssa, Eun III.I, p. 13,14f; Cant 5, p. 144,17-145,13; dazu M.N. ES-
PER, 1979, 20; J.B. CAHILL, 1981, 458f; M. SIMONETTI, 1982a, 402; H.-G. GADAMER, 1990,
79; A.A. MOSSHAMMER, 1990, 117.119.
[35] Vgl. Gregor von Nyssa, Virg 10, p. 291,6-9; Inscr I 1, p. 25,15f; Inscr I 1, p. 26,10f;
Inscr I 2, p. 28,17-20; dazu M.N. ESPER, 1979, 21.23-26; M.A. BARDOLLE, 1984, 257; A.A.
MOSSHAMMER, 1990, 119.
[36] Vgl. A.A. MOSSHAMMER, 1990, 119 (mit den entsprechenden Nachweisen).

Zusammenhang von Analogie, Metapher und Allegorie – nur die allegorische Deutung der Unausdeutbarkeit des göttlichen Wesens angemessen,
da sie Aussagen bildhaft und über sich verweisend versteht. Die Allegorie
kann deshalb im unendlichen Aufstieg die Unendlichkeit Gottes verständlich machen. Selbst die Aussage von der Unendlichkeit Gottes ist in diesem Sinne bildhaft zu verstehen[37] und kann durch ein weiteres Bild, nämlich das des Kreises, veranschaulicht werden: Die Kreislinie (Peripherie)
selbst kann als unendlich angesehen werden und steht in diesem Kontext
für das unendliche Streben resp. den Deutungsvorgang; alle Punkte der
Kreislinie sind aber trotz der ihr eigentümlichen Unendlichkeit vom Mittelpunkt (Gott) immer gleich weit entfernt.[38] Obwohl der Mensch also im
Verlauf des Interpretierens wie auch des Aufstiegs immer weiter fort-
schreitet, gelangt er wie auf der Kreislinie nie an ein Ende. Trotz des
»unendlichen« Vorwärtsstrebens erreicht der Mensch aber Gott nie, weil –
im Bild gesprochen – Peripherie und Mittelpunkt des Kreises nicht zusammenfallen. Dies hat für die Interpretation der Hl. Schrift zur Folge,
daß diese in *angemessener* Weise gedeutet werden muß, indem der Lehrer,
der bereits fortgeschritten bzw. zu den Höhen des Mysteriums emporgehoben wurde[39], die letzten Schritte nur im Glauben vollziehen kann.[40]

Die Konzeption der ἀλληγορία in ihrer exegetischen und in ihrer
erkenntnistheoretischen Funktion führt bei Gregor aufgrund der nie zu
erfassenden Unendlichkeit Gottes, wie erwähnt, zu dem Begriff der πίσ-
τις.[41] Wenn nämlich absolute Metaphern in ihrer anagogischen Funktion

---

[37] Vgl. Gregor von Nyssa, Eun II 89, p. 253,1-17; Eun III.I 16, p. 9,12-18; Op hom 25, p.
217A; Perf p. 187,15-188,2; Cant 3, p. 8ʕ,14-87,8; VM II 160, p. 85,16-86,2; dazu M.N. ES-
PER, 1979, 65.74; H.M. MEISSNER, 1991, 151f.
[38] Vgl. Gregor von Nyssa, Eun I 666-669, p. 217,26-218,22; dazu M.N. ESPER, 1979, 75.
Zur Kreismetapher bei Plotin vgl. W. BEIERWALTES, 1985, 138f.
[39] Darin drückt sich das »Gnaden«-Handeln Gottes aus; zu dieser Formulierung,
»emporgehoben zu den Höhen des Mysteriums«, vgl. H.M. MEISSNER, 1991, 154.
[40] Vgl. Cant 3, p. 87, 5-8; Or cat 17, p. 74,2-7; dazu H.M. MEISSNER, 1991, 154 mit
weiteren Belegen. Dies versucht der Lehrer seinen Hörern zu vermitteln, worin ein
protreptisches Moment zu sehen ist.
[41] Vgl. Gregor von Nyssa, Or cat 17, p. 74,2-7; Eun II 93, p. 254,3-10; VM II 188, p.
97,12-21; Cant 3, p. 87,5-8; Cant 6, p. 183,5-10; Cant 13, p. 387,1-5; dazu W. VÖLKER, 1955,
141; H.M. MEISSNER, 1991, 148.154.
Bei M.N. ESPER liegt der Akzent etwas anders: Er betont, daß nach Gregor der Mensch
der Unendlichkeit Gottes nicht mit der Theoria begegnen könne, sondern nur mit dem
Glauben (vgl. M.N. ESPER, 1979, 75). Demgegenüber haben die bisherigen Ausführungen
zu zeigen versucht, daß nach Gregor durch und in der Theoria der Weg zum Glauben ge-
wiesen wird (Teil III, 1.1 a und 4.2 – dort auch im Zusammenhang mit dem Begriff »Gnade«).
Mit der Bestimmung des Glaubens als ausschließlichem Akt des Menschen unterscheidet
sich Gregor von der neuplatonischen Philosophie: Glauben gründet sich dort nicht auf ein

nie in einen Begriff aufgelöst werden können[42], ist für Gregor in der unendlichen Interpretation der Schrift nur eine unendliche Annäherung an
Gott möglich, nicht aber eine Einung im Sinne Plotins. Im Rahmen der
unendlichen Annäherung an Gott ist aber bei Gregor der Glaube letztlich
der entscheidende Faktor für den »Überstieg« zur göttlichen Natur. Darin
entspricht die ἀλληγορία der θεωρία.[43]

Daraus ergibt sich für Gregor, daß Interpretieren und unendliches Streben zu Gott als Rückkehr nicht nur solipsistisch für den einzelnen zu verwirklichen sind und daß auch nicht eine rein theoretische Betrachtung des
Bibeltextes, d.h. Bibelgelehrsamkeit, genug sind. Im Mittelpunkt steht
vielmehr das Volk Gottes, die Menschheit, die zur ursprünglichen Bestimmung zurückkehren muß.[44] In einem tugendhaften Leben besteht der
Nutzen (ὠφέλεια) der Allegorie; die Vermittlung des Schrifttextes muß
allerdings für das tugendhafte Leben als Handreichung (χειραγωγία)
vollzogen werden[45], die von einem dafür ausgewiesenen Lehrer
(διδάσκαλος[46]) geleistet werden muß. Dieser muß in der pädagogisch mo-
tivierten Unterweisung als Exeget bereits Fortschritte gemacht haben.[47]
Dies faßt Gregor durch die Metaphern vom Ablegen der Kleider oder den
reinen Seelenaugen[48]: Der Lehrer oder Exeget muß also bereits eine hö-

---

wie auch immer verstandenes WORT Gottes, das in der Geschichte ergangen ist, sondern
nimmt den Anfang in der Erkenntnis des Menschen von der Geordnetheit des welthaft Seienden; der Mensch wirkt hier sein Heil selbst (dazu W. BEIERWALTES, 1979, 321-325).

[42]   Vgl. H. BLUMENBERG, 1983, 285-290. Dies wurde oben bereits für den Zusammenhang von Allegorie und Metapher ausgeführt.

[43]   Vgl. Teil III, 1.1a.
Da die Hl. Schrift selbst bei Gregor als inspiriert gedacht ist, setzt sie selbst, obwohl sie als
Text den Regeln der menschlichen Sprache folgt, einen »Ganden«-Akt Gottes voraus, in-
dem dieser sich im Wort mitteilt. Da aber auch der Lehrer in der Interpretation »zu den
Höhen« *geführt* wird, trifft dieser »Gnaden«-Aspekt in analoger Weise auch auf diesen zu
(zur hier verwendeten Terminologie der Gnade vgl. Teil III, 4.2).

[44]   Dies führt Gregor in einem christologischen und ekklesiologischen Kontext aus: vgl.
Gregor von Nyssa, Ref Eun 143, p. 374,3-12; Cant 4, p. 131,4-13; Cant 7, p. 214,19-215,16;
dazu M.N. ESPER, 1979, 13; A.A. MOSSHAMMER, 1990, 120f.

[45]   Vgl. Gregor von Nyssa, Inscr I 2, p. 28,17-20; dazu M.N. ESPER, 1979, 24; G.-I.
GARGANO, 1981, 129.

[46]   Vgl. H.M. MEISSNER, 1991, 34-42 (dort die entsprechenden Nachweise; darauf aufbauend E. PEROLI, 1993, 60-65.

[47]   Vgl. Gregor von Nyssa, Op hom 16, p. 185A; Eun III.I 42, p. 18,11-17; VM II 160-
161, p. 85,16-86,10; Cant Prol p. 9,18-10,4; Cant 9, p. 278,17-279,4; Cant 13, p. 393,15-19;
dazu W. VÖLKER, 1955, 267f; G.-I. GARGANO, 1981, 131 (zu VM) und 193-210; H.M.
MEISSNER, 1991, 145.149.153.
Unscharf ist in dieser Hinsicht G.S. BEBIS, der davon spricht, daß die allegorische Interpretation den historischen Kern (»historical essence«) und die pädagogische Botschaft in
einen fließenden Strom wahrer geistiger Erfahrung verwandle (vgl. G.S. BEBIS, 1967, 382).

[48]   Vgl. Gregor von Nyssa, Cant 1, p. 25,14-26,6; Cant 2, p. 60,13-18; dazu M.N. ESPER,
1979, 59.

here Stufe im Aufstieg erreicht haben; dies ist nur durch eine Abstraktionsbewegung bzw. die ἀφαίρεσις möglich, indem sich der Lehrer über
das »Sinnliche«, »Irdische« oder »Fleischliche« erhebt. Indem der Lehrer
für die Vermittlung des jeweils Erreichten bereits in der ἀφαίρεσις fortgeschritten sein muß, ahmt er durch die Handreichung in der Interpretation die göttliche Ordnung nach: Wie sich Gott vorgängig vor dem Aufstieg des Menschen diesem in der »Gnade« zuwendet, so teilt der Lehrer
oder Exeget das durch die Interpretation Erreichte dem Hörer mit. Die
Protreptik Gottes selbst spiegelt sich folglich in der Auslegung wieder: Die
Allegorie ist selbst protreptisch. In der Auslegung ahmt der Lehrer im
Sinne einer ὁμοίωσις θεῷ die Hinwendung Gottes zum Menschen nach.
Er wendet sich in seinem erworbenen »Tugendzustand« selbst den Menschen zu, die eine solche »Stufe« noch nicht erreicht haben, und übt so
auch in seiner Funktion als Lehrer die Anähnlichung an Gott aus.

Welche philosophischen Implikationen liegen nun dieser Sicht Gregors
zugrunde? Wie bereits im Rahmen der Interpretation von Gregors
Sprachtheorie und des Gedankens der Anähnlichung an Gott lassen sich
für diese Ansätze bei Plotin grundlegende Ähnlichkeiten finden. Da für
Plotin Wort und Satz immer Etwas aussagen, das Eine aber vor dem Etwas ist, ist es jenseits aller Sprache und kann durch kein Bild adäquat erreicht werden. Das Eine ist dann durch Sprache nicht angemessen kom-
munikabel zu machen, so daß auf es auch nur durch Zeichen hingewiesen
werden kann.[49] Trotz ihrer vermeintlichen Affirmativität deuten Metaphern die absolute Andersheit nur an: Die absolute Metapher, die nicht in
einen identifikatorischen Begriff aufgelöst werden kann[50], drückt das Un-
abgeschlossensein von Sprache aus. Durch die Metapher kann lediglich
der unendliche Prozeß der Annäherung angezeigt oder erfaßt werden.[51]
Die Funktion des Bildes besteht darin, die Spur des Einen *in* Differenz zu
eruieren und so das Eine im Modus der Andersheit aufzuweisen.[52] Durch
die Reinigung von allem »Fremden« (ἀφαίρεσις) ist eine Entdifferenzierung und Entzeitlichung des Denkens ermöglicht.[53] Sprache stößt jedoch
an ihre Grenzen, wenn sie Zeitfreies und in sich Unterschiedsloses darstellen will. Zielt sie auf *Bezüge* außerhalb des relations*losen* Einen ab,
dann intendiert sie zugleich die Negation von Zeitlichkeit.[54] Reinigung

---

[49] Vgl. W. BEIERWALTES, 1991, 150.
[50] Vgl. H. BLUMENBERG, 1983, 286-289.295-315.
[51] Vgl. W. BEIERWALTES, 1991, 151.158.222.
[52] Vgl. W. BEIERWALTES, 1991, 153.
[53] Vgl. W. BEIERWALTES, 1991, 168.
[54] Vgl. W. BEIERWALTES, 1991, 199f.

von allem »Fremden« impliziert für Plotin zugleich den protreptischen
Impuls, der Reflexion das Höchste und Erste, das Eine, abzufordern. Dabei wird im Bild die Vermittlung des Unaussprechlichen bewußt gemacht[55], indem die ekstatische Einheits-Erfahrung anderen *vermittelt* wird,
wie dies Porphyrius von Plotin berichtet.[56]

Rückgriff auf die Historia in der Allegoria

Bei diesen Überlegungen zur θεωρία Gregors als ἀλληγορία und angesichts der Implikationen, die sich aus der Philosophie Plotins ergeben,
zeigt sich, daß die Allegorie für die Schriftauslegung notwendig ist, um
protreptisch die unendliche Anähnlichung an den unendlichen Gott zu
vermitteln. Damit erreicht es Gregor, über die wörtliche Bedeutung der
Schrift hinauszugelangen, um diese für ein tugendhaftes Leben fruchtbar
zu machen.[57] Für die *Vita Moysis* — aber nicht minder für die *Homilien zum
Canticum* — stellt sich allerdings über das bisher Ausgeführte hinaus noch
die Frage, warum es für Gregor von Nyssa notwendig ist, im Laufe der
allegorischen Auslegung stets rekapitulierend auf die ἱστορία zurückzu-
greifen.[58] Dies läßt sich m.E. nicht ausreichend damit erklären, daß es allein für den Leser sinnvoll sei, ihm die biblische Geschichte noch einmal
Schritt für Schritt vor Augen zu halten. Dies hat Gregor von Nyssa in VM
bereits durch den gesamten ἱστορία-Teil erreicht, den er in sich so struk-

---

[55] Vgl. W. BEIERWALTES, 1991, 223f.
Die Nachweise zu Plotin und weiterführende Literatur finden sich an den genannten Seiten
bei W. BEIERWALTES.
Zur neuplatonischen Theorie der Interpretation vgl. J.A. COULTER, 1976, bes. 5-31; kritisch zu J.A. COULTERs Ansatz W. TRIMPI, 1983, 175 und W. BEIERWALTES, 1985, 296-301.
[56] Vgl. Porphyrius, Vita Plot. 23,12-21. Dieser protreptische Impuls der Vermittlung
zeichnet Plotin als »Lehrer« aus und erinnert an den Philosophen des platonischen
»Höhlengleichnisses«.
[57] Vgl. H. DÖRRIES, 1963, 577f; G.S. BEBIS, 1967, 382; M. MEES, 1976, 322.324; M.N.
ESPER, 1979, 60.64; M.N. ESPER, 1990, 86; H.M. MEISSNER, 1991, 302.
Die Bedeutung der Verhältnisbestimmung von ἱστορία und ἀλληγορία ist bei A.W.
ANDERSON nicht hinreichend geklärt, wenn er behauptet, es gebe keine genaue Parallele
zwischen >historischen Ereignissen< und geistlicher Erfahrung; deshalb könnten bedeu-
tende Menschen (»great men«) nicht als Vorbilder dienen (vgl. A.W. ANDERSON, 1961,
24). Dem widerspricht genau die von A.W. ANDERSON untersuchte Schrift VM.
[58] Vgl. Gregor von Nyssa, z.B. VM II 89-91, p. 60,1-61,3; VM II 131, p. 74,20-24; VM II
133, p. 75,9-14; VM II 170-173, p. 89,15-91,10.
G.-I. GARGANO verweist zwar auf das Problem, wie das Verhältnis von ἱστορία und
θεωρία gedacht werden könne; er umschreibt es als »trasferimento o trasposizione del
significato dell' ἱστορία« (G.-I. GARGANO, 1981, 225). Dieser grundsätzlichen Ansicht ist
in der Tat zuzustimmen. Ungeklärt ist dabei jedoch, wie die Historia *in* die Theoria selbst
eingeht und *notwendig* zu dieser gehört.

turiert hat, daß seine allegorische Auslegung darauf aufbauen kann.[59] Bei einem nicht sehr umfangreichen Werk wie VM, das zudem Themen aufgreift, die dem Leser vertraut sind[60], ist es also nicht unbedingt zu erwarten, daß Gregor immer wieder— fast stufenartig— rekapitulierend auf die ἱστορία zurückgreift; er könnte sich sogar den Vorwurf einhandeln, er unterlaufe sein eigenes Prinzip, nicht zurückblicken zu dürfen, wenn die allegorische Exegese einen ständigen Fortschritt (προκοπή) zu Gott leisten soll.[61] Folglich ist zu klären, warum ein >Rückgriff< auf die jeweilige ἱστορία bei Gregor ein integraler Bestandteil der θεωρία selbst ist.

Die bisherigen Überlegungen zur Anähnlichung und Sprache haben ergeben, daß im Hinblick auf die Bibel die Auslegung als unendlicher Prozeß aufzufassen ist, durch den der Leser mit Hilfe des fortgeschrittenen Exegeten (Lehrers) zu einem unendlichen Streben nach Gott angeregt werden soll. Der Aufstieg erfolgt stufenartig gemäß der ἀκολουθία des Textes, indem der λόγος der Reihe nach den »verrätselten Textstellen« (ἱστορικὰ αἰνίγματα) folgt.[62] In diesem Sinne richtet sich[63] schon der Buchstabe selbst, d.h. das ἱστορικόν, wenn auch noch in verhüllter Form (αἴνιγμα) und nur für den fortgeschrittenen »Lehrer« erkennbar, auf den höheren Sinn aus.[64] Von der θεωρία aus betrachtet, impliziert dies, daß die ἱστορία notwendig zur ἀλληγορία gehört. Aufgrund der gezeigten Strukturähnlichkeit von Sprache und Wirklichkeit kann die allgemeine Konzeption der θεωρία bei Gregor herangezogen werden, um das exegetische Bemühen zu verstehen. Θεωρία ist für Gregor das Sehen in das Innere, das zugleich als Abstraktion verstanden werden kann.[65] Indem der Mensch in sich selbst blickt, kann er mit Hilfe der eigenen Schönheit auf das Ur-Bild blicken und so in der Seele den Gott in uns erkennen.[66] Der Weg in das Innere ist für den Menschen die Anähnlichung an Gott, Teilhabe oder unendliches Streben.[67] Trifft die Strukturähnlichkeit von Sprache und Wirklichkeit zu, dann bedeutet dies, daß Sprache in ihrer Differenziertheit gerade die Selbsterkenntnis beschreibt: Durch den Blick

---

[59] Eine Analyse *dieser* Fragestellung kann hier nicht geleistet werden.
[60] Es handelt sich bei dem Adressaten schließlich um einen Priester oder Mönch (vgl. Teil II, 1).
[61] Vgl. Gregor von Nyssa, z.B. Cant Prol p. 6,14-7,1; dazu M.N. ESPER, 1979, 76.
[62] Vgl. Gregor von Nyssa, VM II 39, p. 44,5-8.
[63] Gregor von Nyssa verwendet sogar die Wendung, daß der Buchstabe *blickt* (βλέπει: VM II 105, p. 65,1). Wie die φαινόμενα letztlich auf das Göttliche hingeordnet sind, so auch das ἱστορικόν.
[64] Vgl. Gregor von Nyssa, VM II 105, p. 65,1f.
[65] Vgl. Gregor von Nyssa, Beat 6, p. 143,21-144,13; An et res p. 89C; Cant 3, p. 72,9-14.
[66] Vgl. Gregor von Nyssa, Virg 12, p. 300,22. Ausführlich dazu Teil III, 1.1 a.
[67] Vgl. Teil III, 4.2.

auf das jeweils Betrachtete erkennt der Mensch den je vorlaufenden
Grund. Dies trifft nach den Überlegungen zur Auslegung der Bibel auch
auf die Schrift selbst zu: Im Blick auf die jeweilige ἱστορία zeigt sich der
je vorlaufende Grund in der Wendung in sich selbst. Diese Wendung kann
somit anagogisch verstanden werden, und der Rückgriff bei der allegorischen Auslegung auf die verschiedenen Stufen der ἱστορία ist in sich
selbst notwendig. Der Grundsatz »durch die φαινόμενα zu dem, was darüber liegt«, der bei Gregor häufiger zu finden ist, läßt sich analog auf das
ἱστορικόν übertragen: »durch das ἱστορικόν zu dem, was dahinter liegt«.

In diesem Sinne wertet Gregor von Nyssa für die Schriftauslegung die
θεωρία-Konzeption Plotins konsequent im eigenen Kontext aus.[68] Denn
für Plotin ist die ἀφαίρεσις der Weg zum inneren Menschen, eine Wendung in sich selbst, um so das eigene Selbst von seinem Grunde her bewußt zu machen. Die Gegenwart des νοῦς in der Seele ist die Ermöglichung des Aufstiegs: Die Seele wendet sich nach innen und erkennt sich
selbst; dies ist die Bewußtmachung des Geistes *und zugleich* des sich in
ihm vermittelnden Einen selbst. Ähnlich in der Struktur sieht auch der
zeitlose νοῦς, wenn er in sich blickt, den vorlaufenden Grund (das
Eine).[69] Umkehr, Rückgang ins Innere und Sammlung auf sich selbst sind
die Bedingungen der Möglichkeit eines inneren Aufstiegs, der bei Plotin
mit der Selbstdurchlichtung des Denkens und dem Einiger-Werden identisch ist.[70] — Eine göttlich inspirierte »Hl. Schrift« allerdings, die diesen
Prozeß in sich abbildet und den Aufstieg unterstützt, kennt Plotin trotz der
Bedeutung der platonischen Schriften für ihn nicht.

Dies bedeutet für die Auslegung der Schrift im Sinne Gregors: Um sich
Gott in einem tugendhaften Leben ähnlich machen zu können, ist der
vorlaufende Grund je vermittelt in verschiedenen Schritten bewußt zu machen und so die ἀφαίρεσις zu vollziehen. Die Vorläufigkeit im Bild wird
durch die Bibel und ihre »Bilder« (ἱστορικά) realisiert: Die Abfolge der
ἱστορία muß daher notwendig in die ἀλληγορία integriert werden. Wie
die in sich *gestufte* Anähnlichung zu einer größtmöglichen Annäherung an
den unendlichen Gott in einem tugendhaften Leben führt, so ermöglicht

---

[68]   B. DE MARGERIE verweist zwar — unter Rückgriff auf J. DANIÉLOU— für den Begriff ἀκολουθία auf Plotin (vgl. Plotin, Enn I 8,2; dazu J. DANIÉLOU, 1970, 45; B. DE MAR-
GERIE, 1980, 243), wertet allerdings diesen Ansatz nicht für die Konzeption der θεωρία
aus.
Diese Form der Allegorese kann mit W. BERNARD als dihairetische Allegorese bezeichnet
werden (vgl. W. BERNARD, 1990, 22-69 zu grundsätzlichen Erwägungen; W. BERNARD,
1990, 288 zu Gregor).
[69]   Vgl. dazu Teil III, 1.1 b (mit den entsprechenden Nachweisen zu Plotin).
[70]   Vgl. W. BEIERWALTES, 1985, 101.

der jeweilige Blick in die ἱστορία mit Hilfe der ἀλληγορία einen Verweis
auf den Grund von allem. Sprache zeigt in diesem Kontext - wie bei Plotin
- die Fülle des Einen im Spiegel der Differenz mit der Metapher als ihrem
Pendant, auch wenn von Gregor und Plotin Gott bzw. das Eine unterschiedlich konzipiert sind. Metaphern eröffnen protreptisch einen Zugang
in die Unfaßbarkeit des an sich Bild-losen.[71]

Die Protreptik besteht in der *Vita Moysis* nach den obigen Überlegungen
nicht allein darin, die »göttlichen Aussprüche« (θεῖα λόγια) bzw. das
Wort Gottes zu erforschen, so daß die Protreptik aus der Allegorie resultiert.[72] Vielmehr stellen θεωρία *und* ἱστορία innere Momente der
Protreptik dar — letztere wegen ihrer Funktion, Bedingung der Möglichkeit von θεωρία zu sein. Dieses jeder allegorischen Auslegung der Hl.
Schrift inhärente Moment der Protreptik wird m.E. in der *Vita Moysis*
durch einen weiteren, davon zu differenzierenden protreptischen Aspekt
ergänzt. Dieser ergibt sich durch die Struktur der gesamten Schrift *De vita
Moysis*: Der θεωρία-Teil, der stufenartig die ἱστορία im Sinne der Selbsterkenntnis auslegt, zielt auf den Aufstieg zu Gott bis zur Dunkelheit Gottes und der Schau des ἄδυτον mit dem himmlischen Tabernakel.[73] Von da
an versucht Gregor von Nyssa zu zeigen, daß das Streben zu Gott keine
Sättigung finden kann: Eine einmalige Betrachtung würde dem Streben
ein Ende setzen.[74] In dem gesamten Kontext ist auffällig, daß sich Gregor
verstärkt den Themen zuwendet, die für die Kirche (u.a. die Sakramente)
zentral sind, nachdem Moses vom Berg herabgestiegen ist.[75] Gregor
nimmt den Gedanken des Aufstiegs oder des Wachsens in einem Leben
gemäß Gott für das ganze Volk Israels bzw. der Kirche in Anspruch.[76] Der
gesamte Aufstieg zu Gott ist deshalb als Aufstieg des Moses bis zum
ἄδυτον *und* als Abstieg zum Volk zu sehen, um dieses zu einer Anähnlichung an Gott zu führen — dies unter der Maßgabe, daß eine *visio facialis*
unmöglich ist und so ein ständiger Aufstieg notwendig erscheint. In dieser
Rückkehr des Moses zur Belehrung und Hinführung des Volkes zu Gott
liegt das zweite protreptische Moment der Schrift. Gerade der Aspekt der
Rückkehr zum Volk erinnert dabei der Intention nach an das Motiv des

---

71 Vgl. W. BEIERWALTES, 1985, 105.135-137.
72 Dies ist die Tendenz bei M.N. ESPER, 1979, 13f; J.B. CAHILL, 1981, 459; M. SIMO-
NETTI, 1982a, 403.
73 Vgl. Gregor von Nyssa, VM II 1-183, p. 33,13-95,9.
74 Diesem Aspekt dient vor allem die Auslegung der biblischen Passage, in der Moses
Gott von Angesicht zu Angesicht sehen möchte (visio facialis), von der Felsspalte aus aber
nur Gottes Rücken erblicken kann (VM II 227-255, p. 113,3-122,3).
75 Ab VM II 184.
76 Vgl. Gregor von Nyssa, VM II 291, p. 133,15.

platonischen Höhlengleichnisses[77], das auf die Umwendung der Seele
(περιαγωγὴ τῆς ψυχῆς) zielen will.[78] Bei Gregor läßt sich in verschiedenen Schriften die Verwendung des Höhlengleichnisses nachweisen.[79]
Dabei ändert aber Gregor von Nyssa das platonische und neuplatonische
Verständnis[80] ganz wesentlich, wie dies in ähnlicher Weise bereits bei der
Behandlung der Begriffe »Teilhabe« und »Anähnlichung« sichtbar
wurde[81]: Entscheidend ist für Gregor nicht allein das menschliche Bemühen um ein tugendhaftes Leben; dieses wird für ihn vielmehr erst durch
die Zuwendung Gottes (»Gnade«) ermöglicht, in der *Vita Moysis* speziell
in einem inkarnatorischen Kontext, der bei allen drei Theophanien in VM
sichtbar ist.[82]

Auch die in der dieser Welt eigenen Sprache geschriebene Bibel ist
zunächst kein Sonderfall von Sprache. Somit ermöglicht die Anwendung
der Sprachtheorie, die in der Bibel konsequent als εἰκών, als über sich
selbst hinausweisend, als »Rätselwort«, das erklärt werden muß, verstanden wird, es gerade nicht, einen direkten Zugang zur Unendlichkeit Gottes zu erhalten. Als inspiriertes Wort Gottes ist für Gregor die Schrift aber
von anderen Texten hervorgehoben. Sie vermittelt Wahrheit. Daher ist
der Exeget aufgerufen, diese Wahrheit aufzudecken und zu vermitteln
(Protreptik). Die Bibel in ihrer ihr eigenen Folgerichtigkeit (ἀκολουθία)
kann das unendliche Streben des Menschen zu Gott abbilden. Angesichts
der Unendlichkeit Gottes (in VM) ist die Allegorie die einzige Möglichkeit, adäquat den Aufstieg zu erfassen und zugleich die unüberwindliche
Distanz zu Gott als solche zu thematisieren. Insofern ist die Allegorie
notwendig. Diese kann aber so gedeutet werden, daß sie, weil sie eine
θεωρία ist, auch zur Selbsterkenntnis führt und diese unterstützt, indem
die jeweilige ἱστορία — im Blick auf und in sie — den vorlaufenden und
einigeren Grund sichtbar zu machen vermag. Eine solche Art der Allegorie ist aber selbst protreptisch an den Leser zu vermitteln, und zwar im
Blick auf die jeweilige Stufe des unendlichen Aufstiegs und den Nutzen,

---

[77] Vgl. Platon, Resp 514a-517e und 520c (καταβατέον).

[78] Vgl. Platon, Resp 518d.

[79] Vgl. A. MEREDITH, 1993a, 57-61 (mit den entsprechenden Nachweisen); ferner W.
BLUM, 1974, 43-49.

[80] Vgl. A. MEREDITH, 1993a, 50-53.

[81] Vgl. Teil III, 4.2.

[82] Vgl. Gregor von Nyssa, VM II 19-21, p. 38,25-39,20; VM II 173-177, p. 90,22-92,20;
VM II 240, p. 117,1-6; dazu A. MEREDITH, 1993a, 59f. Darin liegt die Abgrenzung gegenüber einer neuplatonischen Deutung des Höhlengleichnisses.
Dabei ist jedoch nicht intendiert, ein Drei-Stufen-Schema des Aufstiegs wie J. DANIÉLOU
als Gliederungsprinzip zugrundezulegen (dagegen R.E. HEINE, 1975, 107f; F. DÜNZL, 1990,
380 Anm. 10). Trotzdem kann von *drei* Theophanien gesprochen werden.

den die Hörer als Volk Gottes durch den erfahrenen Exegeten, den Lehrer[83], ziehen können.

---

[83] Gregor von Nyssa weist speziell auch Basilius und Makrina diese Rolle zu; vgl. M.
HARL, 1984, 87-103; H.M. MEISSNER, 1991, 34-42.

6. KAPITEL

ZUSAMMENFASSUNG

Gregor von Nyssa unterteilt seine Schrift *De vita Moysis* in zwei Teile —
ἰστορία und θεωρία. Die Anähnlichung an Gott, die Gregor durch den
Terminus θεωρία zu fassen versucht, beschreibt ein vielschichtiges Phänomen, das auch von den philosophischen Implikationen her interpretiert
werden kann.[1] Für den Begriff θεωρία im Sinne von >Betrachtung Got-
tes< hat sich ergeben, daß Gregor folgende Elemente heranzieht: Betrachtung setzt beim Sinnlichen an und führt zur Selbsterkenntnis. Θεωρία ist
in diesem Zusammenhang ein Blick auf die ἀρετή der Seele als Bild Gottes, um von dort bis zu den Erscheinungsweisen Gottes streben zu können.
Da die θεωρία selbst Differenz voraussetzt und somit durch Abständigkeit
gekennzeichnet ist (διάστημα und διάστασις), ist es mit ihrer Hilfe nicht
möglich, das Ungeschaffene (Gott) zu betrachten, das selbst wiederum
durch Nicht-Abständigkeit (ἀδιάστατος φύσις) gekennzeichnet ist. Damit
versucht Gregor, eine klare Grenze zwischen dem Geschaffenen und dem
Ungeschaffenen herauszuarbeiten und zu zeigen, daß ein Zugang zu Gottes Wesen (οὐσία) durch eine Betrachtung bzw. ein unmittelbares, direk-
tes Sehen nicht möglich ist.[2] Es bestehen hier Unterschiede zu Platon,
Aristoteles, Alkinoos und Plotin. Trotz der Differenzen, die das Sehen
Gottes betreffen, greift Gregor von Nyssa vor allem aus der platonischen
Tradition Elemente auf, die er in seinem Kontext der Selbsterkenntnis
verarbeitet.[3]

Diese Konzeption hat Auswirkungen auf ein Verständnis der Mystik,
zumal man in der Forschung versuchte, Gregor von Nyssa, vor allem auch
dessen VM, mystisch zu deuten. Aufgrund des von Gregor entwickelten
Verständnisses von θεωρία ist jedoch eine mystische Interpretation von
VM wenig hilfreich. Dafür gibt es mehrere Gründe: Weder ist eine Klärung der >Mystik< bei Gregor durch die dabei verwendete Terminologie
möglich, noch beschreibt Gregor persönliche Erfahrungen, die in eine
mystische Richtung weisen. Auch Motivgruppen der späteren Mystik reichen nicht aus, um VM als mystischen >Traktat< auszuweisen. Gregor unterscheidet sich zudem klar von Plotin, dessen philosophische Konzeption
der Mystik als Einung mit dem Einen verstanden werden kann.[4]

---

[1] Vgl. Teil I, 3.
[2] Vgl. Teil III, 1.1 a.
[3] Vgl. Teil III, 1.1 b.
[4] Vgl. Teil III, 1.2 b.

Um den Begriff θεωρία bei Gregor besser verstehen zu können, sind die
beiden Bezugspunkte »Gott und Mensch« näher zu bestimmen; erst so
kann die Anähnlichung an Gott, die in VM eines der zentralen Themen
darstellt, beschrieben werden. Für Gregors Gottesverständnis ist dabei der
Begriff »Unendlichkeit« von zentraler Bedeutung: Dabei leitete man die
Sicht Gregors vorrangig aus *Contra Eunomium* ab und übertrug diese Vorstellung auf *De vita Moysis*; es wurde sogar versucht, *De vita Moysis* aus
einem antieunomianischen Kontext heraus zu verstehen. Um diese Ansätze zu überprüfen, war es methodisch unumgänglich, beide Schriften getrennt zu betrachten. *Contra Eunomium* als Reaktion auf den Ansatz des
Eunomius von Cyzicus, dessen Begründung der ἀγεννησία Gottes u.a.
von neuplatonischen Philosophemen her verständlich wird[5], hat zumindest
für die sog. Unendlichkeitsbeweise des ersten Buches gegen Eunomius
ergeben, daß der Unendlichkeitsgedanke Teil eines Beweises ist, der
darauf abzielt, eine Stufung innerhalb des Göttlichen, wie sie von
Eunomius vorgelegt worden ist, abgelehnt wird.[6] Gerade diese Problematik spielt aber in *De vita Moysis* keine Rolle mehr.[7] Daraus ergibt sich für
die chronologische Einordnung von VM, daß eine Datierung in die eunomianische Kontroverse nicht zwingend ist.[8] Die in VM vorgelegte Konzeption der Unendlichkeit läßt sich am besten vom neuplatonischen Ansatz
des Einen in seiner Unendlichkeit (auch hinsichtlich der Mächtigkeit des
Einen) verstehen, und zwar vor allem von Plotin her.[9] Dabei bestehen
aber zwischen Gregor und Plotin Divergenzen, die primär die Frage
betreffen, ob Gott das Sein zugesprochen werden kann oder nicht; ferner
unterscheidet sich Gregor von Plotin dadurch, daß er die Gottheit trinitarisch denkt, während Plotin jegliche Differenz vom Einen fernhält.[10]
Aus der Unendlichkeitsproblematik ergeben sich für Gregor wichtige
Konsequenzen hinsichtlich der θεωρία, die einerseits die Sprache, andererseits die Teilhabe und Anähnlichung an Gott betreffen. In Abgrenzung
zu Eunomius[11] hebt Gregor von Nyssa im Anschluß an die stoische Begrifflichkeit hervor, daß Sprache stets begrenzt ist und daß durch sie folglich auch das Unbegrenzte nicht zu erfassen ist. Die Sprachleistung be-

---

[5] Vgl. Teil III, 2.1 a.
[6] Vgl. Teil III, 2.1 b.
[7] Vgl. Teil III, 2.2 a.
[8] Vgl. Teil III, 2.2 b.
[9] Vgl. Teil III, 3.1; 3.2 und 3.3 für Platon, Aristoteles und Plotin.
[10] Vgl. Teil III, 3.3.
[11] Vgl. zu dessen Ansatz der Sprachtheorie und dem philosophischen Kontext Teil III,
4.1 a.

steht lediglich darin, Differenzen beschreiben zu können. Trotz der In-
adäquatheit der Sprache im Blick auf das Unendliche kann man durch
Bilder und Metaphern über die Sprache selbst hinaus auf eben dieses Unendliche hinweisen.[12]

Für die Teilhabe bzw. die Anähnlichung an Gott, die Gregor in Beziehung zueinander konzipiert, folgt aus der Unendlichkeit Gottes, daß das
Streben zu Gott selbst unendlich sein muß. Der Mensch versucht durch
ein tugendhaftes Leben, seiner ursprünglichen Bestimmung zu entsprechen, von der er durch eine freiheitliche Willensentscheidung abgefallen
ist; in einer »zweiten Schöpfung« wurde deshalb die Leiblichkeit hinzuerschaffen. Ein tugendhaftes Leben bedeutet, die göttlichen Eigenschaften
durch einen Weg in das Innere nachzuahmen, um im inneren Menschen
den Gott in uns, d.h. in der Seele als Bild Gottes, betrachten zu können
(θεωρεῖν). Im Gegensatz zum Neuplatonismus setzt Gregor allerdings als
wesentliches Moment eine Aktivität Gottes voraus, die dem Menschen
den Aufstieg als Anähnlichung erst ermöglicht: die »Gnade«.[13]

Die Ansichten Gregors zur Sprache und Anähnlichung, die zugleich mit
dem Problem der Unendlichkeit verbunden sind, lassen sich auch bei der
Interpretation der Bibel nachweisen. Dabei wird Gregors Grundsatz einer
doppelten Bezugnahme auf die Schrift und Philosopheme deutlich: Die
Bibel kann — wie sich dies von der Sprachtheorie her nahelegt — Gott in
seinem Wesen nicht beschreiben. Sind aber Sprache und Wirklichkeit in
dem Sinne aufeinander bezogen, daß Sprache die in sich differente Wirklichkeit beschreibt, kann die Bibel in ihrer ἀκολουθία die Anähnlichung
an Gott in der absoluten Differenz zu Gott erfassen. Angesichts der Unendlichkeit Gottes ist die Allegorie die notwendige, wenn auch unzurei-
chende Möglichkeit, die Annäherung an Gott im Modus der Sprache darzustellen. Interpretieren — unter Beachtung der Rolle des Lehrers — ist in
diesem Kontext selbst ein unendlicher Vorgang der Anähnlichung. Ist die
θεωρία jedoch als Blick in sich selbst und dadurch als Blick auf den
vorlaufenden Grund zu verstehen, dann ist die Allegorie — in der Auswer-
tung des von Plotin verwendeten θεωρία-Begriffs — notwendig auf die
ἱστορία verwiesen, die Schritt für Schritt anagogisch auszulegen ist. Die
ἱστορία ist somit ein Bild einer »höheren Wirklichkeit« in menschlicher
Sprache. Jede Stufe der Interpretation ist selbst protreptisch. Für die
Protreptik hat sich darüber hinaus gezeigt, daß Gregor das platonische
Höhlengleichnis in dem Sinne auswertet, daß durch den dafür ausgewiese-

---

[12] Vgl. Teil III, 4.1 b.
[13] Vgl. Teil III, 4.2.

nen Lehrer ein Aufstieg des Volkes ermöglicht wird.[14] Die θεωρία ist also als das Ineinander der Vorstellungen über die Unendlichkeit Gottes, die Begrenzung der Selbsterkenntnis, Sprache und Teilhabe / Anähnlichung resp. Gnade zu verstehen. Erst von hier aus sind die Konvergenzen und Divergenzen der einzelnen Interpretationsschritte in VM deutlich zu machen, wie dies im folgenden anhand einiger zentraler Stellen aus VM vorgeführt werden soll.

---

[14] Vgl. Teil III, 5.

TEIL IV

DIE DREI THEOPHANIEN:
EINE EINZELBETRACHTUNG

1. KAPITEL

EINLEITUNG

Die bisherige Untersuchung konnte zeigen, daß für Gregors Konzeption
der Theoria folgende Themen von zentraler Bedeutung sind:

1. Die Unendlichkeit Gottes: Wenn auch der Stellenwert bzw. die Einordnung der Unendlichkeit Gottes z.B. in *Contra Eunomium* und *De vita
Moysis* unterschiedlich ist, weil Gregor in Eun zu zeigen versucht, daß entgegen der Annahme des Eunomius bei Gott keine Stufung hinsichtlich der
οὐσία angenommen werden kann, während dies in VM keine erkennbare
Rolle mehr spielt, so ist auch in Eun deutlich (besonders in Eun III), daß
Gott in seiner aktualen Unendlichkeit der vorlaufende Grund allen Seins
ist. Als dieser Grund, der sich durch die Ungeschaffenheit von allem geschaffen Endlichen unterscheidet, kann Gott nach Gregor nur das Ziel
allen Strebens sein (μόνον ὀρεκτόν), ohne daß der Mensch je in einem
identifikatorischen Akt mit Gott eins werden könnte (ἐπέκτασις).

2. Diese Gottesvorstellung hat bei Gregor wesentliche Konsequenzen
für die Lebensgestaltung des Menschen. Dieser ist dazu aufgerufen, zu
seiner ursprünglichen, d.h. von Gott intendierten Bestimmung zu streben
bzw. zu ihr zurückzukehren. Diese ursprüngliche Bestimmung des Menschen nennt Gregor von Nyssa die »erste Schöpfung«, von der die fakti-
sche geschichtliche Wirklichkeit (die »zweite Schöpfung«) unterschieden
ist. Charakteristika der »zweiten Schöpfung« sind Leiblichkeit, Geschlechtlichkeit und Tod, also Grundzüge der Endlichkeit, die wesentlich
von den Sinnen mitbestimmt sind. Die Rückkehr zur ursprünglichen Bestimmung wird von Gregor durch die Begriffe »Teilhabe« und
»Anähnlichung« beschrieben. Weil der Mensch als Ebenbild Gottes
(εἰκών) erschaffen ist, kann er — bei rechter Lebensführung — zu seiner
göttlichen Grundbestimmung zurückkehren. Die εἰκών-Struktur, die für
den Menschen unverlierbar ist, soll im Prozeß der Anähnlichung an Gott
deutlicher oder sichtbarer werden. Diese Ausrichtung auf die ursprüngliche Bestimmung des Menschen ist im Sinne Gregors eine
ἀφαίρεσις, d.h. die Wegnahme alles der ursprünglichen Bestimmung
Fremden, wodurch die »Merkmale« der »zweiten Schöpfung« überwunden
werden sollen, um so Gott oder — besser — dessen Eigenschaften ähnlicher
zu werden. Der Weg der Anähnlichung, der nach Gregors Theoria-Konzeption als »Selbst«-Erkenntnis verstanden werden kann, ist jedoch aufgrund des von Gregor entwickelten Gottesverständnisses nur als unendliches Streben auszulegen, das durch zwei weitere Momente bestimmt

ist: Der Mensch kann die Anähnlichung an Gott in seinem Leben nur
dann handelnd verwirklichen, wenn er zwischen »gut« und »böse« wählen
kann. Tugend (ἀρετή) als die »Bestheit« setzt also notwendig auf Seiten
des Menschen die Willensfreiheit voraus. Die verschiedenen Ansätze und
Bestimmungen, die Gregor für die Anähnlichung des Menschen einführt,
haben jedoch als Bedingung, daß sich Gott dem Menschen— dessen Handeln vorgängig — zuneigt und das Handeln des Menschen mitträgt. Die
Zuwendung Gottes, die Gregor hier einführt, um die Anähnlichung des
Menschen an Gott zu ermöglichen, kann mit dem traditionellen Begriff
»Gnade« umschrieben werden.

3. Angesichts der Unendlichkeit Gottes und des unendlichen Strebens
besteht für Gregor die Notwendigkeit, sich näher mit der Struktur der
Sprache zu beschäftigen und zu bestimmen, wie diese die Unendlichkeit
wiedergeben kann. Sprache kann aufgrund ihrer Endlichkeit und der
notwendigen Differenzstruktur die οὐσία Gottes in ihrer Unendlichkeit
und In-Differenz nicht aussagen. Die Leistung der Sprache besteht jedoch
darin, daß sie gerade wegen ihrer Differenz anzeigenden Möglichkeit
Differentes beschreiben und mit Hilfe von Bildern und Metaphern über
sich selbst auf den vorlaufenden Grund von allem verweisen kann.

4. In VM versucht nun Gregor, das Leben des Mose als eine Lebensform der Anähnlichung zu verstehen. Um dies zu erreichen, ist es für
ihn notwendig, über den bloßen Buchstaben der Bibel hinauszuweisen,
d.h. das freizulegen, was durch die biblische Erzählung verdeckt ist. Die
ἱστορία, d.h. die in Sprache verfaßte Erzählung der Hl. Schrift, muß selbst
überschritten werden, um so einen Weg der Annäherung an Gott zu finden. Diese Art der Freilegung eines Schriftsinnes, der *in* der ἱστορία
selbst enthalten ist, kann selbst als ἀφαίρεσις und in diesem Sinne als
θεωρία verstanden werden. Die allegorische Schriftauslegung, die somit
eng mit Gregors Sprachtheorie verbunden ist, ist angesichts der Unendlichkeit Gottes und des unendlichen Aufstiegs die *notwendige* Form, um
die Vorläufigkeit des Redens analog zu den Metaphern anzuzeigen. Indem der Interpret in oder auf das ἱστορικόν blickt, d.h. dieses auslegt,
vollzieht er einen Prozeß der ἀφαίρεσις und gelangt auf eine höhere Stufe
des Fortschritts. Die Allegorie unterstützt in Form eines schon in der Anähnlichung fortgeschrittenen »Lehrers« die ὁμοίωσις.

5. Vor allem die Überlegungen zur Anähnlichung an Gott haben gezeigt, daß die Protreptik ein inhärentes Moment der Theoria ist. Die Betrachtung, die sich auf Gott richtet, führt nicht zu einer Lebensform der
Isolation, sondern setzt für Gregor die Rückwendung und Vermittlung des

Erreichten für andere voraus. Darin ahmt der Mensch die Zuwendung
(Protreptik) Gottes zur Schöpfung und zum Menschen nach. Eine ähnliche Struktur der Protreptik zeigt sich in der Auslegung der Hl. Schrift
(Allegoria) vor allem für den »Lehrer«, der— in der Tugend und Erkenntnis bereits fortgeschritten— diese Lebensform im Medium der Schriftauslegung vermittelt. In der Allegoria läßt sich jedoch ein weiteres Moment
der Protreptik erkennen: Moses, der bis zum ἄδυτον gelangt ist, geht von
dort den Berg hinab, um das Volk in der Lebensführung zu unterweisen
und so einen Aufstieg des Volkes zu ermöglichen.

Diese verschiedenen, hier skizzierten Elemente der Theoria lassen sich
in den Theophanien von VM nachweisen.

2. KAPITEL

ERSTE THEOPHANIE: DER BRENNENDE DORNBUSCH

In der ersten Theophanie führt (προσάγειν[1]) Gregor den Adressaten durch die Auslegung des Bibeltextes (ἱστορία) zu den für diese Theophanie zentralen Themen hin: εὐσέβεια[2], λογισμός / πάθη[3], ὁμοίωσις[4] und φωταγωγία[5]. Entscheidend ist für Gregor allerdings der σκοπός der Auslegung. Dieser liegt in der μίμησις, d.h. in der Umsetzung der folgenden Einsichten in die Lebenspraxis des Adressaten, wie er dies schon im Proömium deutlich hervorhob.

1. εὐσέβεια - Kirche und heidnische Bildung

Gregor versucht zu bestimmen, welche Rolle der Philosophie in dem Prozeß der Veränderung des Lebens zukommt. Die pagane Bildung bzw. die Philosophie vermag im Sinne Gregors gerade über die Wogen des Lebens, die in den πάθη symbolisiert sind, hinwegzutragen wie das Kästchen, in dem Moses lag.[6] Die Weisheit der Philosophie muß recht gebraucht werden (usus iustus)[7], damit sie in einem christlichen Leben förderlich wirken kann.[8] An anderer Stelle in VM wird deutlicher, wie das Verhältnis von

---

[1] Vgl. Gregor von Nyssa, VM II 20, p. 39,12.

[2] *1)* VM II 1-5, p. 33,13-35,1: wandelbare Natur und freier Wille; *2)* VM II 6-13, p. 35,1-37,14: Kirche und Schrift; *3)* VM II 17, p. 38,15-20: Herrschen der wahren Lehre.

[3] *1)* VM II 4, p. 34,14-19: richtige Entscheidung; *2)* VM II 6f.9, p. 35,1-13.35,22-36,7: Thema »Täuschung«; *3)* VM II 16.18, p. 38,6-15.20-25: Herrschen des λογισμός.

[4] *1)* VM II 1, p. 33,14-19: μίμησις; *2)* VM II 9, p. 36,5: μίμησις eines ὑπόδειγμα (Moses); *3)* VM II 15, p. 38,1f: ὑπόδειγμα; VM II 16, p. 38,13-15: Anähnlichung (des Lesers) an das Beispiel der ἱστορία.

[5] *1)* VM II 4, p. 34,16; *2)* VM II 10-12, p. 36,7-37,7 mit dem Thema des Heranwachsens und der Erziehung; *3)* VM II 16, p. 38,12-15.

[6] Vgl. Gregor von Nyssa, VM II 6, p. 35,7-9; vgl. auch Op hom 18, p. 192AB; An et res p. 61B.
Zu den πάθη bei Gregor vgl. P.T. CAMELOT, 1967, 155; C. PERI, 1974, 318. Für Plotin hat die Seele in ihrem eigentlichen Zustand keine πάθη (vgl. Enn IV 7,10); dazu A. MEREDITH, 1982, 1122 (mit einem Vergleich zu Gregor).

[7] Zum usus iustus bei Gregor vgl. CHR. GNILKA, 1984, 76-79.
Vgl. Gregor von Nyssa, VM II 17, p. 38,15-20; zur Bedeutung der Einstufung der Philosophie an dieser Stelle vgl. W. JAEGER, 1954, 134f.138; E. MÜHLENBERG, 1966, 90; C. PERI, 1974, 322f; P.F. O'CONNELL, 1983, 303f. Demgegenüber deutet E. JUNOD die Stelle so, als sei die Rolle der Philosophie gerade in ihrer »Sterilität« zu sehen (vgl. E. JUNOD, 1978, 91).

[8] Vgl. Gregor von Nyssa, VM II 12, p. 37,2-7; vgl. auch Gregor von Nyssa, Bas p. 126,7-9; Clemens von Alexandrien, Paid I 6,42, p. 115,10-24.

Philosophie und christlichem Leben zu bestimmen ist: Pagane Bildung soll das Leben schmücken (καλλωπισθῆναι bzw. κατακοσμήσας[9]). Nach Gnilka impliziert eine solche Vorstellung, daß die christliche Lehre von außen her in ihrer Substanz nicht ergänzt oder verändert wird, auch wenn es nicht um eine bloß formale Verzierung geht; vielmehr diene die Philosophie der *Darstellung*.[10] Selbst wenn Gregor hier in der von Gnilka vorausgesetzten Form eines unveränderlichen »christlichen« Kerns und der ihn umgebenden Schale dächte, läßt sich aus dem Begriff >Ordnung< ableiten, daß durch philosophische Gedanken das Dargestellte, d.h. der Glaube, strukturiert wird und somit der Philosophie eine wesentliche Rolle zukommt. Diese Funktion der Philosophie ist allerdings in einen christlichen σκοπός eingebettet: Im Gegensatz etwa zum Neuplatonismus vermag der Mensch keine Selbstvervollkommnung zu leisten, sondern ist auf die vorgängige Tat Gottes angewiesen, die von Gregor mit dem Begriff »Gnade« umschrieben wird.[11]

Die heidnische Bildung ist also nicht nur ein rein äußerlich bleibendes Beiwerk, sondern sie kann helfen, die Wahrheit, die Gregor im Glauben und in der Kirche angesiedelt sieht, zu vermitteln.

2. λογισμός und πάθη: der Beginn der ὁμοίωσις und der erste Schritt der ἀφαίρεσις

Am Anfang des im folgenden von Gregor aufgezeigten »Aufstiegs« zu Gott steht der Mensch »nach dem Abfall« von seiner ursprünglichen Bestimmung. Der geschichtlich, d.h. real existierende Mensch entspricht seiner von Gott intendierten Bestimmung u.a. auch dadurch nicht, daß die πάθη seinen λογισμός beherrschen. Eine »Rückkehr« zur »ersten Schöpfung«, also zur eigentlichen Bestimmung des Menschen, eine Rückkehr, die durch die ὁμοίωσις θεῷ geleistet wird, ist nur dadurch zu erreichen, daß der λογισμός im Menschen wieder die Herrschaft übernimmt. Eine grundlegende Voraussetzung, die Gregor hier einführt, ist die, daß er das Leben als Veränderung versteht, das sich entweder zum Besseren oder

---

Vgl. auch die Bedeutung des Glaubens: Gregor von Nyssa, VM II 34, p. 43,5f und VM II 36, p. 43,19; ferner Inst p. 43,8-20; An et res p. 96B; dazu auch Teil II, 2. Abschnitt, 4.2.
[9] Vgl. Gregor von Nyssa, VM II 115, p. 68,18; VM II 116, p. 69,2; vgl. auch Virg p. 248,5-8.
[10] Vgl. CHR. GNILKA, 1984, 79.
[11] Vgl. Teil III, 4.2.

Schlechteren hinwendet[12], was zugleich den freien Willen des Menschen voraussetzt.[13] Damit zeigt Gregor den Ansatzpunkt einer ὁμοίωσις im Leben des Menschen auf.

3. φωταγωγία

Mit dem Ausdruck φωταγωγία bezeichnet Gregor an zentraler Stelle den Prozeß, durch den der Mensch zu seiner Bestimmung zurückkehren, d.h.

---

[12] Vgl. Gregor von Nyssa, VM II 2, p. 33,19-22; vgl. auch Virg 6, p. 280-281; Or cat 21, p. 82,4-83,19; Op hom 16, p. 184C; Cant 6, p. 174,8f; ferner Platon, Leg 903d; SVF III 111; Seneca, De ira I 8,3; Philon, Leg all II 83, p. 106,28-107,5; Origenes, De princ II 9,2, p. 402-404.
E. FERGUSON hebt hier vor allem den Aspekt der Wandelbarkeit hervor (vgl. E. FERGUSON, 1973, 69); der Schwerpunkt der Aussage liegt jedoch auf dem Aspekt des Besseren und Schlechteren (vgl. P.F. O'CONNELL, 1983, 303; ferner L.F. MATEO-SECO, 1993, 105 Anm. 2).
Gregor von Nyssa legt die Tendenz zum Besseren als das Männliche, die zum Schlechteren als das Weibliche aus (vgl. Gregor von Nyssa, VM II 2, p. 34,2-6; VM II 3, p. 34,13f). Diese Deutung widerspricht auf den ersten Blick der Einschätzung Sarahs als Vorbild der Tugend (vgl. PH.M. BEAGON, 1995, 166 zur Gleichstellung von Mann und Frau) und vor allem der Einschätzung seiner Schwester Makrina in *De anima et resurrectione*, der Gregor eine führende Rolle als Lehrerin zuweist (vgl. H.M. MEISSNER, 1991, 34-42). Gregor versucht jedoch in der *Vita Macrinae* und in *De anima et resurrectione* zu zeigen, daß Makrina in ihrer Anähnlichung an Gott bereits die geschlechtsspezifische Differenzierung »überwunden« habe (vgl. H.M. MEISSNER, 1991, 55; dort weitere Lit.; PH.M. BEAGON betont dagegen, daß man die Person Makrina prosopographisch einordnen müsse [PH.M. BEAGON, 1995, 168], was in dieser Form aber problematisch ist). Diese Sicht hängt bei Gregor damit zusammen, daß die Unterscheidung der Geschlechter noch nicht mit der »ersten Schöpfung« gegeben war, sondern erst nach dem »Fall« durch den freien Willensentschluß gegen Gott (vgl. G.C. STEAD, 1976, 110). Wenn der Mensch sich in der ὁμοίωσις Gott annähert, läßt er zugleich die Differenz des Weiblichen und Männlichen hinter sich. Dies ließe sich auch mit dem Ideal der Virginität zeigen (vgl. P. HUYBRECHTS, 1993, 235f).
Auf die Differenzen von Philon und Gregor hat D.T. RUNIA mit Nachdruck aufmerksam gemacht (vgl. D.T. RUNIA, 1993, 257).
Vgl. insgesamt zu dieser Vorstellung des Weiblichen und Männlichen hinsichtlich der Tugend (auch zur Abhängigkeit von Origenes und Philon von Alexandrien; vgl. Philon, Leg all III 3, p. 113,17-21; Leg all III 243, p. 166,31-167,4; Origenes, Hom Ex II 1-3, p. 68-80) J. DANIÉLOU, 1970, 95-115; P.F. O'CONNELL, 1983, 302.
[13] Vgl. Gregor von Nyssa, VM II 3, p. 34,11-13; VM II 6, p. 35,1-4; ferner Eccl 6, p. 380,3-7; Prof p. 140,9f.
Philon, Leg all III 180, p. 152,32-153,8; Cher 42-52, p. 180,13-183,7; Abr 99-101, p. 23,11-24,2; Origenes, Hom Num XX 2, p. 187,33-191,8.
Vgl. M. MEES, 1976, 330; E. JUNOD, 1978, 95; P.F. O'CONNELL, 1983, 303; L.F. MATEO-SECO, 1993, 106 Anm. 4 (ob der Hinweis auf Pelagius hier hilfreich ist, müßte eigens untersucht werden).
Dabei ist für die Thematik des freien Willens zu beachten, daß im Sinne Gregors vorgängig eine Tat Gottes erfolgen muß, um frei handeln zu können (vgl. Teil III, 4.2); es läßt sich dann auch nur bedingt von einer »Selbsterziehung« (so C. PERI, 1974, 327) sprechen.

ihr entsprechen soll. Gott, symbolisiert im brennenden Dornbusch, ist das Licht, auf das der Mensch sein Leben ausrichten, auf das er hinstreben soll, besser noch: auf das er hingeführt werden soll. Das ἄγειν zeigt hier nochmals deutlich den für Gregor wichtigen Gedanken, daß nicht nur der Mensch handelt, sondern daß sich Gott dem Menschen zuneigt (»Gnade«). Diese Führung des Menschen durch Gott manifestiert sich hier konkret in der göttlich inspirierten Geschichte vom Leben des Mose, die — richtig verstanden (ἀλληγορία) — den Menschen in seinem Streben zu Gott führt.

Da die Lichtmetapher für die Theophanie von zentraler Bedeutung ist, soll sie im Mittelpunkt der folgenden Interpretation stehen.

Dabei betont Gregor, daß das wahrhafte Sein, die Ursache von allem, die für sich selbst unbedürftig ist, bewirkt, daß der Mensch zu Gott streben kann.[14] Dieses Streben ist für Gregor *Teilhabe* am Sein, die somit als An-ähnlichung oder Aufstieg gedeutet wird. Zugleich erörtert Gregor diese Themen in einem christologischen Kontext: Für Gregor ist nämlich Gott die Wahrheit, diese wiederum das Licht, das im Fleisch erschienen ist, also Christus.[15] Daraus wird deutlich, daß der Aufstieg des Menschen zu Gott bereits ein Handeln Gottes voraussetzt: Die Wahrheit wird nicht etwa vom Menschen aufgrund eigener Leistungen gefunden, sondern sie strahlt auf[16], zeigt sich[17] und erleuchtet die Augen der Seele[18]. Darüber hinaus betont Gregor, daß der Mensch die ursprüngliche Bestimmung der Nähe zu Gott durch seine eigene Willensentscheidung »verloren« hat (als »Fall des Menschen« gedeutet)[19] und in seiner »Nacktheit« mit der irdischen »Fellbekleidung« umgeben worden ist[20]; folglich ist es in einem ersten

---

[14] Vgl. Gregor von Nyssa, VM II 25, p. 40,17-25; dazu R.E. HEINE, 1975, 54.58f; ferner die ausführliche Interpretation in Teil III, 4.2.

[15] Gregor zitiert Joh 8,12 und 14,6: vgl. VM II 20, p. 39,8f; zur Sache Perf p. 206,18-20; dazu A.W. ANDERSON, 1961, 16; E. JUNOD, 1978, 91; L.F. MATEO-SECO, 1993, 112 Anm. 18.
Vgl. auch Philon, Vita Mos I 65, p. 135,1-8; Clemens von Alexandrien, Paid II 8,66, p. 197,7-20.
Gregor behandelt hier auch die Frage der Jungfräulichkeit (vgl. VM II 21, p. 39,17-20; dazu C. PERI, 1974, 323; M. MEES, 1976, 331; L.F. MATEO-SECO, 1993, 113f Anm. 21 [weitere Lit.]).

[16] Vgl. Gregor von Nyssa, VM II 19, p. 39,2.

[17] Vgl. Gregor von Nyssa, VM II 19, p. 39,4.

[18] Vgl. Gregor von Nyssa, VM II 19, p. 39,2f; dazu H. DÖRRIES, 1963, 579 (mit Bezug auf Cant); E.V. IVÁNKA, 1964, 163; P.F. O'CONNELL, 1983, 305.
Vgl. auch Origenes, De princ I 1,9, p. 120; Cels I 48, p. 98.

[19] Vgl. Teil III, 4.2.

[20] Vgl. Gregor von Nyssa, VM II 22, p. 39,24f. Dabei denkt Gregor nicht notwendig allein an Leiblichkeit; der besondere Aspekt, den Gregor in anderen Schriften hervorhebt,

Schritt[21] beim Aufstieg notwendig, diese Bekleidung abzulegen[22], um sich in der Betrachtung[23] Gott zuwenden zu können. Erst durch die Wendung in das Innere[24], die einer Reinigung[25] des den Menschen umgebenden Kleides oder der Wegnahme alles Fremden[26] gleichkommt, ermöglicht es dem Menschen, das wahrhafte Sein zu erkennen. Abstraktion (ἀφαίρεσις) ist somit die notwendige Bedingung der Erkenntnis der Wahrheit.

Unter der Vorgabe, daß Gott als ὄντως ὄν[27] zugleich Licht[28] und Wahrheit[29] ist, entwickelt Gregor von Nyssa einen Wahrheitsbegriff, der

---

ist der der Sterblichkeit (vgl. H.M. MEISSNER, 1991, 357 mit Anm. 56; dort weitere Lit.), die aber notwendig mit der Endlichkeit des Menschen verbunden ist; für die ἀποκατάστασις denkt er aber nicht an eine zyklische Wiederkehr.

[21] Vgl. Gregor von Nyssa, VM II 201, p. 103,7-10.

[22] Vgl. Gregor von Nyssa, VM II 22, p. 39,21-40,1; ferner An et res p. 148B-149C; Beat 8, p. 161,21-23; Inscr I 7, p. 44,3-5; Cant 11, p. 327,14f und 329,17f; Cant 12, p. 360,5-15. Zentral ist ein Text Plotins, Enn I 6,7,7; dazu J.M. RIST, 1967, 188; J. PÉPIN, 1987, 145f; W. BEIERWALTES, 1991, 251.
Ferner Porphyrius, Abst I 31,3, p. 66; Abst II 46, p. 112; Proklos, Elem theol 209, p. 182; Irenäus von Lyon, Adv haer I 5,5, p. 86-88 zu den Valentinianern; Clemens von Alexandrien, Strom III 91-93, p. 238,9-239,7; Exc ex Theod 55,1, p. 125,8f; Philon, Leg all II 53, p. 100,25-101,2; zum gesamten Kontext bei Philon vgl. K. ASPEGREN, 1990, 121-124.
Zu Gregor vgl. J. DANIÉLOU, 1944, 52-65; J.T. MUCKLE, 1945, 55-84; A.H. ARMSTRONG, 1948, 123-125; J. DANIÉLOU, 1954, 390-394; H. DÖRRIES, 1963, 579 (Thema: Verlust des ursprünglichen Kleides); K. HOLL, 1969, 203; M. ALEXANDRE, 1970, 41; J. DANIÉLOU, 1970, 154-164; I.P. SHELDON-WILLIAMS, 1970, 452; E. FERGUSON, 1973, 62; M. MEES, 1976, 326; G. WATSON, 1987, 101f; D. CARABINE, 1992, 90.
Zur Rolle des νοῦς und der πάθη bei Gregor und Plotin vgl. A. MEREDITH, 1989, 35-51.
Zur Herkunft der Kleidermetapher aus orphisch-pythagoreischen Kreisen vgl. E.R. DODDS, 1962, 307; J. QUASTEN, 1942, 207-215.
Wichtig für die Wirkungsgeschichte ist der Gedanke des νοῦς γυμνός bei Evagrius Ponticus: dazu H.-G. BECK, 1983, 22; zur Wirkungsgeschichte der Kleidermetapher in der syrisch-christlichen Tradition vgl. S. BROCK, 1982, 11-40; aspektreich zum griechischen und lateinischen Umfeld J. PÉPIN, 1987, 137-165.

[23] Vgl. Teil III, 1.1 a; vgl. ferner den Terminus φωταγωγία (VM II 19, p. 39,4): dieser kann bereits eine sakramentale Vermittlung (Taufe) andeuten (vgl. M. HARL, 1978, 106), so daß bereits hier ein protreptisches Moment sichtbar wird.

[24] Diese Wendung wird auch durch den Gedanken der Abgeschiedenheit des Moses verdeutlicht: Gregor von Nyssa, VM II 16-18, p. 38,6-25 mit VM I 19, p. 9,5-7; dazu E. FERGUSON, 1976, 313; P.F. O'CONNELL, 1983, 304. Zur Bedeutung des Begriffes >Abgeschiedenheit< im Zusammenhang mit der ἀφαίρεσις für die mystische Tradition (ausgehend von der Bildhauermetapher bei Plotin) vgl. W. BEIERWALTES, 1991, 172 (zu Pseudo-Dionysius Areopagita und Meister Eckhart unter Rückgriff auf Plotin und Proklos). Zur Bildhauermetapher vgl. auch Teil III, 4.2.

[25] Vgl. Gregor von Nyssa, VM II 22, p. 40,4.

[26] Vgl. Gregor von Nyssa, VM II 38, p. 44,3-5.

[27] Vgl. Gregor von Nyssa, VM II 23, p. 40,8.
Zur Konsistenz der Terminologie bei Gregor vgl. G.C. STEAD, 1976, 108f.
Gregor entwickelt diese Vorstellung in der Auslegung von Ex 3,14; dazu W. BEIERWALTES, 1972, 15; E. FERGUSON, 1976, 308f; M. HARL, 1978, 101-104; A. MEREDITH, 1990, 142.

[28] Vgl. Gregor von Nyssa, VM II 20, p. 39,9.

[29] Vgl. Gregor von Nyssa, VM II 19, p. 39,3.

mit dem Gedanken der Teilhabe bzw. des Strebens zu Gott verbunden ist. Der Mensch wendet sich vom Bereich der Un-Wahrheit in einem reinigenden Prozeß der Wahrheit zu. So schreibt Gregor von Nyssa: »Die Lüge ist [...] gewissermaßen eine φαντασία über das Nichtseiende, die im diskursiven Denken entsteht. Die Wahrheit aber ist eine sichere Erfassung des wahrhaft Seienden.«[30] Wenn die Wahrheit der Lüge[31] entgegengesetzt ist im Hinblick auf das Sein[32], muß man, um zur Wahrheit gelangen zu können, die φαντασία in der διάνοια überwinden.

Um diesen Sachverhalt im Sinne einer philosophischen Implikation[33] zu verdeutlichen, ist an plotinische und porphyrianische *Strukturparallelen*[34] zu erinnern. Dem Hervorgang des vom Einen Verschiedenen in die Verzeitlichung entspricht bei Plotin im menschlichen Bereich der Akt der Entzeitlichung im Ablassen von allem Äußeren. Ein πάντα εἴσω[35] ist im Sinne Plotins aber keine subjektive Innerlichkeit, sondern der Rückgang in den ontologischen Grund alles Äußeren. Es ist der Akt der Selbst-Befreiung vom Sinnenfälligen auf das eigene Selbst hin, auf das Intelligible oder das Denken, eine Abstraktion von allem Fremden.[36] Die bewegende Kraft ist der ἔρως; dieser entsteht aus dem dunklen Glanz im Sinnenfälligen zu einem großen Licht als dem bewegenden Zielgrund.[37] Damit wird bei Plotin aber das Sinnenfällige nicht prinzipiell verachtet, sondern denkend zurückgeführt auf den intelligiblen Grund alles Seienden und so in sich einiger gedacht.[38] In der Wendung der Seele auf sich selbst wendet sie sich zugleich ihrem eigenen Selbst zu, d.h. ihrem Grund oder der Bedingung der Möglichkeit ihres eigenen Selbstseins. »Im Einfach-Werden wird es einig mit sich selbst, um zugleich mit seinem Ursprung einhellig werden zu können.«[39] Im Denken des νοῦς wird die Subjekt-Objekt-Beziehung, wie sie im diskursiven Denken zu finden ist,

---

[30] Gregor von Nyssa, VM II 23, p. 40,6-8. Vgl. auch Cant 9, p. 287,17. Philon, Opif 172, p. 60,9-14; Origenes, Princ I 3,6, p. 170-174; In Joh II 13, p. 68-70. Dazu H.F. CHERNISS, 1971, 50-56.

[31] Zur terminologischen Differenzierung von Wahrheit und Lüge seit Homer vgl. W. LUTHER, 1935, passim; J.C. RIJLAARSDAM, 1978, 207-210.

[32] Zur Konzeption von Nicht-Sein und Übel bei Gregor vgl. A.A. MOSSHAMMER, 1990a, 136-167 (weitere Lit.).

[33] Vgl. Teil I, 3.

[34] Damit sollen die Divergenzen zwischen Gregor, Plotin und Porphyrius nicht verwischt werden (vgl. A. MEREDITH, 1982, 1125).

[35] Plotin, Enn III 8,6,40.

[36] Vgl. Plotin, Enn IV 8,4,28f; dazu W. BEIERWALTES, 1981, 75f.

[37] Vgl. Plotin, Enn VI 7,33,29f.

[38] Vgl. Plotin, Enn V 5,7,33; VI 9,1,16f.

[39] W. BEIERWALTES, 1981, 79.

aufgehoben. Diese Struktur beschreibt Plotin vor allem durch die Lichtmetapher: In der Wendung der Seele zum Geist empfängt diese dessen Licht und hat dadurch ein klareres Leben. Das Licht des Geistes bewirkt, daß sich die Seele auf sich selbst zurückwendet. Der Glanz des Geistes ist das ursprüngliche Licht, das sich selbst leuchtet, das heißt, leuchtend und erleuchtet zugleich ist: Licht ist dem Lichte durchsichtig[40] als die Selbstreflexivität des absoluten Geistes.

Wenn Gregor von Nyssa die Wahrheit gegenüber der Lüge dadurch abgrenzt, daß die Lüge durch die φαντασία im dianoëtischen oder diskursiven Denken entsteht, weil es im sinnenfälligen Bereich verharrt, dann ist die Abwendung vom Sinnenfälligen als Weg zur *Wahrheit* − philosophisch gesehen − auch die abstraktive Bewegung in das eigene Selbst des Menschen, d.h. auf das Einigere hin: den Geist. Diese Sicht wird auch durch die Strukturparallelen bei Porphyrius deutlich, auf die G. Watson aufmerksam gemacht hat: Nach Porphyrius müsse man für den Aufstieg von den φαντασίαι und den αἰσθήσεις absehen[41]; die φαντασία müsse vermieden werden, um zum Unkörperlichen zu gelangen.[42] Damit setzt Porphyrius in gleicher Weise wie auch Plotin die intelligible Welt des Geistes von der materiellen Welt der Sinne ab. In der Sinnen-Welt existieren die Dinge in Raum und Zeit und sind voneinander getrennt, während der Geist alles zusammen sieht.[43] Explizit verbindet Porphyrius die Begriffe ψεῦδος, φαντασία und τὸ μὴ ὄν: »διὸ πᾶν ὃ ἐπαγγέλλεται ψεύδεται, κἂν μέγα φαντασθῇ, μικρόν ἐστιν· οἶον γὰρ παίγνιόν ἐστι φεῦγον εἰς τὸ μὴ ὄν.«[44] Um zur Wahrheit zu gelangen, muß man von der sinnenfälligen Welt als dem eigentlich Un-Wahren absehen.

Nach Townsley beschreibt Gregor von Nyssa diese Entgegensetzung von Wahrheit und Täuschung/Un-Wahrheit im Anschluß an Parmenides, der den Weg der Wahrheit und den Weg der Täuschung (δόξα), Sein und

---

[40] Vgl. Plotin, Enn V 8,4,6; dazu W. BEIERWALTES, 1981, 81f; ferner W. BEIERWALTES, 1977, 75-117; W. BEIERWALTES, 1985, z.B. 48.50f.57f.60f; W. BEIERWALTES, 1988, 34-43; W. BEIERWALTES, 1989, 27 gegen C.J. DE VOGEL, 1986, 141f; G. SIEGMANN, 1990, 91-101; W. BEIERWALTES, 1991, 125.

[41] Vgl. Porphyrius, Abst I 31, p. 66f; Abst I 33, p. 67f, Abst I 34, p. 68f; Sent 32, p. 32,8-35,3; dazu G. WATSON, 1987, 106f.
Zur Verhältnisbestimmung von φαντασία und αἴσθησις im aristotelischen Kontext vgl. z.B. V. CESSI, 1987, 104-126; H. BENZ, 1990, 27-52; zu Platon und Aristoteles vgl. W. BERNHARD, 1988 passim; A. SCHMITT, 1990, 226.231; zu Plotin vgl. aspektreich H. BENZ, 1990, 178-282.

[42] Vgl. Porphyrius, Sent 33, p. 37, 6-13.

[43] Vgl. Porphyrius, Sent 33, p. 36-38 und Sent 44, p. 57-59; vgl. auch Plotin, Enn V 1,8,11-27.

[44] Porphyrius, Sent 20, p. 11,9-11.

Nicht-Sein gegenüberstelle.[45] Es trifft zwar zu, daß Gregor von Nyssa wie
auch Parmenides die Begriffe ἀλήθεια, νοῦς und δόξα verwenden[46], bei
beiden Autoren werden sie allerdings unterschiedlich aufeinander bezogen. Bei Parmenides ist das Denken, »um sich zu entfalten, auf seinen Gegenstand, das Seiende, angewiesen.«[47] Der Satz bei Parmenides: »dasselbe
ist Denken und Sein« (Frg. B 3), ist nicht im Sinne einer Identität von
Denken und Sein zu verstehen, wie sich dies in der Konsequenz der ideali-
stischen Philosophie bei Hegel[48] oder im Sinne Heideggers[49] ergibt, insofern das Denken (νοεῖν) nicht nur rezeptiv zu denken ist, sondern
zugleich als verstehendes Denken einer Sache.[50] Für Parmenides ist das
Sein das Maß-Gebende für das Denken: »Sein ist nur Sein durch das sich
in ihm aussprechende Denken«[51]. Sein kann aufgrund seiner rationalen
Struktur gedacht werden. Denken aber *denkt*, weil *Sein* als Zu-Denkendes
ist. Bei Parmenides wird das ταὐτό noch als eine gewisse äußere Bezogenheit verstanden, nicht als das konstitutive Ineinander von Denken und
Sein im Sinne einer einzigen Wesenheit. Für Gregor von Nyssa ist aber
Gott die Wahrheit, die Wahrheit das Licht[52]; die *Wahrheit* ist die sichere
noëtische Erfassung des wahrhaft *Seienden*.[53]

Gegenüber Parmenides hat sich aber unter dem modifizierenden Rückgriff auf diesen die Verhältnisbestimmung von Sein und Denken bereits
bei Plotin geändert. Denn für Plotin sind Denken und Sein zu einem einzigen Wesensakt des in sich ständigen Geistes aufgehoben. Der Geist *ist*
denkend alles Zu-Denkende: »sein Denken denkt Sein als das *Selbe* mit
sich selbst«[54]. Gegenüber Plotin ist bei Parmenides der nähere Bezug zur

---

[45] Vgl. A.L. TOWNSLEY, 1974, 643f.
Zu A.L. TOWNSLEY vgl. die kritischen Anmerkungen in Teil III, 4.2.
[46] Für Gregor vgl. VM II 23, p. 40,5-12; für Parmenides vgl. Frg B 1,29f; Frg B 2 und
Frg B 3.
[47] F. RICKEN, 1988, 38; zum Problem auch TH. BUCHHEIM, 1994, 121: er gibt νοεῖν
mit »gewahren« wieder. Eine Diskussion dieser Position kann hier nicht erfolgen.
[48] Vgl. G.W.F. HEGEL, 1986a, 288-290.
[49] Vgl. M. HEIDEGGER, 1986a, 14f.
[50] Vgl. W. BEIERWALTES, 1980, 16; U. HÖLSCHER, 1986, 82.
Der Strukturvergleich von Parmenides (Frg B 3) und Platon (Theaet 152b) bei E. HEITSCH
(vgl. E. HEITSCH, 1974, 144) erbringt insofern für unsere Fragestellung nichts, als Platon
darauf abhebt, daß die Vorstellung (φαντασία) und die Wahrnehmung (αἴσθησις) dasselbe (ταὐτόν) sein sollen, was aber nach Gregor von Nyssa nur für den Bereich der Täuschung zutrifft.
[51] W. BEIERWALTES, 1980, 16.
[52] Vgl. Gregor von Nyssa, VM II 20, p. 39,9f; zur Lichtmetapher VM II 22, p. 39,21-24.
[53] Vgl. Gregor von Nyssa, VM II 23, p. 40,7f.
[54] W. BEIERWALTES, 1981, 25 [Hervorhebung Th.B.]; vgl. Plotin, Enn V 1,8,15-27; III
8,8,8; V 9,5,29 sowie V 1,4,26-33; vgl. auch V. CILENTO, 1964, 194-203.

Wahrheit als solcher nicht geklärt; zudem ist im Vergleich mit Gregor von
Nyssa die Verbindung zur Lichtmetapher bzw. der Formulierung >Deus
est veritas< nicht gegeben. Diese Bezüglichkeit von Denken und Sein im
sich selbst reflektierenden Geist ist bei Plotin aber als Wahrheit vorgestellt im Sinne der Selbstdurchlichtung des Geistes, indem der Geist im
Selbstbezug das Licht (des Einen) vor-findet.

Denn Plotin begreift die Wahrheit (wenn auch nicht ausschließlich) als
einen Grundzug des zeitfreien Geistes, als das Sein schlechthin. In den
Ideen oder dem Intelligiblen denkt der Geist nur sich selbst. Der reflexive
Vollzug dieser Einheit *ist* Wahrheit als die gegenseitige Durchdringung
von Sein und Denken als *Selbst*-Übereinstimmung. Wenn das Einzelne im
Geist auf das Ganze hin durchscheinend ist, ist das Ganze *wahres* Ganzes
oder das Ganze ist Wahrheit.[55] Über Platon hinaus begreift Plotin die
Wahrheit nicht nur als Struktur einer in sich seienden Gestalt (Idee), sondern als die höchste Intensität von Sein, als absolute Wahrheit.[56] Wie
oben dargestellt, kann Plotin dies als die absolute Selbstdurchlichtung des
Geistes beschreiben.[57] Die Wahrheitskonzeption Gregors von Nyssa ließe
sich von hier aus (nämlich der Parmenidesrezeption Plotins) eher verstehen als von Parmenides selbst her. Dennoch bleiben zwei wesentliche Differenzen zwischen Gregor und Plotin bestehen: Zum einen läßt sich die
Identifikation von Gott und Wahrheit bei Plotin nur indirekt aufweisen,
insofern der νοῦς im Anschluß an Numenius als δεύτερος θεός begriffen
werden könnte[58]; dem Einen selbst kommt bei Plotin gerade das Sein
nicht zu, das Gregor als Grundzug Gottes in VM herausstellt.[59] Denn
Gregor betont ausdrücklich, daß Gott das wahrhaft Seiende ist; das Erfassen dieses wahrhaften Seienden ist die Erkenntnis der Wahrheit.[60] Somit
gehören Sein und Wahrheit *als* Gott bei Gregor zusammen. Darüber hinaus ist die Wahrheit bei Gregor nicht allein das Sein Gottes in sich, son-

---

[55] Vgl. Plotin, Enn V 5,2,18-20; III 7,4,14f; dazu W. BEIERWALTES, 1980, 21; W. BEI-
ERWALTES, 1991, 110f.135. Was hier von der Selbstreflexivität her entwickelt wurde, ließe
sich auch vom Harmoniegedanken her zeigen (vgl. W. BEIERWALTES, 1991a, 4-7).

[56] Zu Platon vgl. W. BEIERWALTES, 1980a, bes. 18-21. Dabei trifft die Unterstellung
M. HEIDEGGERs nicht zu, Platon habe die Wahrheit auf die Aussagenwahrheit (veritas
logica) restringiert (vgl. M. HEIDEGGER, 1975, 44), wie z.B. Soph 240b; Resp 585b; Resp
585c und Resp 508d zeigen. Zu HEIDEGGERs Ansatz und dessen Kritik vgl. W.
BEIERWALTES, 1991, 195-197. Zur Sache vgl. ferner G. PRAUSS, 1966, bes. 130.

[57] Vgl. H. BLUMENBERG, 1983, 288f zur absoluten Metapher; ferner W. BEIERWAL-
TES, 1990a, XVII.

[58] Vgl. Numenius, Frg 11, p. 53,13f.
Vgl. W. BEIERWALTES, 1980a, 25 Anm. 14 (auch mit Hinweisen zu Proklos).

[59] Vgl. z.B. H. DÖRRIE, 1976, 35f.

[60] Vgl. VM II 25, p. 41,1f.

dern auch dessen Bezug zum sehenden Denken des Menschen im Sinne des Sich-selbst-Offenbarens.[61]

Damit zeigt sich für die erste Theophanie am brennenden Dornbusch, daß die Wendung in das Innere als der erste Schritt des Aufstiegs des Menschen zu werten ist.[62] Um die Wahrheit – im Sinne des Satzes >deus est veritas< – in der Anähnlichung betrachtend erstreben zu können (worin Gregor die Teilhabe an Gott sieht), muß man sich von allem Sinnlichen reinigen. Diese Möglichkeit einer Abstraktion setzt aber bereits ein Offenbarungshandeln Gottes als des Seins voraus[63], worin zu Plotin eine deutliche Differenz besteht. Teilhabe wird für den Menschen erst durch das inkarnatorische Handeln Gottes ermöglicht, so daß die Wandelbarkeit, von der Gregor ausgegangen ist[64], zur Unwandelbarkeit bzw. ἀπάθεια wird.[65] In diesem Sinne wird der Mensch gleichsam Gott[66], indem er im eigenen Aufstieg, der den freien Willen voraussetzt[67], zu seiner ursprünglichen Bestimmung erhoben wird. Durch die Lösung vom Sinnlichen als Weg des Aufstiegs zum inneren Selbst erreicht der Mensch auch die Fähigkeit zur Rettung anderer[68]: In diesem Sinne ist der erste Schritt der Anähnlichung an Gott zugleich protreptisch zu verstehen. Damit zeigt sich, daß in der ersten Theophanie alle zentralen Elemente enthalten sind, die für Gregors Konzeptionen von Sprache, Teilhabe, Gottesvorstellung und Schriftauslegung wesentlich sind. Die Überlegungen Gregors zur Wahrheit sind also gerade auf eine Lebensform des Menschen ausgerichtet, indem Gregor seine philosophischen Einsichten dazu verwendet, die biblische Erzählung allegorisch zu vermitteln.

---

[61] Vgl. Gregor von Nyssa, VM II 19f, p. 38,25-39,16. Zur Sache W. BEIERWALTES, 1980a, 25.

[62] Vgl. W. VÖLKER, 1955, 193. R.E. HEINE wehrt sich zu Recht gegen die weitergehende Folgerung W. VÖLKERs, dies sei der erste Schritt auf dem Weg einer *mystischen* Einung (vgl. R.E. HEINE, 1975, 108); ausführlich dazu Teil III, 1.2 b.

[63] Vgl. Gregor von Nyssa, VM II 26, p. 41,2-7; dazu C. PERI, 1974, 325; G.S. BEBIS, 1967, 390; E. JUNOD, 1978, 92; P.F. O'CONNELL, 1983, 306f.

[64] Vgl. Gregor von Nyssa, VM II 2, p. 33,19-22.

[65] Vgl. Gregor von Nyssa, VM II 30-34, p. 42,3-43,6; ferner Cant 1, p. 30,6-8; Cant 3, p. 90,12-16; Cant 5, p. 135,1f; Perf p. 212,4-16; Eccl 5, p. 372,1-3; An et res p. 53C. Clemens von Alexandrien, Strom IV 138,1, p. 309,11-13; Origenes, Cels VIII 8, p. 226f; Athanasius, Incarn 54,3-4, p. 458/460. Dazu W. VÖLKER, 1955, 259-264; E.G. KONSTANTINOU, 1966, 139-142; P.F. O'CONNELL, 1983, 306.

[66] Vgl. Gregor von Nyssa, VM II 35, p. 43,6f; dazu P.F. O'CONNELL, 1983, 307.

[67] Vgl. Gregor von Nyssa, VM II 3 und 6, p. 34,11-13 und 35,1f.

[68] Vgl. Gregor von Nyssa, VM II 26, p. 41,8; Cant 9, p. 270,11-17; VM II 319, p. 144,6-10: Abwendung des Zornes Gottes, verbunden mit dem Thema >Moses als Freund Gottes<; zu antiken Vorbildern, vor allem Philon, vgl. Y. AMIR, 1983, 207-219. Vgl. ferner Origenes, In Joh I 25, p. 30f; Hom in Lev XIII 1, p. 196-200.

3. KAPITEL

ZWEITE THEOPHANIE: DIE DUNKELHEIT GOTTES

Das Licht als Wahrheit, das Moses am brennenden Dornbusch betrachtet hat, führt die Seele zu einer höheren Stufe der Vollkommenheit.[1] Zu der nächst höheren Stufe in der zweiten θεογνωσία bzw. Theophanie ist eine weitere Hinführung (προσάγειν[2]) notwendig. Durch die ἀκολουθία[3] der ἱστορία entsteht eine Wegweisung (ὁδηγία[4]) des Menschen zum nächsten Gipfel der Tugend (πρὸς τὰ ὑψηλότερα τῆς ἀρετῆς[5]).

Dieser Weg, den der Mensch bis zur nächst höheren Theophanie zu durchschreiten hat, ist in der ἱστορία vorgezeichnet und wird von Gregor allegorisch für das menschliche »Tugendleben« gedeutet.[6] Unmittelbar vor der zweiten Theophanie steht daher der Rückblick auf den bisherigen »Aufstieg« des Menschen. Zwischen der ersten und zweiten Theophanie führt Gregor dabei die Themen weiter, die schon für die erste Theophanie zentral waren, nämlich das Licht (φῶς) und die Herrschaft des λογισμός (ἀφαίρεσις). In diesem »Zwischenstück« führt Gregor aus, daß durch das Licht der Wahrheit, das Moses am brennenden Dornbusch erschienen ist, die Seele fähig wird, weiter nach Gott zu streben. In diesem Zusammenhang spricht Gregor auch von den Augen der Seele[7], in die, wie in einem Spiegel, Bilder in Reinheit eingeprägt werden.[8] Dadurch verschafft sich der Mensch selbst die entsprechende Disposition für das Aufnehmen[9] der vorgängigen Zuwendung Gottes: Im Spiegel der Seele kann das Licht des Ursprungs aufleuchten. Dies impliziert, daß das vorgängige Licht Gottes

---

[1] Vgl. Gregor von Nyssa, VM II 43, p. 45,7-9; dazu C. PERI, 1974, 319.

[2] Vgl. Gregor von Nyssa, VM II 152, p. 82,8; VM II 153, p. 83,6. Zum Begriff προσάγειν grundsätzlich H.M. MEISSNER, 1991, 121-126.

[3] Vgl. Gregor von Nyssa, VM II 152, p. 82,4; VM II 153, p. 82,17.

[4] Vgl. Gregor von Nyssa, VM II 153, p. 82,20.

[5] Gregor von Nyssa, VM II 152, p. 82,4f.

[6] Vgl. Gregor von Nyssa, VM II 152-153, p. 82,4-83,7.
Zentral ist in diesem Zusammenhang der Terminus προ-κατορθῶσαι: VM II 152, p. 82,10.

[7] Vgl. Gregor von Nyssa, VM II 47, p. 46,15 mit VM II 19, p. 39,2f.
Zur Metapher >Augen der Seele< bei Plotin vgl. G. SIEGMANN, 1990, 27f.
Die Vorstellung von der Seele als Spiegel im Hinblick auf die φαντασία hat enge Parallelen im Neuplatonismus: Plotin, Enn IV 4,3; IV 3,31; Porphyrius, Antr Nymph 13, p. 14,9-11; Sent 29, p. 19,7-10; Ad Gaurum 6; dazu G. WATSON, 1987, 110f.
Zur Augenmetapher und deren Wirkung bis ins Mittelalter vgl. W. BEIERWALTES, 1988, 13f mit Anm. 21.

[8] Vgl. Gregor von Nyssa, VM II 47, p. 46,16-18; ferner Cant 4, p. 104,1-15; Cant 5, p. 150,9-13; Beat 6, p. 143,20-144,13; Virg 11, p. 296,1-20. Plotin, Enn I 4,10; IV 3,11.
Vgl. J. DANIÉLOU, 1944, 223-235; A.J. FESTUGIÈRE, 1950, 105-122; R. LEYS, 1951, 51; J. DANIÉLOU, 1954, 393-396.

[9] Vgl. Gregor von Nyssa, VM II 65, p. 51,24f.

so erscheint, wie der Aufnehmende es erfaßt; denn der Spiegel gibt das Licht in der Weise der Spiegelung wieder.[10] Wenn das Licht aber allen Menschen prinzipiell zugänglich ist[11], hängt die Weise der Spiegelung des Lichts von der Disposition der Seele des Menschen ab.[12] Je nachdem, wie der Mensch in einer freien Willensentscheidung[13] bereit ist, diese Disposition zu schaffen, erstrahlt das Licht für die Augen der Seele oder es ist abwesend (Finsternis); beide Arten der Entscheidung sind für Gregor im Hebräer und Ägypter symbolisiert.[14] Da Gregor die Zuwendung zu Gott als Reinigung bzw. Abkehr vom Sinnlichen versteht und das Streben zu Gott als Teilhabe auslegt[15], ist dementsprechend die Abkehr von dem sich zeigenden Licht Nicht-Teilhabe[16]. Die in der ersten Theophanie verwendete Lichtmetaphorik wird also im folgenden fortgeführt.

Das Streben zu Gott[17] findet auf der jeweils erreichten Stufe seine Sättigung.[18] In der Sättigung ist allerdings die Möglichkeit eines weiteren Aufstiegs angelegt; von der höheren Stufe des Aufstiegs aus betrachtet, muß aber gerade die erreichte Sättigung überwunden werden. Wäre nämlich eine Sättigung vorhanden, würde der Mensch aufhören weiterzustreben. Er muß also die Sättigung überwinden oder aufgeben— oder in den Worten Gregors: er muß im Blick auf das Höhere leer werden.[19] Dies entspricht einer weiteren ἀφαίρεσις. Wie stellt sich dieser Schritt in der VM dar?

---

[10] Zum Phänomen des Spiegels vgl. U. Eco, 1991, 26-45.

[11] Vgl. Gregor von Nyssa, VM II 80, p. 56,24-27; VM II 81, p. 56,27-57,8.

[12] Dies entspricht durchaus einer im Mittelalter (z.B. Thomas von Aquin) geläufigen Vorstellung: *recipitur in modo recipientis*.

[13] Vgl. Gregor von Nyssa, VM II 80, p. 56,24-27.
Zur Willensfreiheit vgl. E.V. Ivánka, 1964, 178-180; E.G. Konstantinou, 1966, 81-95; H.F. Cherniss, 1971, 53; R.E. Heine, 1975, 221-240; E. Ferguson, 1976, 313; V. Limberis, 1993, 39-41.
Zum Synergismus vgl. D.C. Abel, 1981, 430-448.
Wichtig ist in diesem Zusammenhang auch der Ansatz Philons bezüglich der Frage nach Freiheit und Notwendigkeit; dazu D. Winston, 1983, 181-195 mit den entsprechenden Nachweisen.

[14] Vgl. Gregor von Nyssa, VM II 81, p. 56,27-57,8.

[15] Vgl. Teil III, 4.2 und Teil IV, 1.

[16] Vgl. Gregor von Nyssa, VM II 76, p. 55,15-17; ferner Virg 12, p. 298,21-299,3.

[17] Unter Einschluß des Themas Glaube (Teil III, 4.2 und Teil IV, 1); vgl. auch Gregor von Nyssa, VM II 66, p. 52,12; dazu R.M. Hübner, 1974, 190.

[18] Vgl. Gregor von Nyssa, VM II 61, p. 50,17.

[19] Vgl. Gregor von Nyssa, VM II 61, p. 50,18f; ferner Eccl 1, p. 287,16-20; Eccl 2, p. 312,21-313,5; Cant 4, p. 124,15-20; Origenes, Princ II 10,4, p. 428/430 zur Versklavung durch die Sünde; Cels V 15, p. 16f; Hom in Ex VI 3, p. 176-178.
Vgl. H.U.v. Balthasar, 1942, 14-16; J. Daniélou, 1954, 400-402; R. Moriarty, 1993, 62-69; L.F. Mateo-Seco, 1993, 128 Anm. 57.

Wie schon in der ersten Theophanie thematisiert, ist es nach Gregor im Anschluß an platonische Gedanken notwendig, daß der vernünftige Teil der Seele über den begehrenden und erregbaren Teil herrsche.[20] Erst durch die führende Rolle des λογιστικόν der Seele[21], was bei Gregor dem νοῦς entspricht[22], ist es dem Menschen möglich, sich Gott anzunähern.[23] Dies ist nach Gregor die Reinigung vom »ägyptischen«, d.h. sinnlichen Leben, so daß die Seele erst dann fähig wird, weiter aufzusteigen.[24]

Indem sich der Mensch vom Sinnlichen abwendet und in der durch Gott ermöglichten Selbsterkenntnis dem Noëtischen zuwendet, vollzieht er die für ihn höchstmögliche Freiheit. Ort der Freiheit ist nicht die sinnliche Wahrnehmung (αἴσθησις), die Meinung (δόξα) oder die Vorstellung (φαντασία), da die sinnlichen Erfahrungen und Affekte an die vielheitliche Struktur des Leibes gebunden sind. In diesem Sinne besteht zwischen Gregor und Plotin eine wesentliche Übereinstimmung.[25] Wenn Freiheit aber ihren Ort im Noëtischen hat, ist die Versklavung nur denkbar zum Nicht-Guten hin, sofern der νοῦς seine Herrschaft über die anderen Seelenteile verliert und die Harmonie der Seele aufgegeben ist. Tugend kann dann — von Plotin her gedacht — »als der in der Selbstbesinnung erreichte, das Handeln jeweils initiierende und prägende ›Zustand‹ der Seele« begriffen werden, als »eine Realisationsform von Freiheit«[26]. Selbstbetrachtung der Seele ist also eine Umwendung des Blicks von dem Sinnenfälligen auf den vorlaufenden Grund der Seele.[27] Nur in der Reinheit von allem[28], die in dem Durchgang vom Sinnlichen bis zur reinen

---

[20] Vgl. Gregor von Nyssa, VM II 96-98, p. 62,9-63,9; VM II 123, p. 71,17f; ferner Beat 3, p. 106,7-26; An et res p. 60D-61C; Inscr I 8, p. 61,26-62,25. Gregor kennt allerdings auch die aristotelische Unterscheidung in die vegetative, sensitive und rationale Seele: Op hom 8, p. 145C. Dazu auch J.P. CAVARNOS, 1955, 113-141; E.G. KONSTANTINOU, 1966, 100. Vgl. Platon, Resp 440e-441a; Plotin, Enn III 6,2.

[21] Ansonsten findet eine Versklavung des Menschen statt: vgl. Gregor von Nyssa, VM II 122, p. 71,5-8; dazu R.E. HEINE, 1975, 225.

[22] Vgl. Gregor von Nyssa, Virg 18, p. 317,22-318,3; dazu R.E. HEINE, 1975, 222f.

[23] Vgl. H.F. CHERNISS, 1971, 22f.

Zur Vorstellung Gregors von der Seele vgl. H.M. MEISSNER, 1991, 239-246 (dort weitere Lit.); C.P. ROTH, 1992, 24; E. PEROLI, 1993, 187-221; zur Vorstellung des Bösen und der Rolle der πάθη vgl. J. DANIÉLOU, 1974, 485-492 (mit einem Vergleich zu Plotin); A.A.MOSSHAMMER, 1990a, 136-167.

[24] Vgl. Gregor von Nyssa, VM II 137f, p. 77,4-14; VM II 140, p. 78,1-10 für die Vermittlung über Christus (das Wort); VM II 148, p. 80,25f für die Handlung Gottes.

[25] Zu Plotin in dieser Hinsicht vgl. W. BEIERWALTES, 1990a, XXXV-XXXVIII.

[26] W. BEIERWALTES, 1990a, XXXIX.

[27] Zum Ansatz Plotins vgl. W. BEIERWALTES, 1991, 177. Zur Frage der geistigen Versklavung bei Gregor vgl. G. KONTOULIS, 1993, 240-254.

[28] Vgl. Gregor von Nyssa, VM II 154, p. 83,7f; ferner Cant 1, p. 25,10-26,4; Cant 3, p. 71,8-18; dazu W. JAEGER, 1954, 79.

Schau des νοῦς erreicht wird[29], ist die θεωρία des Geistigen ermöglicht.[30] Weder durch die Sinne noch durch Vorstellung oder Meinung ist eine θεωρία Gottes zu erreichen[31], sondern nur durch eine geistige Erkenntnis.[32]

Diese in der bisherigen ἀνάβασις[33] bereits erreichten »Stufen« werden durch die Auslegung der ἱστορία unmittelbar vor dem Aufstieg zum Berg (zweite Theophanie) weiter verstärkt. Dies erreicht Gregor in der Thematisierung von καθαρότης (Reinigung der Kleider)[34], das Vertreiben der ἄλογα im Sinne einer προκάθαρσις der Wahrnehmung (αἴσθησις)[35], der Lehre vom Mysterium der οἰκονομία κατ᾽ ἄνθρωπον[36] sowie der Betonung der Sonderrolle des Lehrers[37].

Gregor hebt bei der zweiten Theophanie zunächst den Gegensatz zur ersten hervor, um dann zu zeigen, daß sich beide Arten der Theophanie nicht widersprechen müssen. Während Moses am brennenden Dornbusch Gott im Licht sah[38], erkenne — so Gregor — der Geist im Fortschreiten, daß die göttliche Natur unsichtbar und unerkennbar ist.[39] Je weiter der

---

[29] Vgl. Gregor von Nyssa, VM II 153, p. 82,17-83,7; dazu M. MEES, 1976, 333; E. JUNOD, 1978, 87; P.F. O'CONNELL, 1983, 314. Zu dieser Frage bes. R. WILLIAMS, 1993, 227-246.
[30] Vgl. Gregor von Nyssa, VM II 154, p. 83,11f.
Nur in ν ist ὄντων statt νοητῶν überliefert; es ist deshalb diese Lesart vorzuziehen (so auch H. MUSURILLO, 1964 bzw. 1991, 83; M. SIMONETTI, 1984, 148 gegen J. DANIÉLOU, 1955, 78; offensichtlich faßt auch L.F. MATEO-SECO diese Stelle als θεωρία τῶν ὄντων auf, wenn er übersetzt: »contemplación de los seres« [L.F. MATEO-SECO, 1993, 166 mit Anm. 152]). Zudem hebt Gregor darauf ab, wie durch den νοῦς des Menschen ein Zugang zu Gott erreicht werden kann; der Vergleichspunkt liegt— entsprechend dem Grundprinzip *similia similibus*— in der Intellegibilität (vgl. Teil III, 4.1 a); vgl. auch VM II 156, p. 84,4. E. FERGUSON nimmt in diesem Zusammenhang nur Bezug auf das Thema >Reinheit<, nicht aber auf das Problem des Textes (vgl. E. FERGUSON, 1976, 313).
[31] Vgl. Gregor von Nyssa, VM II 157, p. 84,8-20; dazu V. LOSSKY, 1961, 44; E. JUNOD, 1978, 96.
Vgl. auch Plotin, Enn I 6,4.
[32] Vgl. Gregor von Nyssa, VM II 156, p. 84,4. R.E. HEINE wehrt sich hier vor allem gegen eine mystische Interpretation, wie sie W. VÖLKER vertreten hat (vgl. R.E. HEINE, 1975, 108 gegen W. VÖLKER, 1955, 193).
Vgl. auch Platon, Phaidr 247cd mit der entsprechenden Diskussion in Teil II, 2. Abschnitt, 1.1 b.
[33] Vgl. Gregor von Nyssa, VM II 152, p. 82,4.
[34] Vgl. Gregor von Nyssa, VM II 154-155, p. 83,7-22.
[35] Vgl. Gregor von Nyssa, VM II 156-157, p. 83,23-84,20.
[36] Vgl. Gregor von Nyssa, VM II 158-159, p. 84,21-85,15.
[37] Vgl. Gregor von Nyssa, VM II 160-161, p. 85,16-86,10.
[38] Vgl. Gregor von Nyssa, VM II 162, p. 86,12-20.
Vgl. Philon, Post Cain 4,12-5,16, p. 3,5-4,14; Vita Mos 1,158, p. 158,8-13; Origenes, In Joh II 28, p. 84f.
[39] Vgl. Gregor von Nyssa, VM II 162, p. 86,20-87,1; ferner Eccl 7, p. 415,1-416,10; Cant 6, p. 181,4-182,4.

Mensch in der Nachahmung des Mose in der Betrachtung voranschreite und je tiefer er in das Innere eindringe, um so mehr erkenne er, daß die Erkenntnis selbst begrenzt sei[40]: Das Sehen werde zum Nicht-Sehen[41]. Damit drückt Gregor von Nyssa einen ersten Aspekt des Begriffes Dunkelheit aus, nämlich die Unmöglichkeit, Gott zu erfassen bzw. zu sehen.[42] Zugleich bedeutet die Dunkelheit für Gregor, daß Gott selbst von allem abgeschlossen ist.[43] Dies darf jedoch nicht in dem Sinne verstanden werden, als sei Gott in sich selbst dunkel oder ein dunkler Un-Grund, sondern er ist für Gregor lichte Dunkelheit.[44] Gregor führt hier also erneut eine deutliche Grenze zwischen dem Geschaffenen, das in seiner Geistigkeit im Prozeß der Anähnlichung nach Gott strebt (Anähnlichung), und dem Ungeschaffenen ein, das für alles von ihm Differente die Ursache[45] des Existierens ist.

Angesichts der Un-Endlichkeit Gottes ist ein Sehen »*in* der Dunkelheit« (ἐντὸς ... τοῦ γνόφου)[46], in die Moses eingetreten ist, ein Nicht-Sehen, das aber gerade vor dem absoluten, weil un-endlichen Angesicht das eigentliche Sehen ist[47]. Nicht-Sehen als das eigentliche Sehen im Sinne des Überstiegs aller Erkenntnis ist für Gregor nur als Streben *ohne* —

Allgemein zu dieser Theophanie und dem Thema >Dunkelheit< mit unterschiedlichen Akzentuierungen: G. HORN, 1927, 113-131; A.A. WEISWURM, 1952, 154-162; J. DANIÉLOU, 1953, 1872-1885; J. DANIÉLOU, 1954, 389-418; B. OTIS, 1958, 108; A.W. ANDERSON, 1961, 17.115; G.S. BEBIS, 1967, 390; I.P. SHELDON-WILLIAMS, 1970, 454; E. FERGUSON, 1976, 309.311; M. MEES, 1976, 333f; E. JUNOD, 1978, 93.96; A. LOUTH, 1981, 87; P.F. O'CONNELL, 1983, 315; F. DÜNZL, 1990, 371; D. CARABINE, 1992, 97; L.F. MATEO-SECO, 1993, 170 Anm. 163 mit einer mystischen Deutung (»carácter místico«).

[40] Vgl. Gregor von Nyssa, VM II 163, p. 87,1-6; Cant 12, p. 366,14-367,1.

[41] Vgl. Gregor von Nyssa, VM II 163, p. 87,7; VM II 234f, p. 115,4-14; VM II 253f, p. 121,15-24; Eccl 7, p. 411,12-14; ferner Philon, Post Cain 5,15, p. 4,6-9; dazu A.A. WEISWURM, 1952, 216.

[42] Vgl. Gregor von Nyssa, VM II 163-164, p. 87,10-20 unter Berufung auf Joh 1,18; ferner Beat 7, p. 149,3-23; Or dom 3, p. 32,24-33,17; Perf p. 188,6-189,1; außerdem Origenes, De princ IV 3,14, p. 776/778; Cels VI 62, p. 132; Basilius, Ep 234,1, p. 42,9.28-31; Basilius, Adv Eun I 7, p. 188/190; Adv Eun I 14, p. 220. Zu diesem Ansatz J. DANIÉLOU, 1944, 185-200.
R.E. HEINE sieht in der gesamten Thematik eine Auseinandersetzung mit dem theologischen Ansatz des Eunomius (vgl. R.E. HEINE, 1975, 110.151.156-158); vgl. dazu Teil III, 2.2 b.

[43] Vgl. Gregor von Nyssa, VM II 163, p. 87,8f und VM II 164, p. 87,18f unter Berufung auf Ps 17,12. Ferner Philon, Post Cain 5,15, p. 4,6-9.
Zu beiden Aspekten vgl. J. DANIÉLOU, 1944, 203f; D. CARABINE, 1992, 97.

[44] Vgl. Gregor von Nyssa, VM II 163, p. 87,10; dazu W. BEIERWALTES, 1977, 112.

[45] Vgl. Gregor von Nyssa, VM II 182, p. 94,21; dazu auch Teil III, 4.2 und Teil IV, 1.

[46] Vgl. Gregor von Nyssa, VM II 162, p. 86,11.

[47] Da für Gregor >erkennen< und >sehen< nahezu bedeutungsgleich sind, kann das eigentliche Erkennen (ἀληθὴς εἴδησις: VM II 163, p. 87,6) auch eigentliches Sehen genannt werden.

mystische — Einung zu denken.[48] Darin besteht eine wesentliche Differenz zu Plotin: Für diesen ist das Sehen des Ersten (Einen) *ohne* bleibende Differenz und somit *unvermittelt*.[49] Der Sehende wird mit dem Gesehenen dergestalt eins, daß in dieser Schau eigentlich nicht mehr >Gesehenes< >gesehen< wird, sondern Geeintes.[50] Dieses Sehen ist ein vom gewöhnlichen Sehen verschiedenes Sehen[51] im Sinne einer Selbsthingabe. Das Licht in der Schau wird zum eigenen Sehen, zu einer anderen Weise des Denkens, das nicht mehr diskursiv verfährt, sondern vorreflexiv zu verstehen ist: Einung geschieht durch Nicht-Geist[52], durch den νοῦς ἐρῶν, ein Sich-Hinwerfen auf das Eine, das ein in Es (das Eine) übergehender Blick wird, in dem der so beschaffene Geist der Selbsterscheinung des Gottes (Einen) unmittelbar ansichtig wird.[53] Das gewöhnliche, für den Geist konstitutive Sehen, in dem das Licht für das Licht durchsichtig ist (Selbstdurchlichtung)[54], muß im Blick auf das differenzlose Eine selbst überwunden werden, um die vorausgesetzte Differenz des sehenden Denkens als Licht selbst hinter sich zu lassen.[55]

Für Gregor erscheint allerdings trotz der sachlichen Nähe zu Plotin eine deutliche Differenz[56]: Der νοῦς vermag in seinem un-endlichen Streben der Anähnlichung an Gott diesen nur im Modus der Differenz zu erkennen, nicht aber in seiner οὐσία.[57] Insofern entsteht im Geist des un-endlich strebenden Menschen nur ein εἴδωλον Gottes[58]. Dies ist deshalb möglich, weil der Mensch als εἰκών Gottes verstanden wird. Gott selbst

---

[48] Vgl. Teil III, 1.1 a und 1.2 b.

[49] Vgl. Plotin, Enn VI 7,34,13.

[50] Vgl. Plotin, Enn VI 9,11,6.

[51] Vgl. Plotin, Enn VI 9,11,22f; VI 7,35,30.

[52] Vgl. Plotin, Enn V 5,8,23; VI 7,35,29f.

[53] Vgl. Plotin, Enn VI 3,18,12; VI 7,35,21; I 6,9,30.

[54] Vgl. dazu Teil IV, 1 (mit den entsprechenden Nachweisen); ausführlich dazu auch W. BEIERWALTES, 1991, 124f.

[55] Zur gesamten Plotin-Interpretation vgl. W. BEIERWALTES, 1977, 87-91.95f.108f; W. BEIERWALTES, 1988, 35-37; W. BEIERWALTES, 1991, 124f.213.226f.

[56] E.v. IVÁNKA sieht die Differenz zu Plotin vor allem darin, daß Plotin an die Mysteriensprache anknüpft und — unter Berufung auf Enn V 3,17 — die Dunkelheit nur ein Durchgangsstadium zum Licht (des Einen) ist (vgl. E.v. IVÁNKA, 1959, 357). Die folgenden Ausführungen legen den Schwerpunkt aber einerseits auf die Struktur der θεωρία selbst, andererseits auf die Frage der Einung (Plotin) oder der Notwendigkeit der gnadenhaften Vermittlung (Gregor).

[57] Vgl. Gregor von Nyssa, VM II 163, p. 87,11-13. Weiterführend dazu Teil II, 2. Abschnitt, 2.1 b (zur Unterscheidung bei der Erkenntnis Gottes, *daß* er ist, aber nicht, *was* er ist). D.T. RUNIA interpretiert diese Stelle im Sinne einer Mystik Gregors (vgl. D.T. RUNIA, 1993, 260).

[58] Vgl. Gregor von Nyssa, VM II 165, p. 88,4; dazu A.A. WEISWURM, 1952, 107f; H.U.v. BALTHASAR, 1942, 60-67; P.F. O'CONNELL, 1983, 315.

verbleibt aber in der Dunkelheit und erscheint im Spiegel der menschlichen Seele als lichtes Abbild. Das Sehen des Geistes als Nicht-Sehen ist für Gregor nicht zu überwinden und zeigt in dieser Verfaßtheit die Struktur der Differenz. Somit ist das Sehen des Menschen *im* Unendlichen eine Weise des Sehens in Differenz, bzw. der Un-Endliche erscheint im Modus des Sehenden als Dunkelheit in der zweifachen Bedeutung als Nicht-Erkennen (von Seiten des Sehenden) und als lichtvolle Dunkelheit (von Seiten Gottes). Un-endliche Anähnlichung an Gott ist aufgrund des θεωρία-Begriffes Gregors nur asymptotisch möglich und verbleibt deshalb in Differenz.[59] Für Gott bedeutet dies, daß er jenseits von Differenz im Sinne der Abständigkeit (διάστημα und διάστασις[60]) *und* jenseits der Möglichkeit zur Einung ist.

Anähnlichung an Gott setzt für Gregor auch und gerade hinsichtlich der Dunkelheit Gottes eine *Vermittlungs*form voraus[61]. In diesem Sinne impliziert für Gregor eine θεωρία Gottes in der Dunkelheit ein protreptisches Moment. Die Protreptik wird christologisch vollzogen[62]; sie tritt über Christus auf die Schöpfung hinaus.[63] Erst durch diese Vermittlung ist es dem Menschen möglich, in einem sehenden Nicht-Sehen bis in die Dunkelheit vorzudringen.[64] Zugleich ist mit der Thematik der Dunkelheit Gottes ein Höhepunkt der Betrachtung erreicht[65], der gleichwohl nicht zur in sich verschlossenen Selbstgefälligkeit führen darf; die κατ᾽ εὐσέβειαν ἀρετή[66] selbst muß vielmehr angesichts der Dunkelheit vermittelt werden: Die Philosophie des Tuns und die Philosophie der Betrachtung sind miteinander zu verbinden[67], woraus ein zweites protreptisches Moment resultiert. Erkenntnis Gottes bedingt notwendig die Ordnung des Lebens

---

[59] Vgl. Teil III, 1.1 a und 4.2.

[60] Vgl. dazu Teil III, 4.1 b.

[61] Dieser Aspekt wird von I. ESCRIBANO-ALBERCA zu wenig herausgehoben, wenn er betont, Gregor sei vor allem an der Einzelseele interessiert (vgl. I. ESCRIBANO-ALBERCA, 1968, 291).

[62] Vgl. Gregor von Nyssa, VM II 174-178, p. 91,11-93,4; dazu A.M. RITTER, 1976, 213-218; A. LOUTH, 1981, 86; P.F. O'CONNELL, 1983, 316.

[63] Vgl. Gregor von Nyssa, VM II 179, p. 93,4-15; dazu A.M. RITTER, 1976, 205-210; P.F. O'CONNELL, 1983, 316f.

[64] Vgl. Teil III, 4.2.

[65] Vgl. Teil III, 5.

[66] Vgl. Gregor von Nyssa, VM II 166, p. 88,5. Damit weist die Tugend in ihrem unendlichen Streben eine doppelte Struktur auf: Richtung auf Gott *und* die (protreptische) Vermittlung dessen, was in der θεωρία geschaut wird; dazu R.E. HEINE, 1975, 111.116.182f; E. FERGUSON, 1976, 308.

[67] Vgl. Gregor von Nyssa, VM II 200, p. 103,1f; dazu E. FERGUSON, 1976, 312; P.F. O'CONNELL, 1983, 317.

zur Vervollkommnung im Sinne der ἀρετή[68], die auf eine Vermittlung als Lebensform für *alle* zielt. Für Gregor ist dies ekklesiologisch bestimmt, wie dies anhand des Abstiegs des Moses zum Volk mit den Steintafeln des Gesetzes deutlich wird.[69] Durch diese Vermittlung ist der Aufstieg des Volkes ermöglicht, der den Lehrer[70] als den voraussetzt, der sich bereits ständig selbst überschritten hat[71]. Damit ist jedoch die θεωρία selbst an keinen Abschluß gelangt. Denn die σκηνή, die Gregor auf Christus bezieht[72], soll die Unbegreiflichkeit in der Betrachtung des Unnennbaren ausdrücken[73], also gerade die Unabschließbarkeit des Aufstiegs.[74]

---

[68] Vgl. Gregor von Nyssa, VM II 166, p. 88,5-12.

[69] Vgl. Gregor von Nyssa, VM II 202-203, p. 103,13-104,9; ferner VM II 184, p. 95,10-96,1.

[70] Im ekklesiologischen Sinne der Priester: vgl. Gregor von Nyssa, VM II 189-197, p. 97,22-102,4; dazu A.M. RITTER, 1976, 221-223. Zur Rolle des Lehrers vgl. Teil III, 5 (dort die entsprechende Lit.).

[71] Vgl. Gregor von Nyssa, VM II 167, p. 88,13-24 für Moses.

[72] Vgl. Gregor von Nyssa, VM II 167-183, p. 88,13-95,9; dazu L.F. MATEO-SECO, 1993, 174 Anm. 172 und 176 Anm. 179.

[73] Vgl. Gregor von Nyssa, VM II 181, p. 94,8f.

[74] Bedeutsam ist in diesem Zusammenhang auch, daß Gregor nahezu in der Werkmitte auf den Höhepunkt zusteuert und von da aus die Überlegungen zum unendlichen Streben weiterführt (sog. ὀμφαλός-Strukur). Der ὀμφαλός, ursprünglich ein terminus technicus der Musik für das Mittel- bzw. Hauptstück des altgriechischen νόμος, einem feierlichen Götterlied, wurde z.T. auch als Formgesetz auf die alexandrinische Elegie übertragen (vgl. E. CASTLE, 1943, 42-54 zu Theokrit und Catull). Es ließe sich aber auch bei Sophokles (dem Prolog zur »Antigone«, »Ödipus auf Kolonos« und »Elektra« nachweisen). Eine den hellenistischen Elegien ähnliche Komposition hat A. SPIRA für Gregors Osterpredigt »De tridui spatio« herausgearbeitet (vgl. A. SPIRA, 1981, 217-225, bes. 222-224). Eine solche Kompositionsform läßt sich in ähnlicher Weise auch in der VM zeigen: Nahezu in der Werkmitte steht der Zugang des Mose zum ἄδυτον, zuvor der stufenartige Aufstieg, danach die »Katabasis« des Mose zum Volk. Ob Gregor allerdings in der VM der ὀμφαλός-Struktur in detaillierter Weise folgt, muß einer weiteren Untersuchung vorbehalten bleiben. Für wichtige Hinweise danke ich an dieser Stelle Herrn Prof. Dr. A. Spira.

4. KAPITEL

DRITTE THEOPHANIE: MOSES IN DER FELSSPALTE

Bei der Interpretation der zweiten Theophanie zeigte sich, daß Gregor das
Sehen Gottes in der Dunkelheit als Dialektik von Sehen und Nicht-Sehen
auslegt. Um diese Dialektik weiter zu entfalten, versucht er sowohl das
Sehen als auch das Gesehene einer Klärung zuzuführen. Das Gesehene
(Gott) wird von ihm in der VM in der Un-Endlichkeit Gottes thematisiert[1], das nicht-sehende Sehen durch den Begriff ἐπιθυμία entfaltet.[2]
Dabei gelangt Gregor zu dem Schluß, daß das eigentliche Sehen ohne Sättigung bleibt. Dafür werden zwei Begründungen geliefert: 1) Für Gott
selbst kann keine Grenze gefunden werden; 2) das Streben des Menschen
in der Anähnlichung ist selbst ohne Ende.[3] Beide Aspekte müssen für die
Bestimmung des unbegrenzt strebenden νοῦς herangezogen werden, um
zu erklären, warum Gregor eine solche Konzeption entwickeln konnte. Es
reicht nämlich, wie das folgende zeigen wird, nicht aus, das unbegrenzte
Streben ohne Sättigung (κόρος) *allein* aus der Unendlichkeit Gottes abzuleiten.[4] Vielmehr versucht Gregor zu zeigen, wie u.a. aus den Begriffen
Ständigkeit (στάσις) *und* Bewegung (κίνησις) das unbegrenzte Streben
des νοῦς zu verstehen ist.[5]

In der dritten Theophanie hebt Gregor von Nyssa zunächst hervor, daß
man die alttestamentliche Erzählung (Moses in der Felsspalte) unmöglich
wörtlich verstehen könne.[6] Denn man müßte bei einer wörtlichen Interpretation annehmen, daß bei der *visio facialis* für Gott ein Vorne und Hin-
ten vorauszusetzen ist. Die korrespondierenden Begriffe >vorne/hinten<
könnten in eigentlicher Weise aber nur von körperlichen Gegenständen
mit einem σχῆμα ausgesagt werden. Ein Körper ist aber immer zusammengesetzt (z.B. aus den verschiedenen Elementen), somit nicht unauf-
löslich und folglich der φθορά unterworfen. Dies könne aber nicht auf

---

[1] Vgl. Gregor von Nyssa, VM II 236-238, p. 115,14-116,15; dazu bereits die ausführliche Interpretation Teil III, 2.2 a.

[2] Vgl. M.-B.V. STRITZKY, 1973, 86.

[3] Vgl. Gregor von Nyssa, VM II 239, p. 116,21-23.

[4] So z.B. F. DÜNZL, 1993, 366.

[5] Vgl. Gregor von Nyssa, VM II 243, p. 118,3f.

[6] Damit behandelt Gregor die Frage der Notwendigkeit der Allegorie (vgl. VM II
219-223, p. 110,3-112,6).

Die ἱστορία muß über sich hinausweisen. Da im Sinne Gregors der biblische Text in sei-
ner Gesamtheit als inspiriert anzusehen ist, war es gerade die Intention Gottes, daß die
Menschen durch Stellen, die sich unmöglich wörtlich verstehen lassen, auf den höheren
Sinn aufmerksam werden.

Gott zutreffen.⁷ Deshalb ist es nach Gregor nur sinnvoll, diese Stelle im
Rahmen seiner Theorie der ἀλληγορία bzw. der θεωρία auszulegen.⁸

Dies ist für Gregor der Ausgangspunkt, um die Bitte des Moses, Gott
von Angesicht zu Angesicht sehen zu dürfen (*visio facialis*) in seinen Kontext des Aufstiegs zu Gott bzw. der Anähnlichung einzuordnen: Die Sta-
tionen der ἱστορία liefern ein Abbild der geistigen Realität.⁹ Dabei verbindet er — von philosophischer Seite aus betrachtet — verschiedene Elemente: er denkt die (neu-)platonisch verstandene ὁμοίωσις¹⁰ und das aristotelische Konzept des *progressus in infinitum* zusammen.¹¹ Während aber
nach Aristoteles der unendliche Regress vermieden werden soll, betont
Gregor, daß man ins Unendliche gehen oder unendlich auf das Unendliche hingehen *muß*.¹² Denn Gregor hebt hier hervor, daß der Aufstieg —
unter dem zentralen Hinweis auf Phil 3,13¹³ — ein ständiges Sich-Über-
schreiten der Seele ist.¹⁴ Das Verlangen (ἐπιθυμία) nach dem *Urbild* wird
von diesem selbst zwar erfüllt, aber es wird immer neu entzündet.¹⁵ Denn
die Anähnlichung kann selbst an kein Ende gelangen und setzt darüber
hinaus die Zuwendung Gottes (»Gnade«) voraus — im Bild gesprochen:
das Verlangen *wird entzündet*. Paradox formuliert¹⁶, ist die Erfüllung des
Verlangens gerade die Nichterfüllung.¹⁷ Oder anders ausgedrückt: der
Flug der Seele¹⁸, der Aufstieg auf der Jakobsleiter ist ohne Ende¹⁹. Um

---

⁷ Vgl. Gregor von Nyssa, VM II 221-222, p. 111,1-17.
⁸ Vgl. Teil III, 5.
⁹ Vgl. Gregor von Nyssa, VM II 228-230, p. 113,9-114,4.
¹⁰ Vgl. Teil III, 4.2.
¹¹ Vgl. Teil III, 3.2.
Vgl. ferner M.-B.V. STRITZKY, 1973, 90; zum aristotelischen Verständnis des Strebevermögens vgl. V. CESSI, 1987, 127-183.
¹² Vgl. W. BEIERWALTES, 1987, 465.
¹³ Die Bibel dient hier als Maßstab für die Richtigkeit der Auslegung: vgl. H.M.
MEISSNER, 1991, 145-154.
¹⁴ Vgl. Gregor von Nyssa, VM II 225, p. 112,16-21; ferner An et res p. 97AB; dazu E.
FERGUSON, 1973, 62; E. FERGUSON, 1976, 310; E. JUNOD, 1978, 93; L.F. MATEO-SECO,
1993, 202 Anm. 256.
¹⁵ Vgl. Gregor von Nyssa, VM II 231, p. 114,8-12; dazu M.-B.V. STRITZKY, 1973, 87-89;
R.E. HEINE, 1975, 76f; F. DÜNZL, 1993, 365-367.
Dies expliziert Gregor mit Hilfe der Liebesthematik: Cant 13, p. 383,9 für die Identität von
ἀγάπη und ἔρως. Platon, Symp 201 d; Origenes, In Cant Prol 2,41-45, p. 120/122.
¹⁶ Zu Paradoxie und Negation— vom späteren Neuplatonismus her gedacht — vgl. W.
BEIERWALTES, 1979, 357-360.
¹⁷ Vgl. Gregor von Nyssa, VM II 232-233, p. 114,17-23; dazu E. MÜHLENBERG, 1966,
151; E. FERGUSON, 1973, 73; E. FERGUSON, 1976, 311.
Vgl. Philon, Heres 240, p. 54,4-9; Post Cain 145, p. 32,13-20; Origenes, Princ I 4,1, p.
184/186; Princ II 6,7, p. 370/372; Princ II 9,1-3, p. 398-406; Princ II 11,7, p. 454/456.
¹⁸ Vgl. Gregor von Nyssa, VM II 226, p. 112,21-113,2.

dies weiter zu verdeutlichen, wählt Gregor einen Vergleich: Ein Körper, der losgelassen wird, stürzt immer schneller der Erde entgegen. Wenn die Seele in der ἀφαίρεσις vom Körperlichen im Sinne einer Konzentration auf den inneren Menschen oder das Selbst abläßt[20], befindet sich die Seele unter der Leitung des νοῦς in einer schnell-*stürzenden Aufwärts*-Bewegung.[21] Wenn sich die Seele im Hinblick auf den νοῦς in dieser un-endlichen, nie-endenden Aufwärtsbewegung, die Anähnlichung und Teilhabe zugleich ist[22], befindet, kann sie dabei keine Sättigung (κόρος) erreichen.[23] Die Ablehnung des Gedankens der Sättigung kann für Gregor in der Tat als eine Auseinandersetzung mit Origenes verstanden werden, der den κόρος dazu einführte, um eine Abwendung von Gott und den Fall der Seelen zu thematisieren.[24] Zudem ist auch an die κόρος-Lehre Plotins zu erinnern: Der νοῦς bedarf als Grund seiner eigenen Existenz des Einen, *und zugleich* bedarf er des Einen als Bezugspunkt der eigenen Umwendung. Erst dadurch wird er als seiende Hypostasis konstituiert. Das Denken des eigenen Seins von seinem Grund her *und* auf ihn hin als intensivste Form von Einheit in Vielheit und Differenz bedarf nichts mehr von außen. In diesem Sinne ist es selbstgenügsam, bei sich selbst seiend und sich zu sich selbst hinneigend.[25] Das Eine dagegen bedarf zu seinem Selbstgenügsam-Sein des Denkens nicht, weil es sonst seine Einheit aufhöbe.[26] Damit erwächst die relative Autarkie des νοῦς bzw. seine Sättigung[27] paradox aus einer doppelten Bedürftigkeit: Der Geist bedarf zu *seiner* Selbstgenügsamkeit *gerade* der Reflexivität, die seine Einheit erst

---

[19] Vgl. Gregor von Nyssa, VM II 227, p. 113,3-9; ferner Virg 11, p. 292,10-15; Cant 5, p. 158,19-159,11; Beat 2, p. 89,22-90,8; dazu E. FERGUSON, 1973, 62f.71; E. FERGUSON, 1976, 310.
Vgl. auch Platon, Symp 211c; Plotin, Enn I 6,1,19f.

[20] Vgl. Teil III, 1.1 a und 4.2.
Der Terminus »ablassen« wurde hier gewählt, um über Plotin hinaus — sachlich aufschluß-reich — auch auf Meister Eckhart hinzuweisen (vgl. W. BEIERWALTES, 1991, 250-253).

[21] Vgl. Gregor von Nyssa, VM II 224, p. 112,7-16; ferner Cant 15, p. 449,12-18; Or dom 2, p. 27,24-28,8; An et res p. 89B.
Vgl. auch Platon, Phaidr 246b-247e; Clemens von Alexandrien, Strom V 14,94,6, p. 388,16-20; Origenes, Princ III 6,1, p. 354-358; Plotin, Enn I 2,3-6.

[22] Vgl. Teil III, 4.2.

[23] Vgl. Gregor von Nyssa, VM II 231, p. 114,9 (ἐκκαίουσα); VM II 239, p. 116,17-19.23; VM II 242, p. 117,21; dazu E. MÜHLENBERG, 1966, 160f; J. DANIÉLOU, 1970, 110-112; I.P. SHELDON-WILLIAMS, 1970, 456; C.P. ROTH, 1992, 23f; F. DÜNZL, 1993, 366.

[24] Vgl. Origenes, Princ II 8,3, p. 386-394, evtl. im Sinne der neuplatonischen κόρος-Lehre verstanden; dazu M. HARL, 1966, 383-397.400-403; R.E. HEINE, 1975, 77f; H.M. MEISSNER, 1991, 320f.

[25] Vgl. Plotin, Enn V 3,13,18-21.

[26] Vgl. Plotin, Enn III 8,11,39-42.

[27] Vgl. Plotin, Enn V 9,8,7f.

begründet oder diese *ist*. Denn der Geist benötigt zu seiner Existenz *und* als Bezugspunkt seiner Umwendung des Einen. Sättigung (κόρος) des Geistes läßt sich also für Plotin nur in Bezug auf die zweifache Bedürftigkeit interpretieren. Auch die ἕνωσις bedarf, um an ihr Ziel zu gelangen, gerade des Einen als Bezugspunkt der Umwendung.[28]

Strukturell zeigen sich hier durchaus Parallelen zwischen Gregor und Plotin: Sättigung auf der Ebene des νοῦς bedeutet die Notwendigkeit einer Reflexion auf die Bedürftigkeit, die nur vom Grund her erfüllt werden kann. Während aber Plotin von einer Einung spricht, in der der Geist durch ein Sich-Hinwerfen auf das Eine als Nicht-Geist zum Einen gelangen kann, lehnt Gregor hingegen jede Art einer Sättigung aufgrund des vorausgesetzten unendlichen Fortschreitens (*progressus in infinitum*) ab. Das un-begrenzte Streben bzw. das Verlangen oder die Begierde nach der Betrachtung Gottes von Angesicht zu Angesicht wird vorangetrieben oder erhält den Impuls zum Streben durch den ἔρως. Lieben und Begierde nach der Schau sind also bei der un-endlichen Annäherung miteinander verknüpft.[29] Damit interpretiert Gregor zwar von Aristoteles her sachlich aufschlußreich das unendliche Streben mit der platonisch-neuplatonischen Konzeption des ἔρως[30], versucht jedoch innerhalb seines Ansatzes der θεωρία die ἕνωσις mit dem unendlichen Gott zu vermeiden. Sehen als Nicht-Sehen wird somit als eigentliches Sehen Gottes zur un-endlichen Sicht.

Gregor von Nyssa erweitert diesen Ansatz des un-endlichen >erotischen< Strebens resp. der ἐπιθυμία um zwei wesentliche Gedanken: 1) Eigentliches Sehen Gottes ist von der Identität von στάσις und κί-

---

[28] Zur gesamten Interpretation Plotins vgl. W. BEIERWALTES, 1991, 230.

[29] Anders versucht F. DÜNZL— allerdings im Blick auf die Hoheliedauslegung— eine Priorität der ἐπιθυμία aufzuweisen (vgl. F. DÜNZL, 1993, 365f). Von VM her läßt sich die allgemeine These, die dort aufgestellt wird, nicht halten. Insgesamt fällt an der Studie von F. DÜNZL zum Thema >erotische Liebe< auf, daß er die philosophischen Implikationen des Ansatzes von Gregor völlig ausklammert. Dadurch ist von der Sache her nicht einsichtig zu machen, *warum* gerade die ἐπιθυμία keine Sättigung erfahren soll, sondern vielmehr als unendliches Streben ausgelegt werden muß. Vgl. ferner An et res, p. 93C-97A; dazu H.M. MEISSNER, 1991, 318 (zur ἀγάπη); L.F. MATEO-SECO, 1993, 204 Anm. 259; Y. DE ANDIA, 1994, 429f.

[30] Vgl. Platon, z.B. Symp 204ab.
Ausführlicher dazu Teil III, 1.1 b.
Vgl. zu Gregor J. DANIÉLOU, 1944, 211-220; W. VÖLKER, 1955, 249-254; S. DE BOER, 1968, 155-161; C.P. ROTH, 1992, 26f; F. DÜNZL, 1993, 353-398 (mit der Endschätzung der verschiedenen Ansätze).
Zum νοῦς ἐρῶν im neuplatonischen Kontext vgl. W. BEIERWALTES, 1988, 35f; A.C. LLOYD, 1990, 169-171.

νησις her zu verstehen.[31] Darin sieht Heine gerade den Platonismus überwunden.[32] 2) Un-endliches Streben setzt ein vorgängiges Handeln Gottes (in der Inkarnation) voraus.[33] Demgegenüber betont Apostolopoulos im Blick vor allem auf *De anima et resurrectione*, daß die Unersättlichkeit des Eros nicht von der Unbegrenztheit des Zieles (Gott) her begründet werde, sondern durch die *conditio humana*.[34] Somit ordne Gregor das un-endliche Streben der platonischen Anthropologie unter und verstehe dieses Streben als Teilhabe am Guten, nicht aber von einer vorausgesetzten Gnade Gottes her. Vielmehr sei die Seele nach Apostolopoulos ontisch selbst göttlich.[35] Beide Fragestellungen, die eng miteinander verbunden sind, müssen für die vorliegende Theophanie genauer betrachtet werden.

Das eigentliche Sehen Gottes als das un-endliche Streben kann aufgrund der Un-endlichkeit Gottes *und* der Struktur des Strebens des Geistes selbst keine Sättigung erfahren.[36] Dabei versucht Gregor von Nyssa verschiedene Aspekte der alttestamentlichen Erzählung weiter zu entfalten, so vor allem die Begriffe ›Ort‹ und ›Felsspalte‹. Der *Ort*, an dem Gott geschaut wird, bedeutet nach Gregor, daß Gott, der dort betrachtet wird, den Strebenden an der Hand nimmt.[37] Somit versucht Gregor, gerade die erörterte Struktur des un-endlichen ›erotischen‹ Verlangens in sein christliches Verständnis von *Teilhabe durch Gnade* einzubinden.[38] Wie bei den anderen Theophanien wendet Gregor hier also dieselbe Gedankenführung an: Durch die Handlung Gottes in der Inkarnation (Christus als der Fels[39]) wird der Mensch in seinem tugendhaften Streben zu Gott hingezogen[40]; ein Leben entsprechend der Tugend führt zur Nachfolge Gottes. Dabei wurde bereits bei der Darlegung der letzten Theophanien deutlich, daß der Ort der Freiheit in der Abwendung vom

---

[31] Vgl. Gregor von Nyssa, VM II 243, p. 118,3f.
[32] Vgl. R.E. HEINE, 1975, 59.
[33] Vgl. Gregor von Nyssa, z.B. VM II 244, p. 118,13-24.
[34] Vgl. CH. APOSTOLOPOULOS, 1986, 328.
[35] Vgl. CH. APOSTOLOPOULOS, 1986, 329-331.
[36] Vgl. Gregor von Nyssa, VM II 239, p. 116,17-23; ferner Cant 12, p. 369,22-370,3; Eccl 7, p. 400,21-401,2; dazu H. DÖRRIES, 1963, 581; E. FERGUSON, 1973, 63; E. JUNOD, 1978, 93; M. ESPER, 1990, 96.
[37] Vgl. Gregor von Nyssa, VM II 242, p. 117,15-19; ferner Cant 5, p. 159,12-16; dazu E. FERGUSON, 1976, 311.
[38] Vgl. Teil III, 4.2.
[39] Vgl. Gregor von Nyssa, VM II 244, p. 118,20; VM II 248, p. 119,22-120,4; dazu E. FERGUSON, 1973, 69; C. PERI, 1974, 330; E. FERGUSON, 1976, 310.312; P.F. O'CONNELL, 1983, 319; M. ESPER, 1990, 94; L.F. MATEO-SECO, 1993, 211 Anm. 279; J.-A. RÖDER, 1993, 146.
[40] Vgl. Gregor von Nyssa, VM II 245, p. 119,1f.

Sinnenfälligen darin zu sehen ist, daß die Seele unter der Führung des νοῦς sich nach innen wendet und in dieser Umwendung un-endlich zu Gott in einem tugendhaften Leben zu streben vermag, das sich am Guten orientiert.[41] Diese Orientierung am Guten wird nach Gregor durch den Satz »*stelle* dich auf den Felsen« ausgedrückt.[42] Der »Lauf der Tugend« (ὁ τῆς ἀρετῆς δρόμος), von dem Gregor bereits im Proömium ausgegangen ist[43], stellt sich als ein Verharren im Guten dar: Ständigkeit und Bewegung sind also für ein freiheitliches *und* durch Gnade ermöglichtes Streben hinsichtlich des νοῦς für diesen konstitutiv. Damit zeigt sich hier deutlich, daß — anders als dies Apostolopoulos tut — nicht einseitig davon gesprochen werden kann, daß Gregor das un-endliche Streben allein von einer platonischen Anthropologie aus entwickle.[44] Diese Position übersieht einerseits die aristotelischen Elemente hinsichtlich des *progressus in infinitum*, andererseits den christlichen σκοπός, der durch die stets wiederholte Thematik der Gnade angezeigt ist und nicht als schmückendes Beiwerk abgetan werden kann.

Um die Identität von Ständigkeit (στάσις) und Bewegung (κίνησις) für das Streben des νοῦς zum un-endlichen Gott zu erklären, kann in der Tat darauf verwiesen werden, daß Gregor auf Origenes reagiere: Zum einen betont Origenes, daß Gott begrenzt sein müsse, weil er sich sonst selbst nicht erkennen könne.[45] Und zugleich behauptet Origenes, daß ein Fortschreiten zu Gott bei der ἀποκατάστασις zu einem Ende komme[46] und die Seele so in der Betrachtung Gottes gesättigt werde.[47] Insofern könnte Gregor mit seiner Konzeption der Unendlichkeit Gottes und des unendlichen Strebens ohne Sättigung auf die Theologie des Origenes antworten.[48] Nach Heine löst Gregor das Paradox von Ständigkeit und Bewegung dadurch, daß ein ständiger Fortschritt im Guten wahre Beständigkeit sei.[49]

---

[41] Vgl. Teil IV, 1 und 2.
Vgl. auch die Thematik der Nachfolge Gottes, in der Gott den Weg weist (Gregor von Nyssa, VM II 252, p. 121,5f; dazu E. FERGUSON, 1973, 63; E. FERGUSON, 1976, 311f). Vgl. ferner Gregor von Nyssa, Cant 12, p. 356,12f; Philon, Migr 23,131, p. 293,18-294,3; Clemens von Alexandrien, Strom II 19,100,4, p. 168,4-9; Origenes, In Joh VI 38, p. 146f.
[42] Vgl. Gregor von Nyssa, VM II 243, p. 118,1f; ferner Cant 5, p. 160,10-163,10.
[43] Vgl. Teil II, 2.1 b; 2.2 b und 2.3.
[44] Dies ist ohnehin für Platon so nicht richtig.
[45] Vgl. Origenes, Princ II 9,1, p. 400; Princ IV 4,8, p. 808; dazu Teil III, 2.2a.
[46] Vgl. Origenes, Princ II 10,8, p. 436.
[47] Dazu oben.
[48] Vgl. R.E. HEINE, 1975, 78-97.
Anders als R.E. HEINE betont K. HOLL hinsichtlich der Lehre von der ἀποκατάστασις gerade eine ähnliche Sicht von Gregor und Origenes (vgl. K. HOLL, 1969, 207f).
[49] Vgl. R.E. HEINE, 1975, 79.

Diese Lösung sei vollkommen unphilosophisch, vielmehr überschreite
Gregor gerade die Polarität von Ständigkeit und Bewegung, wie sie im
Platonismus vorherrschend sei.[50]

Wenn auch mit der Möglichkeit gerechnet werden kann, daß sich
Gregor direkt von Origenes absetzen will, so ist damit nicht geklärt,
warum er dies mit diesen Mitteln durchführt. Auffällig ist zumindest, daß
Gregor zwar die Begriffe στάσις und κίνησις direkt mit dem Thema
κόρος verbindet, was sowohl auf Origenes als auch den Neuplatonismus
(Plotin) hindeuten kann; insgesamt werden aber alle drei Begriffe im Hinblick auf den νοῦς eingeführt.[51] Für Gregor sind Ständigkeit und Bewegung beim strebenden (menschlichen) νοῦς identisch.[52] Dies kann
schwerlich allein aus einer Auseinandersetzung mit Origenes abgeleitet
werden. Eine weitere Strukturparallele findet sich bei Plotin. Dieser betont vor allem in einer Auslegung der μέγιστα γένη des platonischen *Sophistes*, daß für den (absoluten) νοῦς Ständigkeit und Bewegung »auf dem
Grunde der Einheit von Denken und Sein als Einheit zu denken [sind].
Das Sein denkende Denken des Geistes ist der denkend bewegte Stand
seiner Selbständigkeit«[53]. Erst durch die Kraft bzw. Mächtigkeit des Einen
wird die Andersheit in die Einheit gefügt; ebenso vereint sie Ständigkeit
und Bewegung im Geist zur ständigen Beweg*theit*.[54] Das dialektische Verhältnis von Unterschiedenheit und Ununterschiedenheit, von Ständigkeit
und Bewegtheit ist bestimmend für den Begriff des unendlichen Geistes
bei Plotin.[55]

Obwohl sich von Plotin her für den νοῦς die Bezogenheit von στάσις
und κίνησις sachlich aufschlußreich zeigen läßt, bestehen zwischen Gregors und Plotins Deutung wesentliche Unterschiede. Zum einen ist bei
Plotin das Ineinander von Denken und Sein in der Auslegung des Parmenides für den Geist bestimmend[56], während nach Gregor Gott das wahrhafte Sein oder der νοῦς an sich ist. Zum anderen entwickelt Plotin die
Dialektik von Ständigkeit und Bewegung für den *absoluten* νοῦς; demgegenüber sucht Gregor das unendliche Streben des *menschlichen* νοῦς

---

[50] Vgl. R.E. HEINE, 1975, 59f.79.
[51] Vgl. Gregor von Nyssa, VM II 240, p. 117,1.
[52] Vgl. Gregor von Nyssa, VM II 243, p. 118,3f.
[53] W. BEIERWALTES, 1981, 26.
[54] Vgl. W. BEIERWALTES, 1981, 30; W. BEIERWALTES, 1991, 179.
Zur Wirkungsgeschichte der von Platons *Sophistes* herkommenden Problematik (vgl. Soph
249cd) vgl. ST. GERSH, 1978, 67-70.
[55] Vgl. W. BEIERWALTES, 1981, 197 (mit den entsprechenden Nachweisen und der
Wirkungsgeschichte).
[56] Vgl. Teil IV, 1 (dort weitere Lit.).

durch die Identität von στάσις und κίνησις zu erläutern. Ein Parallele zwischen Gregor und Plotin ließe sich nur insofern ziehen, als für Gregor der menschliche νοῦς die göttliche Intelligibilität nachahmt, wenn der Mensch zu Gott strebt und so seine ursprüngliche Bestimmung zu erreichen sucht.[57]

Beständiger Fortschritt als Leben der Tugend ist, wie Gregor hervorhebt[58], nicht allein als Erkenntnis des un-endlichen Gottes aufzufassen, sondern muß in eine Lebensform umgesetzt werden, die versucht, andere Menschen zum Aufstieg zu bewegen. Die höchst-mögliche Form von θεωρία führt zu einer kompetenten Vermittlung in der Praxis. In diesem Sinne ist die θεωρία, wie wir gesehen haben, selbst protreptisch. Dies führt nach Gregor dazu, daß Moses vom Berg herabsteigt, um das Volk zu Gott zu führen.[59] Wie der Philosoph in Platons Höhlengleichnis[60] muß auch Moses die Widerstände, den Neid, überwinden[61], was im Sinne Gregors nur dadurch ermöglicht wird, daß durch Christus in seinem Tod die Erlösung gewirkt ist.[62] Eine Selbst-Befreiung im Sinne Plotins ist somit für Gregor undenkbar. Damit endet auch die dritte Theophanie mit einer Protrepse.

Gregor hat also das Ziel seiner Untersuchung erreicht. Das ursprüngliche Bild Gottes (εἰκών), also die von Gott gesetzte Bestimmung des Menschen wurde in der Anähnlichung erreicht und erweist sich so als wahr[63]: Moses ist an das Ziel des Lebens gelangt, das Gregor dadurch zu fassen sucht, daß Moses zum Bild Gottes geworden ist, indem er die Eigenschaften Gottes wie z.B. die Unveränderlichkeit in seinem Streben erhalten hat.[64] Moses, der in seinem irdischen Leben das Land nicht sehen konnte, in das das Volk zog, wird auch in dieser Hinsicht zu einem Beispiel eines tugendhaften Lebens. Dadurch daß Moses bereits vor seinem Tode zur ursprünglichen Bestimmung des Menschen zurückgekehrt ist, wird er im Tod zu einem ὑπόδειγμα und »überspringt« sozusagen die Auferstehung: Im endgültigen Aufstieg des Moses im Tod, ein »Zustand«, der einer absoluten Reinigung entspricht, wird Moses im Angesicht Gottes zum Vorbild

---

[57] Gregor könnte also Plotin— aus heutiger Sicht— völlig unkritisch lesen, um aus seinem Blickwinkel Stellen, die Plotin im Hinblick auf den absoluten νοῦς formuliert, für den menschlichen νοῦς auszuwerten.

[58] Vgl. Teil IV, 2.

[59] Vgl. Gregor von Nyssa, VM II 291, p. 133,12-15.

[60] Vgl. dazu Teil III, 5.

[61] Vgl. Gregor von Nyssa, VM II 256-259, p. 122,4-123,11.

[62] Vgl. Gregor von Nyssa, VM II 268, p. 125,16-21.

[63] Vgl. Gregor von Nyssa, VM II 306, p. 138,20-139,6.

[64] Vgl. Gregor von Nyssa, VM II 317-318, p. 143,2-18.

für andere. Damit wird deutlich, daß Gregor bis zum Ende der VM gerade die gesamte Struktur von Teilhabe und Anähnlichung im Blick hat[65]: Rückkehr zur ursprünglichen Bestimmung des Menschen als Aufgabe einer konsequenten θεωρία.

---

[65] Vgl. Teil III, 4.2.

TEIL V

AUSBLICK

GREGORS »VITA MOYSIS«: EINE GRUNDLEGENDE SCHRIFT FÜR DIE THEOLOGIE DES NYSSENERS

Die vorliegende Untersuchung zu *De vita Moysis* von Gregor von Nyssa hat für die Konzeption der θεωρία gezeigt, daß die Unendlichkeit Gottes, die unendliche Anähnlichung (ὁμοίωσις) an Gott, die Sprache und der notwendige Rekurs auf die Bibel (ἀλληγορία) ineinander greifen. Diese Momente stellen wesentliche Strukturelemente der θεωρία dar, wie er sie versteht. Für die Entfaltung dieser Aspekte hat sich ergeben, daß Rhetorik[1], Theologie und Philosophie bei Gregor von Nyssa aufeinander bezogen werden müssen.

Die philosophischen Implikationen können dabei nicht als eine äußerlich bleibende Haltung Gregors abgetan werden. Um Theoria und Praxis in einem christlichen σκοπός zu vermitteln, leistet die Fragestellung nach der philosophischen Implikation einen entscheidenden Beitrag zum Verständnis von Gregors Grundanschauungen. Dieser Ansatz ist damit nicht als eine quellenkundliche Studie zu verstehen. Gregor wird aber auch nicht zu einem Philosophen wie Plotin stilisiert. Durch die philosophischen Implikationen werden vielmehr die Konturen deutlicher, aus denen heraus Gregor angemessener verstanden werden kann.

Die Untersuchung zu der VM wurde dabei zunächst in einen größeren Kontext gestellt. Denn für Gregor von Nyssa ist sein Verständnis der Theoria von grundlegender Bedeutung. Der Begriff Theoria schließt das Gottesverständnis Gregors ebenso ein wie das vielschichtige Verhältnis des Menschen zu Gott. Für die Ausarbeitung seines Modells der Theoria ist es charakteristisch, daß der Mensch durch das Sinnliche hindurch zu Gott strebt, ohne diesen je erreichen zu können. Der Grund dafür besteht darin, daß die Theoria selbst immer eine Differenz, von Gregor διάστημα oder διάστασις genannt, voraussetzt, die es unmöglich macht, die ἀδιάστατος φύσις, d.h. die οὐσία Gottes in sich, betrachten oder sogar mit ihr eins werden zu können, wie dies z.B. Plotin intendiert hat. Dies hängt bei Gregor — trotz der sachlichen Nähe zu Plotins Auffassung vom Einen — u.a. auch mit seiner Konzeption der Unendlichkeit Gottes zusammen. In der Diskussion dieser Fragestellung hatte sich ergeben, daß entgegen mancher Ansätze der neueren Forschung der Gottesbegriff in *Contra Eunomium* und in *De vita Moysis* unterschiedlich gefaßt wird. Während Gregor in Eun I zu zeigen versucht, daß hinsichtlich der οὐσία Gottes — gegen Eunomius — keine Stufung angenommen werden kann, spielt

---

[1] Exemplarisch wurde dies anhand des Proömiums dargelegt.

eine solche Fragestellung in VM keine Rolle mehr. Es ist deshalb auch wenig plausibel, VM chronologisch vorzudatieren, um zu zeigen, daß sich Gregor trotz des unpolemischen Tones gegen Eunomius wehrt. Die Unendlichkeitsvorstellung in VM, aber nicht minder die in Eun III macht deutlich, daß Gregor Gott in seiner Unendlichkeit als vorlaufenden Grund allen Seins betrachtet, der sich in seiner Ungeschaffenheit und Un-Unter-schiedenheit von allem Endlichen unterscheidet. Die einzige Möglichkeit des Menschen, sich Gott anzunähern, besteht in dem fortwährenden Sich-Ausstrecken (ἐπέκτασις) nach Gott, ohne diesen erreichen zu können. Dies hat Konsequenzen für das Verständnis der sog. Mystik bei Gregor. Wenn Mystik wesentlich eine Erfahrungsebene beschreibt, die auf einen identifikatorischen Akt in der Einung mit Gott zielt, kann dieser Begriff nur mit Vorbehalten für ein Verständnis von Gregors Texten herangezo-gen werden. Das Ziel der Ausführungen Gregors — das zeigt auch VM deutlich — besteht primär darin, daß der Mensch sein Leben so gestalten soll, daß er zu seiner ursprünglichen, von Gott intendierten Bestimmung zurückkehrt. Die Ebenbildlichkeit des Menschen mit Gott, seine εἰκών, muß dabei in einem Prozeß der Reinigung bzw. der Abstraktion (ἀφαίρεσις) immer deutlicher zum Vorschein kommen. Diesen Vorgang umschreibt Gregor mit den Begriffen »Teilhabe« und »Anähnlichung«. Die Theophanien in VM machen in ihrer gesamten Struktur deutlich, daß die Anähnlichung an die ursprüngliche Bestimmung des Menschen die an-fänglich verborgene *similitudo* mit Gott freilegt. Aufgrund des von Gregor vorausgesetzten Gottesverständnisses ist diese Anähnlichung als unendli-ches Streben verstehbar, was für Gregor jedoch zweierlei voraussetzt: 1) Der Mensch muß dieses Streben in der ἀρετή durch seine Willensfreiheit selbst verwirklichen; 2) dies ist nach Gregor jedoch nur dann möglich, wenn sich Gott dem Menschen zuwendet (»Gnade«).

In VM versucht nun Gregor, das Leben des Mose als eine vorbildhafte Lebensform darzustellen, die zur μίμησις anregen soll und den Weg der Anähnlichung beschreibt. Um dies zu erreichen, ist es für ihn notwendig, die ἱστορία, d.h. den Text der Hl. Schrift, auf einen »höheren« Sinn hin auszulegen. Wie jede Form von Sprache ist auch die Hl. Schrift in ihrer Endlichkeit durch Momente der Differenz bestimmt, auch wenn sie im Sinne Gregors als inspirierter Text mit Sicherheit auf die Wahrheit ver-weisen kann. Aufgrund der Differenz anzeigenden Sprache kann die Hl. Schrift die in sich nicht differente οὐσία Gottes — trotz der trinitarischen Struktur — nicht adäquat darstellen. Allerdings ist es in einem Prozeß der Freilegung des »höheren« Schriftsinnes (ἀλληγορία als ἀφαίρεσις) möglich, über den bloßen Buchstaben hinauszuweisen, wie dies in der Sprache selbst durch Bilder und Metaphern angelegt ist. Die Allegorese ist somit die *notwendige* Form der Schriftauslegung, um die Vorläufigkeit allen Redens von Gott deutlich herauszustellen. Indem der Interpret auf oder in das ἱστορικόν blickt, d.h. dieses auslegt, vollzieht er einen Prozeß der ἀφαίρεσις und gelangt so auf eine höhere Stufe des Fortschritts. Die Allegorie unterstützt in dieser Form die Anähnlichung des Menschen an Gott und ist somit selbst eine Theoria.

Genau diese verschiedenen Momente der Theoria bestimmen die Auslegung der ἱστορία des Mose in VM. Mose ist somit ein ὑπόδειγμα, das den Leser / Hörer zu einem Leben der ἀρετή anregen soll. Dies erreicht Gregor dadurch, daß er die Theoria nicht etwa als eine Lebensform versteht, die einzelne Menschen für sich vollziehen könnten; vielmehr ahmt der Mensch im Prozeß der Anähnlichung— wie auch der Lehrer oder Interpret bei der Auslegung der Hl. Schrift — die Hinwendung Gottes zur Schöpfung und zum Menschen nach. Die Theoria ist also als eine Form der Protreptik zu verstehen: Das jeweils Erreichte dient in der Vermittlung an andere als χειραγωγία für die weitere Anähnlichung.

Diese Grundgedanken Gregors, die von philosophischer Seite her vor allem von neuplatonischen und stoischen Philosophemen mitbestimmt sind, können für weitere Studien ein Anhaltspunkt sein, der für die notwendige Klärung von rhetorischen und theologischen Fragestellungen hilfreich ist.

Vor allem sind fünf Bereiche nach wie vor in der Forschung nicht ausreichend behandelt:

1) Die deutsche Übersetzung von M. Blum orientiert sich — entsprechend der damaligen Editionslage — am Text, der von J. Daniélou herausgegeben ist, an einigen Stellen auch an der Patrologia Graeca.[2] Eine dem derzeitigen Stand der Forschung adäquate Übersetzung fehlt bislang.[3] Wesentliche Verbesserungen haben die Editionen von H. Musurillo und besonders M. Simonetti erbracht. Trotz der guten Editionslage sind an wenigen Stellen noch kleinere Korrekturen anzubringen.

2) Die Struktur des Textes, die hier nur knapp angedeutet werden konnte, ist noch nicht ausreichend herausgearbeitet.

3) Der rhetorische Habitus von VM müßte durchgängig erörtert werden.

---

[2] Vgl. M. BLUM, 1963, 137.

[3] Aufgrund eines verbesserten Textes soll eine vom Verfasser neu vorgenommene Übersetzung in der Reihe *Fontes Christiani* erscheinen.

4) Die theologiegeschichtlichen Fragen (etwa die Abhängigkeit und Abgrenzung von Philon, Origenes, Clemens von Alexandrien u.a.) müßten weiter aufgearbeitet werden.

5) Schließlich ist die Wirkungsgeschichte — etwa bei Pseudo-Dionysius
Areopagita, Maximus Confessor u.a. — aufzuzeigen.

Diese Desiderate könnten nur durch einen gründlichen Kommentar erfüllt werden, der die sachlichen Anknüpfungspunkte Gregors an die rhetorischen, theologischen und philosophischen Texte verdeutlicht und
zugleich die Intention des Textes im ganzen darstellt.

ABKÜRZUNGS-
UND
LITERATURVERZEICHNIS

ABKÜRZUNGSVERZEICHNIS

ABG	Archiv für Begriffsgeschichte (Bonn)
AJP	American Journal of Philology (Baltimore)
Angelicum	Angelicum (Roma)
ANRW	Aufstieg und Niedergang der römischen Welt. Geschichte und Kultur Roms im Spiegel der neueren Forschung (Berlin, New York)
Antike und Abendland	Antike und Abendland. Beiträge zum Verständnis der Griechen und Römer und ihres Nachlebens (Berlin)
Aug	Augustinianum (Roma)
Bijdragen	Bijdragen. Tijdschrift voor philosophie en theologie (Nijmegen)
BLE	Bulletin de littérature ecclésiastique (Toulouse)
BPhW	Berliner Philologische Wochenschrift (Berlin)
CAG	Commentaria in Aristotelem Graeca (Berlin)
CChrG	Corpus Christianorum. Series Graeca (Tornhout, Leuven)
ChH	Church History (Chicago)
CQ	The Classical Quaterly (Oxford)
CSEL	Corpus Scriptorum Ecclesiasticorum Latinorum
DoC	Doctor communis (Roma)
DomSt	Dominican Studies (Oxford)
DOP	Dumbarton Oaks Papers (Cambridge, Mass.)
DR	Downside Review (Exeter)
DSAM	Dictionnaire de spiritualité ascétique et mystique (Paris)
EJb	Eranos-Jahrbuch (Zürich)
EkklPh	Ekklesiastikos Pharos (Alexandria)
Erasmus	Erasmus (Basel)
EvTh	Evangelische Theologie (München)
FC	Fontes Christiani (Freiburg, Basel, Wien)

FZPhTh	Freiburger Zeitschrift für Philosophie und Theologie (Fribourg)
GCS	Die Griechischen Christlichen Schriftsteller der ersten drei Jahrhunderte (Leipzig)
Gn	Gnomon (München, Berlin)
GNO	Gregorii Nysseni Opera (Leiden)
GOTR	Greek Orthodox Theological Review (Brookline, Mass.)
Gr	Gregorianum (Roma)
Hermes	Hermes (Berlin, Wiesbaden)
HeyJ	Heythrop Journal (Oxford)
ICSt	Illinois Classical Studies (Chico)
IkaZ	Internationale katholische Zeitschrift (Köln)
IThQ	Irish Theological Quaterly (Maynooth)
JAAR	Journal of the American Academy of Religion (Chambersburg)
JAC	Jahrbuch für Antike und Christentum (Münster)
JEH	Journal of Ecclesiastical History (London)
JÖB	Jahrbuch der österreichischen Byzantinistik (Graz)
JThS	Journal of Theological Studies (Oxford, London)
KuD	Kerygma und Dogma (Göttingen)
LThK	Lexikon für Theologie und Kirche
Mind	Mind. A quaterly review of psychology and philosophy (New York)
MS	Mediaeval Studies (Toronto)
MThZ	Münchener Theologische Zeitschrift (München)
NRT	Nouvelle revue théologique (Tournai)
NThT	Nederlands theologisch tijdschrift (Wageningen)
OrChr	Oriens Christianus (Wiesbaden)
Orph	Orpheus (Catania)
PACPA	Proceedings of the American Catholic Philosophical Association (Washington)
PG	Patrologia Graeca

PhJ	Philosophisches Jahrbuch der Görres-Gesellschaft (Fulda)
Phoenix	Phoenix (Toronto)
QD	Quaestiones disputatae
RAC	Reallexikon für Antike und Christentum (Stuttgart)
RAM	Revue d'ascetique et de mystique (Toulouse)
RAMi	Rivista di ascetica e mistica (Firenze)
RE	Paulys Real-Encyclopädie der classischen Altertumswissenschaften (Stuttgart)
REAug	Revue des études augustiniennes (Paris)
REG	Revue des études grecques (Paris)
RelSt	Religious Studies (London)
RFNS	Rivista di filosofia neo-scolastica (Milano)
RHE	Revue d'histoire ecclésiastique (Louvain)
RHPhR	Revue d'histoire et de philosophie religieuses (Strasbourg)
RNSPh	Revue néoscolastique de Philosophie
RPh	Revue de philologie, de littérature et d'histoire anciennes (Paris)
RSLR	Rivista di storia e letteratura religiosa (Firenze)
RSPhTh	Revue des sciences philosophiques et théologiques (Paris)
RSR	Recherches de science religieuse (Paris)
Sal	Salesianum (Roma)
SAWB	Sitzungsberichte der Königlich Preussischen Akademie der Wissenschaften, Phil.-Hist. Kl. (Berlin)
SC	Sources chrétiennes (Paris)
Schol	Scholastik (Freiburg)
SMSR	Studi e materiali di storia delle religioni (Bologna)
SSR	Studi storico religiosi (Roma)
STh	Scripta Theologica (Pamplona)
StMon	Studia monastica (Montserrat)

StP	Studia patristica. Papers Presented to the International Conference on Patristic Studies (Berlin, Leuven)
ThLZ	Theologische Literaturzeitung (Leipzig)
Thomist	Thomist (Washington)
ThPh	Theologie und Philosophie (Freiburg)
ThQ	Theologische Quartalschrift (Tübingen, Stuttgart)
ThR	Theologische Rundschau (Tübingen)
Traditio	Traditio (New York)
TRE	Theologische Realenzyklopädie (Berlin, New York)
TTZ	Trierer Theologische Zeitschrift
VetChr	Vetera Christianorum (Bari)
VigChr	Vigiliae Christianae (Amsterdam, Leiden)
WüJbbA.N.F.	Würzburger Jahrbücher für Altertumswissenschaften (Würzburg)
ZÄS	Zeitschrift für ägyptische Sprache und Altertumskunde (Berlin)
ZDAL	Zeitschrift für Deutsches Altertum und deutsche Literatur (Wiesbaden)
ZKG	Zeitschrift für Kirchengeschichte (Stuttgart)
ZKTh	Zeitschrift für katholische Theologie (Innsbruck)
ZMRW	Zeitschrift für Missionswissenschaft und Religionswissenschaft (Münster)
ZNW	Zeitschrift für die neutestamentliche Wissenschaft und die Kunde der älteren Kirche (Gießen)
ZPhF	Zeitschrift für Philosophische Forschung (Frankfurt)
ZRGG	Zeitschrift für Religions- und Geistesgeschichte (Leiden)
ZThK	Zeitschrift für Theologie und Kirche (Tübingen)

LITERATURVERZEICHNIS

QUELLEN

Aelius Aristides

—. Ars rhet = Ars rhetorica, ed. L. Spengel (Rhetores Graeci II), Leipzig 1854 (ND Frankfurt 1966), 459-554.

Alexander von Aphrodisias

—. In Arist Met = In Aristotelis Metaphysica commentaria, ed. M. Hayduck (CAG 1), Berlin 1891.

—. Mantissa = De Anima Libri Mantissa. In: Ivo Bruns: Supplementum Aristotelicum II.1, Berlin 1887, 101-186.

Alkinoos

—. Didask = Enseignement des doctrines de Platon, edd. J. Whittaker et P. Louis, Paris 1990.

Ammonius Grammaticus

—. De adfin vocab = De adfinium vocabulorum differentia cum selectis L.C. Valckenarii notis atque animadversionibus, ed. Chr. Fr. Ammon, Erlangen 1787.

Ammonius

—. In Aristotelis Categorias Commentarius, ed. A. Busse (CAG IV), Berlin 1895.

—. In Porphyrii Isagogen sive v voces, ed. A. Busse (CAG IV,3), Berlin 1891.

Amphilochius von Ikonium

—. Opera. Orationes, pluraque alia quae supersunt, nonnulla etiam spuria, quorum editionem curavit C. Datema (CChrG 3), Turnhout-Leuven 1978.

Apuleius von Madaura

—. De Platone = Opera III, ed. P. Thomas, Stuttgart 1970, 82-134.

Apsines

—. Probl = Περὶ τῶν ἐσχηματισμένων προβλημάτων, ed. L. Spengel (RhG I), Leipzig 1853 (ND Frankfurt 1966), 407-414.

Archytas

—. Frg = Fragmanta. In: H. Thessleff: The Pythagorean Texts of the Hellenistic Period, Åbo 1965, 2-48.

Aristoteles

—. Anal = Analytica priora et posteriora, edd. W.D. Ross / L. Minio-Paluello, Oxford ^{6}1989.

—. De anima, ed. W.D. Ross, Oxford 1956.

—. De caelo, ed. D.J. Allan, Oxford ^{3}1961.

—. Cat = Categoriae et Liber de Interpretatione, ed. L. Minio-Paluello, Oxford 1961 (reprint).

—. EE = Ethica Eudemia, edd. R.R. Walzer et J.M. Mingray, Oxford 1991.

—. EN = Ethica Nicomachea, ed. I. Bywater, Oxford ^{15}1970.

—. Frg = Fragmenta selecta, ed. W.D. Ross, Oxford ^{5}1974.

—. Gen an = De generatione animalium, ed. H.J. Drossaart Lulofs, Oxford 1965.

—. De interpret = Liber de interpretatione. In: Aristoteles: Categoriae et Liber de Interpretatione, ed. L. Minio-Paluello, Oxford 1961 (reprint), 49-72.

—. De memoria = De memoria et reminiscentia. In: Aristoteles, Parva naturalia, ed. W.D.
Ross, Oxford 1955.

—. MM = Magna Moralia, ed. Fr. Susemihl, Leipzig 1883.

—. Met = Metaphysica, ed. W. Jaeger, Oxford [11]1992.

—. Part an = Les parties des animaux, ed. P. Louis, Paris 1956.

—. Phys = Physica, ed. W.D. Ross, Oxford [10]1992 (reprint).

—. Poet = De arte poetica, ed. Bywater, Oxford [8]1958.

—. Protrept = Protreptikos. In: Fragmenta selecta, ed. W.D. Ross, Oxford [5]1974, 26-56.

—. Rhet = Ars rhetorica, ed. W.D. Ross, Oxford 1959.

Aspasios

—. In Arist EN = In Ethica Nicomachea quae supersunt commentaria, ed. G. Heylbut
(CAG 19), Berlin 1889.

Athanasius

—. Ad Serap I = Epistola I ad Serapionem (PG 26, 529-608).

—. Incarn = Sur l'Incarnation du Verbe, ed. Ch. Kannengiesser (SC 199), Paris 1973.

—. C.Ar I = Oratio I contra Arianos (PG 26, 11-146).

Augustinus, Aurelius

—. Conf = Confessionum libri tredecim, ed. P. Knöll (CSEL 33), Pragae-Vindobonae-Lip-
siae 1896.

—. Doctr chr = De doctrina Christiana libri quattuor, ed. G.M. Green (CSEL 80), Vindo-
bonae 1963.

Basilius von Caesarea

—. Adulesc = De gentilium libris legendis. Des heil. Basilius Mahnworte an die Jugend
über den nützlichen Gebrauch der heidnischen Literatur. Hg. und erkl. v. J. Bach.
Teil I: Text. Teil II: Komm. und lat. Übers., Münster 1900.

—. In illud "Attende tibi ipsi" (PG 31,197-217).

—. Adv. Eun I = Contre Eunome. Tome I, ed. B. Sesboüé (SC 299), Paris 1982.

—. Ep = Lettres Tome I, ed. Y. Courtonne, Paris 1957.

—. Spir.s = Sur le Saint-Esprit, ed. B. Pruche (SC 17 bis), Paris [2]1968.

—. Spir.s = De spiritu sancto. Über den Heiligen Geist, übers. u. eingel. v. H.-J. Sieben,
Freiburg-Basel-Wien 1993 (FC 12).

Ps.Basilius

—. Adv. Eun. V = Adversus Eunomium V (PG 29, 709-773).

Cicero, M. Tullius

—. Off = De officiis, ed. C. Atzert, Leipzig 1963.

—. Orat = De oratore, ed. O. Harnecker, Amsterdam 1965.

Clemens von Alexandrien

—. Exc ex Theod = Exzerpta ex Theodoto. Werke Bd. III, edd. O. Stählin / L. Früchtel /
U. Treu, Berlin [2]1970, 105-133.

—. Paid = Paedagogus I-III, edd. O. Stählin / U. Treu, Berlin [3]1972, 87-292.

—. Strom = Stromata I-VI, edd. O. Stählin / L. Früchtel / U. Treu, Berlin [4]1985.

—. Strom = Stromata VII-VIII. Werke III, edd. O. Stählin / L. Früchtel / U. Treu, Leipzig [2]1970, 1-102.

Denzinger-Schönmetzer

—. DS = Enchiridion Symbolorum Definitionum et Declarationum de rebus fidei et morum, Freiburg u.a. [36]1976.

Dexippus

—. In Arist Cat = In Aristotelis Categorias Commentarium, ed. A. Busse (CAG IV,2), Berlin 1888.

—. In Arist Cat = On Aristotle's *Categories*. Translated by John Dillon, Ithaca-New York 1990.

Didymus

—. Comm in Gen = Sur la Genèse II, ed. P. Nautin (SC 244), Paris 1978.

Dio Cassius

—. Libri Historiarum Romanorum quae supersunt, ed. U.Ph. Boissevain, Bd. 2, Berlin 1898.

Dio Chrysostomus

—. Opera Bd. 1, ed. J. v. Arnim, Berlin 1962.

Diodor

—. Bibliothèque historique, Livre I, edd. P. Bertrac et Y. Vernière, Paris 1993.

Diogenes Laërtios

—. Vit = Vitae philosophorum II, ed. H.S. Long, Oxford 1964.

Dionysius von Halikarnaß

—. De Thuc = De Thucydide. In: Werke Bd. 1, ed. St. Usher, Cambridge (Mass.)-London 1974, 462-633.

Epikur

—. Ep ad Herod = Epistula ad Herodotum. In: Opere, ed. G. Arrighetti, Torino 1973, 35-73.

Eudemos von Rhodos

—. Frg = Fragmente, ed. F. Wehrli (Die Schule des Aristoteles, Heft VIII), Basel-Stuttgart [2]1969.

Euklid

—. El = Elementa V-IX, edd. I.L. Heiberg / E.S. Stamatis, Leipzig [2]1970.

Eunomius

—. Apol et Frg = The Extant Works. Text and Translation by R.P. Vaggione, Oxford 1987.

Euripides

—. Ion, ed. W. Biehl, Leipzig 1979.

Eusebius von Caesarea

—. C.Marc = Contra Marcellum, edd. E. Klostermann / G.C. Hansen (GCS 14[2]), Berlin [3]1991, 1-58.

—. PE = Praeparatio evangelica XI-XV (Werke Bd. 8), ed. K. Mras, Berlin 1956 (GCS 43,2).

Galen

—. Diff puls = De differentia pulsuum Libri IV = Opera omnia, Vol. 8, ed. C.G. Kühn, Leipzig 1824 (ND Hildesheim 1965), 493-765.

—. Plac Hipp = De placitis Hippocratis et Platonis Libri VI-IX = Corpus Medicorum Graecorum V 4,1,2, ed. P. de Lacy, Berlin 1984.

Georgios Pisides

—. C.Sev = Contra Severum (PG 92,1625-1676).

Gregor von Nazianz

—. In Bas = In Laudem Basilii Magni (PG 36, 493-605).

—. Or = Discours 20-23, ed. J. Mossay (SC 270), Paris 1980.

—. Or = Discours 38-41, ed. Cl. Moreschini (SC 358), Paris 1990.

Gregor von Nyssa

—. Abl = Ablabium. Quod non sint tres dei, ed. Fr. Mueller (GNO III.1, 37-57), Leiden 1958.

—. An et res = De anima et resurrectione (PG 46, 12-160).

—. Antirrh = Antirrheticus adversus Apolinarium, ed. Fr. Mueller (GNO III.1, 131-233), Leiden 1958.

—. Bas = In Basilium fratrem, ed. O. Lendle (GNO X.1, 109-134), Leiden-New York-København-Köln 1990.

—. Beat = De beatitudinibus, ed. J.F. Callahan (GNO VII.2, 77-170), Leiden 1992.

—. Cant = In Canticum Canticorum, ed. H. Langerbeck (GNO VI), Leiden 1960.

—. Deit Euag = De deitate adversus Euagrium (vulgo In suam ordinationem oratio), ed. E. Gebhardt (GNO IX, 331-341), Leiden 1967.

—. Deit fil = Oratio de deitate filii et spiritus sancti (PG 46, 553-576).

—. Diem lum = In diem luminum (vulgo In baptismum Christi oratio), ed. E. Gebhardt (GNO IX, 221-242), Leiden 1967.

—. Eccl = In Ecclesiasten homiliae, ed. P. Alexander (GNO V, 277-442), Leiden 1962.

—. Ep = Epistulae, ed. G. Pasquali (GNO VIII.2), Leiden [2]1959.

—. Eun I et II = Contra Eunomium libri. Pars prior, Liber I et II (vulgo I et XII B), ed. W. Jaeger (GNO I), Leiden 1960.

—. Eun III = Contra Eunomium libri, III (vulgo III-XII), ed. W. Jaeger (GNO II, 3-311), Leiden 1960.

—. Flacill = Oratio funebris in Facillam imperatricem, ed. A. Spira (GNO IX, 475-490), Leiden 1967.

—. Graec = Ad Graecos (Ex communibus notionibus), ed. Fr. Mueller (GNO III 1, 19-33), Leiden 1958.

—. Hex = Apologia in Hexaemeron (PG 44, 61-124).

—. Infant = De infantibus praemature abreptis, ed. H. Hörner (GNO III 2, 67-97), Leiden 1987.

—. Inscr = In inscriptiones Psalmorum, ed. J. Mc Donough (GNO V, 24-175), Leiden 1962.

—. Inst = De instituto Christiano, ed. W. Jaeger (GNO VIII 1, 40-89), Leiden 1952.

—. Macr = Vita s. Macrinae, ed. V. Woods Callahan (GNO VIII 1, 370-414), Leiden 1952.

—. Mort = De mortuis oratio, ed. G. Heil (GNO IX, 28-68), Leiden 1967.

—. Op hom = De hominis opificio (PG 44,124-256).

—. Or cat = The Catechetical Oration, ed. J.H. Srawley, Cambridge 1903.

—. Or dom = De oratione dominica, ed. J.F. Callahan (GNO VII.2, 5-74), Leiden-New York-Köln 1992.

—. Perf = De perfectione, ed. W. Jaeger (GNO VIII.1, 173-214), Leiden 1952.

—. Prof = De professione Christiana, ed. W. Jaeger (GNO VIII.1, 129-142), Leiden 1952.

—. Ref Eun = Refutatio confessionis Eunomii (vulgo lib. II), ed. W. Jaeger (GNO II, 312-410), Leiden 1960.

—. Salut Pasch = In sanctum et salutare Pascha (vulgo In Christi resurrectionem oratio I), ed. E. Gebhardt (GNO IX 309-311), Leiden 1967.

—. Sanct Pasch = In sanctum et salutare Pascha (vulgo In Christi resurrectionem oratio III), ed. E. Gebhardt (GNO IX, 245-270), Leiden 1967.

—. Steph.protom = Encomium in sanctum Stephanum protomartyrem. Griech. Text, eingel. u. hg. mit Apparatus criticus und Übers. v. O. Lendle, Leiden 1968, 4-44.

—. Virg = De virginitate, ed. J. P. Cavarnos (GNO VIII 1, 247-343), Leiden 1952.

—. VM = La Vie de Moïse ou traité de la perfection en matière de vertu. Introduction et traduction de J. Daniélou, Paris 1955 (SC 1bis) [[4]1987].

—. VM = De Vita Moysis, ed. H. Musurillo (GNO VII,1), Leiden 1964 (ND 1991).

—. VM = La vita di Mosè, a cura di M. Simonetti, Fondazione Lorenzo Valla 1984.

—. VM = Vida de Moisés. Edición presentada y preparada por T.H. Martín-Lunas, Salamanca 1993.

—. La Vida de Moisés. Introducción, traducción y notas de L.F. Mateo-Seco, Madrid 1993.

Gregor Thaumaturgos

—. Dankrede = Remerciement à Origène, ed. H. Crouzel (SC 148), Paris 1969, 94-183.

Herakleides Pontikos

—. Frg = Fragmente, ed. F. Wehrli (Die Schule des Aristoteles, Heft VII), Basel-Stuttgart [2]1969.

Hermogenes

—. Opera, ed. H. Rabe (RhG VI), Leipzig 1913 [ND: Stuttgart 1969].

Herodianos

—. Il Prod = Iliaca Prosodia = Grammatici Graeci 3,2,1, ed. A. Lentz, Leipzig 1868 (ND Hildesheim 1965), 22-128.

Homer

—. Il = Ilias 19-24. Tome IV, ed. P. Mazon, Paris 1957.

Horaz

—. Opera, ed. E.C. Wickham, Oxford [16]1975.

Iamblich

—. Comm math sc = De Communi Mathematica Scientia liber, edd. N. Festa et U. Klein, Stuttgart 1975.

—. Myst = Les Mystères d'Égypte, ed. É des Places, Paris 1989.

—. In Nic = In Nicomachi Arithmeticam Introductionem Liber, edd. H. Pistelli / U. Klein, Leipzig 1894 (ND: Stuttgart 1975).

—. In Platonis Dialogos Commentariorum Fragmenta, ed. J.M. Dillon, Leiden 1973.

—. Protr = Protreptique, ed. É. des Places, Paris 1989.

—. Vit Pyth = De Vita Pythagorica Liber, ed. U. Klein, Stuttgart 1975.

Irenäus von Lyon

—. Adv. haer = Contre les hérésies, Livre I, edd. A. Rousseau et L. Doutreleau, tome I/II (SC 264), Paris 1979.

—. Adv. haer = Contre les hérésies, Livre II, edd. A. Rousseau et L. Doutreleau, tome II (SC 294), Paris 1982.

Isokrates

—. Or = Oratio IX (Evagoras) = Opera III, ed. L. van Hook, Cambridge (Mass.)-London 1986, 4-51.

Johannes Philoponus

—. In Arith Nic = ΕΙΣ ΤΟ ΠΡΩΤΟΝ ΤΗΣ ΝΙΚΟΜΑΧΟΥ ΑΡΙΘΜΗΤΙΚΗΣ ΕΙΣΑΓΩΓΗΣ, ed. R. Hoche, Leipzig 1864.

Longinos

—. Exc = Exzerpta, ed. L. Spengel (RhG I), Leipzig 1853 (ND Frankfurt 1966), 325-328.

Markell von Ankyra

—. Frg = Fragmente = Eusebius, Werke Bd. 4, edd. E. Klostermann / G.C. Hansen (GCS 14), Berlin [3]1991, 185-215.

Meliton von Sardes

—. Pasch = On Pascha and Fragments. Texts and Translations, ed. by St. G. Hall, Oxford 1979.

Menander Rhetor

—. Opera, edited with Translation and Commentary by D.A. Russell and N.G. Wilson, Oxford 1981.

Methodius von Olympus

—. De resurr = De resurrectione. In: Opera 2, ed. D.G.N. Bonwetsch (GCS 27/2), Leipzig 1917, 242-424.

Minucius Felix

—. Oct = Octavius, ed. B. Kytzler, Stuttgart [2]1983.

Nemesius von Emesa

—. Nat hom = De natura hominis, ed. M. Morani, Leipzig 1987.

Nicomachus von Gerasa

—. Arith = Introductionis Arithmeticae Libri II, ed. R. Hoche, Leipzig 1866.

—. Arith = Introduction to Arithmetic, trans. by M.L. D'Ooge, New York 1926.

Numenius

—. Frg = Fragments. Texte établi et traduit par É. des Places, Paris 1973.

Origenes

—. In Cant = Commentaire sur le Cantique des Cantiques I, edd. L. Brésard / H. Crouzel / M. Borret (SC 375), Paris 1991.

—. Cels = Contra Celsum I-IV, ed. P. Koetschau, Leipzig 1899 (GCS 2), 49-374.

—. Cels = Contra Celsum V-VIII, ed. P. Koetschau, Leipzig 1899 (GCS 3.1), 1-293.

—. Hom in Ex = Homélies sur l'Exode, ed. M. Borret (SC 321), Paris 1985.

—. Hom in Lev = Homélies sur le Lévitique, tome I et II, ed. M. Borret (SC 286-287), Paris 1981.

—. Hom in Luc = In Lucam Homiliae II, ed. H.-J. Sieben (FC 4/2), Freiburg-Basel-Wien 1992.

—. Hom in Num = In Numeros Homilia = Opera VII, ed. W.A. Baehrens (GCS 30), Leipzig 1921, 3-285.

—. In Joh = Johanneskommentar, ed. E. Preuschen (GCS 10), Leipzig 1903.

—. Princ = Vier Bücher von den Prinzipien. Hg., übers. und erl. v. H. Görgemanns und H. Karpp, Darmstadt 1976.

Philodem

—. De mus = De Muziek met vertaling en Commentaar, ed. D.A. van Krevelen, Hilversum 1939.

—. De mus = Über die Musik IV. Buch. Text, Übersetzung und Kommentar von A.J. Neubecker, Napoli 1986.

Philon von Alexandrien

—. Abr = De Abrahamo = Opera 4, ed. L. Cohn, Berlin 1902, 1-60.

—. Cher = De Cherubim = Opera 1, ed. L. Cohn, Berlin 1896, 170-201.

—. Det = Quod deterius potiori insidiari soleat = Opera 1, ed. L. Cohn, Berlin 1896, 258-298.

—. Ebr = De ebrietate = Opera 2, ed. P. Wendland, Berlin 1897, 170-214.

—. Heres = Quis rerum divinarum heres sit = Opera 3, ed. P. Wendland, Berlin 1898, 1-71.

—. Leg all = Legum allegoriarum = Opera 1, ed. L. Cohn, Berlin 1896, 61-169.

—. Migr = De Migratione Abrahami = Opera 2, ed. P. Wendland, Berlin 1897, 268-314.

—. Mut = De mutatione nominum = Opera 3, ed. P. Wendland, Leipzig 1898, 156-203.

—. Opif = De opificio mundi = Opera 1, ed. L. Cohn, Berlin 1896, 1-60.

—. Post Cain = De posteritate Caini = Opera 2, ed. P. Wendland, Berlin 1897, 1-41.

—. Sacr = De sacrificiis Abelis et Caini = Opera 1, ed. L. Cohn, Berlin 1896, 202-257.

—. Vita Mos = De vita Mosis I-II = Opera 4, ed. L. Cohn, Berlin 1902, 119-268.

Pindar

—. Carmina cum fragmentis. Pars I, edd. B. Snell / H. Maehler, Leipzig ³1987.

Platon

—. Alc.m = Alcibiades maior. In: Opera II, ed. I. Burnet, Oxford 1964 (reprint).

—. Apol = Apologia. In: Opera I, ed. I. Burnet, Oxford 1961 (reprint).

—. Ep = Epistula VII. In: Opera V, ed. I. Burnet, Oxford 1962 (reprint).

—. Gorg = Gorgias. In: Opera III, ed. I. Burnet, Oxford 1961 (reprint).

—. Krat = Kratylos. In Opera I, ed. I. Burnet, Oxford 1961 (reprint).

—. Leg = Leges. In: Opera V, ed. I. Burnet, Oxford 1962 (reprint).

—. Menex = Menexenos. In: Opera III, ed. I. Burnet, Oxford 1961 (reprint).

—. Menon = Menon. In: Opera III, ed. I. Burnet, Oxford 1961 (reprint).

—. Parm = Parmenides. In: Opera II, ed. I. Burnet, Oxford, 1964 (reprint).

—. Phaid = Phaidon. In: Opera I, ed. I. Burnet, Oxford 1961 (reprint).

—. Phaidr = Phaidros. In: Opera II, ed. I. Burnet, Oxford 1964 (reprint).

—. Phileb = Philebos. In: Opera II, ed. I. Burnet, Oxford 1964 (reprint).

—. Prot = Protagoras. In: Opera III, ed. I. Burnet, Oxford 1961 (reprint).

—. Resp = Res publica. In: Opera IV, ed. I. Burnet, Oxford 1962 (reprint).

—. Soph = Sophistes. In: Opera I, ed. I. Burnet, Oxford 1961 (reprint).

—. Symp = Symposion. In: Opera II, ed. I. Burnet, Oxford 1964 (reprint).

—. Theait = Theaitetos. In: Opera I, ed. I. Burnet, Oxford 1961 (reprint).

—. Tim = Timaios. In: Opera IV, ed. I. Burnet, Oxford 1962 (reprint).

Plotin

—. Enn = Opera I-III, edd. P. Henry et H.-R. Schwyzer, Oxford ³1984 (Vol. I); 1977 (vol. II); 1982 (Vol. III).

—. Enn = Plotinus in Seven Volumes, Vol. VII. Enneads VI 6-9, ed. by A.H. Armstrong, Cambridge (Mass.)-London 1988.

Plutarch

—. Def orac = De defectu oraculorum. In: Plutarco. Diatriba Isiaca e Dialoghi Delfici, ed. V. Cilento, Firenze 1962, 276-397.

—. De mus = De musica. In: Plutarco. Moralia II. L'educazione dei ragazzi, edd. G. Pisani e L. Citelli, Pordenone 1990, 306-367.

Pollux

—. Onom = Onomasticon Vol. I, ed. E. Bethe, Leipzig 1900.

Polybios

—. Hist = Historiae Vol. I, ed. Th. Buettner-Wobst, Leipzig 1964.

Polybios Rhetor

—. Frg de fig = Fragmenta de figuris, ed. L. Spengel (RhG III), Leipzig 1856 (ND Frankfurt 1966), 105-109.

Porphyrios

—. Abst = De l'Abstinence, edd. J. Bouffartigue / M. Patillon, Paris 1977 (tome I), 1979 (tome II).

—. Abst = De l'Abstinence IV, edd. M. Patillon / A.Ph. Segonds / L. Brisson, Paris 1995.

—. Antr Nymph = The Cave of the Nymphs in the Odyssey. A Revised Text with Translation, edd. J.M. Duffy et al., Buffalo 1969.

—. In Arist Cat = In Aristotelis Categorias expositio per interrogationem et responsionem, ed. A. Busse (CAG IV,1), Berlin 1887, 53-142.

—. Frg = Fragmenta, ed. A. Smith, Stuttgart-Leipzig 1993.

—. Ad Gaurum = Reliquias libri Galeno false adscripti, ed. K. Kalbfleisch. In: Abh. d. Pr. Ak. d. Wiss. 1895, 33-62.

—. In Harm Ptol = Kommentar zur Harmonielehre des Ptolemaios, ed. I. Düring, Göteborg 1932, 3-174.

—. Isag = Isagoge, ed. A. Busse (CAG IV.1), Berlin 1887, 1-22.

—. In Parm = Sur le Parménide. In: P. Hadot: Porphyre et Victorinus II, Paris 1968, 64-112.

—. Sent = Sententiae ad intelligibilia ducentes, ed. E. Lamberz, Leipzig 1975.

—. Vita Plot = Vita Plotini. In: Plotin: Opera Vol. I, edd. P. Henry et H.-R. Schwyzer, Oxford ³1984, 1-38.

Proklos

—. In Crat = In Platonis Cratylum Commentaria, ed. G. Pasquali, Leipzig 1908.

—. Elem theol = The Elements of Theology. A Revised Text with Translation, Introduction and Commentary by E.R. Dodds, Oxford ²1963.

—. In Parm = Opera inedita quae primus olim e codd. mss. Parisinis Italicisque vulgaverat nunc secundis curis emendavit et auxit Victor Cousin, Paris 1864 (ND: Hildesheim 1961), 617-1258.

—. In Parm = Commentaire sur le Parménide de Platon. Traduction de Guillaume de Moerbeke, Tome II: Livres V à VII et Notes marginales de Nicolas de Cusa, ed. C. Steel, Leuven 1985.

—. In Parm = Commentary on Plato's Parmenides, Transl. by G.R. Morrow and J.M. Dillon, Introduction and Notes by J.M. Dillon, Princeton 1987.

—. In Remp = In Platonis Rem publicam Commentarii, Vol. I, ed. G. Kroll, Leipzig 1899.

—. Theol Plat = In Platonis Theologiam libri sex, ed. E. Portus, Hamburg 1618.

—. Theol Plat = Théologie Platonicienne, Livre I, edd. H.D. Saffrey et L.G. Westerink, Paris 1968.

—. Theol Plat = Théologie Platonicienne, Livre II, edd. H.D. Saffrey et L.G. Westerink, Paris 1974.

—. In Tim = In Platonis Timaeum Commentaria II, ed. E. Diehl, Leipzig 1904.

Quintilian, M. Fabius

—. Inst = Institutionis Oratoriae Libri duodecim I-II, ed. M. Winterbottom, Oxford 1970.

Sallustius

—. Jug = De Bello Jugurthino, edd. R. Jacobs et H. Wirz, Berlin-Zürich ¹²1965.

Scholia

—. Scholia vetera et recentiora in Aristophanis Pacem, ed. D. Holwerda, Groningen 1982.

—. Scholia vetera in Pindari Carmina, Vol. III, ed. A.B. Drachmann, Leipzig 1927.

Seneca, L. Annaeus

—. De ira = Dialogicorum Libri III-IV-V, ed. J. Viansino, Torino et al. 1963.

Sextus Empiricus

—. Math III = Against the Professors III = Adversus mathematicos III. In: Works IV, ed. R.G. Bury, Cambridge (Mass.)-London 1971, 244-302.

—. Math VII = Against the Logicians I = Adversus mathematicos VII. In: Works II, ed. R.G. Bury, Cambridge (Mass.)-London 1967, 1-239.

—. Math VIII = Against the Logicians II = Adversus mathematicos VIII. In: Works II, ed. R.G. Bury, Cambridge (Mass.)-London 1967, 240-488.

—. Math IX = Adversus mathematicos IX, ed. R.G. Bury, Cambridge (Mass.)-London 1968, 2-208.

—. Pyrrh = Outlines of Pyrrhonism = Opera I, ed. R.G. Bury, London-Cambridge (Mass.) 1967.

Simplicius

—. In Arist Cat = In Aristotelis Categorias Commentarium, ed. C. Kalbfleisch (CAG VIII), Berlin 1907.

—. In Arist Phys = In Aristotelis Physicorum Libros quattuor priores Commentaria, ed. H. Diels (CAG IX et X), Berlin 1882 / 1895.

Sophokles

—. Fabulae. Rec. A. C. Pearson, Oxford 1924 (Repr. 1975).

Stoicorum Veterum Fragmenta

—. SVF = Stoicorum Veterum Fragmenta I-IV, ed. I. v. Arnim, Stuttgart 1964.

Syrian

—. In Arist Met = In Metaphysica Commentaria, ed. G. Kroll (CAG VI,1), Berlin 1902.

Tertullian

—. Apol = Apologeticum, ed. H. Hoppe (CSEL 69), Vindobonae-Lipsiae 1939.

Themistius

—. In Arist Phys = In Aristotelis Physica Paraphrasis, ed. H. Schenkl (CAG 5,2), Berlin 1900.

Theophilus von Antiochien

—. Ad Autol = Trois Livres a Autolycus, edd. G. Bardy / J. Sender, Paris 1948 (SC 20).

Thukydides

—. La guerre du Péloponnèse VI et VII, edd. L. Bodin et J. de Romilly, Paris 1955.

Tryphon

—. Trop = Περὶ τρόπων, ed. L. Spengel (RhG III), Leipzig 1856 (ND Frankfurt 1966), 191-206.

Vorsokratiker

—. Die Fragmente der Vorsokratiker Bd. 1, edd. H. Diels et W. Kranz, Dublin-Zürich [13]1968.

Xenophon

—. Opera omnia, Tom. V: Opuscula, ed. E.C. Marchant, Oxford [4]1961.

BIBLIOGRAPHIE ZU GREGOR

Altenburger, Margarete / Mann, Friedhelm: Bibliographie zu Gregor von Nyssa. Editionen-Übersetzungen-Literatur, Leiden-New York-København-Köln 1988.

SEKUNDÄRLITERATUR

Abel, Donald C.: The Doctrine of Synergism in Gregory of Nyssa's De Instituto Christiano. In: The Thomist 45 (1981) 430-448.

Abramowski, Luise: Eunomios. In: RAC 6 (1966) 936-947.

Akrill, J.L.: Aristotle's Categories and De Interpretatione. Translated with Notes, Oxford 1963 (ND 1970).

Alexandre, Monique: Le *De mortuis* de Grégoire de Nysse. In: StP 10 (1970) 35-43.

—. La théorie de l'exégèse dans le De hominis opificio et l'In Hexaemeron. In: M. Harl (Hg.): Écriture et culture philosophique dans la pensée de Grégoire de Nysse, Leiden 1971, 87-110.

—. L'exégèse de Gen. 1, 1-2a dans l'*In Hexaemeron* de Grégoire de Nysse: Deux approches du problème de la matière. In: Dörrie, H. / Altenburger, M. / Schramm, U. (Hgg.): Gregor von Nyssa und die Philosophie, Leiden 1976, 159-192.

—. Pâques, la vie nouvelle (De Tridui Spatio p. 277,10-280,13). In: Spira, A. / Klock, Chr. (Hgg.): The Easter Sermons of Gregory of Nyssa. Translation and Commentary, Cambridge (Mass.) 1981, 153-194.

—. Protologie et eschatologie chez Grégoire de Nysse. In: U. Bianchi / H. Crouzel (Hgg.): Arché e Telos. L'antropolgia di Origene e di Gregorio di Nissa. Analisi storico-religiosa, Milano 1981, 122-169 [zitiert: 1981a].

Allen, R.E.: Plato's Parmenides. Translation and Analysis, Minneapolis 1983.

Amir, Yehoshua: Die hellenistische Gestalt des Judentums bei Philon von Alexandrien, Neukirchen-Vluyn 1983.

Anastos, Milton V.: Basil's *Κατὰ Εὐνομίου*. A Critical Analysis. In: J. Fedwick (Hg.): Basil of Caesarea: Christian, Humanist, Ascetic. A Sixteen-Hundredth Anniversary Symposium, Part I, Toronto 1981, 67-136.

Anderson, Allan W.: Sacrifice: A Comparative Study of the Concept in St. Gregory of Nyssa's Contemplation on the Life of Moses and Shri Aurobindo's Commentary on the Veda, New York 1961.

Andia, Ysabel de: Eros und Agape: Die göttliche Passion der Liebe. In: IkaZ 23 (1994) 419-441.

Andresen, Carl / Ritter, Adolf Martin: Geschichte des Christentums I/1: Altertum, Stuttgart-Berlin-Köln 1993.

Annas, Julia: Knowledge and Language: the *Theaetetus* and the *Cratylus*. In: M. Schofield / M.C. Nussbaum (Eds.): Language and Logos. Studies in ancient Greek philosophy presented to G.E.L. Owen, Cambridge-London-New York 1982, 95-114.

Apostolopoulos, Charalambos: Phaedo christianus. Studien zur Verbindung und Abwägung des Verhältnisses zwischen dem platonischen »Phaidon« und dem Dialog Gregors von Nyssa »Über die Seele und die Auferstehung«, Frankfurt-Bern-New York 1986.

Aris, Marc-Aeilko: Contemplatio. Studien zum Traktat *Benjamin Maior* des Richard von St. Victor, München 1992 (Diss.masch.).

Armstrong, Arthur Hilary: Platonic Elements in St. Gregory of Nyssa's Doctrine of Man. In: DomSt 1 (1948) 113-126.

—. The Plotinian Doctrine of νοῦς in Patristic Theology. In: VigChr 8 (1954) 234-238.

—. The Background of the Doctrine »That the Intelligibles are not outside the Intellect«. In: Les Sources de Plotin. Entretiens sur l'Antiquité classique, Tome V, Genève 1960, 391-413.

—. The Self-Definition of Christianity in Relation to Later Platonism. In: E.P. Sanders (Hg.): Jewish and Christian Self-Definition I: The Shaping of Christianity in the Second and Third Centuries, Philadelphia 1980, 74-99.

—. The Negative Theology of Nous in Later Neoplatonism. In: H.-D. Blume / F. Mann (Hgg.): Platonismus und Christentum, FS f. H. Dörrie, JAC.E 10, Münster 1983, 31-37.

—. The Hidden and the Open in Hellenic Thought. In: EJb 54 (1985) 81-117.

—. Plotinus 1988 [siehe Textausgaben].

—. Plotinus and Christianity with Special Reference to II9[33]9,26-83 and V8[31]4,27-36. In: StP 20 (1989) 83-86.

Arnou, René: Le Platonisme des Pères. In: Dictionaire de théologie catholique 12,2 (1935) 2258-2391.

—. ΠΡΑΞΙΣ et ΘΕΩΡΙΑ. Étude de détail sur le vocabulaire et la pensée des Ennéades de Plotin, Rom ²1972.

Aspegren, Kerstin: The Male Woman. A Feminine Ideal in the Early Church, Uppsala 1990.

Atkinson, Michael: Plotinus: Ennead V.1. On the three principal Hypostases. A Commentary with Translation, Oxford 1983.

Aubenque, Pierre: Plotin et Dexippe, exégètes des catégories d'Aristote. In: Chr. Rutten / A. Motte (Eds.): Aristotelica. Mélanges offerts à Marcel de Corte, Bruxelles-Liège 1985, 7-40.

Ax, Wolfram: Laut, Stimme und Sprache. Studien zu drei Grundbegriffen der antiken Sprachtheorie, Göttingen 1986.

Balás, David L.: ΜΕΤΟΥΣΙΑ ΘΕΟΥ. Man's Participation in God's Perfections according to Saint Gregory of Nyssa, Rom 1966.

—. Christian Transformation of Greek Philosophy Illustrated by Gregory of Nyssa's Use of the Notion of Participation. In: PACPA 40 (1966) 152-157 [zitiert: 1966a].

—. Eternity and Time in Gregory of Nyssa's Contra Eunomium. In: Dörrie, H. / Altenburger, M. / Schramm, U. (Hgg.): Gregor von Nyssa und die Philosophie, Leiden 1976, 128-155.

Baltes, Matthias: Die Weltentstehung des platonischen Timaios nach den antiken Interpreten. Teil I, Leiden 1976.

—. Was ist antiker Platonismus? In: StP 24 (1993) 219-238.

Balthasar, Hans Urs von: Présence et pensée. Essai sur la philosophie religieuse de Grégoire de Nysse, Paris 1942.

—. Der versiegelte Quell. Auslegung des Hohen Liedes, Salzburg-Leipzig ²1954.

—. Zur Ortsbestimmung christlicher Mystik. In: W. Beierwaltes / H.U.v. Balthasar / A.M. Haas: Grundfragen der Mystik, Einsiedeln 1974, 37-71.

—. Einführung zu Gregor von Nyssa. Der versiegelte Quell. Auslegung des Hohen Liedes, Einsiedeln ²1984, 7-25.

Bardolle, M. A.: La Vie de Moïse de Grégoire de Nysse ou le temps spirituel vécu à travers l'imaginaire d'un modèle historique. In: Le temps chrétien de la fin de l'Antiquité au Moyen âge - IIIᵉ - XIIIᵉ siècles, Paris 1984, 255-261.

Barmann, Bernard Ch.: A Christian Debate of the Fourth Century: A Critique of Classical Metaphysics, Unpublished Ph.D., Stanford University 1966.

Barnes, Michel R.: ΔΥΝΑΜΙΣ and the Anti-Monistic Ontology of Nyssen's *Contra Eunomium*. In: R.C. Gregg (Ed.): Arianism. Historical and Theological Reassessments, Philadelphia 1985, 327-334.

—. The Background and Use of Eunomius' Causal Language. In: M.R. Barnes / D.H. Williams (Hgg.): Arianism after Arius. Essays on the Development of the Fourth Century Trinitarian Conflicts, Edinburgh 1993, 217-236.

Barnes, Timothy D.: Porphyry *Against the Christians*: Date and Attribution of the Fragments. In: JThS 24 (1973) 424-442.

Bartholomai, Rainer: Proklos. Kommentar zu Platons Parmenides 141 E - 142 A. Eingel., übers. u. erl. v. R. Bartholomai, Sankt Augustin 1990.

Bate, H.N.: Some Technical Terms of Greek Exegesis. In: JThS o.s. 24 (1923) 59-66.

Bausenhart, Guido: »In allem uns gleich außer der Sünde«. Studien zum Beitrag Maximos' des Bekenners zur altkirchlichen Christologie, Mainz 1992.

Bayer, Johannes: Gregors v. Nyssa Gottesbegriff, Gießen 1935.

Beagon, Philip M.: The Cappadocian Fathers, Women and Ecclesiastical Politics. In: VigChr 49 (1995) 165-179.

Bebis, George S.: Gregory of Nyssa's »De vita Moysis«. A Philosophical and Theological Analysis. In: GOTR 12 (1967) 369-393.

Beck, Hans-Georg: Theoria. Ein byzantinischer Traum? München 1983.

Beer, Peter: Kontextuelle Theologie. Überlegungen zu ihrer systematischen Grundlegung, Paderborn-München-Wien-Zürich 1995.

Beierwaltes, Werner: (Rez.) K. Oehler. Die Lehre vom noetischen und dianoetischen Denken bei Platon und Aristoteles. In: Salzburger Jahrbuch für Philosophie 9 (1965) 315-318.

—. Ἐξαίφνης oder: Die Paradoxie des Augenblicks. In: PhJ 74 (1966/67) 271-283.

—. Augustins Interpretation von Sapientia 11,21. In: REAug 15 (1969) 51-61.

—. Platonismus und Idealismus, Frankfurt 1972.

—. Andersheit. Grundriß einer neuplatonischen Begriffsgeschichte. In: ABG 16 (1972) 166-197 [zitiert: 1972a].

—. Erleuchtung. In: J. Ritter (Hg.): Historisches Wörterbuch der Philosophie Bd. 2, Basel-Stuttgart 1972, 712-717 [zitiert: 1972b].

—. (Rez.) J. Daniélou. L'être et le temps chez Grégoire de Nysse. In: Erasmus 25 (1973) 513-516.

—. Das Problem der Erkenntnis bei Proklos. In: H. Dörrie (Hg.): De Jamblique à Proclus, Genève 1975, 153-191.

—. Irradiatio. In: J. Ritter / K. Gründer (Hgg.): Historisches Wörterbuch der Philosophie Bd. 4 (1976) 582-583.

—. Plotins Metaphysik des Lichtes. In: C. Zintzen (Hg.): Die Philosophie des Neuplatonismus, Darmstadt 1977, 75-117.

—. Proklos: Grundzüge seiner Metaphysik, Frankfurt ²1979.

—. Identität und Differenz, Frankfurt 1980.

—. Deus est veritas. Zur Rezeption des griechischen Wahrheitsbegriffes in der frühchristlichen Theologie. In: E. Dassmann / K.S. Frank (Hgg.): Pietas. FS B. Kötting, JAC.E 8, Münster 1980, 15-29 [zitiert: 1980 a].

—. Marsilio Ficinos Theorie des Schönen im Kontext des Platonismus (Sitzungsberichte d. Heidelberger Akad. d. Wissensch., Phil.-Hist. Klasse; Jg. 1980, Abh. 11), Heidelberg 1980 [zitiert: 1980b].

—. Betrachtung. In: Lexikon des Mittelalters Bd. 1, München-Zürich 1980, 2085-2087 [zitiert: 1980c].

—. Plotin. Über Ewigkeit und Zeit (Enneade III 7), Frankfurt [3]1981.

—. Regio Beatitudinis. Zu Augustins Begriff des glücklichen Lebens (Sitzungsberichte d. Heidelberger Akad. d. Wissenschaften, Phil.-Hist. Klasse, Jg. 1981, Bericht 6), Heidelberg 1981 [zitiert: 1981a].

—. Marginalien zu Eriugenas >Platonismus<. In: H.-D. Blume / Fr. Mann (Hgg.): Platonismus und Christentum. FS f. H. Dörrie, JAC.E 10, Münster 1983, 64-74.

—. Denken des Einen. Studien zur neuplatonischen Philosophie und ihrer Wirkungsgeschichte, Frankfurt 1985.

—. Einführung. In: K. Ruh (Hg.): Abendländische Mystik im Mittelalter, Stuttgart 1986, 116-124.

—. Hen (ἕν). In: RAC 14 (1987) 445-472.

—. Plotins philosophische Mystik. In: M. Schmidt / D.R. Bauer (Hgg.): Grundfragen christlicher Mystik, Stuttgart-Bad Cannstatt 1987, 39-49 [zitiert: 1987a].

—. Visio facialis - Sehen ins Angesicht. Zur Coincidenz des endlichen und unendlichen Blicks bei Cusanus (= Sitzungsberichte der Bayerischen Akademie der Wissenschaften, Phil.-Hist. Kl., Jg. 1988, Heft 1), München 1988.

—. Plotins Erbe. In: Museum Helveticum 45 (1988) 75-97 [zitiert: 1988a].

—. (Rez.) C.J. de Vogel: Rethinking Plato and Platonism. In: Gn 61 (1989) 23-27.

—. Einheit und Identität als Weg des Denkens. In: V. Melchiorre (Hg.): L'Uno e i molti, Milano 1990, 3-23.

—. Plotin. Geist - Ideen - Freiheit. Enneade V 9 und VI 8, Hamburg 1990 [zitiert: 1990a].

—. Duplex Theoria. Zu einer Denkform Eriugenas. In: W. Beierwaltes (Hg.): Begriff und Metapher. Sprachform des Denkens bei Eriugena, Heidelberg 1990, 39-64 [zitiert: 1990b].

—. Selbsterkenntnis und Erfahrung der Einheit. Plotins Enneade V 3. Text, Übersetzung, Interpretation, Erläuterungen, Frankfurt 1991.

—. Der Harmonie-Gedanke im frühen Mittelalter. In: ZPhF 45 (1991) 1-21 [zitiert: 1991a].

—. (Rez.) H. Dörrie. Die geschichtlichen Wurzeln des Platonismus. In: PhJ 100 (1993) 194-199.

—. (Rez.) Aufstieg und Niedergang der Römischen Welt (ANRW). Geschichte und Kultur Roms im Spiegel der neueren Forschung. Teil II: Principat, Bd. 36: Philosophie, Wissenschaft, Technik, hier: 1. und 2. Teilband. In: PhJ 100 (1993) 406-414 [zitiert 1993a].

—. "Plato philosophantium de mundo maximus". Zum >Platonismus< als einer wesentlichen Quelle für Eriugenas Denken. In: Ders.: Eriugena. Grundzüge seines Denkens, Frankfurt 1994, 32-51.

—. Duplex Theoria. In: Ders.: Eriugena. Grundzüge seines Denkens, Frankfurt 1994, 82-114 [zitiert: 1994a].

Beirnaert, Louis: Le symbolisme ascensionnel dans la liturgie et la mystique chrétiennes. In: EJb 19 (1950) 41-63.

Benitez, E.E.: Forms in Plato's *Philebus*, Assen-Maastricht 1989.

Benz, Hubert: >Materie< und Wahrnehmung in der Philosophie Plotins, Würzburg 1990.

Bernard, Wolfgang: Rezeptivität und Spontaneität der Wahrnehmung bei Aristoteles, Baden-Baden 1988.

—. Spätantike Dichtungstheorien. Untersuchungen zu Proklos, Herakleitos und Plutarch, Stuttgart 1990.

Black, M.: Problems of Analysis, London 1954.

Blanc, Jill le: Infinity in Theology and Mathematics. In: Religious Studies 29 (1993) 51-62.

Blass, Friedrich: Fragmente griechischer Handschriften im Königl. ägyptischen Museum zu Berlin. In: ZÄS 18 (1880) 34-40.

Blum, Georg Günter: Leiden mit Christus, Schau des göttlichen Lichtes, Erfahrung der dunklen Nacht. Mystologische Motive des östlichen Christentums. In: B. Jaspert (Hg.): Leiden und Weisheit in der Mystik, Paderborn 1992, 113-148.

Blum, Manfred: Gregor von Nyssa. Der Aufstieg des Moses, übers. und eingel. v. M. Blum, Freiburg 1963.

Blum, Wilhelm: Eine Verbindung der zwei Höhlengleichnisse der heidnischen Antike bei Gregor von Nyssa. In: VigChr 28 (1974) 43-49.

Blumenberg, Hans: Paradigmen zu einer Metaphorologie. In: A. Haverkamp (Hg.): Theorie der Metapher, Darmstadt 1983, 285-315.

—. Ausblick auf eine Theorie der Unbegrifflichkeit. In: A. Haverkamp (Hg.): Theorie der Metapher, Darmstadt 1983, 438-454 [zitiert 1983a].

—. Das Lachen der Thrakerin. Eine Urgeschichte der Theorie, Frankfurt ²1987.

Böhm, Thomas: Die Christologie des Arius. Dogmengeschichtliche Überlegungen unter besonderer Berücksichtigung der Hellenisierungsfrage, St. Ottilien 1991.

—. Die Thalia des Arius: Ein Beitrag zur frühchristlichen Hymnologie. In: VigChr 46 (1992) 334-355.

—. (Rez.) Gregorii Nysseni *De Vita Moysis* (GNO VII,1). In: MThZ 43 (1992) 465-466 [zitiert: 1992a].

—. Die Wahrheitskonzeption in der Schrift *De vita Moysis* von Gregor von Nyssa. In: StP 27 (1993) 9-13.

—. Die Konzeption der Mystik bei Gregor von Nyssa. In: FZPhTh 41 (1994) 45-64.

—. Christologie und Hellenisierung: Der Fall »Arius«. Eine Replik auf B. Studers Kritik. In: MThZ 45 (1994) 593-599 [zitiert: 1994a].

—. Allegory and History. In: Ch. Kannengiesser / P. Bright (Hgg.): Handbook of Patristic Exegesis, Leiden 1996 [im Druck].

Boer, Sibbele de: De anthropologie van Gregorius van Nyssa, Assen 1968.

Bolzano, Bernard: Philosophische Texte, hg. v. U. Neemann, Stuttgart 1984.

Botte, Bernard: Das Leben des Moses bei Philo. In: F. Stier / E. Beck (Hgg.): Moses in Schrift und Überlieferung, Düsseldorf 1963, 173-181.

Boukis, Christos N.: Ἡ Γλῶσσα τοῦ Γρηγορίου Νύσσης ὑπὸ τὸ φῶς τῆς φιλοσοφικῆς ἀναλύσεως, Thessaloniki 1970.

Bratsiotis, P.: Genesis I,26 in der orthodoxen Theologie. In: EvTh 11 (1951/52) 289-297.

Brennecke, Hanns Christof: Stellenkonkordanz zum Artikel »Eunomios«. In: JAC 18 (1975) 202-205.

—. Studien zur Geschichte der Homöer. Der Osten bis zum Ende der homöischen Reichskirche, Tübingen 1988.

Brightman, Robert S.: Apophatic Theology and Divine Infinity in St. Gregory of Nyssa. In: GOTR 18 (1973) 97-114.

Brock, Sebastian: Clothing metaphors as a means of theological expression in syriac tradition. In: M. Schmidt (Hg.): Typus, Symbol, Allegorie bei den östlichen Vätern und ihren Parallelen im Mittelalter, Regensburg 1982, 11-40.

Bröcker, Walter: Aristoteles, Frankfurt ⁵1987.

Bubner, Rüdiger: Antike Themen und ihre moderne Verwandlung, Frankfurt a.M. 1992.

Bucher, Alexius J.: Heideggers Metaphysikkritik als Nihilismus-Therapie oder: Das Ende der Metaphysik als Anfang sinnvollen Seinsverständnisses. In: E. Coreth (Hg.): Metaphysik in un-metaphysischer Zeit, Düsseldorf 1989, 45-68.

Buchheim, Thomas: Die Vorsokratiker. Ein philosophisches Porträt, München 1994.

Buffière, Félix: Les mythes d'Homère et la pensée grecque, Paris 1973.

Burkert, Walter: Antike Mysterien. Funktionen und Gehalt, München 1990.

Bury, R.G.: The Symposium of Plato, Cambridge 1932.

Busse, Ad.: Der Historiker und der Philosoph Dexippus. In: Hermes 23 (1888) 402-409.

Cahill, J. B.: The Date and Setting of Gregory of Nyssa's Commentary on the Song of Songs. In: JThS 32 (1981) 447-460.

Camelot, Pierre-Thomas: Hellénisme (et spiritualité patristique). In: DSAM 7,1 (1967) 145-164.

Canévet, Mariette: La perception de la présence de Dieu. A propos d'une expression de la XIᵉ homélie sur le Cantique des Cantiques. In: J. Fontaine / Ch. Kannengiesser (Hgg.): Epektasis. Mélanges patristiques offerts au Cardinal Jean Daniélou, Paris 1972, 443-454.

—. Grégoire de Nysse et l'herméneutique biblique. Étude des rapports entre le langage et la connaissance de Dieu, Paris 1983.

—. Gregor von Nyssa (ca. 333-ca.394). In: G. Ruhbach / J. Sudbrack (Hgg.): Große Mystiker. Leben und Wirken, München 1984, 17-35.356-357.

Carabine, Deirdre: Gregory of Nyssa on the Incomprehensibility of God. In: Th. Finan / V. Twomey (Hgg.): The Relationship between Neoplatonism and Christianity, Dublin 1992, 79-99.

Castle, Eduard: Das Formgesetz der Elegie. In: Zeitschrift für Ästhetik und allgemeine Kunstwissenschaft 37 (1943) 42-54.

Cavalcanti, Elena: Studi eunomiani, Roma 1976.

Cavarnos, John P.: Gregory of Nyssa on the Nature of the Soul. In: GOTR 1 (1955) 133-141.

Cessi, Viviana: Erkennen und Handeln in der Theorie des Tragischen bei Aristoteles, Frankfurt a.M. 1987.

Cheneval, Francis / Imbach, Ruedi: Thomas von Aquin. Prologe zu den Aristoteleskommentaren, Frankfurt 1993.

Cherniss, Harold Frederik: The Platonism of Gregory of Nyssa. UCPCP 11,1 (1930) 1-92, repr. New York 1971.

Cilento, Vincenzo: Parmenide in Plotino. In: Giorn. crit. di filos. ital. 43 (1964) 194-203.

—. Contemplazione. In: La Parola del Passato. Rivista de Studi Classici I, Napoli 1946 (ND: Amsterdam 1971), 197-221.

—. Plotino. Paideia Antignostica. Ricostruzione d'un unico scritto da *Enneadi* III 8, V 8, V 5, II 9. Introduzione e commento, Firenze 1971 [zitiert: 1971a].

Clapsis, Emmanuel: Naming God: An orthodox View. In: The Ecumenical Review 44 (1992) 100-112.

Clark, Elizabeth: Ascetic Piety and Women's Faith, Lewiston 1986.

—. Sex, Shame, and Rhetoric: En-Gendering Early Christian Ethics. In: JAAR 59 (1991) 221-245.

Clarke, W.N.: Infinity and Plotinus: A Reply. In: Gr 40 (1959) 75-98.

Cornford, Francis M.: Plato and Parmenides. Parmenides' *Way of Truth* and Plato's *Parmenides* translated with an Introduction and a running Commentary, London ²1950 [⁴1958].

Corsini, Eugenio: La polemica contro Eunomio e la formazione della dottrina sulla creazione in Gregorio di Nissa. In: U. Bianchi / H. Crouzel (Hgg.): Arché e Telos. L'antropolgia di Origene e di Gregorio di Nissa. Analisi storico-religiosa, Milano 1981, 197-216.

Coulter, James A.: The Literary Microcosm. Theories of Interpretation of Later Neoplatonists, Leiden 1976.

Courcelle, Pierre: Grégoire de Nysse lecteur de Porphyre. In: REG 80 (1967) 402-406.

Crome, Peter: Symbol und Unzulänglichkeit der Sprache. Jamblichos, Plotin, Porphyrios, Proklos, München 1970.

Crouzel, Henri: Grégoire de Nysse est-il le fondateur de la théologie mystique? Une controverse récente. In: RAM 33 (1957) 189-202.

—. (Rez.) R.E. Heine. Perfection in the Virtuous Life. In: BLE 79 (1978) 149-152.

Csányi, Daniel A.: Optima Pars. Die Auslegungsgeschichte von Lk 10, 38-42 bei den Kirchenvätern der ersten vier Jahrhunderte. In: StMon 2 (1960) 5-78.

Dalsgaard Larsen, Bent: Jamblique de Chalcis. Exégète et philosophe, Aarhus 1972.

—. La place de Jamblique dans la philosophie antique tardive. In: H. Dörrie (Hg.): De Jamblique à Proclus, Genève 1975, 1-34.

Daniélou, Jean: Platonisme et Théologie mystique. Essai sur la doctrine spirituelle de Saint Grégoire de Nysse, Paris 1944.

—. La typologie de la semaine au IVᵉ siècle. In: RSR 35 (1948) 382-411.

—. Mystique de la ténèbre chez Gregoire de Nysse. In: DSAM 2 (1953) 1872-1885.

—. La colombe et la ténèbre dans la mystique byzantine ancienne. In: EJb 23 (1954) 389-418.

—. Eunome l'arien et l'exégèse néo-platonicienne du Cratyle. In: REG 69 (1956) 412-432.

—. From Glory to Glory, trans. by H. Musurillo, New York 1961.

—. Moses bei Gregor von Nyssa. Vorbild und Gestalt. In: F. Stier / E. Beck (Hgg.): Moses in Schrift und Überlieferung, Düsseldorf 1963, 289-306.

—. La chronologie des œuvres de Grégoire de Nysse. In: StP 7 (1966) 159-169.

—. Grégoire de Nysse et le néo-platonisme de l'école d'Athènes. In: REG 80 (1967) 395-401.

—. La typologie biblique de Grégoire de Nysse. In: SMSR 38 (1967) 185-196 [zitiert: 1967a].

—. L'être et le temps chez Grégoire de Nysse, Leiden 1970.

—. Plotin et Grégoire de Nysse sur le mal. In: Plotino e il Neoplatonismo in Oriente e in Occidente, Roma 1974, 485-492.

—. Grégoire de Nysse et la philosophie. In: H. Dörrie / M. Altenburger / U. Schramm (Hgg.): Gregor von Nyssa und die Philosophie, Leiden 1976, 3-18.

Davidson, Donald: Wahrheit und Interpretation, Frankfurt 1990.

Deck, John N.: Nature, Contemplation and the One. A Study in the Philosophy of Plotinus, Toronto 1967.

Deku, Henry: Wahrheit und Unwahrheit der Tradition. Metaphysische Reflexionen, hg. v. W. Beierwaltes, St. Ottilien 1986.

Dennis, T. J.: St. Gregory of Nyssa's Defence of the Doctrine of the Resurrection of the Body. In: EkklPh 61 (1979) 480-562.

—. Gregory on the Resurrection of the Body. In: A. Spira / Chr. Klock (Hgg.): The Easter Sermons of Gregory of Nyssa. Translation and Commentary, Philadelphia 1981, 55-80.

Diekamp, Franz: Die Gotteslehre des heiligen Gregor von Nyssa. Ein Beitrag zur Dogmengeschichte der patristischen Zeit, Erster Theil, Münster 1896.

Dihle, Albrecht: Vom sonnenhaften Auge. In: H.-D. Blume / F. Mann (Hgg.): Platonismus und Christentum. FS f. H. Dörrie, JAC.E 10, Münster 1983, 85-91.

Dillon, John M.: Iamblichi Chalcidensis in Platonis Dialogos Commentariorum Fragmenta, edited with Translation and Commentary, Leiden 1973 [siehe Quellen: Iamblich: Fragmente].

—. The Middle Platonists. A Study of Platonism 80 B.C. to A.D. 220, London 1977.

—. Self-Definition in Later Platonism. In: B.F. Meyer / E.P. Sanders (Hgg.): Jewish and Christian Self-Definition III: Self-Definition in the Greco-Roman World, Philadelphia 1983, 60-75.

—. Proclus' Commentary on Plato's Parmenides [siehe Quellen: Proklos, In Parmenidem, 1987].

—. Iamblichus of Chalcis (c. 240-325 A.D.). In: ANRW II 36,2 (1987) 862-909 [zitiert: 1987a].

—. Dexippus 1990 [siehe Quellen: Dexippos, In Arist. Cat.]

—. Alcinous. The Handbook of Platonism. Translated with an Introduction and Commentary, Oxford 1993.

Dinsen, Frauke: Homoousios. Die Geschichte des Begriffs bis zum Konzil von Konstantinopel (381), (Diss.) Kiel 1976.

Dirlmeier, Franz: Aristoteles. Nikomachische Ethik, Darmstadt 1956.

—. Aristoteles. Eudemische Ethik, Darmstadt 1962.

Dodds, E.R.: Proclus. The Elements of Theology, Oxford 1962.

Dohmen, Christoph: Vom vielfachen Schriftsinn - Möglichkeiten und Grenzen neuerer Zugänge zu biblischen Texten. In: Th. Sternberg (Hg.): Neue Formen der Schriftauslegung? Freiburg-Basel-Wien 1992 (QD 140), 13-74.

Dörrie, Heinrich: Porphyrios' »Symmikta Zetemata«. Ihre Stellung in System und Geschichte des Neuplatonismus nebst einem Kommentar zu den Fragmenten, München 1959.

—. Albinos. In: Der kleine Pauly 1 (1964) 233-234.

—. Was ist spätantiker Platonismus? Überlegungen zur Grenzziehung zwischen Platonismus und Christentum. In: ThR 36 (1971) 285-302.

—. Zur Methodik antiker Exegese. In: ZNW 65 (1974) 121-138.

—. Gregors Theologie auf dem Hintergrund der neuplatonischen Metaphysik. In: H. Dörrie / M. Altenburger / U. Schramm (Hgg.): Gregor von Nyssa und die Philosophie, Leiden 1976, 21-42.

—. Ὑπόστασις. Wort- und Bedeutungsgeschichte. In: Ders.: Platonica Minora, München 1976, 12-69 [zitiert: 1976a].

—. Spätantike Symbolik und Allegorese. In: Ders.: Platonica Minora, München 1976, 112-123 [zitiert: 1976b].

—. Gregor III (Gregor von Nyssa). In: RAC 12 (1983) 863-895.

—. Die geschichtlichen Wurzeln des Platonismus. Bausteine 1-35: Text, Übersetzung, Kommentar. Aus dem Nachlaß hg. v. A. Dörrie = Der Platonismus in der Antike. Grundlagen - System - Entwicklung Bd. 1, Stuttgart-Bad Cannstatt 1987.

Dörries, Hermann: Griechentum und Christentum bei Gregor von Nyssa. In: ThLZ 88 (1963) 569-582.

D'Ooge, Martin Luther [siehe Textausgaben. Nicomachus von Gerasa, New York 1926].

Dover, Kenneth: Plato. Symposium, Cambridge-London-New York 1980.

Drobner, Hubertus: Gregor von Nyssa. Die drei Tage zwischen Tod und Auferstehung unseres Herrn Jesus Christus. Eingel., übers. und komm. von H. R. Drobner, Leiden 1982.

—. Die Deutung des alttestamentlichen Pascha (Ex 12) bei Gregor von Nyssa im Lichte der Auslegungstradition der griechischen Kirche. In: H.R. Drobner / Chr. Klock (Hgg.): Studien zu Gregor von Nyssa und der christlichen Spätantike, Leiden-New York-Kopenhagen-Köln 1990, 273-296.

Duclow, Donald F.: Gregory of Nyssa and Nicholas of Cusa: Infinity, Anthropology and the Via Negativa. In: DR 29 (1974) 102-108.

Dudley, John: Gott und Θεωρία bei Aristoteles. Die metaphysische Grundlage der Nikomachischen Ethik, Frankfurt-Bern 1982.

Dünzl, Franz: Gregor von Nyssa's Homilien zum Canticum auf dem Hintergrund seiner Vita Moysis. In: VigChr 44 (1990) 371-381.

—. Braut und Bräutigam. Die Auslegung des Canticum durch Gregor von Nyssa, Tübingen 1993.

—. Die Canticum-Exegese des Gregor von Nyssa und des Origenes im Vergleich. In: JAC 36 (1993) 94-109 [zitiert: 1993a].

—. Formen der Kirchenväter-Rezeption am Beispiel der sogenannten physischen Erlösungslehre des Gregor von Nyssa. In: ThPh 69 (1994) 161-181.

—. Gregor von Nyssa. In Canticum Canticorum Homiliae I-III. Homilien zum Hohenlied I-III, Freiburg-Basel-Wien-Barcelona-Rom-New York 1994 [zitiert: 1994a].

Düring, Ingemar: Aristoteles. Darstellung und Interpretation seines Denkens, Heidelberg 1966.

Durand, G.-M. de: (Rez.) R.E. Heine. Perfection in the Virtuous Life. In: RSPhTh 62 (1978) 450-452.

Ebert, Theodor: (Rez.) A. Kenny. Aristotle on the Perfect Life. In: ZPhF 48 (1994) 470-474.

Eco, Umberto: Über Spiegel und andere Phänomene, München [2]1991.

Elders, Leo J.: The Greek Christian Authors and Aristotle. In: DoC 43 (1990) 26-57.

Elert, Werner: Der Ausgang der altkirchlichen Christologie. Eine Untersuchung über Theodor von Pharan und seine Zeit als Einführung in die alte Dogmengeschichte. Aus dem Nachlaß hg. v. W. Maurer und E. Bergsträßer, Berlin 1957.

Emilsson, Eyjólfur Kjalar: Plotinus on Sense-Perception: A Philosophical Study, Cambridge-New York-New Rochelle u.a. 1988.

Erler, Michael: Interpretieren als Gottesdienst. Proklos' Hymnen vor dem Hintergrund seines Kratylos-Kommentars. In: G. Boss / G. Seel (Hgg.): Proclus et son influence. Actes du colloque de Neuchâtel juin 1985, Neuchâtel 1987, 179-217.

Escribano-Alberca, Ignacio: Von der Gnosis zur Mystik: Der Übergang vom 3. zum 4. Jahrhundert im alexandrinischen Raum. In: MThZ 19 (1968) 286-294.

—. Die spätantike Entdeckung des inneren Menschen und deren Integration durch Gregor. In: H. Dörrie / M. Altenburger / U. Schramm (Hgg.): Gregor von Nyssa und die Philosophie, Leiden 1976, 43-60.

Esper, Martin N.: Allegorie und Analogie bei Gregor von Nyssa, Bonn 1979.

—. Enkomiastik und Christianismos in Gregors epideiktischer Rede auf den Heiligen Theodor. In: A. Spira / Chr. Klock (Hgg.): The Biographical Works of Gregory of Nyssa. Translation and Commentary, Cambridge (Mass.) 1984, 145-159.

—. Der Mensch: Ein Turm - keine Ruine. Überlegungen zum Denkprinzip Gleiches zu Gleichem bei Gregor von Nyssa. In: H.R. Drobner / Chr. Klock (Hgg.): Studien zu Gregor von Nyssa und der christlichen Spätantike, Leiden-New York-Kopenhagen-Köln 1990, 83-97.

Evangeliou, Christos: Aristotle's Categories and Porphyry. Leiden-New York-Kopenhagen-Köln 1988.

Fabricius, Cajus: Zu den Aussagen der griechischen Kirchenväter über Platon. In: VigChr 42 (1988) 179-187.

Feige, Gerhard: Die Lehre Markells von Ankyra in der Darstellung seiner Gegner, Leipzig 1991.

—. Markell von Ankyra und das Konzil von Nizäa (325). In: W. Ernst / K. Feiereis (Hgg.): Denkender Glaube in Geschichte und Gegenwart. FS aus Anlaß der Gründung der Universität Erfurt vor 600 Jahren und aus Anlaß des 40jährigen Bestehens des philosophisch-theologischen Studiums Erfurt, Leipzig 1992, 277-296.

Ferber, Rafael: Zenons Paradoxien der Bewegung und die Struktur von Raum und Zeit, München 1981.

—. Die Unwissenheit des Philosophen oder Warum hat Plato die »ungeschriebene« Lehre nicht geschrieben? Sankt Augustin 1991.

Ferguson, Everett: God's Infinity and Man's Mutability: Perpetual Progress according to Gregory of Nyssa. In: GOTR 18 (1973) 59-78.

—. Progress in Perfection: Gregory of Nyssa's Vita Moysis. In: StP 14 (1976) 307-314.

—. Words from the ΨΑΛ-Root in Gregory of Nyssa. In: H.R. Drobner / Chr. Klock (Hgg.): Studien zu Gregor von Nyssa und der christlichen Spätantike, Leiden-New York-Kopenhagen-Köln 1990, 57-68.

—. Some Aspects of Gregory of Nyssa's Interpretation of Scripture Exemplified in his *Homilies on Ecclesiastes*. In: StP 28 (1993) 29-33.

Festugière, André Jean: Contemplation et vie contemplative selon Platon, Paris ²1950.

—. La révélation d'Hermes Trismégiste IV: Le dieu inconnu et la gnose, Paris 1954.

Fetz, R.L.: Ontologie der Innerlichkeit, Freiburg i.Ue. 1975.

Figura, Michael: Mystische Gotteserkenntnis bei Gregor von Nyssa. In: M. Schmidt / D.R. Bauer (Hgg.): Grundfragen christlicher Mystik, Stuttgart-Bad Cannstatt 1987, 25-38.

Filippo, Joseph G. de: Aristotle's Identification of the Prime Mover as God. In: CQ 44 (1994) 393-409.

Flasche, Rainer: Leiden, Weisheit und Mystik in der Religionsgeschichte. In: B. Jaspert (Hg.): Leiden und Weisheit in der Mystik, Paderborn 1992, 9-28.

Forschner, Maximilian: Über das Glück des Menschen. Aristoteles, Epikur, Stoa, Thomas von Aquin, Kant, Darmstadt 1993.

Frede, Michael: The Stoic notion of a *lekton*. In: St. Everson (Ed.): Language, Cambridge 1994, 109-128.

Frege, Gottlob: Die Grundlagen der Arithmetik. Eine logisch mathematische Untersuchung über den Begriff der Zahl, hg. v. J. Schulte, Stuttgart 1987.

Freudenthal, J.: Albinus. In: RE I,1 (1893) 1314-1315.

Fritz, Kurt von: Das ἄπειρον bei Aristoteles. In: I. Düring (Hg.): Naturphilosophie bei Aristoteles und Theophrast, Heidelberg 1969, 65-84.

Früchtel, Edgar: Weltentwurf und Logos. Zur Metaphysik Plotins, Frankfurt 1970.

—. Einige Bemerkungen zum Bild des Seelenwagenlenkers. In: R. Berlinger / W. Schrader (Hgg.): Gnosis und Philosophie: Miscellanea, Amsterdam, At!anta 1994, 163-174.

Fuhrmann, Manfred: Die antike Rhetorik. Eine Einführung, München-Zürich 1984.

Furley, David J.: Aristotle and the Atomists on Infinity. In: I. Düring (Hg.): Naturphilosophie bei Aristoteles und Theophrast, Heidelberg 1969, 85-96.

Gadamer, Hans-Georg: Platos dialektische Ethik. Phänomenologische Interpretationen zum Philebos, Hamburg 1983 (ND).

—. Wahrheit und Methode. Grundzüge einer philosophischen Hermeneutik, Tübingen ⁶1990.

Gaiser, Konrad: Name und Sache in Platons <Kratylos>, Heidelberg 1974.

Gandillac, M. de: La sagesse de Plotin, Paris 1952.

García Marqués, Alfonso: Der Begriff von >Möglichkeit< nach »Metaphysik« IX,3-4. In: PhJ 100 (1993) 357-365.

Gargano, Innocenzo Guido: Introduzione all' esegesi biblica di Gregorio Nisseno. In: Vita Monastica 24 (1970) 131-158.

—. La Teoria di Gregorio di Nissa sul Cantico dei Cantici. Indagine su alcune indicazioni di metodo esegetico, Roma 1981.

Gauss, Hermann: Philosophischer Handkommentar zu den Dialogen Platos II.2, Bern 1958.

Gericke, Helmuth: Mathematik in Antike und Orient, Wiesbaden ³1994.

Gerlitz, Peter: Ausserchristliche Einflüsse auf die Entwicklung des christlichen Trinitäts-dogmas. Zugleich ein religions- und dogmengeschichtlicher Versuch zur Erklärung der Herkunft der Homousie, Leiden 1963.

Gersh, Stephen: From Iamblichus to Eriugena. *An Investigation of the Prehistory and Evolution of the Pseudo-Dionysian Tradition*, Leiden 1978.

Gerson, Lloyd P.: Plotinus, London-New York 1994.

Geyer, Carl-Friedrich: Religion und Diskurs. Die Hellenisierung des Christentums aus der Perspektive der Religionsphilosophie, Stuttgart 1990.

—. Einführung in die Philosophie der Antike, Darmstadt ³1992.

Ghellinck, J. de: Quelques appréciations de la dialectique et d'Aristote durant les conflits trinitaires du IVᵉ siècle. In: RHE 26 (1930) 5-42.

Gnilka, Christian: ΧΡΗΣΙΣ. Die Methode der Kirchenväter im Umgang mit der antiken Kultur I: Der Begriff des »rechten Gebrauchs«, Basel-Stuttgart 1984.

—. ΧΡΗΣΙΣ. Die Methode der Kirchenväter im Umgang mit der antiken Kultur II: Kultur und Conversion, Basel 1993.

Gnilka, Joachim: Das Matthäusevangelium. Erster Teil. Kommentar zu Kapitel 1,1 - 13,58, Freiburg-Basel-Wien 1986.

Gosling, J.B.C.: Plato, London-Boston 1973.

Graef, Hilda C.: St. Gregory of Nyssa. The Lord's Prayer. The Beatitudes, trans. by H.C. Graef, London 1954 (ACW 18).

—. Der siebenfarbige Regenbogen. Auf den Spuren der großen Mystiker, Frankfurt 1959.

Graeser, Andreas: Aspekte der Ontologie in der Kategorienschrift. In: P. Moraux / J. Wiesner (Hgg.): Zweifelhaftes im Corpus Aristotelicum. Studien zu einigen Dubia. Berlin-New York 1983, 30-56.

Gregg, Robert C.: (Rez.) R.E. Heine. Perfection in the Virtuous Life. In: ChH 46 (1977) 103-104.

Gregorios, P. Mar: Theurgic Neo-Platonism and the Eunomius-Gregory Debate. An Examination of the Background. In: L.F. Mateo-Seco / J.L. Bastero (Edd.): El »Contra Eunomium I« en la producción literaria de Gregorio de Nisa, Pamplona 1988, 217-235.

Greshake, Gisbert: Geschenkte Freiheit. Einführung in die Gnadenlehre, Freiburg-Basel-Wien ²1981.

Grillmeier, Alois: Jesus der Christus im Glauben der Kirche Bd. 1: Von der Apostolischen Zeit bis zum Konzil von Chalcedon (451), Freiburg-Basel-Wien ³1990.

Gronau, Karl: De Basilio, Gregorio Nazianzeno Nyssenoque Platonis imitatoribus, Göttingen 1908.

—. Poseidonios und die jüdisch-christliche Genesisexegese, Leipzig 1914.

Grünbeck, Elisabeth: Christologische Schriftargumentation und Bildersprache. Zum Konflikt zwischen Metapherninterpretation und dogmatischen Schriftbeweistraditionen in der patristischen Auslegung des 44. (45.) Psalms, Leiden-New York-Köln 1994.

Haas, Alois M.: Sermo Mysticus. Studien zu Theologie und Sprache der deutschen Mystik, Freiburg i.Ue. 1979.

—. Was ist Mystik? In: K. Ruh (Hg.): Abendländische Mystik im Mittelalter, Stuttgart 1986, 319-341.

—. Mystik als Theologie. In: ZKTh 116 (1994) 30-53.

Hacker, Paul: The Religions of the Gentiles as viewed by the Fathers of the Church. In: ZMRW 54 (1970) 253-278.

—. »Topos« und chrêsis. Ein Beitrag zum Gedankenaustausch zwischen den Geisteswissenschaften. In: Ders.: Kleine Schriften, hg. v. L. Schmithausen, Wiesbaden 1978, 338-359.

Hadot, Ilsetraud: Le problème du néoplatonisme alexandrin. Hiéroclès et Simplicius, Paris 1978.

Hadot, Pierre: Plotin ou la simplicité du regard, Paris 1963.

—. Marius Victorinus. Recherches sur sa vie et ses œuvres, Paris 1971.

—. L'harmonie des philosophies de Plotin et d'Aristote selon Porphyre dans le commentaire de Dexippe sur les catégories. In: Plotino e il Neoplatonismo in Oriente e in Occidente, Roma 1974, 31-47.

—. Die Metaphysik des Porphyrios. In: C. Zintzen (Hg.): Die Philosophie des Neuplatonismus, Darmstadt 1977, 208-237.

—. Philosophie als Lebensform. Geistige Übungen in der Antike, Berlin 1991.

Hägler, Rudolf-Peter: Platons >Parmenides<. Probleme der Interpretation, Berlin-New York 1983.

Hagedorn, D.: Zur Ideenlehre des Hermogenes, Göttingen 1964.

Hahn, Hans: Anmerkungen. In: B. Bolzano: Philosophische Texte, hg. v. U. Neemann, Stuttgart 1984, 256-265.

Halfwassen, Jens: Der Aufstieg zum Einen. Untersuchungen zu Platon und Plotin, Stuttgart 1991.

Hall, St. G.: The Interpretation of the Old Testament in the Opening Section of Gregory of Nyssa, De Tridui Spatio (De Tridui Spatio 273,5-277,9). In: A. Spira / Chr. Klock (Hgg.): The Easter Sermons of Gregory of Nyssa. Translation and Commentary, Cambridge (Mass.) 1981, 139-152.

Hammerstaedt, Jürgen: Zur Echtheit von Basiliusbrief 38. In: Tesserae. FS f. J. Engemann (JAC.E 18), Münster 1991, 416-419.

—. Hypostasis (ὑπόστασις). In: RAC 16 (1994) 986-1035.

Hanson, Richard P.C.: Dogma and Formula in the Fathers. In: Ders.: Studies in Christian Antiquity, Edinburgh 1985, 298-318.

—. The Search for the Christian Doctrine of God. The Arian Controversy 318-381, Edinburgh 1988.

Harder, Richard: Plotins Schriften. Neubearbeitung mit griechischem Lesetext und Anmerkungen fortgeführt von Rudolf Beutler und Willy Theiler, Bd. IV: Die Schriften 39-45 der chronologischen Reihenfolge, b) Anmerkungen, Hamburg 1967.

Harl, Marguerite: Recherches sur l'origénisme d'Origène: la «satiété» (κόρος) de la contemplation comme motif de la chute des âmes. In: StP 8 (1966) 373-405.

—. Le langage de l'expérience religieuse chez les Pères grecs. In: RSLR 13 (1977) 5-34

—. Citations et commentaires d'Exode 3,14 chez les Pères Grecs des quatre premiers siècles. In: P. Vignaux (Hg.): Dieu et l'être. Exégèses d'Exode 3,14 et de Coran 20,11-24, Paris 1978, 87-108.

—. L'éloge de la fête de Pâques dans le Prologue du Sermon In Sanctum Pascha de Grégoire de Nysse. (In Sanctum Pascha 245,4-253,18). In: A. Spira / Chr. Klock (Hgg.): The Easter Sermons of Gregory of Nyssa. Translation and Commentary, Cambridge (Mass.) 1981, 81-100.

—. Moïse figure de l'évêque dans l'éloge de Basile de Grégoire de Nysse (381). Un plaidoyer pour l'autorité épiscopale. In: A. Spira / Chr. Klock (Hgg.): The Biographical Works of Gregory of Nyssa. Cambridge (Mass.) 1984, 71-119.

—. Références philosophiques et références bibliques du langage de Grégoire de Nysse dans ses Orationes in Canticum canticorum. In: H. Eisenberger (Hg.): EPMHNEYMATA. FS f. H. Hörner zum sechzigsten Geburtstag, Heidelberg 1990, 117-131.

Harnack, Adolf von: Dogmengeschichte, Tübingen [8]1991.

Harrison, E.F.: Grace and Human Freedom according to St. Gregory of Nyssa, Graduate Theological Union, Berkeley 1986.

—. Receptacle Imagery in St. Gregory of Nyssa's Anthropology. In: StP 22 (1989) 23-27.

—. Male and Female in Cappadocian Theology. In: JThS 41 (1990) 441-471.

—. A Gender Reversal in Gregory of Nyssa's First Homily on the Song of Songs. In: StP 27 (1993) 34-38.

Hauschild, Wolf-Dieter: Basilius von Caesarea. Briefe I, Stuttgart 1990.

Haykin, Michael A.G.: The Spirit of God. The Exegesis of 1 and 2 Corinthians in the Pneumatomachian Controversy of the Fourth Century, Leiden-New York-Köln 1994.

Hegel, Georg Wilhelm Friedrich: Enzyklopädie der philosophischen Wissenschaften I = Werke Bd. 8, edd. E. Moldenhauer und K. M. Michel, Frankfurt 1986.

—. Vorlesungen über die Geschichte der Philosophie I = Werke Bd. 18, edd. E. Moldenhauer und K. M. Michel, Frankfurt 1986 [zitiert 1986a].

—. Vorlesungen über die Geschichte der Philosophie II = Werke Bd. 19, edd. E. Moldenhauer und K. M. Michel, Frankfurt 1986.

Heidegger, Martin: Platons Lehre von der Wahrheit. Mit einem Brief über den »Humanismus«, Bern-München 1975.

—. Zur Seinsfrage, Frankfurt [4]1977.

—. Sein und Zeit, Tübingen [15]1984.

—. Was ist Metaphysik? Frankfurt [13]1986.

—. Identität und Differenz, Pfullingen [8]1986 [zitiert 1986a].

—. Ontologie (Hermeneutik der Faktizität), Frankfurt 1988.

Heine, Ronald E.: Perfection in the Virtuous Life. A Study in the Relationship Between Edification and Polemical Theology in Gregory of Nyssa's De Vita Moysis, Philadelphia 1975.

—. Gregory of Nyssa's Apology for Allegory. In: VigChr 38 (1984) 360-370.

—. Exegesis and Theology in Gregory of Nyssa's Fifth Homily on Ecclesiastes. In: St.G. Hall (Ed.): Gregory of Nyssa. Homilies on Ecclesiastes. An English Version with Supporting Studies, Berlin-New York 1993, 197-222.

Heitsch, Ernst: Parmenides. Die Anfänge der Ontologie, Logik und Naturwissenschaft. Die Fragmente, München 1974.

Hennessy, James E.: The Background, Sources and Meaning of Divine Infinity in St. Gregory of Nyssa, Fordham University 1963 (unpublished Ph.D.).

Henry, Paul: Études plotiniennes I. Les états du texte de Plotin, 1938.

—. Trois apories orales de Plotin sur les Categories d'Aristote. In: Zetesis. Album amicorum door vrienden en collega's aangeboden aan Prof. Dr. E. de Strycker, Antwerpen-Utrecht 1973, 234-265.

—. The Oral Teaching of Plotinus. In: Dionysius 6 (1982) 3-12.

Hicks, R.D.: Aristoteles. De anima. With Translations, Introductions and Notes, Hildesheim-Zürich-New York 1990.

Himmerich, Wilhelm: Eudaimonia. Die Lehre des Plotin von der Selbstverwirklichung des Menschen, Würzburg 1959.

Hirschle, Maurus: Sprachphilosophie und Namenmagie im Neuplatonismus. Mit einem Exkurs zu >Demokrit< B 142, Meisenheim 1979.

Hochstaffl, Josef: Negative Theologie. Ein Versuch zur Vermittlung des patristischen Begriffs, München 1976.

Hoffmann, Michael: Die Entstehung von Ordnung. Über den Zusammenhang von Sein, Erkennen und Handeln in der späteren Philosophie Platons, Diss.phil.masch. München 1993.

Holl, Karl: Amphilochius von Ikonium in seinem Verhältnis zu den großen Kappadoziern, Darmstadt 1969.

Hölscher, Uvo: Parmenides. Vom Wesen des Seienden. Die Fragmente, Frankfurt 1986.

Hörner, Hadwig: Über Genese und derzeitigen Stand der großen Edition der Werke Gregors von Nyssa. In: M. Harl (Hg.): Écriture et culture philosophique dans la pensée de Grégoire de Nysse, Leiden 1971, 18-50.

Horn, Gabriel: Le »miroir«, la »nuée«, deux manières de voir Dieu d'après saint Grégoire de Nysse. In: RAM 8 (1927) 113-131.

Hossenfelder, Malte: Epikur, München 1991.

Hübner, Reinhard M.: Gregor von Nyssa und Markell von Ankyra. In: M. Harl (Hg.): Écriture et culture philosophique dans la pensée de Grégoire de Nysse, Leiden 1971, 199-229.

—. Gregor von Nyssa als Verfasser der sog. Ep. 38 des Basilius. *Zum unterschiedlichen Verständnis der* οὐσία *bei den kappadozischen Brüdern.* In: J. Fontaine / Ch. Kannengiesser (Eds.): Epektasis. Mélanges patristiques offerts au Cardinal Jean Daniélou, Paris 1972, 463-490.

—. Die Einheit des Leibes Christi bei Gregor von Nyssa. Untersuchungen zum Ursprung der >physischen< Erlösungslehre, Leiden 1974.

—. Der Gott der Kirchenväter und der Gott der Bibel: Zur Frage der Hellenisierung des Christentums, München 1979.

—. Soteriologie, Trinität, Christologie. Von Markell von Ankyra zu Apollinaris von Laodicea. In: M. Böhnke / H. Heinz (Hgg.): Im Gespräch mit dem dreieinen Gott: Elemente einer trinitarischen Theologie, FS zum 65. Geburtstag von W. Breuning, Düsseldorf 1985, 175-196.

—. Die Schrift des Apolinarius von Laodicea gegen Photin (Pseudo-Athanasius, Contra Sabellianos) und Basilius von Caesarea, Berlin-New York 1989.

—. Basilius von Caesarea und das *Homoousios.* In: L.R. Wickham / C.P. Bammel / E.C.D. Hunter (Hgg.): Christian Faith and Greek Philosophy in Late Antiquity. Essays in Tribute to George Christopher Stead, Leiden-New York-Köln 1993, 70-91.

Hunger, H.: Reich der Neuen Mitte. Der christliche Geist der byzantinischen Kultur, Graz-Wien-Köln 1965.

Huybrechts, Paul: Le «Traité de la virginité» de Grégoire de Nysse. Idéal de vie monastique ou idéal de vie chrétienne? In: NRT 115 (1993) 227-242.

Ivánka, Endre von: Vom Platonismus zur Theorie der Mystik. (Zur Erkenntnislehre Gregors von Nyssa). In: Schol 11 (1936) 163-195

—. Dunkelheit, mystische. In: RAC 4 (1959) 350-358.

—. Plato Christianus. Übernahme und Umgestaltung des Platonismus durch die Väter, Einsiedeln 1964.

—. Eine Frage zu »De infantibus qui praemature abripiuntur« (PG 46, 161-192). In: H. Dörrie / M. Altenburger / U. Schramm (Hgg.): Gregor von Nyssa und die Philosophie, Leiden 1976, 79-82.

Jacob, Christoph: Allegorese: Rhetorik, Ästhetik, Theologie. In: Th. Sternberg (Hg.): Neue Formen der Schriftauslegung? Freiburg-Basel-Wien 1992 (QD 140), 131-163.

Jaeger, Werner: Two Rediscovered Works of Ancient Christian Literature: Gregory of Nyssa and Macarius, Leiden 1954.

—. Humanistische Reden und Vorträge, Berlin [2]1960.

—. Das frühe Christentum und die griechische Bildung, Berlin 1963.

—. Gregor von Nyssa's Lehre vom Heiligen Geist. Aus dem Nachlaß hg. v. H. Dörries, Leiden 1966.

Jones, Roger M.: Die Ideen als Gedanken Gottes. In: C. Zintzen (Hg.): Der Mittelplatonismus, Darmstadt 1981, 187-199.

Jüngel, Eberhard: Unterwegs zur Sache, München 1972.

Junod, Eric: Moïse, exemple de la perfection, selon Grégoire de Nysse. In: R. Martin-Achard u.a. (Hg.): La figure de Moïse. Écriture et relectures, Genève 1978, 81-98.

Jüssen, Klaudius: Unendlichkeit Gottes. In: LThK[2] 10 (1986: Sonderausgabe) 480-481.

Kannengiesser, Charles: L'infinité divine chez Grégoire de Nysse. In: RSR 55 (1967) 55-65.

—. Logique et idées motrices dans le recours biblique selon Grégoire de Nysse. In: H. Dörrie / M. Altenburger / U. Schramm (Hgg.): Gregor von Nyssa und die Philosophie, Leiden 1976, 85-103.

Kees, Reinhard Jakob: Die Lehre von der Oikonomia Gottes in der Oratio catechetica Gregors von Nyssa, Leiden-New York-Köln 1995.

Kennedy, George: The Art of Persuasion in Greece, Princeton 1963.

—. The Art of Rhetoric in the Roman World 300 B.C.-A.D. 300, Princeton 1972.

Kenney, John Peter: Mystical Monotheism. A Study in Ancient Platonic Theology, Hanover-London 1991.

Kenny, Anthony: The Aristotelian Ethics. A Study of the Relationship between the *Eudemian* and *Nicomachean Ethics* of Aristotle, Oxford 1978.

—. Aristotle on the Perfect Life, Oxford 1992.

Kim, Sung-Jin: Der Widerspruch und das Urteil in Platons Parmenides. Untersuchungen zur platonischen Dialektik, Frankfurt-Bern-New York-Paris 1989.

Klauck, Hans-Josef: Die Johannesbriefe, Darmstadt 1991 ([2]1995).

Klock, Christoph: Gregors Osterpredigten in ihrer literarhistorischen Tradition. In: A. Spira / Chr. Klock (Hgg.): The Easter Sermons of Gregory of Nyssa. Translation and Commentary, Cambridge (Mass.) 1981, 319-354.

—. Untersuchungen zu Stil und Rhythmus bei Gregor von Nyssa. Ein Beitrag zum Rhetorikverständnis der griechischen Väter, Frankfurt a.M. 1987.

Kobusch, Theo: Studien zur Philosophie des Hierokles von Alexandrien. Untersuchungen zum christlichen Neuplatonismus, München 1976.

—. Sein und Sprache. Historische Grundlegung einer Ontologie der Sprache, Leiden-New York-København-Köln 1987.

—. Name und Sein. Zu den sprachphilosophischen Grundlagen in der Schrift Contra Eunomium des Gregor von Nyssa. In: L.F. Mateo-Seco / J.L. Bastero (Edd.): El »Contra Eunomium I« en la producción literaria de Gregorio de Nisa, Pamplona 1988, 247-268.

—. Metaphysik als Einswerdung. Zu Plotins Begründung einer neuen Metaphysik. In: L. Honnefelder / W. Schüßler (Hgg.): Transzendenz. Zu einem Grundwort der klassischen Metaphysik, FS Kl. Kremer zum 65. Geburtstag, Paderborn 1992, 93-114.

—. Zeit und Grenze. Zur Kritik des Gregor von Nyssa an der Einseitigkeit der Naturphilosophie. In: St.G. Hall (Ed.): Gregory of Nyssa. Homilies on Ecclesiastes. An English Version with Supporting Studies, Berlin-New York 1993, 299-317.

Koch, Hugo: Das mystische Schauen beim heiligen Gregor von Nyssa. In: ThQ 80 (1898) 397-420.

Konstantinou, Evangelos G.: Die Tugendlehre Gregors von Nyssa im Verhältnis zu der Antik-Philosophischen und Jüdisch-Christlichen Tradition, Würzburg 1966.

Kontoulis, Georg: Zum Problem der Sklaverei (ΔΟΥΛΕΙΑ) bei den kappadokischen Kirchenvätern und Johannes Chrysostomus, Bonn 1993.

Kopeček, Thomas A.: A History of Neo-Arianism, 2 Vols., Cambridge (Mass.) 1979.

Krämer Hans Joachim: Arete bei Plato und Aristoteles, Heidelberg 1959.

—. Der Ursprung der Geistmetaphysik. Untersuchungen zur Geschichte des Platonismus zwischen Platon und Plotin, Amsterdam 1964.

—. Grundfragen der aristotelischen Theologie. In: ThPh 44 (1969) 363-382.481-505.

Kremer, Klaus: Wer ist das eigentlich - der Mensch? Zur Frage nach dem Menschen bei Thomas von Aquin. In: TTZ 84 (1975) 73-84.129-143.

—. Bonum est diffusivum sui. Ein Beitrag zum Verhältnis von Neuplatonismus und Christentum. In: ANRW II 36,2 (1987) 994-1032.

—. Dionysius Pseudo-Areopagita oder Gregor von Nazianz? Zur Herkunft der Formel: >Bonum est diffusivum sui<. In: ThPh 63 (1988) 579-585.

—. Einleitung. In: Plotin. Seele - Geist - Eines. Enneade IV 8, V 4, V 1, V 6 und V 3, Hamburg 1990, VIII-XXXVII.

Krevelen, Dirk Andree van [siehe Quellen: Philodem].

Kroll, W.: Dexippos. In: RE 5,1 (1903) 293-294.

Künne, Wolfgang: Abstrakte Gegenstände. Semantik und Ontologie, Frankfurt 1983.

—. »Im übertragenen Sinne«. Zur Theorie der Metapher. In: Conceptus 17 (1983) 181-200 [zitiert: 1983a].

Kustas, G.L.: Studies in Byzantine Rhetoric, Thessaloniki 1973.

—. Saint Basil and the Rhetorical Tradition. In: P.J. Fedwick (Hg.): Basil of Caesarea: Christian, Humanist, Ascetic, Bd. 1, Toronto 1981, 221-279.

Langerbeck, Hermann: Zur Interpretation Gregors von Nyssa. In: ThLZ 82 (1957) 81-90.

Lattke, Michael: Hymnus. Materialien zu einer Geschichte der antiken Hymnologie, Freiburg (Schweiz)-Göttingen 1991.

Lausberg, Heinrich: Handbuch der literarischen Rhetorik. Eine Grundlegung der Literaturwissenschaft, München ²1973.

LeBoulluec, A.: La notion d'hérésie dans la littérature grecque IIᵉ-IIIᵉ siècles, 2 Bde., Paris 1985.

Leinkauf, Thomas: Absolute Selbstreflexion als >höchster Punkt< der antiken Philosophie. In: PhJ 94 (1987) 395-404.

Leisegang, Hans: Die Erkenntnis Gottes im Spiegel der Seele und der Natur. In: ZPhF 4 (1949) 161-183.

Leroux, Georges: Plotin. Traité sur la liberté et la volonté de l'Un [Ennéade VI, 8 (39)]. Introduction, texte grec, traduction et commentaire, Paris 1990.

Levasti, Arrigo: La dottrina mistica di S. Gregorio di Nissa. In: RAMi 12 (1967) 548-562 und 13 (1968) 44-61.

Lewy, Hans: Sobria Ebrietas. Untersuchungen zur Geschichte der antiken Mystik, Gießen 1929.

Leys, Roger: L'image de Dieu chez Saint Grégoire de Nysse. Esquisse d'une doctrine, Paris 1951.

Lieske, Alois: Zur Theologie der Christusmystik Gregors von Nyssa. In: Schol 14 (1939) 485-514.

—. Die Theologie der Christusmystik Gregors von Nyssa. In: ZKTh 70 (1948) 49-93.129-168.315-340.

Lilla, Salvatore: Introduzione al medio platonismo, Roma 1992.

Limberis, Vasiliki: The Concept of >freedom< in Gregory of Nyssa's *de instituto Christiano*. In: StP 28 (1993) 39-41.

Lloyd, A.C.: The Anatomy of Neoplatonism, Oxford 1990.

Löhr, Gebhard: Das Problem des Einen und Vielen in Platons »Philebos«, Göttingen 1990.

Loenen, J.H.: Die Metaphysik des Albinos: Versuch einer gerechten Würdigung. In: C. Zintzen (Hg.): Der Mittelplatonismus, Darmstadt 1981, 98-149.

Lorenz, Rudolf: Das vierte Jahrhundert (Osten) = Die Kirche in ihrer Geschichte. Ein Handbuch, hg. v. B. Moeller, Bd. 1, Lieferung C 2, Göttingen 1992.

Lossky, Vladimir: Die mystische Theologie der morgenländischen Kirche, Graz-Wien-Köln 1961.

Louth, Andrew: The Origins of the Christian Mystical Tradition. From Plato to Denys, Oxford 1981.

Löser, Werner: Im Geiste des Origenes. H.U.v. Balthasar als Interpret der Theologie der Kirchenväter, Frankfurt 1976.

Logan, A.H.B.: Marcellus of Ancyra and the Councils of AD 325: Antioch, Ancyra, and Nicaea. In: JThS 43 (1992) 428-446.

Luther, Wilhelm: »Wahrheit« und »Lüge« im ältesten Griechentum, Leipzig 1935.

Lutz-Bachmann, Matthias: Hellenisierung des Christentums? In: C. Colpe / L. Honnefelder / M. Lutz-Bachmann (Hgg.): Spätantike und Christentum. Beiträge zur Religions- und Geistesgeschichte der griechisch-römischen Kultur und Zivilisation der Kaiserzeit, Berlin 1992, 77-98.

Maas, Paul: (Rez.) W. Fritz: Die handschriftliche Überlieferung der Briefe des Bischofs Synesios. In: BPhW 26 (1906) 776-777.

—. Zu den Beziehungen zwischen Kirchenvätern und Sophisten I. Drei neue Stücke aus der Korrespondenz des Gregorios von Nyssa. In: SAWB 43 (1912) 988-999.

MacLeod, C.W.: Allegory and Mysticism in Origen and Gregory of Nyssa. In: JThS 22 (1971) 362-379.

—. ΑΝΑΛΥΣΙΣ: A Study in Ancient Mysticism. In: JThS 21 (1970) 43-55.

—. The Preface to Gregory of Nyssa's *Life of Moses*. In: JThS 33 (1982) 183-191.

Malherbe, Abraham J. / Ferguson, Everett: Gregory of Nyssa. The Life of Moses. Translation, Introduction and Notes. Preface by J. Meyendorff, New York-Ramsey-Toronto 1978.

Mann, Friedhelm: Gregor, rhetor et pastor: Interpretation des Proömiums der Schrift Gregors von Nyssa "De infantibus praemature abreptis". In: VigChr 31 (1977) 126-147.

—. Das Vokabular des Eunomios im Kontext Gregors. In: L.F. Mateo-Seco / J.L. Bastero (Eds.): El »Contra Eunomium I« en la producción literaria de Gregorio de Nisa, Pamplona 1988, 173-202.

Margerie, Bertrand de: Introduction à l'histoire de l'exégèse I: Les Pères grecs et orientaux, Paris 1980.

Markschies, Christoph: Die platonische Metapher vom >inneren Menschen<: eine Brücke zwischen antiker Philosophie und altchristlicher Theologie. In: ZKG 105 (1994) 1-17.

Marx, Werner: Einführung in Aristoteles' Theorie vom Seienden, Hamburg 1972.

Mattioli, Umberto: Ἀσθένεια e ἀνδρεία, Parma 1983.

Mateo-Seco, Lucas F.: La muerte y su más allá en el Dialogo sobre el alma y la resurreción de Gregorio de Nisa. In: STh 3 (1971) 75-107.

—. La Cristologia y Soteriologia del "Contra Eunomium I". In: L.F. Mateo-Seco / J.L. Bastero (Eds.): El "Contra Eunomium I" en la producción literaria de Gregorio de Nisa, Pamplona 1988, 391-406.

—. Gregorio de Nisa. La Vida de Moisés 1993 [siehe Editionen].

McDermott, John M.: Hilary of Poitiers: The Infinite Nature of God. In: VigChr 27 (1973) 172-202.

McGinn, Bernard: Die Mystik im Abendland Bd. 1: Ursprünge, Freiburg-Basel-Wien 1994.

Mees, Michael: Mensch und Geschichte bei Gregor von Nyssa. In: Aug 16 (1976) 317-335.

Meijer, Peter Ane: Plotinus on the Good or the One (Enneads VI,9). An analytical Commentary, Amsterdam 1992.

Meijering, Eginhard Peter: Wie platonisierten Christen? Zur Grenzziehung zwischen Platonismus, kirchlichem Credo und patristischer Theologie. In: VigChr 28 (1974) 15-28.

—. Die Hellenisierung des Christentums im Urteil Adolf von Harnacks, Amsterdam-Oxford-New York 1985.

Meissner, Henriette M.: Rhetorik und Theologie. Der Dialog Gregors von Nyssa De Anima et Resurrectione, Frankfurt-Bern-New York-Paris 1991.

—. Grammatik und Rhetorik in Gregors von Nyssa Exegese des Buches Prediger. Beobachtungen zur fünften Homilie. In: St.G. Hall (Ed.): Gregory of Nyssa. Homilies on Ecclesiastes. An English Version with Supporting Studies, Berlin-New York 1993, 223-248.

Meredith, Anthony: Orthodoxy, Heresy and Philosophy in the Latter Half of the Fourth Century. In: HeyJ 15 (1975) 5-21.

—. Traditional Apologetic in the *Contra Eunomium* of Gregory of Nyssa. In: StP 14 (1976) 315-319.

—. Gregory of Nyssa and Plotinus. In: StP 17,3 (1982) 1120-1126.

—. (Rez.) Ch. Apostolopoulos, Phaedo Christianus. In: JThS 39 (1988) 258-260.

—. The Divine Simplicity. Contra Eunomium 1.223-241. In: L.F. Mateo-Seco / J.L. Bastero (Eds.): El »Contra Eunomium I« en la producción literaria de Gregorio de Nisa, Pamplona 1988, 339-351 [zitiert: 1988a].

—. The Concept of Mind in Gregory of Nyssa and the Neoplatonists. In: StP 22 (1989) 35-51.

—. The Idea of God in Gregory of Nyssa. In: H.R. Drobner / Chr. Klock (Hgg.): Studien zu Gregor von Nyssa und der christlichen Spätantike, Leiden-New York-Kopenhagen-Köln 1990, 127-147.

—. The Good and the Beautiful in Gregory of Nyssa. In: H. Eisenberger (Hg.): EPMHNEYMATA. FS f. H. Hörner, Heidelberg 1990, 133-145 [zitiert: 1990a].

—. Homily I. In: St.G. Hall (Hg.): Gregory of Nyssa. Homilies on Ecclesiastes. An English Version with Supporting Studies, Berlin-New York 1993, 145-158.

—. Plato's >cave< (*Republic* vii 514a-517e) in Origen, Plotinus, and Gregory of Nyssa. In: StP 27 (1993) 49-61 [zitiert: 1993a].

Méridier, Louis: L'influence de la seconde sophistique sur l'œuvre de Grégoire de Nysse, Paris-Rennes 1906.

Merki, Hubert: ΟΜΟΙΩΣΙΣ ΘΕΩ. Von der platonischen Angleichung an Gott zur Gottähnlichkeit bei Gregor von Nyssa, Freiburg i. Ue. 1952.

Migliori, Maurizio: Dialettica e Verità. Commentario filosofico al »Parmenide« di Platone, Milano 1990.

Miller, Mitchell H. Jr.: Plato's *Parmenides*. The Conversion of the Soul, Princeton 1986.

Mondolfo, Rudolfo: L'infinto nel pensiero dell'antichità classica, Firenze 1956.

Moore, A.W.: The Infinite, London-New York 1991.

Moraux, Paul: Der Aristotelismus bei den Griechen. Von Andronikos bis Alexander von Aphrodisias. Bd. 1: Die Renaissance des Aristotelismus im I. Jh. v. Chr., Berlin-New York 1973.

—. Der Aristotelismus bei den Griechen. Von Andronikos bis Alexander von Aphrodisias. Bd. 2: Der Aristotelismus im I. und II. Jh. n. Chr., Berlin-New York 1984.

Moreschini, Claudio: Gregorio di Nissa. Teologia Trinitaria. Contro Eunomio. Confutazione della professione di fede di Eunomio, Milano 1994.

Moriarty, Rachel: Human Owners, Human Slaves: Gregory of Nyssa, *Hom. Eccl.* 4. In: StP 27 (1993) 62-70.

Mortley, Raoul: From Word to Silence I: The rise and fall of logos, Bonn 1986.

—. From Word to Silence II: The way of negation, Christian and Greek, Bonn 1986 [zitiert: 1986a].

Mosshammer, Alden A.: The Created and the Uncreated in Gregory of Nyssa Contra Eunomium 1,105-113. In: L.F. Mateo-Seco / J.L. Bastero (Eds.): El »Contra Eunomium I« en la producción literaria de Gregorio de Nisa, Pamplona 1988, 353-379.

—. Disclosing but not Disclosed. Gregory of Nyssa as Deconstructionist. In: H.R. Drobner / Chr. Klock (Hgg.): Studien zu Gregor von Nyssa und der christlichen Spätantike, Leiden-New York-Kopenhagen-Köln 1990, 99-123.

—. Non-Being and Evil in Gregory of Nyssa. In: VigChr 44 (1990) 136-167 [zitiert: 1990a].

Moutsoulas, Elias D.: Γρηγόριος ὁ Νύσσης ὡς ἑρμηνευτὴς τῆς Ἁγίας Γραφῆς. In: Πόνημα εὔγνωμον, τιμοτικὸς τόμος ἐπὶ τῇ 40 ἑτηρίδι συγγραφικῆς δράσεως καὶ τῇ 35 ἑτηρίδι καθηγεσίας τοῦ Βασιλείου Μ. Βέλλα, ἐπιμελείᾳ καθηγητοῦ Α. Π. Χαστούπη, Athen 1969, 465-485.

—. La Pneumatologie du »Contra Eunomium I«. In: L.F. Mateo-Seco / J.L. Bastero (Eds.): El »Contra Eunomium I« en la producción literaria de Gregorio de Nisa, Pamplona 1988, 381-390.

Muckle, Joseph Thomas: The Doctrine of St. Gregory of Nyssa on Man as the Image of God. In: MS 7 (1945) 55-84.

Mühlenberg, Ekkehard: Die Unendlichkeit Gottes bei Gregor von Nyssa. Gregors Kritik am Gottesbegriff der klassischen Metaphysik, Göttingen 1966.

—. Die philosophische Bildung Gregors von Nyssa in den Büchern Contra Eunomium. In: M. Harl (Ed.): Écriture et culture philosophique dans la pensée de Grégoire de Nysse, Leiden 1971, 230-251.

—. Die Gottheit des inkarnierten Christus erwiesen durch seine Selbstmächtigkeit - Freiheit der Selbstbestimmung - (In Sanctum Pascha p. 247,26 - 248,27). In: A. Spira / Chr. Klock (Hgg.): The Easter Sermons of Gregory of Nyssa. Translation and Commentary, Philadelphia 1981, 123-137.

Naldini, M.: Basilio di Cesarea. Discorso ai Giovani. Oratio ad adolescentes con la versione latina di Leonardo Bruni, Florenz 1984.

Nasemann, Beate: Theurgie und Philosophie in Jamblichs De mysteriis, Stuttgart 1991.

Neubecker, Annemarie Jeanette: Philodemus. Über die Musik IV. Buch, Napoli 1986.

Norden, Eduard: Die antike Kunstprosa vom VI. Jahrhundert v. Chr. bis in die Zeit der Renaissance, Bd. 2, Leipzig, Berlin [2]1909 [ND: Darmstadt 1971].

Normann, Friedrich: Teilhabe - ein Schlüsselwort der Vätertheologie, Münster 1978.

Norris, Frederick W.: Faith gives Fullness to Reasoning. The Five Theological Orations of Gregory Nazianzen. Introduction and Commentary, Leiden-New York-København-Köln 1991.

Nygren, Anders: Eros und Agape. Gestaltwandlungen der christlichen Liebe. 2. Teil, Gütersloh 1937.

O'Brien, Denis: Aristote: Quantité et contrariété. Une critique de l'école d'Oxford. In: P. Aubenque (Ed.): Concepts et Catégories dans la pensée antique, Paris 1980, 89-165.

O'Connell, Patrick F.: The Double Journey in Saint Gregory of Nyssa: The Life of Moses. In: GOTR 28 (1983) 301-324.

Oehler, Klaus: Die Lehre vom noetischen und dianoetischen Denken bei Platon und Aristoteles. Ein Beitrag zur Erforschung der Geschichte des Bewußtseinsproblems in der Antike, München 1962.

—. Aristoteles. Kategorien, Berlin 1984.

Ohm, Th.: Mystik, Religionsgeschichtlich. In: LThK[2] 7 (1986: Sonderausgabe) 732-733.

O'Meara, Dominic J.: Pythagoras Revived. Mathematics and Philosophy in Late Antiquity, Oxford 1989.

—. Plotinus. An Introduction to the Enneads, Oxford 1995.

Oosthout, Henri: Modes of Knowledge and the Transcendental. An Introduction to Plotinus Ennead 5.3 [49] with a Commentary and Translation, Amsterdam 1991.

O'Rourke, Fran: Being and Non-Being in the Pseudo-Dionysius. In: Th. Finan / V. Two-mey (Eds.): The Relationship between Neoplatonism and Christianity, Dublin 1992, 55-78.

Osborne, Catherine: Literal or Metaphorical? Some Issues of Language in the Arian Con-troversy. In: L.R. Wickham / C.P. Bammel / E.C.D. Hunter (Hgg.): Christian Faith and Greek Philosophy in Late Antiquity. Essays in Tribute to George Christopher Stead, Leiden-New York-Köln 1993, 148-170.

Otis, Brooks: Cappadocian Thought as a Coherent System. In: DOP 12 (1958) 95-124.

Panagopoulos, Johannes: Christologie und Schriftauslegung bei den griechischen Kirchen-vätern. In: ZThK 89 (1992) 41-58.

—. Ontologie oder Theologie der Person? Die Relevanz der patristischen Trinitätslehre für das Verständnis der menschlichen Person. In: KuD 39 (1993) 2-30.

Pannenberg, Wolfhart: Die Aufnahme des philosophischen Gottesbegriffs als dogmatisches Problem der frühchristlichen Theologie. In: ZKG 70 (1959) 1-45 [jetzt in: Ders.: Grundfragen systematischer Theologie, Göttingen 1967, 296-346].

—. Systematische Theologie Bd. 1, Göttingen 1988.

Pelikan, Jaroslav: Christianity and Classical Culture. The Metamorphosis of Natural Theology in the Christian Encounter with Hellenism, New Haven-London 1993.

Pellegrino, Michele: Il Platonismo di San Gregorio Nisseno nel dialogo "Intorno all' anima e alla risurrezione". In: RFNS 30 (1938) 437-474.

Pépin, Jean: Mythe et Allégorie. Les origines grecques et les contestations judéo-chré-tiennes, Paris 1976.

—. La tradition de l'allégorie de Philon d'Alexandrie à Dante, Paris 1987.

Peradze, Gregor: Die alt-christliche Literatur in der georgischen Überlieferung. in: OrChr 27 (1930) 80-98.

Peri, Cesare: La »Vita di Mosè« di Gregorio di Nissa: un vaggio verso l'aretè cristiana. In: VetChr 11 (1974) 313-332.

Peroli, Enrico: Il Platonismo e l'antropologia filosofica di Gregorio di Nisa. Con particolare riferimento agli influssi di Platone, Plotino e Porfirio, Milano 1993.

—. Il conflitto fra Platonismo e Cristianesimo nell' interpretazione di Heinrich Dörrie. Sag-gio integrativo. In: C. de Vogel: Platonismo e Cristianismo. Antagonismo o communi fondamenti? Milano 1993, 105-138 [zitiert: 1993a].

Pesch, Otto Hermann / Peters, Albrecht: Einführung in die Lehre von Gnade und Recht-fertigung, Darmstadt 1981.

Pietsch, Christian: Prinzipienfindung bei Aristoteles. Methoden und erkenntnistheoretische Grundlagen, Stuttgart 1992.

Places, Édouard des: Jamblich und die chaldäischen Orakel. In: C. Zintzen (Hg.): Die Philosophie des Neuplatonismus, Darmstadt 1977, 294-303.

Pottier, Bernard: Dieu et le Christ selon Grégoire de Nysse. Etude systématique du «Contre Eunome» avec inédite des extraits d'Eunome, Paris 1994.

Prauss, Gerold: Platon und der logische Eleatismus, Berlin 1966.

Quasten, Johannes: A Pythagorean Idea in Jerome. In: AJP 63 (1942) 207-215.

Quispel, Gilles: Gregorius van Nyssa en de mystiek. In: NThT 24 (1969/70) 250-25

Rahner, Hugo: Symbole der Kirche. Die Ekklesiologie der Väter, Salzburg 1964.

Rahner, Karl: Mystik, Theologisch. In: LThK^2 7 (1986: Sonderausgabe) 743-745.

—. Grundkurs des Glaubens. Einführung in den Begriff des Christentums, Freiburg-Basel-Wien ²1985 (Sonderausgabe).

Rahner, Karl / Vorgrimler, Herbert: Kleines Theologisches Wörterbuch, Freiburg-Basel-Wien ¹⁴1983.

Rausch, Hannelore: Theoria. Von ihrer sakralen zur philosophischen Bedeutung, München 1982.

Reale, Giovanni: Zu einer neuen Interpretation Platons. Eine Auslegung der Metaphysik der großen Dialoge im Lichte der »ungeschriebenen Lehre«, Paderborn-München-Wien-Zürich 1993.

Regen, Frank: Formlose Formen. Plotins Philosophie als Versuch, die Regreßprobleme des Platonischen Parmenides zu lösen, Göttingen 1988.

Rehn, Rudolf: Zur Theorie des Onoma in der griechischen Philosophie. In: B. Mojsisch (Hg.): Sprachphilosophie in Antike und Mittelalter, Bochumer Kolloquium, 2.-4. Juni 1982, Amsterdam 1986, 63-119.

Rich, Audrey N.M.: Die platonischen Ideen als die Gedanken Gottes. In: C. Zintzen (Hg.): Der Mittelplatonismus, Darmstadt 1981, 200-211.

Ricken, Friedo: Nikaia als Krisis des altkirchlichen Platonismus. In: ThPh 44 (1969) 321-341.

—. Zur Rezeption der platonischen Ontologie bei Eusebios von Kaisareia, Areios und Athanasios. In: ThPh 53 (1978) 321-352.

—. Philosophie der Antike, Stuttgart-Berlin-Köln-Mainz 1988.

Riedinger, Rudolf: Neue Quellen zu den Eratopokriseis des Pseudo-Kaisarios. in: JÖB 19 (1970) 153-184.

Riedweg, Christoph: Mysterienterminologie bei Platon, Philon und Klemens von Alexandrien, Berlin-New York 1987.

—. Die Mysterien von Eleusis in rhetorisch geprägten Texten des 2./3. Jahrhunderts nach Christus. In: ICSt 13 (1992) 127-133.

Rijlaarsdam, Jetske C.: Platon über die Sprache. *Ein Kommentar zum Kratylos.* Mit einem Anhang über die Quelle der Zeichentheorie Ferdinand de Saussures, Utrecht 1978.

Risch, Franz Xaver: Pseudo-Basilius, Adversus Eunomium IV-V. Einleitung, Übersetzung und Kommentar, Leiden-New York-Köln 1992.

Rist, John M.: Plotinus. The Road to Reality, Cambridge-London-New York-Melbourne 1967.

—. Mystik und Transzendenz im späteren Neuplatonismus. In: C. Zintzen (Hg.): Die Philosophie des Neuplatonismus, Darmstadt 1977, 373-390.

—. Basil's »Neoplatonism«: Its Background and Nature. In: P.J. Fedwick (Ed.): Basil of Caesarea: Christian, Humanist, Ascetic, Bd. 1, Toronto 1981, 137-220.

—. Albinos als ein Vertreter des eklektischen Platonismus. In: C. Zintzen (Hg.): Der Mittelplatonismus, Darmstadt 1981, 212-216 [zitiert: 1981a].

Ritter, Adolf Martin: Die Gnadenlehre Gregors von Nyssa nach seiner Schrift »Über das Leben des Mose«. In: H. Dörrie / M. Altenburger / U. Schramm (Hgg.): Gregor von Nyssa und die Philosophie, Leiden 1976, 195-239.

—. Zum Homousios von Nizäa und Konstantinopel. *Kritische Nachlese zu einigen neueren Diskussionen.* In: A.M. Ritter (Hg.): Kerygma und Logos. Beiträge zu den geistesgeschichtlichen Beziehungen zwischen Antike und Christentum, FS f. C. Andresen, Göttingen 1979, 404-423.

—. Eunomius. In: TRE 10 (1982) 525-528.

—. Dogma und Lehre in der Alten Kirche. In: C. Andresen (Hg.): Handbuch der Dogmen- und Theologiegeschichte, Bd. 1: Die Lehrentwicklung im Rahmen der Katholizität, Göttingen 1988 (Studienausgabe; ND: 1989), 99-283.

Ritter, Joachim: Die Lehre vom Ursprung und Sinn der Theorie bei Aristoteles. In: Ders.: Metaphysik und Politik. Studien zu Aristoteles und Hegel, Frankfurt [2]1988, 9-33.

Robinson, Richard: Plato's Earlier Dialectic, Oxford 1953.

Roche, Timothy D.: (Rez.) A. Kenny. Aristotle on the Perfect Life. In: Mind 103 (1994) 202-208.

Röder, Jürgen-André: Gregor von Nyssa. Contra Eunomium I 1-146, eingel., übers. und kommentiert, Frankfurt a.M.-Berlin-Bern 1993.

Roloff, Dietrich: Die Großschrift III,8 - V,8 - V,5 - II,9, Berlin 1970.

Romano, Francesco: Proclo lettore e interprete del Cratilo. In: J. Pépin / H.D. Saffrey (Hgg.): Proclus lecteur et interprète des anciens. Actes du colloque international du CNRS Paris (2-4 octobre 1985), Paris 1987, 113-136.

Roques René: Contemplation, extase et ténèbre chez le Pseudo-Denys. In: DSAM 2 (1953) 1885-1911.

Ross, David: Aristotle. De Anima. Edited, with Introduction and Commentary, Oxford 1961.

Roth, Catharine P.: Platonic and Pauline Elements in the Ascent of the Soul in Gregory of Nyssa's Dialogue on the Soul and Resurrection. In: VigChr 46 (1992) 20-30.

Rowe, Christopher J.: Plato: Phaedrus, Warminster [2]1988.

Ruh, Kurt: Geschichte der abendländischen Mystik. Erster Band: Die Grundlegung durch die Kirchenväter und die Mönchstheologie des 12. Jahrhunderts, München 1990.

—. Die >Mystica Theologia< des Dionysius Pseudo-Areopagita im Lichte mittelalterlicher Kommentatoren. In: ZDAL 122 (1993) 127-145.

Runia, David T.: Festugière revisited: Aristotle in the Greek Patres. In: VigChr 43 (1989) 1-34.

—. Philo in Early Christian Literature, Assen-Minneapolis 1993.

Rutten, Christian: Les catégories du monde sensible dans les Ennéades de Plotin, Paris 1961.

Ryle, Gilbert: Plato's >Parmenides<. In: R.E. Allen (Hg.): Studies in Plato's Metaphysics, London 1965, 97-147.

Sallis, John: Being and Logos. The Way of Platonic Dialogue, Atlantic Highlands [2]1986.

Salmona, Bruno: Logos come trasparenza in Gregorio di Nissa. In: H.R. Drobner / Chr. Klock (Hgg.): Studien zu Gregor von Nyssa und der christlichen Spätantike, Leiden-New York-Kopenhagen-Köln 1990, 165-171.

Sambursky, Shmuel: Der Begriff der Zeit im späten Neuplatonismus. In: C. Zintzen (Hg.): Die Philosophie des Neuplatonismus, Darmstadt 1977, 475-495.

Sambursky, Shmuel / Pines, S.: The Concept of Time in Late Neoplatonism. Texts with Translation, Introduction and Notes, Jerusalem 1971.

Schäublin, Christoph: Untersuchungen zu Methode und Herkunft der antiochenischen Exegese, Köln-Bonn 1974.

—. Zur paganen Prägung der christlichen Exegese. In: J. van Oort / U. Wickert (Hgg.): Christliche Exegese zwischen Nicaea und Chalcedon, Kampen 1992, 148-173.

Scheffczyk, Leo: Tendenzen und Brennpunkte der neueren Problematik um die Hellenisierung des Christentums, München 1982.

Schmidt, Margot: Das Auge als Symbol der Erleuchtung bei Ephräm und Parallelen in der Mystik des Mittelalters. In: OrChr 68 (1984) 27-57.

—. «Deiformis operatio». Gottförmiges Wirken als Vollendung der «contemplatio». In: M. Schmidt / D.R. Bauer (Hgg.): Grundfragen der Mystik, Stuttgart-Bad Cannstatt 1987, 221-234.

Schmitt, Arbogast: Neuzeitliches Selbstverständnis und Deutung der Antike. In: H.-H. Krummacher (Hg.): Geisteswissenschaften - wozu? Beispiele ihrer Gegenstände und ihrer Fragen, Stuttgart 1988, 187-210.

—. Zur Erkenntnistheorie bei Platon und Descartes. In: Antike und Abendland 35 (1989) 54-84.

—. Zahl und Schönheit in Augustins *De musica, VI*. In: WüJbbA. N.F. 16 (1990) 221-237.

Schmitz, Hermann: Anaximander und die Anfänge der griechischen Philosophie, Bonn 1988.

Schneider, Artur: Die mystisch-ekstatische Gottesschau im griechischen und christlichen Altertum. In: PhJ 31 (1918) 24-42.

Schofield, Malcolm: The dénouement of the *Cratylus*. In: M. Schofield / M.C. Nussbaum (Eds.): Language and Logos. Studies in ancient Greek philosophy presented to G.E.L. Owen, Cambridge-London-New York 1982, 61-81.

Schönborn, Christoph. v.: Die Christus-Ikone. Eine theologische Hinführung, Schaffhausen 1984.

—. Über die richtige Fassung des dogmatischen Begriffs der Vergöttlichung des Menschen. In: FZPhTh 34 (1987) 3-47.

Schönrich, Gerhard: Das Problem des Kratylos und die Alphabetisierung der Welt. In: PhJ 99 (1992) 29-50.

Schroeder, Frederic M.: Saying and Having in Plotinus. In: Dionysius 9 (1985) 75-84.

—. Synousia, Synaisthaesis and Synesis: Presence and Dependence in the Plotinian Philosophy of Consciousness. In: ANRW II 36,1 (1987) 667-699.

Schubert, Andreas: Untersuchungen zur stoischen Bedeutungslehre, Göttingen 1994.

Schubert, Venanz: Plotin. Einführung in sein Philosophieren, Freiburg-München 1973.

Schwager, Raymund: Der wunderbare Tausch. Zur Geschichte und Deutung der Erlösungslehre, München 1986.

Schwyzer, Hans-Rudolf: Plotinos. In: RE 21,1 ([2]1978) 471-592.

—. Ammonius Sakkas, der Lehrer Plotins, Opladen 1983.

Seel, Martin: Am Beispiel der Metapher. Zum Verhältnis von buchstäblicher und figürlicher Rede. In: Intentionalität und Verstehen, hg. v. Forum für Philosophie Bad Homburg, Frankfurt 1990, 237-272.

Seibt, Klaus: Marcell von Ancyra. In: TRE 22 (1992) 83-89.

—. Die Theologie des Markell von Ankyra, Berlin-New York 1994.

Sellin, Gerhard: Gotteserkenntnis und Gotteserfahrung bei Philo von Alexandrien. In: H.-J. Klauck (Hg.): Monotheismus und Christologie. Zur Gottesfrage im hellenistischen Judentum und im Urchristentum, Freiburg-Basel-Wien 1992 (QD 138), 17-40.

Sesboüé, Bernard: Introduction. In: Basile de Césarée. Contre Eunome suivi de Eunome. Apologie. Introduction, Traduction et Notes de B. Sesboüé, Tome II (SC 305), Paris 1983, 189-197.

Shaw, Gregory: Theurgy: Rituals of Unification in the Neoplatonism of Iamblichus. In: Traditio 41 (1985) 1-28.

Sheldon-Williams, Inglis Patrick: The Greek Christian Platonist Tradition from the Cappadocians to Maximus and Eriugena. In: A.H. Armstrong (Ed.): The Cambridge History of Later Greek and Early Medieval Philosophy, Cambridge ²1970, 421-533.

Sheppard, Anne: Proclus' philosophical Method of Exegesis: The Use of Aristotle and the Stoics in the Commentary on the *Cratylus*. In: J. Pépin / H.D. Saffrey (Hgg.): Proclus lecteur et interprète des anciens. Actes du colloque international du CNRS Paris (2-4 octobre 1985), Paris 1987, 137-151.

Sicherl, M.: Die Handschriften, Ausgaben und Übersetzungen von Jamblichos de mysteriis, Berlin 1957.

Sieben, Hermann-Josef: Origenes. In Lucam Homiliae [siehe Quellen, Origenes].

—. Basilius von Cäsarea. De Spiritu sancto [siehe Quellen, Basilius].

Siegmann, Georg: Plotins Philosophie des Guten. Eine Interpretation von Enneade VI 7, Würzburg 1990.

Simon, Marcel: Les saints d'Israël dans la dévotion de l'Eglise ancienne. In: RHPhR 34 (1954) 98-127.

Simone, Russell J. de: The Dialectical Development of Trinitarian Theology: Augustine versus Eunomius' »Technological« Theology. In: Angelicum 64 (1987) 453-475.

Simonetti, Manlio: La crisi ariana nel IV secolo, Roma 1975.

—. Note sul testo della Vita di Mosè di Gregorio di Nissa. in: Orph 3 (1982) 338-357.

—. La tecnica esegetica di Gregorio di Nissa nella *Vita di Mosé*. In.: SSR 6 (1982) 401-418 [zitiert: 1982a].

—. La vita di Mosè, 1984 [siehe Quellen: Gregor von Nyssa: La vita ...]

—. Lettera e/o allegoria. Un contributo alla storia dell'esegesi patristica, Roma 1985.

Skimina, St.: De Ioannis Chrysostomi rhythmo oratorio, Krakau 1927.

—. État actuel des études sur le rhythme de la prose grecque I: Bull. Int. de l'Acad. Polon. des Sciences et des Lettres. Classe de Philologie - Classe d'Histoire et de Philosophie, Suppl. 3, Krakau 1937.

Skouteris, Konstantinos B.: Η ΕΚΚΛΗΣΙΟΛΟΓΙΑ ΤΟΥ ΑΓΙΟΥ ΓΡΗΓΟΡΙΟΥ ΝΥΣΣΗΣ, Athen 1969.

Smith, Andrew: Porphyry's Place in the Neoplatonic Tradition. A Study in Post-Plotinian Neoplatonism, The Hague 1974.

Sodano, A.: Giamblico. I misteri egiziani. Abbammone. Lettera a Porfirio. Introduzione, traduzione, apparati, appendici critiche e indici, Milano 1984.

Sonderegger, Erwin: Simplikios: Über die Zeit. Ein Kommentar zum Corollarium de tempore, Göttingen 1982.

Soulez, Antonia: Nommer et Signifier dans le >Cratyle< de Platon. In: B. Mojsisch (Hg.): Sprachphilosophie in Antike und Mittelalter, Bochumer Kolloquium, 2.-4. Juni 1982, Amsterdam 1986, 17-34.

Špidlík, T.: Le libertá come riflesso del mistero trinitario nei Padri Greci. In: Aug 13 (1973) 515-523.

Spira, Andreas: Rhetorik und Theologie in den Grabreden Gregors von Nyssa. In: StP 9 (1966) 106-114.

—. Der Descensus ad inferos in der Osterpredigt Gregors von Nyssa De tridui spatio. In: A. Spira / Chr. Klock (Hgg.): The Easter Sermons of Gregory of Nyssa. Translation and Commentary, Philadelphia 1981, 195-261.

—. »Stabilität« und »Instabilität« in der Ethik der Griechen. Zum Problem der Grenzenlosigkeit im westlichen Denken. In: ZRGG 36 (1984) 115-130.

Spitzley, Thomas: Handeln wider besseres Wissen. Eine Diskussion klassischer Positionen, Berlin-New York 1992.

Staats, Reinhart: Gregor von Nyssa und das Bischofsamt. In: ZKG 84 (1973) 149-173.

Stead, George Christopher: The Platonism of Arius. In: JThS 15 (1964) 16-31.

—. Ontologie und Terminologie bei Gregor von Nyssa. In: H. Dörrie / M. Altenburger / U. Schramm (Hgg.): Gregor von Nyssa und die Philosophie, Leiden 1976, 107-127.

—. Individual personality in Origen and the Cappadocian Fathers. In: U. Bianchi (Ed.): Arché e Telos. L'antropologia di Origene e di Gregorio di Nissa. Analisi storico-religiosa, Milano 1981, 170-191.

—. Die Aufnahme des philosophischen Gottesbegriffes in der frühchristlichen Theologie: W. Pannenbergs These neu bedacht. In: ThR 51 (1986) 349 - 371.

—. Logic and the Application of Names to God. In: L.F. Mateo-Seco / J.L. Bastero (Eds.): El »Contra Eunomium I« en la producción literaria de Gregorio de Nisa, Pamplona 1988, 303-320.

—. Philosophie und Theologie I: Die Zeit der Alten Kirche, Stuttgart-Berlin-Köln 1990.

—. Why not three Gods? The Logic of Gregory of Nyssa's Trinitarian Doctrine. In: H.R. Drobner / Chr. Klock (Hgg.): Studien zu Gregor von Nyssa und der christlichen Spätantike, Leiden-New York-Kopenhagen-Köln 1990, 149-163 [zitiert 1990a].

—. Homousios (ὁμοούσιος). In: RAC, Lieferung 122/123 (1992) 364-433.

—. (Rez.) J. Pelikan. Christianity and Classical Culture. The Metamorphosis of Natural Theology in the Christian Encounter with Hellenism. In: JThS 45 (1994) 725-727.

Steel, Carlos: L'anagogie par les apories. In: G. Boss / G. Seel (Eds.): Proclus et son influence. Actes du Colloque de Neuchâtel juin 1985, Neuchâtel 1987, 101-128.

Steenberghen, Fernand van: Aristote et l'infini. In: Chr. Rutten / A. Motte (Eds.): Aristotelica. Mélanges offerts à Marcel de Corte, Bruxelles-Liège 1985, 337-350.

Stein, A.: The Encomium of Gregory of Nyssa on his Brother Basil, Washington 1928.

Stenzel, Julius: Zahl und Gestalt bei Platon und Aristoteles, Leipzig-Berlin ²1933.

—. Plotin. In: Handbuch der Philosophie, 4. Abschnitt, München-Berlin 1934, 190-196.

Stiegele, Paul: Der Agennesiebegriff in der griechischen Theologie des vierten Jahrhunderts. Ein Beitrag zur Geschichte der trinitarischen Terminologie, Freiburg 1913.

Strange, Steven K.: Plotinus, Porphyry, and the Neoplatonic Interpretation of the >Categories<. In: ANRW II 36.2 (1987) 955-974.

Stritzky, Maria-Barbara von: Zum Problem der Erkenntnis bei Gregor von Nyssa, Münster 1973.

Studer, Basil: Gott und unsere Erlösung, Düsseldorf 1985.

—. Der geschichtliche Hintergrund des ersten Buches Contra Eunomium Gregors von Nyssa. In: L.F. Mateo-Seco / J.L. Bastero (Eds.): El »Contra Eunomium I« en la producción literaria de Gregorio de Nisa, Pamplona 1988, 139-171 [jetzt: Ders.: Dominus Salvator. Studien zur Christologie und Exegese der Kirchenväter, Rom 1992, 463-498].

Sweeney, Leo: Divine Infinity in Greek and Medieval Thought, New York-San Franzisko-Bern-Frankfurt-Berlin-Wien-Paris 1992.

Sykes, D.A.: (Rez.) R.E. Heine. Perfection in the Virtuous Life. In: JEH 29 (1978) 97-98.

Szlezák, Thomas Alexander: Platon und Aristoteles in der Nuslehre Plotins, Basel-Stuttgart 1979.

—. Platon und die Schriftlichkeit der Philosophie. Interpretationen zu den frühen und mittleren Dialogen, Berlin-New York 1985.

Tarchnišvili, P. Michael: Geschichte der kirchlichen georgischen Literatur, Vatikan 1955.

Techert, M.: Le platonisme dans le système de Jean Scot Érigène. In: RNSPh 28 (1927) 28-68.

Terrieux, J.: Le De anima et resurrectione de Grégoire de Nysse. Introduction, traduction, annotation et index. Thèse pour le doctorat de 3ᵉ Cycle, Sorbonne 1981.

Theiler, Willy: Antike und christliche Rückkehr zu Gott. In: Mullus. FS f. Th. Klauser, JAC.E 1, Münster 1964, 352-361.

Townsley, Ashton L.: Parmenides and Gregory of Nyssa: An Antecedent of the »Dialectic« of »Participation in Being« in De vita Moysis. In: Sal 36 (1974) 641-646.

Trimpi, Wesley: Muses of One Mind. The Literary Analysis of Experience and Its Continuity, Princeton 1983.

Troiano, M.S.: I Cappadoci e la questione dell' origine dei nomi nella polemica contro Eunomio. In: VetChr 17 (1980) 313-346.

Tugendhat, Ernst: (Rez.) K. Oehler. Die Lehre vom noetischen und dianoetischen Denken bei Platon und Aristoteles. In: Gn 38 (1966) 752-760.

—. ΤΙ ΚΑΤΑ ΤΙΝΟΣ. Eine Untersuchung zu Struktur und Ursprung aristotelischer Grundbegriffe, Freiburg-München [4]1988.

Ullmann, W.: Der logische und der theologische Sinn des Unendlichkeitsbegriffes in der Gotteslehre Gregors von Nyssa. In: Bijdragen 48 (1987) 150-171.

Underhill, Evelyn: Mystik. Eine Studie über die Natur und Entwicklung des religiösen Bewußtseins im Menschen, München 1928.

Uthemann, Karl-Heinz: Die Sprache der Theologie nach Eunomius von Cyzicus. In: ZKG 104 (1993) 143-175.

—. Die Sprachtheorie des Eunomios von Kyzikos und Severianos von Gabala. Theologie im Reflex kirchlicher Predigt. In: StP 24 (1993) 336-344 [zitiert: 1993a].

Vaggione, R.P.: Οὐχ ὡς ἓν τῶν γεννημάτων. Some Aspects of Dogmatic Formulae in the Arian Controversy. In: StP 17,1 (1982) 181-187.

—. An Appeal to Antiquity: The Seventeenth and Eighteenth Century Manuscripts of the Heretic Eunomius. In: R.C. Gregg (Ed.): Arianism. Historical and Theological Reassessments, Philadelphia 1985, 335-360.

—. Introduction [siehe Quellen, Eunomios 1987].

Vandenbussche, E.: La part de la dialectique dans la théologie d'Eunomius «le technologue». In: RHE 40 (1944/5) 47-72.

Verghese, T. Paul: ΔΙΑΣΤΗΜΑ and ΔΙΑΣΤΑΣΙΣ in Gregory of Nyssa. Introduction to a Concept and the Posing of a Problem. In: H. Dörrie / M. Altenburger / U. Schramm (Hgg.): Gregor von Nyssa und die Philosophie, Leiden 1976, 243-260.

Verra, Valerio: Dialettica e filosofia in Plotino, Milano ²1992.

Viller, Marcel / Rahner, Karl: Aszese und Mystik in der Väterzeit. Ein Abriß, Freiburg 1939.

Vinzent, Markus: Asterius von Kappadokien. Die theologischen Fragmente. Einleitung, kritischer Text, Übersetzung und Kommentar, Leiden-New York-Köln 1993.

—. Gottes Wesen, Logos, Weisheit und Kraft bei Asterius von Kappadokien und Markell von Ankyra. In: VigChr 47 (1993) 170-191 [zitiert: 1993a].

Völker, Walther: Das Vollkommenheitsideal des Origenes, Tübingen 1931.

—. Gregor von Nyssa als Mystiker, Wiesbaden 1955.

—. Kontemplation und Ekstase bei Pseudo-Dionysius Areopagita, Wiesbaden 1958.

Vogel, Cornelia J. de: La théorie de l'ἄπειρον chez Platon et dans la tradition platonicienne. In: RPh 149 (1959) 21-39.

—. Platonism and Christianity: A Mere Antagonism, or a Profound Common Ground? In: VigChr 39 (1985) 1-62.

—. Rethinking Plato and Platonism, Leiden 1986.

Vogt, Hermann J.: Die Schrift »Ex communibus notionibus« des Gregor von Nyssa. In: ThQ 171 (1991) 204-218.

Vries, G.J. de: A Commentary on the Phaedrus of Plato, Amsterdam 1969.

Waszink, J.H.: Der Platonismus und die altchristliche Gedankenwelt. In: Recherches sur la tradition Platonicienne. Entretiens sur l'antiquité classique, tome III, Vandœuvres-Genève 1955, 139-179.

Watson, Gerard: Gregory of Nyssa's Use of Philosophy in the Life of Moses. In: IThQ 53 (1987) 100-112.

Wehrli, Fritz: Kommentar zu Herakleides Pontikos [siehe Quellen; zitiert 1969].

—. Kommentar zu Eudemus von Rhodos [siehe Quellen; ziziert 1969a].

Weissmahr, Béla: Philosophische Gotteslehre, Stuttgart-Berlin-Köln-Mainz 1983.

Weiswurm, Alcuin Alois: The Nature of Human Knowledge According to St. Gregory of Nyssa, Washington 1952.

Wenzel, Ruth: Posen des modernen Denkens. Die Yale Critics, Frankfurt-Bern-New York-Paris 1988.

Whitman, Jon: Allegory. The Dynamics of an Ancient and Medieval Technique, Cambridge (Mass.) 1987.

Whittaker, John: Neupythagoreismus und Negative Theologie. In: C. Zintzen (Hg.): Der Mittelplatonismus, Darmstadt 1981, 169-186.

—. Numenius and Alcinous on the First Principle. In: Phoenix 32 (1978) 144-154 (jetzt: Ders.: Studies in Platonism and Patristic Thought, London 1984, VIII 144-154).

—. Neopythagoreanism and the Transzendent Absolute. In: Symbolae Osloenses 48 (1973) 77-86 (jetzt: Ders.: Studies in Platonism and Patristic Thought, London 1984, XI 77-86).

—. Ἄρρητος καὶ ἀκατονόμαστος. In: H.-D. Blume / F. Mann (Hgg.): Platonismus und Christentum, FS f. H. Dörrie, JAC.E 10, Münster 1983, 303-306 (jetzt: Ders.: Studies in Platonism and Patristic Thought, London 1984, XII 303-306).

—. ΕΠΕΚΕΙΝΑ ΝΟΥ ΚΑΙ ΟΥΣΙΑΣ. In: VigChr 23 (1969) 91-104 (jetzt: Ders.: Studies in Platonism and Patristic Thought, London 1984, XIII 91-104).

—. Philological Comments on the Neoplatonic Notion of Infinity. In: R.B. Harris (Hg.): The Significance of Neoplatonism. Studies in Neoplatonism: Ancient and Modern I, Norfolk 1976, 155-172 (jetzt: Ders.: Studies in Platonism and Patristic Thought, London 1984, XVIII 155-172).

—. Lost and Found: Some Manuscripts of the *Didaskalikos* of Alcinous (Albinus). In: Symbolae Osloenses 49 (1973) 127-139 (jetzt: Ders.: Studies in Platonism and Patristic Thought, London 1984, XIX 127-139).

—. *Parisinus graecus* 1962 and the Writings of Albinus. In: Phoenix 28 (1974) 320-354.450-456 (jetzt: Ders.: Studies in Platonism and Patristic Thought, London 1984, XX 320-354. XXI 450-456).

—. *Parisinus graecus* 1962 and Janus Lascaris. In: Phoenix 31 (1977) 239-244 (jetzt: Ders.: Studies in Platonism and Patristic Thought, London 1984, XXII 239-244).

—. Platonic Philosophy in the Early Centuries of the Empire. In: ANRW II 36,1 (1987) 81-123.

Wickert, Ulrich: Biblische Exegese zwischen Nicaea und Chalcedon: Horizonte, Grundaspekte. In: J. van Oort / U. Wickert (Hgg.): Christliche Exegese zwischen Nicaea und Chalcedon, Kampen 1992, 9-31.

Wickham, Lionel R.: The *Syntagmation* of Aetius the Anomean. In: JThS 19 (1968) 532-569.

—. Aetius and the Doctrine of Divine Ingeneracy. In: StP 11 (1972) 259-263.

Wiefel, Wolfgang: (Rez.) F. Dünzl. Braut und Bräutigam. In: ThLZ 120 (1995) 154-155.

Wiles, Maurice: Reflections on the Origins of the Doctrine of the Trinity, Working Papers in Doctrine, London 1976.

—. Eunomius: hair-splitting dialectician or defender of the accessibility of salvation? In: R. Williams (Ed.): The making of orthodoxy. Essays in honour of Henry Chadwick, Cambridge-New York-Port Chester-Melbourne-Sydney 1989, 157-172.

Williams, Bernard: Cratylus' theory of names and its refutation. In: M. Schofield / M.C. Nussbaum (Eds.): Language and Logos. Studies in ancient Greek philosophy presented to G.E.L. Owen, Cambridge-London-New York 1982, 83-93.

—. Cratylus' theory of names and its refutation. In: St. Everson (Ed.): Language, Cambridge 1994, 28-36.

Williams, Rowan D.: The Logic of Arianism. In: JThS 34 (1983) 56-81.

—. Macrina's Deathbed Revisited: Gregory of Nyssa on Mind and Passion. In: L.R. Wickham / C.P. Bammel / E.C.D. Hunter (Eds.): Christian Faith and Greek Philosophy in late Antiquity. Essays in Tribute to George Christopher Stead, Leiden-New York-Köln 1993, 227-246.

Winden, J.C.M. van: (Rez.) Apostolopoulos, Phaedo Christianus. In: VigChr 41 (1987) 191-197.

Winslow, Donald F.: Christology and Exegesis in the Cappadocians. In: ChH 40 (1971) 389-396.

Winston, David: Philo's Doctrine of Free Will. In: D. Winston / J. Dillon (Hgg.): Two Treatises of Philo of Alexandria, Chico 1983, 181-195.

Witt, R.E.: Albinus and the History of Middle Platonism, Amsterdam 1971.

Woods, Michael: Aristotle. Eudemian Ethics Books I,II, and VIII. Translated with a Commentary, Oxford ²1992.

Young, Frances M.: From Nicaea to Chalcedon. A Guide to the Literature and its Background, London 1983.

Zekl, Hans Günter: Der Parmenides. Untersuchungen über innere Einheit, Zielsetzung und begriffliches Verfahren eines platonischen Dialogs, Marburg 1971.

Zeller, Eduard: Die Philosophie der Griechen in ihrer geschichtlichen Entwicklung III.1: Die nacharistotelische Philosophie, Hildesheim 1963 (ND).

Zemp, Paul: Die Grundlagen heilsgeschichtlichen Denkens bei Gregor von Nyssa, München 1970.

Zintzen, Clemens: Die Wertung von Mystik und Magie in der neuplatonischen Philosophie. In: C. Zintzen (Hg.): Die Philosophie des Neuplatonismus, Darmstadt 1977, 391-426.

INDICES

INDICES

1. QUELLEN

1.1. ALTES UND NEUES TESTAMENT

1.2. ANTIKE TEXTE

Aspasius

Athanasius

Augustinus

Conf VII 20: *55*
Doctr chr I 15: *55*

Basilius von Caesarea

Adulesc 10: *21*
Attende tibi ipsi p. 197-217: *84*
Adv Eun I 6: *188, 191*
Adv Eun I 7: *72, 76, 134, 252*
Adv Eun I 14: *135, 252*
Ep 38,2 (Ps.Bas.): *132*
Ep 38,4 (Ps.Bas.): *132*
Ep 38,5 (Ps.Bas.): *73, 132*
Ep 234,1: *252*
Spir.s. IX 23: *50*

Ps.Basilius

Adv Eun V, p. 749BC: *135*
Adv Eun V, p. 752BC: *135*

Cicero

Off 1,7: *66*
Orat 3,210: *28*

Clemens von Alexandrien

Exc ex Theod 55,1: *242*
Paid I 6,42: *238*
Paid II 8,66: *241*
Paid III 1,1: *84*
Strom I 143,6: *181, 186*
Strom II 19,100: *261*
Strom III 91-93: *242*
Strom IV 27,3: *84*
Strom IV 138,1: *247*
Strom V 14,94: *258*
Strom V 81,6: *55*
Strom VIII 2,3: *176*

Dexippus

In Arist Cat p. 5: *42*
In Arist Cat p. 10: *185, 191*
In Arist Cat p. 17: *185*
In Arist Cat p. 26: *191*
In Arist Cat p. 28: *49*
In Arist Cat p. 44: *117*
In Arist Cat p. 50: *185, 191*

In Arist Cat p. 60: *204*
In Arist Cat p. 64-71: *39*
In Arist Cat p. 66: *43*
In Arist Cat p. 67: *43*
In Arist Cat p. 68: *117*
In Arist Cat p. 71: *194*

Didymus

Comm in Gen V 32: *65*

Dio Cassius

49,9: *32*

Dio Chrysostomus

32,81f: *32*

Diodor

I 8,3f: *179*

Diogenes Laërtius

Vit 7,62,10: *190*
Vit 7,152,8: *191*

Dionysius v. Halikarnaß

De Thuk 26: *32*

Epikur

Ep ad Herod 75f: *186*

Eudemos v. Rhodos

Frg 38: *160*
Frg 62-66: *159*
Frg 68-70: *159*

Euklid

El VII Def 1f: *40*

Eunomius

Apol 7: *108-110, 113, 117, 173f*
Apol 8: *113f, 116f, 173, 177*

VM II 232-233: *51, 257*
VM II 234: *144, 218, 252*
VM II 235: *200, 252*
VM II 235-238: *14, 31*
VM II 236: *54, 76, 137f, 256*
VM II 237: *63, 137-139, 256*
VM II 238: *63, 137-141, 256*
VM II 239: *31, 51, 63, 139, 256, 258, 260*
VM II 240: *226, 262*
VM II 242: *258, 260*
VM II 242-246: *13f, 31*
VM II 243: *31, 256, 260-262*
VM II 243-244: *14, 63*
VM II 244: *59, 260*
VM II 245: *260*
VM II 248: *260*
VM II 252: *261*
VM II 253: *252*
VM II 254: *78, 252*
VM II 256-259: *263*
VM II 268: *263*
VM II 269: *72*
VM II 291: *225, 263*
VM II 306: *263*
VM II 307: *73*
VM II 317f: *263*
VM II 319: *30, 247*
VM II 320: *73*

Gregor Thaumaturgos

Dankrede 11,41-63: *84*

Herakleides Ponticus

Frg 104-108: *153*

Heraklit

Frg B 108: *45*

Hermogenes

De Ideis II 7: *28*
π. εὑρ. 4,13,19: *191*
π. εὑρ. 4,13,112-116: *191*

Herodianus

Il Pros 3,2: *191*

Homer

Il 23,306-309: *32*

Horaz

Ars poet. 73-250: *28*

Iamblich

Comm Math sc 4: *113*
Comm Math sc 7: *43*
Myst I 15: *184*
Myst III 21: *118*
Myst VII 4: *184*
Myst VII 5: *184*
Myst VIII 3: *185*
In Nic p. 67: *43*
Protr 6, p. 68: *113*
Vit Pyth 56: *185*

Irenäus von Lyon

Adv haer I 5,5: *242*
Adv haer II 14,2-6: *17*

Isokrates

9,78-80: *32*

Johannes Philoponus

In Arith Nic II 5: *159*

Longinus

Exz 19,1: *191*
Exz 23,2: *191*

Markell v. Ankyra

Frg 67: *120*
Frg 71: *120*

Menander (Rhetor)

2,14: *28*
84: *66*

2. NAMEN

2.1. ANTIKE

2.2. MODERNE

3. SACHINDEX

3.1. BEGRIFFE

3.2. GRIECHISCHE BEGRIFFE